RUXUE DE
XIANDAIHUA WENTI
QUANGUO RUXUE YU XIANDAIHUA XUESHU LUNWENJI

儒学的
现代化问题

——全国"儒学与现代化"学术论文集

崔发展　张培高　吴祖刚　主编

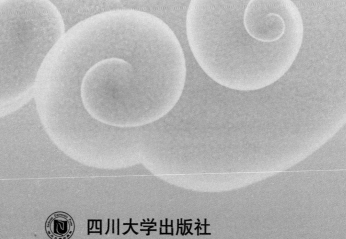
四川大学出版社

责任编辑：许　奕
责任校对：张伊伊
封面设计：墨创文化
责任印制：王　炜

图书在版编目(CIP)数据

儒学的现代化问题：全国"儒学与现代化"学术论
文集 / 崔发展，张培高，吴祖刚主编. —成都：四川
大学出版社，2018.8
　ISBN 978-7-5690-2160-8

　Ⅰ.①儒… Ⅱ.①崔… ②张… ③吴… Ⅲ.①儒学-
文集 Ⅳ.①B222.05-53

中国版本图书馆 CIP 数据核字（2018）第 174882 号

书名　儒学的现代化问题——全国"儒学与现代化"学术论文集

主　编	崔发展　张培高　吴祖刚
出　版	四川大学出版社
地　址	成都市一环路南一段24号（610065）
发　行	四川大学出版社
书　号	ISBN 978-7-5690-2160-8
印　刷	四川盛图彩色印刷有限公司
成品尺寸	185mm×260mm
印　张	15.75
字　数	377千字
版　次	2018年10月第1版
印　次	2018年10月第1次印刷
定　价	71.00元

◆读者邮购本书,请与本社发行科联系。
　电话:(028)85408408/(028)85401670/
　(028)85408023　邮政编码:610065
◆本社图书如有印装质量问题,请
　寄回出版社调换。
◆网址:http://press.scu.edu.cn

目　录

儒学的现代性
——儒学现代化论纲

黄玉顺

（山东大学　儒学高等研究院）

摘　要：目前学界、包括儒学界充斥着对儒学的种种误读，其中之一就是将儒学与现代性对立起来，以至用所谓"儒家传统"来抗拒现代文明价值。其实，儒学本然地蕴涵着现代性。儒学的现代性不仅源于中国社会的现代转型，而且基于儒学自身的基本原理，即"仁→义→礼"的理论建构。这个原理要求根据正义原则（义），包括超越差等之爱而追求一体之仁的正当性原则、顺应特定时代的基本生活方式的适宜性原则，来"损益"即变革社会规范及其制度（礼）。因此，在现代性的生活方式下，儒学原理要求儒学自身现代化。儒学的现代化进程，就是儒学的现代性的展开过程。儒学的现代化已经不仅是一种理论设想，而是一种历史事实；但同时，这个历史进程尚未结束，而且往往误入迷途而陷入原教旨主义，这是值得高度警惕的。

关键词：儒学；现代性；儒学原理；中国社会现代转型；儒学现代化

有一种普遍的流俗观念：儒学是一种"传统"，即是一种可以被现代人抛弃或保守的东西；换言之，儒学是一种古代的、前现代的东西。人们谈到儒学时，往往作如是观，而不论他们所持的是否定还是肯定儒学的立场。唯其如此，才有诸如"儒学与现代性"这样的话题，人们热衷于争论儒学与现代性之间是否可以融通，似乎儒学与现代性素无瓜葛。这种"常识"实在令人诧异：人们对"现代儒学"这一早已客观存在的事实竟然视而不见。而更令人惊诧的是：人们却又在那里研究"现代新儒学"之类的现代儒学。这种吊诡现象，其来有自，一个基本原因就是并未明白究竟何为儒学，儒学的本来面目及其基本原理已被长久地遮蔽了。为此，本文改变发问方式，即不再问"儒学与现代性"这样的"伪问题"，而是直截了当地承认"儒学的现代性"，并由此发问：儒学现代性的学理依据是什么？其现实依据又是什么？其所展现的历史样态如何？

一、儒学现代化的历史与现状

儒学的现代性早已不仅仅是一种理论上的设想，而是一种历史事实；换言之，儒学现代化的历史进程早已启动了。让我们先从一个逻辑分析入手，让它将我们带向事实。这个逻辑就是：假如儒学本质上只是前现代的东西，那就不会有现代性的儒学形态的存在；然而下述事实告诉我们，确确实实存在着现代性的儒学或儒学的现代形态，这就表明了儒学确实具有现代性。为此，我们首先讨论儒学现代化史，因为现代化（modernization）的历史进程乃是现代性（modernity）的历时显现，儒学的现代性就展现在儒学现代化的历史进程中。这里，我们讨论几种最典型的儒学现代化版本。

（一）20世纪现代新儒家的儒学现代化

谈到现代性的儒学或现代儒学，20世纪兴起的现代新儒学无疑是一个典型。作为儒学现代化的一种典型形态，现代新儒学内部尽管存在着若干差异，却有一个突出的共性，那就是儒学的哲学化，谓之"儒家哲学"。[1] 这种理论形态并不像有的学者所说的不过是"（西方）哲学在中国"[2]，而确实是儒学本身的一种现代形态，亦即现代的"中国哲学"。按有的学者的说法，标准的现代"中国哲学"其实就是"清华传统"的两系，即冯友兰一系和金岳霖一系。[3] 冯友兰的"新理学"尽管汲取了西方新实在论（neo-realism）[4]，却是"接着讲"的程朱理学；[5] 金岳霖的"道论"尽管汲取了西方逻辑学的方法，但其所论也是中国学术的本体之"道"。[6] 其实，其他的现代新儒学也是标准的中国哲学、儒家哲学。其中最大的一系即"熊－牟"一系。熊十力的"新唯识论"尽管汲取了佛学唯识论和叔本华意志论（voluntarism）[7]，然而"毕竟归本《大易》"[8]；牟宗三的"道德的形上学"尽管汲取了康德哲学，但其实也是"接着讲"的儒家心学。总之，它们都是儒学自身的理论形态。假如以为一旦汲取了外来因素就不再是儒学了，那么，宋明儒学也就不是儒学了，因为它也汲取了外来因素，即佛学，但人们都承认宋明儒学乃是货真价实的儒学，可见"汉话胡说"之类的逻辑不能成立。

既是哲学，则必定采取古今中外一切哲学共同的基本架构，即"形上－形下"模式，亦即用唯一绝对的"形而上者"来阐明众多相对的"形而下者"何以可能。这就是说，哲学既有形而上学的层级，也有形而下学（post-metaphysics）的层级。[9] 因此，我们可以由此来分析现代新儒学的现代性。

1. 现代新儒家形下学的现代化

形而下学通常包括两大领域：广义知识论，处理自然界的基本问题[10]，为科学奠基，略对应于中国古代所谓"物理"；广义伦理学，处理社会界的基本问题，为政治哲学奠基，略对应于中国古代所谓"人伦"。

就这两大领域而论，现代新儒学具有明确的现代性，那就是旗帜鲜明地诉诸"民主

---

① 参见黄玉顺：《现代新儒学的现代性哲学》，中央文献出版社2008年版。

② 郑家栋：《"中国哲学"的"合法性"问题》，原载"世纪中国"（www. cc. org. cn）、《中国哲学年鉴》（2001年），转载于《中国社会科学文摘》2002年第2期。

③ 杨生照：《现代中国哲学中的"清华传统"研究》（一）（二），《当代儒学》第三辑、第四辑，广西师范大学出版社2013年版。

④ 王鉴平：《冯友兰与新实在论——新理学逻辑分析法评述》，《社会科学研究》1987年第2期。

⑤ 冯友兰：《贞元六书·新理学》，华东师范大学出版社1996年版。

⑥ 金岳霖：《论道》，商务印书馆1940年版，1985年重印。

⑦ 熊十力后来有所改变，更倾向于康德哲学。见《熊十力全集》卷四，湖北教育出版社2001年版。

⑧ 熊十力：《新唯识论（壬辰删定本）删定记》，见《体用论》，中华书局1994年版。

⑨ 这里的"physics"不是现代"物理学"之义，而是古希腊哲学的用法。

⑩ 此所谓"自然界"，包括人及人类社会的自然性质方面，亦即所谓"社会科学"，而非人文学术研究的对象。

与科学"。按照唐君毅、牟宗三、张君劢和徐复观《为中国文化敬告世界人士宣言》的说法，尽管"中国文化历史中，缺乏西方之近代民主制度之建立，与西方之近代的科学，及各种实用技术，致使中国未能真正的现代化工业化"，但"我们不能承认中国之文化思想，没有民主思想之种子，其政治发展之内在要求，不倾向于民主制度之建立，亦不能承认中国文化是反科学的，自古即轻视科学实用技术的"[①]。因此，现代新儒学的基本诉求就是所谓"内圣开出新外王"，亦即从儒家的心性之学开出现代的民主与科学，即牟宗三所说的从"道统"开出"政统"与"学统"[②]。

这里尤其值得一提的是，现代新儒家的现代政治哲学水平较高。最典型的代表就是公认的中国"宪法之父"张君劢，不仅译介了大量宪制文献，还拟定了几部影响深远的宪法草案，尤其是他所设计的"四六宪法"，被公认为中国制宪的一个典范。他那里所存在的问题是：这样的形下学未能足够充分地与其形上学有机地结合起来，尽管其形上学"新宋学"也是儒学现代化的一个版本。[③]

2. 现代新儒家形上学的现代化

现代新儒家的形下学，有其形上学的基础，这就是所谓"开出"的含义，即哲学上所说的"奠基"（foundation-laying）[④]，由此才能形成"形上－形下"的哲学系统架构。学界经常有人批评现代新儒学"内圣开不出新外王"[⑤]，其理据之一：前现代的形上学怎么可能开出现代性的形下学？两者根本不能接榫。这是误读了现代新儒学的形上学，以为那只是前现代的、"传统"的心性之学。其实，现代新儒学的心性之学，绝非古代传统的心性论，而是一种现代化的形上学，已是一种现代性的哲学。例如牟宗三的"两层存有论"，本体界的存有论通过"智的直觉"证成"人虽有限而可无限"，现象界的存有论通过"良知自我坎陷"转出"知性主体"，进而开出"政统"（民主）与"学统"（科学），这哪里是古代儒家的心性论？它其实基于康德的基本观念架构"现象与物自身"[⑥]，而康德哲学无疑是一种现代性的哲学。至于现代新儒学究竟为什么"内圣开不出新外王"，那是下文将要讨论的另外一个问题。

（二）帝国时代后期的儒学现代化

其实，儒学的现代化并非到了20世纪的现代新儒学那里才突然出现，这个历史进程早已发轫了。从秦朝到清朝，可以分为前后两个时期，其转折点是在唐宋之际：自秦汉至隋唐是上升时期（至"盛唐气象"而达到巅峰），儒学的主流是帝国儒学的缔造与完善，其经典标志是《五经正义》[⑦]；自宋朝至清朝是下降时期（尽管其间也有"中

---

① 唐君毅：《中华人文与当今世界》，学生书局1975年版。
② 牟宗三：《论道统、学统、政统》，见《生命的学问》，广西师范大学出版社2005年版。
③ 参见黄玉顺：《超越知识与价值的紧张——"科学与玄学论战"的哲学问题》，四川人民出版社2002年版。
④ 参见黄玉顺：《形而上学的奠基问题：儒学视域中的海德格尔及其所解释的康德哲学》，《四川大学学报》2004年第2期；人大复印资料《外国哲学》2004年第5期全文转载。
⑤ 朱学勤：《老内圣开不出新外王——从〈政道与治道〉评新儒家之政治哲学》，《探索与争鸣》1991年第6期。
⑥ 牟宗三：《现象与物自身》，学生书局1976年版。
⑦ 孔颖达等：《五经正义》，包括《周易正义》14卷、《尚书正义》20卷、《毛诗正义》40卷、《礼记正义》70卷、《春秋左传正义》36卷，见《十三经注疏》，中华书局1980年版。

兴"），儒学的时代性质与倾向发生了分化，其经典标志是从"五经"体系（及"十三经"体系）转换为"四书"体系。[①]

现有的"中国哲学史""儒学史"之类研究，存在着一个很大的问题，就是缺乏历史哲学的视野，儒学的历史往往被叙述为一种脱离生活的纯粹概念游戏，而无关乎中国社会的发展与转型，遮蔽了生活方式的演变与转换在观念中的反映。有鉴于此，我们才提出了"重写儒学史"的问题。[②] 例如既有的所谓"宋明理学"研究，我们几乎看不到渊源于市民生活方式的现代性观念。然而事实正相反，这里存在着一种必然的逻辑：人们的生活方式必定会在他们的文学艺术、宗教、哲学等观念中反映出来；宋明以来，工商经济的兴盛、城市的繁荣、市民生活方式的发展，必定在儒学的观念上有所反映。这正如标志着西方观念现代化转型的"文艺复兴"，乃发生于中世纪的后期。对于中国来说，这就是所谓"内生现代性"（inherent modernity）——现代性并非近代才由西方强加给中国的，而是中国社会发展的内生性现象；西方现代化模式所能影响中国的，只是现代化模式的细节，而非其基本的历史走向。否则，我们无法理解下述儒学现象。

帝国后期的儒学，大致分化为两种趋向：一种是"守成"的儒学，即帝国儒学的进一步精致化，其典型是宋代的"理学"，其根本特征是将"人欲"与"天理"对立起来，将"人心"与"道心"对立起来，而其所谓"天理""道心"，实质上是帝国伦理政治规范的形上学化，戴震斥之为"以理杀人"[③]；另一种则是"开新"的儒学，即儒学的现代转换，其典型是明代"心学"当中的一些思潮，其根本特征是以心为本，以人心为天理，个体及其本真生活情感得以彰显。

当然，心学的情况颇为复杂，并非铁板一块。就王阳明本人而论，其形下层级的伦理政治哲学，仍然在致力于维护封建时代的社会规范及其制度；然而其形上层级的以心本体取代性本体（由个体之心来体证天理），确实产生了儒学走向现代性的可能，所以才会出现王门后学中的儒学现代化倾向。这里最典型的莫过于以王艮为代表的泰州学派，其思想观念颇具现代性。王艮作《明哲保身论》，倡言"爱身如宝"："吾身保，然后能保一家矣""吾身保，然后能保一国矣""吾身保，然后能保天下矣"。[④] 而其所谓"身"即个体自我，乃是家、国、天下的根本价值尺度："身是本，天下国家是末""吾身是个矩，天下国家是个方"。（《答问补遗》）这显然与前现代的家族主义、君主主义价值观大相径庭，乃至背道而驰。这种心学传统不仅开辟了儒家形下学的现代性道路，例如黄宗羲对君主专制的批判（《原君》）[⑤]，而且开辟了儒家形上学的现代性道路，例如王船山（王夫之）对儒家传统的先验人性论的批判（《尚书引义·太甲二》）[⑥]，戴震的直接视人情、人欲为天理的思想（《孟子字义疏证·理》），如此等等。

---

① 王阳明虽然谈"《大学》古本"，但仍遵从"四书"体系。见王阳明《大学问》，《王阳明全集》，吴光等点校，上海古籍出版社 2011 年版。

② 见山东大学儒学高等研究院于 2014 年 12 月 13 日至 14 日举办的"'重写儒学史'与'儒学现代化版本'问题学术研讨会"，论文集《重写儒学史——"儒学现代化版本"问题》即将由人民出版社出版。

③ 戴震：《与某书》，见戴震《孟子字义疏证》，中华书局 1982 年版。

④ 王艮：《王心斋全集》，江苏教育出版社 2001 年版。

⑤ 黄宗羲：《明夷待访录》，中华书局 2011 年版。

⑥ 王船山：《尚书引义·太甲二》，中华书局 1976 年版。

（三）21 世纪新儒家的儒学现代化

让我们的目光从古代返回当下的现实。儒学的现代化进程，历经帝国后期的一些儒家学派，近代的洋务儒学与维新儒学，发展到 20 世纪的现代新儒学，一直在步步演进、层层深入。然而到了 21 世纪的所谓新儒学，却出现了一些逆向性思潮。当然，实际的新儒学远非所谓"以蒋庆为中心、包括陈明在内的一小撮人"[1]，而是一个很大的群体。须注意的是，他们并非统一的学派；恰恰相反，其思维方式、思想观点、价值取向、政治立场等颇为不同，甚至相去甚远，乃至截然对立：有原教旨主义者，有马克思主义者、新左派，还有自由主义者，等等。他们之间唯一的"底线共识"，似乎仅仅只是"儒家"这个标签。其中最值得警惕的，就是我所说的逆向性思潮，其实是相悖于儒学现代化之历史大趋势的逆流，例如鼓吹前现代的君主主义、家族主义、男权主义的"三纲"，甚或鼓吹作为现代性的一种异变形态的极权主义。就此而论，比起现代新儒家来说，不是进步了，而是退步了。

但这毕竟并不是新儒家的全部。事实上，新儒家当中仍然有人在继续致力于儒学的现代化：不仅致力于儒家形下学的现代化，即顺应现代生活方式而重建儒家伦理学与政治哲学，而且致力于儒家形上学的现代化，即重建儒家的存在论，总之就是突破帝国儒学"形上－形下"的观念架构，回归原典儒学，亦即回归生活本源及其本真情感显现，以建构现代性的儒学理论形态。

那么，上述儒学现代化的事实何以能够发生？这里既有生活方式的现实依据，也有儒学原理的学理依据。

二、儒学现代性的现实依据：中国社会的现代转型

本节讨论儒学现代性的现实依据，是与下节将要讨论的儒学原理相一致的。这套原理最重要的关键词就是"生活"：一切皆源于生活而归于生活；也就是说，生活即是存在，生活之外别无存在。[2]《易传》将这个观念形上学化，谓之"天地之大德曰生""生生之谓易"（《周易·系辞传》）[3]，意谓"易"即"生生"，亦即生活的衍流。

关于这套原理的更为详尽的叙述将在下节展开，这里在历史哲学的范畴下简要叙述。作为生活的显现样式，生活方式的演进乃是一切历史及观念史的本源。[4] 生活方式，梁漱溟谓之"生活的样法"，并以之为"文化"的"源泉"。[5] 具体来说：其一，生活方式的转换导致社会主体的转换。有怎样的生活方式，便有怎样的人的主体性，诸如宗族、家族、公民个人等。生活生成主体，主体创造生活。这是生活本身的事情，即是

---

① 李明辉，"共识网"：www. 21com. net/articles/thought/zhongxi/20150126119523_all. html。

② 参见黄玉顺：《面向生活本身的儒学——黄玉顺"生活儒学"自选集》，四川大学出版社 2006 年版。

③ 《周易·系辞传》，《十三经注疏·周易正义》，中华书局 1980 年版。

④ "生活方式"是一个比马克思所讲的"社会存在"——"生产方式"更为宽泛的概念。

⑤ 梁漱溟：《东西文化及其哲学》，见《中国现代学术经典·梁漱溟卷》，河北教育出版社 1996 年版。参见黄玉顺：《当代儒学"生活论转向"的先声——梁漱溟的"生活"观念》，《河北大学学报》2008 年第 4 期。梁谈"生活的样法"，兼顾共时维度（中西印之差异）与历时维度（时代转换）；我这里谈历史哲学，侧重历时维度。

"生活本身的本源结构"①。其二，生活方式及其主体的转换导致社会情感倾向的转换，其根本是"仁爱"情感对象的转换。按照儒家思想，先有"由仁义行，非行仁义"(《孟子·离娄下》)②，仁（生活情感）是先行于人（主体性）的，而非相反③；然后才有"我欲仁"(《论语·述而》)，即"人能弘道，非道弘人"(《论语·卫灵公》)④，人是"制礼作乐"——建构社会规范及其制度（弘道）的主体，而非相反。其三，社会主体及其情感对象的转换导致社会规范及其制度的转换，于是乎有历史形态的转换，如王权社会、皇权社会、民权社会等。

（一）中国社会的历史形态

仅就可靠文献记载而论，中国历史可分三大社会形态，其间存在着两次社会大转型及其观念大转型。

1. 王权时代（夏商西周）

其生活方式是基于农耕的宗族生活，其基本所有制是土地公有制（"溥天之下，莫非王土"⑤），其社会主体是宗族（clan family）（自天子至诸侯大夫等构成大宗小宗），其伦理是宗法伦理，其政治体制是王权政治（《春秋》"尊王"乃源于此），其治理方式是贵族共和（并非"专制"）（详见下文），其国家体制及世界秩序是王国及诸侯国构成的"天下"秩序（基于宗法血缘）(《大学》"家－国－天下"同构的"修－齐－治－平"乃基于此)，其政治主权者（sovereign owner）是王族及诸侯宗族，其核心价值观念是宗族宗法观念，等等。

【中国社会第一次大转型（春秋战国）：从王权社会转向皇权社会，观念上伴随着"轴心时代"的"百家争鸣"。】

2. 皇权时代（自秦汉至明清）

其生活方式是基于农耕的家族生活（"家族"概念并不同于"宗族"概念），其基本所有制是土地私有制（春秋战国时期伴随着土地私有化和地主阶级的出现），其社会主体是家族（home family）⑥（始于春秋战国时期大夫之"家"的日渐强势）（帝国时代最重要的政治斗争其实并非所谓"阶级斗争"，而是各大家族之间的斗争），其伦理是家族伦理（所谓"父要子亡，子不得不亡"乃基于此）（政治伦理亦基于家族伦理，故《孝经》主题为"移孝作忠"），其政治体制是皇权政治（所谓"专制"），其治理方式是宰辅制度，其国家体制及世界秩序是帝国及藩属国的"天下"秩序（并非基于宗法血缘），其主权者是皇族（帝国时代所封之"王"没有主权而不同于诸侯），其核心价值观念是家族宗法观念，等等。

【中国社会第二次大转型（近现当代）：从皇权社会转向民权社会，观念上伴随着所

---

① 黄玉顺：《爱与思——生活儒学的观念》，四川大学出版社 2006 年版。
② 《孟子·离娄下》，《十三经注疏·孟子注疏》，中华书局 1980 年版。
③ 孟子此语极为深刻："行仁义"是主体性行为，然而其前提是主体的生成；主体生成于仁爱情感之中，这就是"仁义行"，而不是人在"行仁义"，此即《中庸》所讲的"诚自成""道自道"。
④ 《论语·卫灵公》，《十三经注疏·论语注疏》，中华书局 1980 年版。
⑤ 出自《诗经·小雅·谷风之什·北山》，见《十三经注疏·毛诗正义》，中华书局 1980 年版。
⑥ 宗族家庭和家族家庭皆可归之于宗法家庭（patriarchal family）。

谓"新轴心期"的"新学"的"百家争鸣"。】

3. 民权时代（当代趋势）

其生活方式是基于工商的市民生活（现代化伴随着城市化），其所有制是以私有制为主体的混合所有制（发达国家亦然）①，其社会主体是个体（绝非核心家庭，nuclear family）（详见下文），其伦理是以个体为基础的家庭伦理（核心家庭并不否定夫妻双方各自的法定的独立自主地位），其政治体制是民主政治（尽管各国民主政治的具体模式有所不同），其治理方式是代议制度，其国家体制及世界秩序是国族（nation）② 及国族间的国际秩序，其主权者是公民（所谓"国家主权"其实最终源于公民授权），其核心价值观念是人权观念（详见下文），等等。

以上是对中国社会历史形态的简单勾勒，主要基于对生活方式演变的历史观察。限于篇幅，这里不作历史文献的烦琐引证。

（二）中国社会的现代转型

上文描述的民权社会，究竟是否确为中国社会的历史趋向，乃是当代中国以至当今世界的重大课题，关乎近代以来的"中国问题"——"中国向何处去"的问题。为此，这里择要略加讨论：

1. 关于生活方式

有一点是确定无疑的：中国正处于现代化进程中；现代化至少是绝大多数中国人的诉求；极少数人即便不赞成，也无法抗拒这个进程。另一点同样是确定无疑的：无论怎样看待现代化、认识现代性，现代化必定伴随着城市化。这就是说，传统农村必定消解或者转变：要么变为城镇，要么变为非传统意义上的"农村"，实质上是城市体系、工商体系的一种附属的组成部分。这无关乎价值判断，而是一种事实陈述。这显然就意味着：中国人的生活方式必定而且正在由前现代的农民生活转变为现代性的市民生活。

于是，儒学面临着这样的逻辑：假如儒学只能与前现代的农民生活、家族社会、君主制度捆绑在一起，那就意味着儒学必定迅速灭亡（余英时称现代儒学已是魂不附体的"游魂"即基于此）③。梁漱溟的"乡村建设运动"之所以失败，根本原因即在于此。所以我一再讲：为儒学复兴计，与其搞"乡村儒学"，不如搞"城市儒学"。

2. 关于社会主体

一个社会的生活方式决定了这个社会的主体：宗族社会的主体就是宗族（王族与其他贵族），家族社会的主体就是家族（皇族与其他家族）。那么，市民生活方式中的社会主体又是谁？人们容易想到家庭的现代形式——核心家庭。这其实是大谬不然的。现代社会并不以家庭为社会主体。经济活动及其权利主体并不以家庭为单位；家庭财产也并非不可分割的东西，夫妻双方的经济收入是各自独立、可自由处置的。政治活动及其权利主体也不以家庭为单位，夫妇及其成年子女各自享有独立的政治权利，例如选举权与

---

① 对于当代中国来说，土地私有是一个很值得讨论的课题。

② 国族（nation）旧译"民族国家"，很容易与前现代的"民族"（ethnic/nationality）概念和普遍性的"国家"（state）概念相混淆，故此另译。

③ 余英时：《现代儒学的困境》，见《现代儒学论》，上海人民出版社1998年版。

被选举权。这一切都是由现代法律制度给予保障的。

今天一些儒者试图恢复古代的宗法家庭，那显然是徒劳无益的。有些儒者倡导"家庭本位"，而且其所谓"家庭"实质上是前现代的宗族或家族，试图以这样的"家庭"为基础来"纠正"现代性的经济、政治与社会生活，不免令人想起"螳臂挡车"的成语。

3. 关于家庭形态

上述社会主体的现代转换，与家庭的演变密切相关。家庭并非永恒的范畴，而是佛学所谓"生住异灭"的东西，其"异"即历史地变异。相应于中国社会的三大历史形态，家庭也有三种历史形态，即发源于古代氏族部落的宗族家庭、此后的家族家庭（两者合称宗法家庭）和现代的核心家庭。

家庭的功能发生着历史的演变，呈现出递减的趋势，可借用经济学的话语加以分析：其一，上古的宗族家庭，既是人的扩大再生产单位（人口繁育），也是物质生产甚至精神生产的单位（所谓"学在王官"即指精神生产为王族所垄断）。其二，中古的家族家庭，仍然是人的再生产单位，而且仍然是物质生产单位（家族农耕），但基本上不再是精神生产单位：帝国时代的宗教、哲学、文学艺术等都不再以家庭为创作主体（例如"诗圣""诗仙"无法世代相传）（从司马谈到司马迁的那种学术世袭只是个别现象）。其三，现代的核心家庭，则仅仅是人的再生产单位，不再承担物质生产、精神生产的功能，个人作为物质生产者或精神生产者的身份，是与其作为家庭成员的身份截然分离的。这表明了社会主体的个体化。

不仅如此，家庭由"异"而"灭"的现象似乎正在出现。这是基于两点观察：一是家庭形态的多元化趋势，例如离异家庭与非婚的单亲家庭的增多（后者意味着生育与家庭开始发生分离），以及同性恋家庭的合法化，这些家庭显然已不符合传统家庭的定义。二是独身现象的世界性增长趋势，愈发达的国家独身者愈多。这些现象都是很值得关注和研究的。

当今一些儒者的思想倾向存在着两层误区：一是将儒学与家庭，甚至与前现代的宗族家庭和家族家庭捆绑在一起；二是混淆了现代核心家庭与古代宗法家庭的本质区别。这样一来，其思想理论之悖谬就可想而知了。

4. 关于情感倾向及其伦理效应

儒家不仅视仁爱为人的最基本情感[①]，而且以仁爱情感来阐明一切存在——不仅以之阐明善何以可能，而且以之阐明恶及其克服何以可能。这是极有道理的，我曾另文加以论述。[②] 而人的主体性情感是一种意向性活动，即有其指向性，亦即有其对象。仁爱

---

① 仁爱原是一种情感，尽管有些儒家学派将其提升为形而上的本体存在，或者设置为形而下的道德规范。参见黄玉顺：《爱与思——生活儒学的观念》，第二讲，"二、情"。

② 我将这种观念概括为"爱，所以在"，见拙文《爱，所以在：儒学与笛卡儿哲学的比较》，见《儒家思想与当代生活——"生活儒学"论集》，光明日报出版社 2009 年版。关于爱的情感的绝对优先性，可参见拙文《儒学与情感现象学比较研究》三篇，分别载《东岳论丛》2007 年第 6 期、《中国社科院研究生院学报》2007 年第 3 期、《社会科学研究》2007 年第 6 期。关于爱不仅可阐明善何以可能，而且可阐明恶及其克服何以可能，可参见拙文《荀子的社会正义理论》，《社会科学研究》2012 年第 3 期、《中国社会科学文摘》2012 年第 8 期。

情感亦然，绝非抽象的东西，而是有其具体的倾向对象的，故孔子并不仅仅以"爱"释"仁"，而是释之以"爱人"（《论语·颜渊》）①。情感的倾向对象也不是抽象的，而是与具体的社会生活方式、历史形态联系在一起的，如孟子谈"爱君"（《梁惠王下》）②，其前提是这个社会形态存在着君主。这样一来，仁爱情感也就导向了伦理问题。

孟子有一番话，被认为是儒家主张"爱有差等"（《滕文公上》）的经典表述："君子之于物也，爱之而弗仁；于民也，仁之而弗亲。亲亲而仁民，仁民而爱物。"（《尽心上》）这样的"差等之爱"，通俗地说就是：爱亲人胜过爱他人，爱他人胜过爱他物。这种观念被认为是儒家伦理的基础，谓之"血亲伦理"，并因此而遭到批判。③ 而可笑的是，今天一些儒者竟然认可而且坚持这种血亲伦理，并以此来抗拒现代文明。殊不知这完全误解了孟子的伦理思想：其一，儒家的仁爱观念不仅仅有"差等之爱"的一面，还有"一体之仁"的一面，后者才是建构伦理规范的根据（这个问题下节还将涉及）。其二，"差等之爱"固然是生活情感的真实表现，但它只是"一体之仁"的一种实现方式；而且，当其落实于伦理问题时，也并不是抽象的，它取决于具体的社会生活方式。孟子所处理的是宗法社会的伦理问题，因而血亲伦理在当时确实是正当的、适宜的；而这同时也就意味着，它在现代社会不再是正义的。这恰恰是孟子儒学原理的体现。④ 按照儒学原理，现代社会伦理绝非以核心家庭为本位的血亲伦理，而是以个体为本位的社会伦理。

个体伦理并不是对家庭伦理的否定，两者并不构成对立关系。事实上，在现代社会，个体伦理恰恰是对家庭伦理的支持。即以爱情－婚姻－家庭问题而论，现代核心家庭的成立基于夫妻双方的婚姻契约，这种契约关系又基于由双方的爱情所导致的信赖，而这种爱情关系则又基于双方独立自主的个体地位。反之，前现代社会通常是没有真正的爱情的，"男欢女爱"并非现代意义的"爱情"。这是因为爱情的基础是男女双方独立自主的个体性，然而这种个体性在宗族社会和家族社会中是不存在的，所以我们看到的历史事实是：前现代社会的婚姻通常是宗族之间或家族之间的联姻，遵行"父母之命，媒妁之言"的规范程序，而非男女个体之间由爱情而自由结合的结果。

这也包括"道德"问题。现代社会有一个突出的特点：在"私德"问题上，普通公民享有较大的道德空间，这是基于现代性的"自由"价值观念的，即私人领域（private）与公共领域（public）的划界（严复所谓"群己权界"）⑤。然而人们对立法者、政治家等公共人物，则有较高的"私德"要求，因为他们的私人动机及其行为后果往往直接关乎公共领域的社会规范及其制度的公正性与公平性，即正义性。

5. 关于政治体制

前现代的政治体制是君主政治，即王权政治或皇权政治；而现代性的政治体制则是

---

① 原文："樊迟问仁。子曰：'爱人。'"

② 原文："盖《征招》、《角招》是也，其诗曰：'畜君何尤?' 畜君者，好君也。""好君"意谓"爱君"。

③ 刘清平：《论孔孟儒学的血亲团体性特征》，载《哲学门》第1卷第1册，湖北教育出版社2000年版；《美德还是腐败?——析〈孟子〉中有关舜的两个案例》，《哲学研究》2002年第2期。

④ 黄玉顺：《孟子正义论新解》，《人文杂志》2009年第5期。

⑤ 严复将约翰·密尔的《论自由》译作《群己权界论》，可谓深得现代"自由"价值观念之要领。

民权政治，亦即民主政治。① 这也是与生活方式和社会主体的转换相一致的。然而当今有一部分儒者居然反对民主政治，宣扬所谓"王道政治"，实在滑天下之大稽：所谓"王道"是与春秋时期诸侯争霸的"霸道"相对而言的，就其本义而论，连帝国时代的皇权政治都不在其范围，仅指宗族时代的王权政治而已。

6. 关于治理方式

在中国，王权时代的治理方式是贵族共和。所谓"共和"并不仅有"周召共和"那样的"虚君共和"②，而是以"实君共和"为常态的，颇类似于柏拉图所谓"共和国"（republic）（通译为"理想国"），作为天下共主的"王"并不是"乾纲独断"的专制独裁，这一点在《尚书·周书》中是非常明显的。到了帝国时代或皇权时代，才有了所谓"专制"，然而就其治理方式而论，则是宰辅制度，皇上其实并不那么"自由"。至于现代国家的治理方式，尽管有时也会采取直接民主的形式，例如偶尔的全民公决（但要注意与民粹主义相区别），但常态是间接民主，即代议制。

7. 关于国家体制及世界秩序

中国历史上经历了列国时代（王权时代）和帝国时代（皇权时代），如今则是国族时代。"国族"（nation）既非前现代的"民族"（ethnic/nationality），也非贯通古今的"国家"（state）概念，而是一个现代性的概念。因此，说"中国是一个多民族国家"是很荒诞的，因为前现代意义的"多民族"（nationalities）与现代性意义的单一"国家"（国族，nation）是矛盾的。

现代世界秩序亦非古代的"天下"秩序，而是国族之间的国际秩序。这种世界秩序同时实行着两条政治规则、"双重标准"，即民主规则和实力规则。因此，最具实力的国族成为现代"帝国"，通过经济、政治、军事手段掌控世界秩序，谓之"帝国主义"。这虽然与古代"天下主义"具有形式上的类似性，但却存在着本质区别，即前现代与现代性的区别。以国族为基础的这种世界秩序所存在的上述问题，表明国族本身是存在问题的，并非人类社会的终极理想。至于未来的超国族时代（supranational age）及其观念上的超国族世界主义（supranational cosmopolitism）或超国族主义（supranationalism）前景如何，则不在本文的讨论范围之内。这里只想指出：如今某些儒者鼓吹的国族主义（nationalism 旧译"民族主义"）的"天下主义"恐有帝国主义之嫌，值得反思。

8. 关于政治主权者

"主权"（sovereignty）这个词是由前现代借用而来的，它与"君权"是同一个词（但"朕即国家"之"朕"其实并不代表他本人，而是王族或皇族的代表）。然而，与社会主体的转换相一致，现代社会的主权者不再是王族、诸侯或皇族，而是公民。这里尤须指出的是，国家或政府绝非主权者；主权者是公民，国家只是在操作的意义上经公民授权而代行主权，这就犹如一个公司的法人代表并不就是这个公司的所有权人，所有权人乃是股东。

---

① 现代威权主义（modern authoritarianism）和极权主义（totalitarianism）都只是走向现代性过程中的一种变异形式，这是应当另文讨论的问题。

② 参见黄玉顺：《制度文明是社会稳定的保障——孔子的"诸夏无君"论》，《学术界》2014 年第 9 期。

9. 关于核心价值观念

上述分析已经充分表明,现代社会的核心价值观念并不基于宗族或家族那样的集体,甚至也不基于现代核心家庭这样的集体,当然也不基于"企业单位"和"事业单位"这样的集体,而是基于个体(individual),这就是"人权"观念,所以宪法才特别强调"国家尊重和保障人权"[①]。而人权之"人"(human)并不是作为集合名词的"人民"(people),更不是乌合的"大众"(mass),而是个人(person)。唯其如此,诸如"自由""平等""民主""法治"这样的观念才必须被列入核心价值观,因为这些观念无不基于"人"之"人权"。

然而一些儒者反对这些现代价值观念,斥之为"西方"的"个人主义",这也是值得警惕的。这里特别要指出这样一种思维方式:以"中西之争"来掩盖"古今之变",将历时性问题偷换为共时性问题,以此抗拒现代文明。这样的"儒家"绝非真正的儒家,至多不过是原教旨主义的儒家。真正的儒家必须也能够解答上述现代性生活方式中的问题,这就是儒学的现代性。

(三)现代生活方式的观念效应

上文所提到的现代性核心价值观念,实际上是现代性的生活方式在观念上的必然反映。一个时代的观念,乃是那个时代的生活方式的产物,这是因为:观念是人的主体性的创造;有怎样的生活方式,才会有怎样的人的主体性。较之前现代的社会主体,即宗族或家族,现代性的社会主体是个体,这是因为在现代性的生活方式中,社会生活的行为者都是个体性的:人们以个人的身份参与社会经济生活,如求职与任职,他们并不代表家庭,而只是作为个体的职场人员;人们也是以个人的身份参与政治生活的,如选举与被选举,他们也不代表家庭,而只是作为个体的公民……这一切必然在观念上体现出来,那就是个体主义。

学界有一种误解,以为西方现代的个体主义是基于基督教传统的,似乎西方早在中世纪就是个体主义的了。然而事实正相反,西方古代与中国古代一样是家族集体主义的,家族利益与家族荣誉高于一切。个体主义的兴起是与西方的现代化过程、文艺复兴和启蒙运动等密切联系在一起的。以基督教而论,正是经过马丁·路德等人的宗教改革(religious reform),才从教会的集体主义转变为了教徒的个体主义,这就是马克斯·韦伯所谓"新教伦理"(protestant work ethic)[②]。

与西方宗教改革具有同等性质的观念变革,也已发生在儒学内部,即本文第一节所叙述的儒学现代化的历史。儒学的这种自我变革,是符合儒学原理的。然而今天一些儒者将儒学与个体主义对立起来,从而导致对一系列现代价值观念的否定,这对于中国走向现代性、实现现代化来说是极其错误的思想倾向,同时也不符合儒学原理。

三、儒学现代性的学理依据:儒学基本原理的澄清

所谓"儒学",可以是复数的概念,即自孔子之后"儒分为八"以来,出现过各种

---

① 见《中华人民共和国宪法》第三十三条。
② 马克斯·韦伯:《新教伦理与资本主义精神》,阎克文译,上海人民出版社 2012 年版。

各样的儒学历史形态,同一历史时期也往往存在着旨趣各异甚至大相径庭的儒家学派。但我们这里所要讨论的作为"儒学原理"的"儒学"则是单数的,即古今中外所有儒学的共同原理。① 这些原理已经被遗忘或遮蔽了,亟须重新加以揭示。

(一)正本清源:关于儒学的若干误读

对儒学原理的遮蔽与遗忘,导致了关于儒学的种种误读,这里仅以儒学核心范畴"仁义礼智"为例,以见一斑。人们通常将"仁义礼智"理解为"儒家伦理"或"道德"。这种观念源自朱熹,他将《孟子·公孙丑上》的"四端"与《周易·乾文言》的"君子四德"(元亨利贞)联系起来,并附会以理学的观念,提出:"元者……于人则为仁,而众善之长也;亨者……于人则为礼,而众美之会也;利者……于人则为义,而得其分之和;贞者……于人则为智,而为众事之干。"②

这样的"四德"观念其实是讲不通的。所谓"德"是什么意思?在传统儒学中,"德"只有形上与形下两种用法,形上之德谓之"德性",形下之德谓之"德目"(道德条目)。而这两者其实是矛盾的:"四德"究竟是形上的东西,还是形下的东西?

所谓"德性",尽管是形上的观念,却也有两种截然不同的理解。程朱理学的"德性"是先天的(apriori)或先验的(transcendental),即是"天理",亦即所谓"性即理"(《二程集》)③。但这其实并非孟子的原意,孟子所谓"性"并非人们所误解的先天或先验的东西。他讲"仁义礼智根于心"(《尽心上》),然而此"心"却是"恻隐之心"等"四端"情感(《孟子集注·公孙丑上》)(朱熹也承认这是"情"而非"性"④)。此"情"萌生于"乍见孺子将入于井"之类的生活情境,须经过"扩而充之"(《公孙丑上》)、"先立乎其大者"(《孟子·告子上》),才被确立为形上的"德性",这体现了轴心时代建构形而上学的过程。孟子的观念是符合汉语"性"之本义的,如许慎讲:"德"作为"得"的同源词,意谓"行有所得"(《说文解字》)⑤,即是在行为、践行、生活中获得的东西。后来王夫之"性日生而日成"(《尚书引义·太甲二》)的观念,与此吻合。总之,"仁义礼智"尽管后来被确立为形上德性,但其本源却是自然而然的生活情感。

所谓"德目",亦即道德条目,是说的形下的伦理规范。将"仁义礼智"一概视为形下的伦理道德规范,这也是片面的。如上所述,儒家所谓"仁义礼智"皆发端于生活情感,即便在接下来的思想建构中,它们也是处在不同的理论层面上的。在儒家话语中,所有一切形下的伦理道德规范及其制度安排,统谓之"礼",例如一部《周礼》,就是一整套伦理规范建构及其制度安排。⑥ 由此可见,凡"礼"之外的"仁""义""智"均非伦理道德规范的范畴。事实上,"仁义礼"乃是一个立体的思想理论结构系统(本

---

① 儒学也有"中外"之分,不仅存在着韩国儒学、越南儒学等,还有美国的波士顿儒学、夏威夷儒学之类,参见蔡德贵:《试论美国的儒家学派》,共识网(www. 21com. net)。

② 朱熹:《周易本义》,上海古籍出版社 1987 年版。

③ 程颢,程颐:《二程集》,中华书局 1981 年版。

④ 朱熹:《孟子集注·公孙丑上》卷三:"恻隐、羞恶、辞让、是非,情也;仁、义、礼、智,性也。"见朱熹:《四书章句集注》,中华书局 2012 年版。

⑤ 许慎:《说文解字》,大徐本,中华书局 1963 年版。

⑥ 黄玉顺:《"周礼"现代价值究竟何在——〈周礼〉社会正义观念诠释》,《学术界》2011 年第 6 期。

文暂不论"智"），这就是下文将要揭示的儒学原理。

（二）追本溯源：儒学的思想视域问题

上文谈到，现代新儒学"内圣开不出新外王"。从思想方法上看，这是由于他们仍然停留于"形上－形下"的思想视域（horizon of thought），而缺乏某种本源性的视域。上文也谈到，自轴心时代以来，哲学形而上学形成了一种"形上－形下"的思维模式。这种模式无法回答，甚至根本没有意识到"存在者何以可能"的问题：不仅"形而下者"，而且"形而上者"何以可能？本源性的思想视域是说：这些存在者皆源于存在；而存在——先在于任何存在者的存在，就是生活及其原初本真的情感显现，在原典儒学中，那就是生活情境中显现出来的仁爱情感。唯其如此，儒学以仁爱情感为所有一切的大本大源，此即"不诚无物"①：假如没有真诚的仁爱情感，一切存在者都不存在。正是在这样的本源视域中，儒家建构起自己的一套原理。现代新儒学的"内圣"指向形而上者，其"外王"指向形而下者。但这两种存在者、先验的"两层存有"，皆须为之赋之以奠基的存在——生活的观念，皆须为之赋之以开源辟流的生活情感的观念，否则便是无本之木、无源之水。

（三）儒学原理：儒学的观念层级建构

我经常讲："儒家没有新的，然而儒学是常新的。"所谓"儒家没有新的"，是说儒家总是以仁爱论万事，否则他就不是儒家了；所谓"儒学是常新的"，是说儒家的具体学说、思想理论、学术形态总是随历史时代而推陈出新的，一时代有一时代之儒学，故有王权时代之儒学、皇权时代之儒学、民权时代之儒学。然而万变不离其宗，"吾道一以贯之"（《里仁》），这些不同的儒学形态蕴含着一套共同的原理；儒学之所以能够"日新"（《大学》），也是由于这套原理。这套原理包含许多范畴，形成一套复杂的理论结构。这里限于篇幅，仅讨论其核心结构，即"仁→义→礼"的结构。

1. 礼：社会规范及制度

众所周知，"礼"是儒家的关切所在；换言之，儒家所关注的是社会群体生存秩序，亦即社会规范及制度。然而，关于儒家的"礼"，人们存在着严重的误解。诚然，一个人生活在社会上，必须遵守社会规范，否则便无以立足，所以孔子讲"立于礼"（《泰伯》）、"不学礼，无以立"（《季氏》）、"不知礼，无以立"（《尧曰》），要求人们"克己复礼"（《颜渊》）；一个社会群体也必须建立一套社会规范，合则"无礼则乱"（《泰伯》），所以孔子强调"为国以礼"（《先进》）、"齐之以礼"（《为政》）。但如果仅限于这样理解"礼"，那就很成问题了。试问：假如既有的社会规范及制度本身就不正当，或已不合时宜，"礼"不合"理"，难道人们也应当遵守吗？例如，现代人还应当遵守"君为臣纲，父为子纲，夫为妻纲"的规范吗？还应当遵守"在家从父，出嫁从夫，夫死从子"的规范吗？原教旨主义儒家的一个根本失误，就是将过去既有的"礼"视为儒学凝固不变的根基。

这就是正义论问题，即社会规范及制度是否正义的问题。儒家严格区分两种不同的

---

① 《礼记》，《十三经注疏·礼记正义》，中华书局 1980 年版。

正义，即行为正义和制度正义。行为正义：唯有遵守社会规范及制度的行为才是正义的行为，所以应当"非礼勿视，非礼勿听，非礼勿言，非礼勿动"（《颜渊》）。但是，遵守制度规范是有前提的，那就是这个制度本身是正义的制度。此即"制度正义"问题。人们没有服从暴政、遵守恶法的义务。这才是孔子关于"礼"的根本思想——"礼有损益"。他指出："殷因于夏礼，所损益可知也；周因于殷礼，所损益可知也；其或继周者，虽百世可知也。"（《为政》）这就是说，三代之礼是不同的，将来之礼也将会是不同的。所谓"损益"，是指在生活方式发生变化的情况下，对既有的礼制体系，应当去掉一些旧的规范（损），增加一些新的规范（益），从而形成一套新的礼制。

这是孔子的伟大思想之一。孟子称孔子为"圣之时者"（《万章下》），实基于此。显然，按照孔子"礼有损益"的思想，宗族时代的制度经过损益变革而转为家族时代的制度，家族时代的制度经过损益变革而转为国族时代的制度，这是天经地义的。问题在于：我们根据什么来进行损益？制度变革的价值尺度是什么？这就是"义"，即正义原则。所以，孔子指出："义以为质，礼以行之。"（《卫灵公》）"义"是为"礼"奠基的价值原则。这就构成了儒学原理中最核心的理论结构"义→礼"，即正义原则→制度规范。

2. 义：正义原则

所谓正义原则，就是据以进行社会规范建构及制度安排的价值原则。这在中国话语中叫作"义"，荀子甚至直接谓之"正义"[1]。所以，人们用汉语"正义"来翻译西语"justice"。符合这种价值尺度的制度规范就是正义的，反之就是不正义的。因此，人们遵守制度规范，本质上是遵从正义原则。例如，即便在宗法社会的君臣、父子的伦理关系中，人们应当遵从的其实也不是君、父，而且也不仅是当时的伦理政治规范，而是其背后的正义原则，故荀子明确地说："从道不从君，从义不从父。"（《荀子》）[2]

与"礼"（制度规范）的损益性不同，"义"（正义原则）具有普遍性，古人谓之"通义"，这是因为"义"或"justice"仅仅意味着一系列抽象化的、原则性的判断：公平的、公正的、正当的、恰当的、适当的、适宜的……这些语义涵项可以分为两类：正当、适宜。因此，儒学原理的正义原则包含两条：

（1）适宜性原则。社会规范建构及制度安排必须具有适宜的效果，即适应于一个社会群体的基本生活方式。此即《中庸》所谓"义者，宜也"。唯其如此，宗族社会有宗族性的制度规范，家族社会有家族性的制度规范，而现代社会有现代性的制度规范，因为这些社会形态各有其特定的生活方式。

（2）正当性原则。社会规范建构及制度安排必须出于正当的动机。故孟子说："义，人之正路也。"（《离娄上》）何谓正当动机？在儒家看来，那就是仁爱。这样一来，我们就得到了儒学原理的这样一个核心结构：仁→义→礼，即仁爱精神→正义原则→制度规范。

---

① 黄玉顺：《荀子的社会正义理论》，《社会科学研究》2012年第3期；《中国社会科学文摘》2012年第8期转载。

② 《荀子》：王先谦《荀子集解》，《新编诸子集成》本，中华书局1988年版。

3. 仁：仁爱情感

在社会规范建构及制度安排中，是否依据正当性原则，即是否要求仁爱的动机，这是中国正义论与西方正义论之间最根本的区别之一。这涉及如何准确理解、全面把握儒家"仁爱"观念的问题。反儒人士认为，儒家所谓"仁爱"就是"差等之爱"，因此，儒家的制度规范就是基于血亲伦理的东西，这样的制度规范当然就是不公平、不公正的，因为它必然更有利于立法者及其亲近者。而可悲的是，许多儒家人士也认为儒家的"仁爱"就是"差等之爱"，儒家的伦理就是以家庭亲情为基础的伦理。双方都不明白，儒家的"仁爱"观念固然承认"差等之爱"的生活情感，但却并不以此为制度规范建构一般性原则。恰恰相反，正当性原则所要求的是"一体之仁"，即对"差等之爱"的超越，这也就是儒家"恕道"在伦理与政治领域的贯彻：在建构或选择制度规范时，应当"己欲立而立人，己欲达而达人"（《雍也》）、"己所不欲，勿施于人"（《卫灵公》），例如孟子所讲的"老吾老以及人之老，幼吾幼以及人之幼"（《梁惠王上》）等。

当然，应当承认，儒家在历史上的制度规范建构，确实与家庭伦理有密切关系。但是，那并不是以"差等之爱"为原则的结果，而是适宜性原则的要求，即正当性原则与适应性原则相匹配的结果：在前现代的宗法社会生活方式下，正当而适宜的制度规范必定是与宗法伦理一致的。然而这恰恰意味着，在现代性的生活方式下，正当而适宜的制度规范绝不是基于宗法伦理或家庭伦理的设计，而只能是基于现代权利观念的设计。这一切正是儒学原理的要求。

正是由于上述儒学原理，儒学才必定在中国社会现代转型中获得现代性；换言之，现代性乃是儒学原理的必然蕴涵。当然，儒学现代性的展开、儒学的现代化，这个历史进程尚未完成，我们还"在路上"。不仅如此，人们还时不时地误入迷途，例如前述当代儒家中的一些危险倾向。

儒学"华夷之辨"的文化宽容精神及其负面观念反思

杨翰卿

（西南民族大学　马克思主义学院）

摘　要：孔子儒学的夷夏观念某种程度上是舍弃了地域、种族、习俗意义上的华夷区分，而以"礼"作取舍：有"礼"即是"华"，无"礼"即是"夷"，这是孔子儒学"华夷之辨"中为华夷民族融合创造广阔空间的深刻思想内容，蕴含着"礼"分"华""夷"的文化宽容精神。孔子之后的儒学在夷夏关系上，具有两个理论方向上的发展：一是以《中庸》为代表的沿着孔子所基本倾向的儒学或礼义文化与"四夷"民族学养精神双向性良性互动为至思取向；二是以孟子和《春秋》三传为代表的"用夏变夷"，甚至亲夏疏夷、褒夏贬夷的观念取向。这个方向的理论推展实际上是对孔子双向性良性互进精神的一种偏向性的增益，却也是由于后世社会史实或儒家某种理念的渗入而在一定意义上被强化了的倾向。

关键词：儒学；华夷之辨；文化宽容

以历史形成的我国多民族关系为社会基础，儒学在创始发展的原初形态之下，于我国少数民族以氏族部落或氏族国家存在的原始思维或观念发生中，处于关系探索和建构奠立的时期。儒家思想中的"华夷之辨"既反映了对这种关系的关注，也蕴含着积极眷顾和某种优越意识等复杂的文化内容，同时形成了之后我国少数民族精神文化和哲学思想萌芽成长受儒学传播影响的重要观念格局。

一、孔子儒学"礼"分华夷的文化宽容精神

孔子儒学形成之前，夷夏关系主要反映在《尚书》《国语》《礼记》《周礼》等先秦典籍中记载的内外服、五服乃至九服九畿制度，如蛮夷要服、戎狄荒服等。夏商周时期的这种内外服、五服或九服九畿制度是历史形成的，显示着以中原王权为核心的华夏族与周边诸多民族（种族、部落氏族）政治的、经济的乃至军事的和思想观念之间的关系。这种关系至少蕴含着三种层次：一是通过这样的政治制度建构，确立彼此之间的关系；二是这种关系实际上得到了分布在华夏（中原）以外周边区域的诸多氏族部落或氏族国家的认可和施行，尽管有时或有的氏族（国家、部落、民族）共同体有违背或不遵从这种关系的情况发生；三是这种关系由于政治的、经济的、社会的和思想文化观念因素等作用而体现着轻重高下、优上与臣服、尊贵与卑贱等的差别。这是贯穿先秦儒学创始形成和发展始终的社会历史面貌。这种夷夏关系实际上奠定了儒家文化"华夷之辨"

的基础前提。先秦儒家的"华夷之辨",既孕育了儒学与我国少数民族精神文化思想观念之间发生、发展的关系,也蕴含着宽容原则与褒贬评价等复杂内容。

孔子儒学的"华夷之辨",就其辨分华夏与四夷之差异的认知意义上研判,显然具有地域、种族、文化三项意涵。地域上,大体而言,四夷是在诸夏以外的边远区域,多为自然条件较差的狩猎、游牧地带。论种族,中原诸夏各国,是夏、商后裔和周的封国,较之四夷之地,相互间自然有较密切的血缘关系,比较容易在文化认同的条件下形成超越种族、氏族(封建国家)的民族认同。最重要的是文化差异。孔子说:"殷因于夏礼,所损益,可知也;周因于殷礼,所损益,可知也。"[①] 夏、商、周的文化尽管各有特色,但始终存在继承和发展的关系。到了孔子儒学形成的时代,中原华夏地区承接的已经是兼有连续性和一体性的三代文化积累了,所谓"三代之礼,一也"[②]。这是在已较发达的农耕经济基础上逐渐形成的有成熟、丰富内容的"礼"文化,是四夷那种社会发展阶段、生存环境所不具备的。

孔子儒学的夷夏观念在某种程度上是舍弃了地域、种族、习俗意义上的华夷区分,而以"礼"作取舍:有"礼"即是"华",无"礼"即是"夷"。这同时也是孔子儒学"华夷之辨"中为华夷民族融合创造广阔空间的深刻思想内容。从《论语》中涉及华夷关系的孔子论述和《礼记》中记载的某些孔子言行来分析,孔子儒学所体现的这种夷夏观念中深刻的精神意蕴大致有:其一,承认华夷在精神文化上的明显差异。如孔子说:"夷狄之有君,不如诸夏之亡也。"[③] 后世学者对于孔子此语具有不同的疏解,分别见于魏何晏《论语集解》之梁皇侃《疏》和宋邢昺《疏》。皇《疏》谓:"此章为下僭上者发也。……言……周室既衰,诸侯放恣,礼乐征伐之权不复出自天子,反不如夷狄之国尚有尊长统属,不至如我中国之无君也。"[④] 邢《疏》谓:"此章言中国礼义之盛而夷狄无也。……夷狄虽有君长,而无礼义;中国虽偶无君……而礼义不废。"[⑤] 如果根据邢《疏》,则孔子是肯定了夷夏在礼义文化上的重大差异的。其二,忽略地域、种族、习俗意义上的华夷之辨,或者说尊重这种华夷差异,并试图改善、扭转甚至消除精神文化上华夷差异的平等思想意识。《论语·子罕》载:"子欲居九夷。或曰:'陋,如之何?'子曰:'君子居之,何陋之有?'"[⑥] 孔子还曾说:"道不行,乘桴浮于海。"[⑦] 从孔子对于自己政治理想、道德理想不能实现而感到失望的心情流露中,从其欲居九夷并说"君子居之,何陋之有"的态度中,可以解读出,尽管其他人认为"九夷"是无文明的甚至野蛮的"陋"地,但孔子坚信如果君子居之,自然会以礼义改造之、感化之,就会不再是野蛮"陋"地,礼义能使一个地域由"夷"变"夏"、由"野陋"转化为"文明"。孔子在礼义、文明的精神平台上,似无"华"之于"夷","唯上知与下愚不移"的思想观念,

① 《论语·为政》,朱熹撰:《四书章句集注》,中华书局,2011年。
② 《礼记·礼器》,《十三经》(全一册),中州古籍出版社,1992年。
③ 《论语·八佾》,朱熹撰:《四书章句集注》,中华书局,2011年。
④ 皇侃撰:《论语义疏》,中华书局,2013年。
⑤ 邢昺撰:《论语注疏》,阮元校刻:《十三经注疏》(下册),中华书局,1980年。
⑥ 《论语·子罕》,朱熹撰:《四书章句集注》,中华书局,2011年。
⑦ 《论语·公冶长》,朱熹撰:《四书章句集注》,中华书局,2011年。

而且蕴含着夷狄同样具有可以成为礼义文化、文明之地的可能性。其三，"礼"分"华""夷"的文化宽容精神。《礼记·檀弓下》载有春秋时吴国公子季札礼葬其长子及孔子的评价一事："延陵季子适齐，于其反也，其长子死，葬于嬴、博之间。孔子曰：'延陵季子，吴之习于礼者也。'往而观其葬焉。其坎深不至于泉，其敛以时服。既葬而封，广轮掩坎，其高可隐也。既封，左袒，右还其封且号者三，曰：'骨肉归复于土，命也，若魂气则无不之也，无不之也。'而遂行。孔子曰：'延陵季子之于礼也，其合矣乎！'"[1] 延陵季子即季札，是吴国的公子。吴国在春秋时被视为夷狄之国，所以吴国人也是夷人。但季子早年有让国的仁义行为，表现过很高的周文化修养，故孔子评品他是"吴之习于礼者"。晚年，季子在访问齐国的归途中，埋葬随行的长子。他让死去的儿子穿着平时的衣服，坟墓不深、不广、不高，简朴而合乎节度；他左袒、三号，葬仪既有哀戚之情，又有理性之智。在孔子看来，这些都是"合于礼矣"。"孔子对夷人季札的赞许，也显现了儒家'华夷之辨'中内蕴有的一种宽容原则：即使是夷狄之人，只要有'礼'的精神与行为，也就是君子、是贤人，在这里不存在'华'与'夷'的界限。"[2]其四，相信"四夷"民族是能够受到礼文化的吸引从而认同、接纳和融摄之并提升其文化水准的，具有充分尊重、信任、礼敬"四夷"民族的高尚情怀。如《论语·子路》篇载樊迟问仁，子曰："居处恭，执事敬，与人忠，虽之夷狄，不可弃也。"[3]《论语·卫灵公》载子张问仁，子曰："言忠信，行笃敬，虽蛮陌之邦，行矣。言不忠信，行不笃敬，虽州里，行乎哉？"[4] 孔子的这种"之夷狄，不可弃""蛮陌之邦，行矣"，都表达了"四夷"民族可以成为礼义文化之邦，即"夷"变为"华"，如果"言不忠信，行不笃敬"，"华"亦可能变为"夷"。在这样的思想基础上，孔子之后的《中庸》记载："素夷狄，行乎夷狄。"至此，就不仅是"用夏变夷"，而是蕴涵有"变于夷"的文化倾向了。

二、孟子及《春秋》三传"用夏变夷"负面观念反思

孔子之后的先秦儒学在夷夏关系上，应该说具有两个理论方向上的发展变化：一是如上所述，以《礼记》或说以《礼记》之《中庸》等为代表，沿着孔子所基本倾向的儒学或礼义文化与"四夷"民族学养精神双向性良性互动为至思取向；二是以孟子和《春秋》三传为代表的"用夏变夷"甚至亲夏疏夷、褒夏贬夷的观念取向。这个方向的理论推展实际上是对孔子双向性良性互进精神的一种偏向性的增益，却也是由于后世社会史实或儒家某种理念的渗入而在一定意义上被强化了的倾向。孟子说得非常明确："吾闻用夏变夷者，未闻变于夷者也。"[5] 孟子列举楚国陈良悦习周公、仲尼之道而成为豪杰之士、楚之儒以证之。他说："陈良，楚产也。悦周公、仲尼之道，北学于中国。北方

① 《礼记·檀弓下》，《十三经》（全一册），中州古籍出版社，1992年。
② 崔大华著：《儒学的现代命运——儒家传统的现代阐释》，人民出版社，2012年。
③ 《论语·子路》，朱熹撰：《四书章句集注》，中华书局，2011年。
④ 《论语·卫灵公》，朱熹撰：《四书章句集注》，中华书局，2011年。
⑤ 《孟子·滕文公上》，朱熹撰：《四书章句集注》，中华书局，2011年。

之学者，未能或之先也。彼所谓豪杰之士也。"① 并谴责同为楚人的农家许行为"南蛮鴂舌之人，非先王之道"，孟子对于本为陈良之徒的陈相、陈辛等背弃陈良儒学而学许行深感匪夷所思，认为："吾闻出于幽谷迁于乔木者，未闻下乔木而入于幽谷者。《鲁颂》曰：'戎狄是膺，荆舒是惩。'周公方且膺之，子是之学，亦为不善变矣。"② 孟子的论述所潜蕴的寓意即是只有"用夏变夷"，而不可能"变于夷"，若"变于夷"就只能是"为不善变矣"，即越变越不善了。这种观念取向是儒家经典中"蛮夷猾夏"（《尚书·舜典》）、孔子"裔不谋夏，夷不乱华"（《左传·定公十年》），以及《诗·鲁颂》"戎狄是膺，荆舒是惩，则莫我敢承"等论述中所依稀潜存着的道德评价立场的显化。其实，对于孔子的"裔不谋夏，夷不乱华"的基本意义，或许应该作"夷"之"不曾""不能""不应""不该"谋夏""乱华"理解的，因为此语是孔子在齐鲁夹谷之会时反复强调这一定不是齐君本意的情况下所阐明的。

儒家的"华夷之辨"，在其辨析华夏与四夷之差异的认知中，无疑内蕴有美恶的情感宣泄和有褒贬的道德评价，这是因为在华夷的差异中同时也产生和存在着对立、冲突，历史的事实是既有强悍而处于困苦环境下的四夷向较富裕、丰腴的华夏地区不时发动骚扰、入侵、掠夺的情况，也有诸夏之国对四夷的扩张、吞并的情况。正是华夷间的这种对立与冲突，加以文化发展水平高低的差异，使先秦儒家滋生了对"夷"甚深的隔膜和轻蔑，形成了"华夷之辨"中褒夏贬夷的情感倾向和评价定势。这种道德立场，在先秦诠释《春秋》的"三传"中表现得最为突出，特别是《春秋公羊传》《春秋穀梁传》，更是将"内诸夏而外夷狄"（《春秋公羊传·成公十五年》），即亲夏疏夷、褒夏贬夷视为《春秋》最主要的书法原则。如《公羊传》说："不与夷狄之获中国也。"③《春秋穀梁传》曰："不使夷狄为中国也。"④ 类似的表述还有很多，表现了《春秋公羊传》《春秋穀梁传》在"华夷之辨"中十分明确的内外、亲疏、褒贬立场。当然，《春秋》"三传"中，在其对《春秋》记事的书法分析中，被更鲜明地凸显出来的，还是儒家"华夷之辨"中以"礼"来判分"华""夷"的原则，即显示为：合礼者，是夷狄亦中国之；失礼者，是中国亦夷狄之。就是说，孔子儒学中"华夷之辨"所蕴含着的一种宽容原则，或者说"礼"分"华""夷"深刻的精神内涵，及其在"礼"和"霸"两种至思方向上所可能的跟进，在《春秋》"三传"中都得到了显化或强化。

因此看来，先秦儒学"华夷之辨"中包含着的对于华夷差异的判定及其中明显寓有褒贬的道德评价，既映现着也支持着华夏族与"四夷"民族在漫长的融合过程中发生的对立、冲突。应该说，这是历史上儒家"华夷之辨"的一个比较显现的方面，也是将华夷界限以地域、种族、文化作明确区分的严格的方面。本文将这个方面视为儒家"华夷之辨"中所体现着的"霸"的关系意涵，其对于历史上中华各民族的文化交融主要起着消极作用，应否弃。但是儒家"华夷之辨"还有一个宽容的方面，即舍弃地域、种族、习俗意义上的华夷区分，以"礼"作取舍：有"礼"即是"华"，无"礼"即是"夷"，

---

① 《孟子·滕文公上》，朱熹撰：《四书章句集注》，中华书局，2011年。
② 《孟子·滕文公上》，朱熹撰：《四书章句集注》，中华书局，2011年。
③ 《春秋公羊传·庄公十年》，《十三经》（全一册），中州古籍出版社，1992年。
④ 《春秋穀梁传·宣公十一年》，《十三经》（全一册），中州古籍出版社，1992年。

这是"华夷之辨"中为华夷民族融合创造广阔空间的深刻方面①，甚至说是一个能包容并消化华夷差异的方面，这里我们也据此称之为二者关系的"礼"的方面，其对于我国历史上少数民族先民的观念提升、文化进步具有促进作用。春秋时被视为夷狄之国的吴国公子季札"习于礼"，其行为"合于礼"；战国时楚国陈良"悦周公、仲尼之道，北学于中国"。这些均表明春秋战国时被视为"夷"族的吴楚对"礼"文化和周公、仲尼之道的认同和接纳。另据《论语》《庄子》《史记》载有楚国叶公子高问政于孔子、与孔子讨论"父子相隐"以及出使齐国前向孔子请教之事，楚昭王欲"以书社地七百里封孔子"，这些史实为孔子以及先秦儒家相信"四夷"民族能够受到"礼"文化吸引，进而认同、接纳、融摄并提升其文化水准提供了凭据，为儒家"华夷之辨"所内蕴的一个深刻方面的意涵，即舍弃种族、习俗、地域的观念，而以"礼"分"华""夷"的文化层面的宽容原则，奠定了历史基础。

当然，先秦时代的秦戎、楚蛮、吴越夷、北狄之"四夷"，在秦汉时都已逐渐全部或部分地与中原华夏之族融合，作为这种融合的重要标志，在汉代的历史典籍如《史记》中记载了他们对华夏祖先的认同，可以视为中原华夏民族在"三代之礼，一也"的完整意义上形成后，在与"四夷"之族经历了春秋、战国迄至秦统一的五六百年时间的磨合后，实现的一次具有塑造民族基本形态意义上的民族融合。经过这次融合，华夏民族已经打破了"中原"的地域限制。其后，在中国的周边，又不断有新的"四夷"种族部落或民族形成，当然华夷的差异亦仍然存在，对立和冲突也经常发生。但是，可以说民族融合、各民族共同团结进步、思想观念精神文化上的良性互动，始终是我国历史上的主体和主流。换言之，我国历史上的诸多民族之融合，何以能够成功？当然可以从不同的观察角度作出研判，但如果将民族融合视为是在一种由共同的价值观念、道德规范、语言文字、生活习俗等为内容的文化认同基础上实现的新的民族认同，那么，儒家思想、儒家文化无疑应是最重要的因素。"正是儒家思想的成熟、丰富内容和儒家文化的宽容性格，使华夏民族和其他民族都能跨越各自种族文化意义的多种差异所产生的心理障碍，形成可以相互容纳、融合的认同；正是儒家'华夷之辨'中的宽容原则和对文明的儒家'礼'文化的认同，构成了历史上已经实现了的民族融合过程的起点和终点。"②

① 崔大华著：《儒学的现代命运——儒家传统的现代阐释》，人民出版社，2012年。
② 崔大华著：《儒学的现代命运——儒家传统的现代阐释》，人民出版社，2012年。

从道德形上学透析现代新儒学与
中国现代哲学范式转型

——以唐君毅为中心

段吉福

（西南民族大学　马克思主义学院）

内容提要：现代新儒学在中国现代哲学范式现代转型的宏大背景下，以其成熟的理论体系、概念系统、话语转换、学术系谱和巨大的影响成为中国现代哲学范式转型的重要标志。现代新儒学所建立的道德形而上学思想体系集中彰显了中国现代哲学的基本精神和学术特征，突出展示了其理论成就。他们将儒家"净化"成心性之学，并吸收西方哲学的方法和内容，重建儒学道德的形而上学，以恢复儒家传统的本体和主导地位。现代新儒学相信天地宇宙对于人而言不是外在而是内在的，通过向内在的人格世界不断开拓，吾人自我就可以成就德性生命。他们不仅用心性本体论来反对西化派的科学主义人生观，而且进一步将其应用于中国现代化的实际问题，主张以儒家精神为体、西方文化为用，由内圣开出科学、民主的新外王，用人文价值观照科技成果的平衡发展。

关键词：哲学范式；现代新儒学；心性论；道德形上学

一

作为现代学术形态和学科化的"中国哲学"，是在西学东渐过程中，学者吸收西方哲学理论，借鉴其方法，逐步实现中国传统哲学现代转型的产物。现代哲学范式的建立标志着中国哲学学科的确立。中国现代哲学范式的转型带来了视域的拓展与诠释的多样性，从而也扩展着中国哲学理解与诠释的方式。现代新儒学在中国现代哲学学科之建立和哲学范式现代转型的宏大背景下，将儒学由意识形态转变为学术资源或知识形态，确立了它的现代形态，并以其成熟的理论体系、概念系统、话语转换、学术谱系和巨大的影响成为中国现代哲学范式转型的重要标志。因此，从特定时代建构民族文化表达式的角度，探讨现代新儒学在中国现代哲学范式转型中所确立的问题意识、价值取向、精神追求、理论创新及其概念和范畴系统、诠释方法，分析其哲学范式的特点，明确其在中国现代哲学中的理论与历史地位，揭橥其对中国哲学的反思与建构所具有的开拓意义，突出其哲学范式的转换和重建对中国哲学这种具有强烈现实关怀和价值追求的实践性理论的极端重要性，深化对中国哲学的体认，推进对现代新儒学的整体研究具有十分重要的意义。

第一，在引入、学习西方哲学的同时，继承、发展中国传统哲学，形成与传统有着内在联结性的现代性哲学话语，是中国现代哲学发展的一个重要方向。现代新儒学致力于传统儒学精神价值的弘扬、发掘和重构，自觉吸纳、融合、会通西学，肯定和尊重人类生命心灵，关注人类文化在现代化发展中所遭遇的普遍性问题，为重建人的意义世界和精神家园，开启了新途径，引进了新方法，提供了新观念。对其进行研究，有利于准确把握中国现代哲学范式转型的基本问题和作为特定时代建构民族文化表达式所做的努力，呈现其基本精神、学术特征及当代价值。

第二，中国现代哲学的演变与发展，形成了诸多具有现代理论色彩的哲学体系。其中，现代新儒学成就卓著，创立了新孔学、新唯识论、新理学、新心学、生命本体论、心灵九境论、道德的形而上学等哲学体系。它们以其深刻性、独特性、宏大性、创新性、由内而外的开放性等，无可争辩地成为中国现代哲学范式转型的典范，在本体论、认识论、道德论、价值论、文化观、逻辑分析方法、融会中西哲学等方面，实现了中国传统哲学的现代转化。对这些哲学体系进行整体研究，一方面有利于展示中国现代哲学范式转型的成就，揭示其丰富性与多样性；另一方面也有利于客观、准确地评价中国现代哲学范式，检省其得失。

第三，现代新儒学坚持中国文化的主位性，在采用西方哲学方法改变中国哲学形式、吸收西方哲学成果以充实中国哲学内容的同时，注意依据中国哲学固有原理、范畴、概念、命题、论断与观念来阐发问题，确立了儒学的现代形态，使之成为现代性哲学体系。这不仅标志着一种新的哲学范式的确立，更在于经由他们的努力，我们对中国传统哲学的"一本性"、中国传统哲学的本体论和宇宙论特色、思维方法有了更为通透的了解和体认。对现代新儒学以中国哲学民族性的强调来确立中国哲学的世界性努力的研究，有利于深化对中国哲学原理、本质、特征、主题及其内在系统的认识，丰富对中国哲学传统的理解，培育我们的哲学自觉，树立民族文化自信。

第四，在现代新儒家思想的深层，民族文化的薪火传承较之个体生命意义的终极托付占有更加突出的地位。他们确信，中国哲学的问题及其所体现的智慧，与西方哲学有所不同，这不仅不妨碍其为中国的"哲学"，而且正体现出它是"中国的"哲学。通过对现代新儒学在中国现代哲学范式转型中地位、意义和作用的研究，揭橥其建构的新的哲学形态以及建构程序上所负载着的厚重的历史诉求和文化密码，有利于我们对自身文化有更深层的理解，从而重塑民族精神象征，增强民族文化认同。

现代哲学范式转型过程中，现代新儒学所建立的道德形而上学思想体系集中彰显了中国现代哲学的基本精神和学术特征，突出展示了其理论成就，通过对它的分析，能比较准确地把握中国现代哲学范式转型与发展的脉搏。

二

现代新儒学是在 20 世纪 20 年代产生的以接续儒家"道统"为己任，以服膺宋明儒学为主要特征，力图用儒家学说融合、会通西学以谋求现代化的一个学术思想流派[①]，是为振兴和重建儒学而兴起的一种现代人文思潮。作为一种文化、哲学、社会思潮，现

① 方克立：《现代新儒学与中国现代化》，长春人民出版社 2008 年版。

代新儒学的崛起、形成、发展，就其总的精神向力而言，具有双重关怀：一是对世界文化的关怀，回应世界现代性问题，即解决 20 世纪普遍的意义危机问题，现代新儒家以其深刻的生命体验，去探求意义的真实，开显出一套以存在为进路的道德形上学。二是对中国现代性问题的一种回应，寻求民主科学建国的可能。也就是说，现代新儒家所面对的不仅是"人生问题"，而且有"中国问题"。即既要面对人生的意义和价值这类现代性问题，又要解决如何在中国实现科学与民主的现代化问题。它实际要回答的问题是：人类如何走出现代的精神危机？中国如何现代化？依靠什么来实现现代化？

现代新儒学的一条基本信念，就是认定近代中华民族的危机本质上是文化危机。他们认为，历史赋予现代新儒家的重大使命就是继承宋明理学家的事业，融汇中西，通过对儒家学说的现代诠释来振作民族精神，重建价值体系，特别是道德理想。用冯友兰的话来说就是："'为天地立心，为生民立命，为往圣继绝学，为万世开太平。'此哲学家所应期许者也。识我国家民族，值贞元之会，当绝续之交，通天人之际，明内圣外王之道者，岂可不尽所欲言，以为我国致太平，我亿兆安身立命之用乎？"① 从总体上看，这一文化派别的普遍理路，是采用与中国古代文化的源头接通的方式去重建价值系统。他们将文化的内核归结为哲学，故其精力大多集中于哲学领域。不过，他们之所谓哲学是本体论、伦理学、认识论三位一体的哲学，它深入到伦理—宗教的层面，希望以此直达人生之究竟。他们对于儒家价值的证明在很大程度上放弃了儒家的制度设计本身的合理性，而是将儒家"净化"成心性之学，并吸收西方哲学的方法和内容，重建儒学道德的形而上学，以恢复儒家传统的本体和主导地位，给传统心性论以新的论证从而彰显其价值。在东方与西方、传统与现代剧烈冲突与交流互动的背景下，用整个生命和全部心血护持着人类的文化理想、道德理性，积极参与、推动文明间的理解、沟通与对话，致力于中国传统生命智慧的掘发与承续，融通中西文化，在中国现代哲学史上树立起了独具特色的思想风标。

儒学的核心是心性之学，此心性之学"即论人之当然的义理之本源所在者"②，它重在良知觉醒。这种心性之学乃是以天道义理为心性的哲学，或者说是一种以道体—理的纯粹而贯通心性的哲学，也就是以天理说心性。它将天理这个宇宙原理贯通人心人性，使其具有天道义理的形而上学本质，成为义理之心、灵明之心、万化之原的本体存在，从而为现实的人生提供了一个理性的法则，一个灵明的觉处，一个身心的安顿处。在儒家的价值系统中，天、天命、天道等虽然是形而上的终极存在，但又内在于个体自我的心性之中，这样，道德主体和伦理本体紧密地统一起来，个体可由"下学"而"上达"，可由尽心知性而知天。强调道德主体从内在仁德本性出发而寻求生命的终极意义和宇宙的终极存在，从而达到为自我立命的目的。个体与终极存在的这种相连相通的关系，不仅使得作为道德主体的个体都具有形而上的主体意义，而且，作为形而上的本体也不是一个绝对超越而自在的终极存在，它还代表着每一个道德主体的自我存在。这

---

① 冯友兰：《三松堂自序》，生活·读书·新知三联书店 1989 年版。
② 牟宗三，徐复观，张君劢，唐君毅：《为中国文化敬告世界人士宣言》，载张君劢：《新儒家思想史》，中国人民大学出版社 2006 年版。

样，也从另一个角度证明了作为个体的自我存在与天、天命的终极存在之间的必然的内在联系。儒家心性论将道德力量的根源置于道德主体内在本质之中，不仅是对主体能动地位的高扬，也是对主体行为动力的一种确保。

与传统儒学一样，现代新儒学对人的问题的阐发主要通过对心性问题的探讨表现出来。现代新儒学突出人的德性的优先性、重要性，认为道德的本义就是人的德性品格以及建立在其上的自觉自律的道德行为，"内在德性的真实"，即人心人性是一切价值的根源，进而充分肯定人生意义与价值追求的重要性，认为人生的意义与价值在于实现人之所以为人的目的与本质。现代新儒学相信，从孔孟乃至宋明儒的心性之学"乃贵在能信者之主体之自觉一方面，而不只重在所信之客体被自觉的一方面"，故能"由重此中之能信之主体自觉，而重此主体之实践其所信，由行道而成德，以建立其为贤为圣之人格于天地之间"①。亦即它以人的道德实践为基础，同时随着人的道德实践的深入而逐渐深化。由于心性之学的实践性格，它依靠觉悟而生实践，依靠实践而更增觉悟，知行二者，相依共进。② 由于强调知行合一，故心性之学不可悬空去拟议其无限量，而只可落实于伦常日用，透过伦常日用的实践，无限的事物自然展现在我们面前，我们关切它、参赞（指人于天地自然间的参与和调节作用）它，以印证我们与天地万物实为一体。进而由此印证而论说此心此性同时即通于天，于是，人能尽心知性则知天，人之存心养性也就是事天。在他们看来，儒家心性之学强调实践之行与觉悟之知相依共进，认定外在的一切道德实践行为必根源于人的心性，而此心性即可以达天德、天理、天心而与天地合德，与天地参。正是在这个意义上，现代新儒学认为，"此心性之学，乃通于人之生活之内外及人天之枢纽所在，亦即通贯社会之伦理礼法、内心修养、宗教精神及形而上学等而一之者"③。

现代新儒学把心性之学看作中国传统思想的核心，是开发现代科学、民主事业的"内圣"根据。他们在整体上承袭了传统心性论，但是由于吸取了近代以来西方哲学的各种思潮，各具自身的理论特征，因此，在一定程度上反映了他们与传统心性论的区别。概括起来说，他们的心性本体论表现出了生命本体的创生原则、逻辑本体的理性原则、良知本体的道德形上学原则、仁学精神的价值原则。这四个原则又是相互联系、相互渗透的。现代新儒学利用中国传统的心性之学融合西方哲学，重建儒家天人合德的本体哲学，以及内外合用的理想政治、诚明能合的人性修养、知行合一的社会实践哲学，试图在传统与现代化之间架起一座桥梁，探索有中国特色的现代化道路。他们继承和发展了儒家心性论的道德理想主义和人文精神，把人的本质和自我价值说成是生命本体、理性本体、道德本体和价值本体，进而把人的本质说成是宇宙的本质，把自然界和人类社会中的一切现象都说成是主观精神或客观精神的产物。现代新儒学相信超越的天地宇宙对于人而言不是外在的而是内在的。通过向内在的人格世界不断开拓，吾人自我就可

---

① 唐君毅：《中华人文与当今世界（二）》，广西师范大学出版社 2005 年版。

② 牟宗三，徐复观，张君劢，唐君毅：《为中国文化敬告世界人士宣言》，载张君劢：《新儒家思想史》，中国人民大学出版社 2006 年版。

③ 牟宗三，徐复观，张君劢，唐君毅：《为中国文化敬告世界人士宣言》，载张君劢：《新儒家思想史》，中国人民大学出版社 2006 年版。

以成就德性生命。同时，在个人的内在精神生命与天地宇宙之生生不已的创造生命之间找到一种内在的和谐与贯通，为人的道德性奠定稳固的根基。现代新儒学所强调的道德不只是人与人之间的伦理规范及这些规范之所以然的理由而已，道德之所以为道德必得于心性天理，必得融入整个宇宙大生命之中。这样，道德学之于现代新儒学，是通过生命哲学而展拓的①，是从道德来说生命。所谓从道德来说生命，是指人能自反自省其心性之根源，而悟此根源乃为一道德创造体，是宇宙大化的根源，再由此大化根源而展开、创造一个人文的世界。

与同时代的文化思潮一样，现代新儒学面临着中国文化乃至中国社会发展道路如何选择、如何定向的问题。这是 20 世纪中国思想界所面临的最大的时代难题，也是轻易绕不过去的困惑。传统社会那种田园牧歌式的生活宣告终结，各种现代思潮蜂拥而来且激荡互竞，传统失落，人心浮躁，社会失序，文化陷入危机，使多少人失去了自我，失去了精神的依托。现代新儒学恢复儒家传统的本体和主导地位，重建宋明理学的"伦理精神象征"，建构了具有独特学派特征的道德形上学，力图以价值理性来批判以工业化为主导的西方现代化进程中出现的工具理性的过分膨胀，以及由此带来的人性的疏离、意义的迷失等问题。其主张"返本开新"，以儒家文化为现代化的主要思想资源，反对全盘西化，反对激进变革，坚持群体本位的价值观，谋求在传统文化框架内完成中国的现代化转型，实现中国社会的现代化，可以说代表了一种寻求不同于西方式的以工业化为主导的现代化道路的价值取向。他们不仅用心性本体论来反对西化派的科学主义人生观，而且进一步将其应用于中国现代化的实际问题，主张以儒家精神为体、西方文化为用，由内圣开出科学、民主的新外王，用人文价值统御科技成果的平衡发展。其所表现出来的文化态度、价值追求、自觉的反思意识、民族意识，以及对中国出路的思考等，是值得我们珍视的。②

三

在现代新儒学的学术谱系中，唐君毅是重要的代表人物。在他看来，以核武器毁灭人类的现实威胁为标志的当代危机，是近代西方文化毛病积聚的产物。它是西方文化心灵从观照凌虚境自上而下、由里向外诸境界高速翻转的结果，由此导致了道德的沉沦及宗教信仰的衰落，同时也导致了各种思潮的泛滥，诸如自然主义、经验主义、功利主义、实用主义以及个人主义、自由主义等，从而正道隐没，魔道横现。他的抱负是"于知解名相之外，求原始要终，以究天人之道，通幽明之故"③。通过开心灵九境，重建儒学传统，重树人类的道德理想与理性信心，以期祛邪扶正，把人类精神方向导向坦途。正是基于对人类和个我存在境遇的深切反省，唐君毅会通中西，融贯三教，为建立

---

① 林安梧：《儒学革命：从"新儒学"到"后新儒学"》，商务印书馆 2011 年版。
② 迄今学术界对现代新儒学这个方面的心智成果尚未引起必要的重视。相关的研究成果，可以参见艾恺：《世界范围内的反现代化思潮》，贵州人民出版社 1991 年版；杜维明：《儒家传统与文明对话》，河北人民出版社 2006 年版；陈海文：《启蒙论——社会学与中国文化启蒙》，社会科学文献出版社 2010 年版；哈佛燕京学社编：《启蒙的反思》，江苏教育出版社 2005 年版。
③ 唐君毅：《中国哲学原论：导论编》，中国社会科学出版社 2005 年版。

道德理想主义的人文世界而殚精竭虑，创造性地建构了一个以心灵生命为体，从三向三观的角度开出三类九重之境的道德形上学体系。这个体系不仅继承和阐释了儒家传统，进一步论证和提升了儒家哲学中的超越精神，为在理论上完美实现儒家的精神追求提供了可能，丰富了儒家道德形上学理论，为儒家思想的发展提供了新的理论资源，而且也体现了现代新儒学的学派特征，充分展现了现代新儒学推进中国哲学范式现代转型所做的实际努力。在这个体系中，"道德自我""生命存在"、理想的道德价值等是其中心观念，他的哲学思想始终体现着对人生的本真意义的追寻，充满了追求理想、实现理想的向上精神。

唐君毅力求统摄"文化意识宇宙"以求其会通，这比较鲜明地体现了现代新儒学的整体精神核心。他把本心作为整个意义世界坐标的原点，以此观照、诠释现实人生，指示超越现实人生之路。在唐君毅看来，人生之本在心，所谓"人"，即是"天地之心"。他从一己体验所真实感受到的现实人生问题出发，在广泛融摄中外人生哲学思想的基础上建构了自己的道德形上学。这种道德形上学，并非像西方传统的哲学理想，要去认识那个远离人的现实生活的所谓存在的统一性、本原或实在，试图从人之外的本体中去寻求关于人的终极答案，而是把本体置于人之内，视本体为主体，他所开辟的"人生之路"，是指示一条精神上升以实现理想之人格的"人生之路"。这条人生之路就根本上说，即在人于道德实践中的一念自反自觉，肯定道德自我，体会心之本体的形上性。①

唐君毅运用现代心理学、伦理学方法，比较中西方对心、性的不同看法，阐述了儒家心性论的特点。他认为，儒家，尤其是自孔子、孟子至《易传》《中庸》，兼重心之虚灵明觉与心之志气及性情，而明言性情之善。也就是说，是将心、性、情三者统贯为一而观之的。这种统贯心性情而一之的好处在于它可以使心的无限性、超越性、涵盖性、主宰性获得一定的内容与实效性。在他看来，"儒家之性情之概念，乃其人心观之核心。有性情而心有内容，心有实在性，与实效性。亦即有性情而人心之知、心之神，与心之志气，有其实在性与实效性"②。故而，性情为心之本。唐君毅认为，只有从这种以"性情为心之本"的观点出发，才能从人的自然生命活动中发现崇高的道德价值。他说："中国儒者之以性情言心，与西哲之以理性言心之不同，在性理之必表现于情，而自始为实践的。西哲所尚之理性，其初乃纯知的，因而亦不必为实践的。纯知的理性之运用，最后恒不免于产生矛盾辩证之历程。中国儒家所谓性理之流行，则可直道而行。"③这里将直道而行与西方纯知的理性对举，可知直道而行是一种实践的道德理性。按照这种实践的道德理性，世界是充满道德价值的人文世界，它与西方以理性言心者视宇宙为充满矛盾冲突的世界是不同的。正是从这种价值世界的观念出发，唐君毅提出"一切人生活动皆可为一目的的"。在他看来，"儒家人生思想根本精神，吾人亦可谓在肯定全幅之人生。于人生之一切活动，一切遭遇，皆能发现其价值，体验其价值"④。

通过对唐君毅建构的道德形上学体系的整体把握，我们可以将其基本特点概括为如

---

① 单波：《心通九境》，人民出版社 2001 年版。
② 唐君毅：《中国文化之精神价值》，广西师范大学出版社 2005 年版。
③ 唐君毅：《中国文化之精神价值》，广西师范大学出版社 2005 年版。
④ 唐君毅：《中国文化之精神价值》，广西师范大学出版社 2005 年版。

下六个方面：第一，在唐君毅看来，本心即是宇宙的本体和根源所在，它是恒常、真实、圆满、至善的，它是"人与我共同的心之本体"，"它是超临跨越在无穷的时空中之上，无穷的时空中之事物，便都可以说为它所涵盖"，因此，它是现实世界之"心之本体"，即现实世界之主宰。① 第二，此"本心"作为宇宙本体是不离我而外在，是人的道德真实的源泉所在，是人内在的德性真实。即在他的思想视阈中，"本心"或道德自我是内在的，是心之灵明，是绝对自由的。第三，这个"本心"从宇宙论上讲，就是超越的宇宙实体，落实为道德实践，即人的道德自我。也就是说，在唐君毅这里，本心和自我的含义与用法是没有区分的；在他看来，真正能够代表人的"自我"的，是道德自我而不是现实自我，或者说道德自我比现实自我更真实。第四，本心是自我超越、自我规定的。因而人之真正的道德生活也应该体现心本体的这种势用，即为自己决定自己的生活，此自作主宰的活动应体现于人的一切活动中。在他看来，精神空间在尽性立命的道德实践中，存在于人的心灵之自觉与其所觉悟之间。由此可知，道德自我就是一般意义上的道德主体的绝对化和普泛化。第五，就本体而言，人过真正的道德生活就是求真正的自我主宰、自我超越，而不陷溺于有限之中。就工夫而言，则一切皆落实在"当下一念"之中。由当下一念而知何为该做、何为不该做。由"当下一念之自反"而知陷溺之不当，并从其中超拔出来。第六，在他看来，人的道德生活的过程就是人格修养的过程，至其极而成真、善、美之统一，即为"成圣"。这个"成圣"之路必然落实在政教文化活动之中。这就是"内圣外王"之路，并且，外王乃内圣之践履与工夫。由此绝对精神的本心通过主观精神（道德自我）而自客观精神呈现。在此基础上，唐君毅扩张出良知主体为价值标准的人文精神，建立了一个心通九境的超越系统，表现出超主客的综合意义。

唐君毅认为，对生命心灵固有的仁心性情的揭示，是中国儒家独有的智慧所在。儒家认为，理想的生起之源，即在吾人生命存在自身的仁心性情，因而理想绝不只是一观照所对的当然，它同时也是存在于生命心灵内的实然。人在道德实践时，即可使此理想实现于现实中，使人的生活合理化，达到理想与现实的合一。同时，由我之心灵中有理想，又可推知他人生命心灵中也有此理想。因此，在现实生活中，通过人与人道德实践的互相涵摄，便可最终形成一客观现实的理想世界。亦即是说，唐君毅通过对正统儒家统贯心性情而一之的论述说明儒家的人文世界是一个至为广大的世界，它不仅指某种精神文化生活，还涵盖人生的各个领域，以至于日常生活的各个方面。由于这个人文世界又是充满价值意义的世界，因此，唐君毅便扩展了道德实践的范围，使人生的一切活动都体现出道德教化的意味。

唐君毅"形上学思想的发展和体系的建构过程，是一个从道德自我到心灵境界的过程"②，这个过程归根到底是一个中国哲学家立足于中国传哲学文化土壤的哲学创造。它的完成具有极其重要的意义，它标志着唐君毅承续中国传统哲学的命脉，融合会通中西文化，突破传统儒学特别是宋明理学以来狭窄的道德形上学的局限，而面向生活世

---

① 唐君毅：《道德自我之建立》，广西师范大学出版社 2005 年版。

② 王心怡：《唐君毅形上学研究——从道德自我到心灵境界》，中国文史出版社 2006 年版。

界，建立了将整个生命存在的所有向度涵摄在内的意义更加广大的形上学体系，极大地丰富和弘扬了中国传统哲学，对中国哲学在现代的新发展做出了巨大的贡献。

参考资料：

方克立：《现代新儒学与中国现代化》，长春人民出版社 2008 年版。

冯友兰：《三松堂自序》，生活·读书·新知三联书店 1989 年版。

张君劢：《新儒家思想史》，中国人民大学出版社 2006 年版。

唐君毅：《中华人文与当今世界（二）》，广西师范大学出版社 2005 年版。

唐君毅：《中国哲学原论：导论编》，中国社会科学出版社 2005 年版。

唐君毅：《中国文化之精神价值》，广西师范大学出版社 2005 年版。

唐君毅：《道德自我之建立》，广西师范大学出版社 2005 年版。

林安梧：《儒学革命：从"新儒学"到"后新儒学"》，商务印书馆 2011 年版。

王心怡：《唐君毅形上学研究——从道德自我到心灵境界》，中国文史出版社 2006 年版。

单波：《心通九境》，人民出版社 2001 年版。

论儒学和合哲学对当代世界和平发展的现实意义

徐纪律

（西南石油大学　马克思主义学院）

在中华民族融合历程中，儒学作为其文化汇融的主流及最高成果，充分显示出"贵和尚中""和而不同""天下为公""世界大同"等以"和合"为精要的文化特色及精神品质和思想原则。和合文化以儒学为载体，在历史上成为中华民族共同意识及文化传统的精髓，近代以来不仅在凝聚全民族力量实现民族复兴伟业上发挥了强大的文化软实力作用，而且在解决当代人类社会面临的一系列国际问题上产生着重大影响，为当代世界和平发展发挥着积极作用。

一、我国以和合文化为底蕴的对外开放、和平发展外交政策及其国际影响

和合文化反映自然生态和社会生态的和谐统一，以"天人合一"为世界观基础，诸如"天下为公"的"大同"理想及其"协和万邦""怀柔远人"等思想主张，具体到处理人际、族际、国际等"对外"关系上，便强调平等公正、宽容互尊、和平友好、互助合作、互利共赢的方法原则。这既显示出和合文化丰厚的民族融合实践源泉，又显示出和合文化深刻影响中华民族对外交往的实践意义。

中华民族融合的实践经验，由儒学总结提炼为"和合"理念。"有朋自远方来不亦乐乎"的善邻礼教和"协和万邦""怀柔远人"的"天下大同"理念，直接指导中华民族的"外交"路线及政策。中华民族自秦开始的大一统封建帝国，一以贯之地遵循孔孟"修文德以来之""用夏变夷""不以勇猛为边境""不以兵强天下"的文明外交路线，常常采用输出儒教、互派使臣、羁縻自治乃至皇室和亲等和平方式调节与邻族、邻邦、邻国的关系，不仅以文德施恩不断扩大民族融合的范围，而且逐渐在自己的周围建立起与日本、朝鲜、越南、缅甸等国家和平共处的"宗藩"国际体系。维系这种以中国为"天朝上国"的"宗藩"体系的是"朝贡"制度。该制度始于先秦，汉唐之际得以壮大，明清时期日益成熟，是古代中国最为基本的外交模式。虽然中国处于接受朝贡的宗主国地位，历代统治者却出于保持边疆和平、安宁、稳定的需要，执行"厚往薄来"的外交政策，让朝贡的藩邦往往能获得价值数倍于贡品的赏赐。如此外交政策，不仅巩固了与邻近邦国的友善关系，而且在政治上造成了"四夷来朝"的国际影响，在国际上树立起"礼仪之邦"的大国形象。近代以来，西方发达国家统治者奉行殖民掠夺政策、强权政治和霸权主义，造成"弱国无外交"的客观事实，腐朽落后的封建王朝不得不屈从于西

方列强，以和合文化为指导的外交政务不仅无从施展，而且被当作弱者的哀鸣受到严重冲击。但和合外交理念已然成为礼仪之邦的光荣传统，此时非但没有丝毫动摇，反而因帝国主义的武装侵略而愈益渴望和平，愈益坚定了通过自立自强维护世界公平正义、和平友善的国际关系的信念和决心。

以和合文化为基调的外交理念已经成为中华文化的重要部分，至今仍在发挥作用。中华人民共和国的诞生使中华民族自立于世界民族之林，彻底改变了近代以来听任列强操纵摆布的屈辱历史。新中国虽然为维护国家主权和领土完整也与邻国发生过摩擦，但为了创造边境稳定、和平发展的国际环境，仍然贯彻和弘扬"和合"外交思想原则，其总原则和大趋势是通过政治途径以平等对话的和平方式化解矛盾、解决争端，逐渐成为积极作用愈益显著、颇有国际话语权和影响力的负责任的外交大国。我国从 20 世纪 50 年代开始，就在国际关系上提倡"互相尊重领土主权、互不侵犯、互不干涉内政、平等互惠、和平共处"五项原则，其深刻的文化底蕴就是"己所不欲，勿施于人""己欲立而立人，己欲达而达人""协和万邦""怀柔远人"等"大同"观念。和平共处五项原则与昔日帝国主义掠夺、瓜分殖民地的殖民外交、暴力外交、霸权外交形成鲜明对比，得到第三世界国家的广泛认同和支持，已经成为当代国际关系和国际法的基本原则之一。

改革开放以来，我国经济快速发展，综合国力日益提高，一些人开始别有用心地宣扬"中国威胁"论，他们依据的是"逢强必霸"的帝国主义逻辑，而缺乏对中华民族"和合文化"的了解。在"大同"方式上，中华民族历来强调"王道"而非"霸道"，历来强调"和而不同""求同存异"，历来强调和平和睦、互利共赢。从邓小平关于世界"和平"与"发展"两大主题的概括，到其后的"与邻为善、以邻为伴""睦邻、安邻、富邻""和平发展""和平崛起""和谐世界"等外交思想、外交方略及其相应承诺，都显示出礼仪之邦、文德制胜的极其深厚的和合文化底蕴，都与西方一些国家至今仍在奉行的霸权主义、强权政治、极端主义和唯我主义不可同日而语。

二、"和合"思维方式对调整当今世界政治、经济关系的重大意义

"和合文化"作为一种世界观和思维方式，不仅指导着中国的外交实践，而且由于中国外交实践的显著成效而受到世界各国的青睐，越来越成为调整当代国际经济、政治关系，构建国际关系新秩序的思想资源。

第二次世界大战以后，许多民族及国家摆脱西方资本帝国主义的殖民统治而纷纷独立，老殖民主义构筑的殖民体系土崩瓦解，一大批贫穷落后的民族国家走上独立发展的道路。但它们的发展在那些曾经是老牌帝国主义的发达国家的经济、政治压力下，困难重重，步履维艰，低谷连连，挫折不断，有的甚至在其经济、政治、社会现代化进程中陷入动乱和内战的泥潭不能自拔。发达国家为了保持自己的先发优势与昔日的霸权，一方面极力维护那些不利于发展中国家的处理国际经济、政治关系的旧惯例、旧秩序，另一方面利用甚至制造发展中国家的民族矛盾、宗教矛盾乃至邻国矛盾干涉、操纵、控制发展中国家的内政外交，施行强权政治、霸权主义和新干涉主义，使得局部动荡频繁发生，世界仍然很不安宁。但发展中国家自力更生的发展愿望是不可遏制的，它们渴望公平正义、和平发展的国际环境，向片面维护发达国家利益的旧惯例、旧秩序以及那些超

级大国奉行的霸权主义、强权政治、新干涉主义、极端主义、恐怖主义和"本国利益至上"的唯我主义及其"双重标准"等提出了严重抗议，国际关系和国际秩序因而处于大调整、大变革时代。面对这样的国际条件，中国宣示和推广自己和平、和谐发展的成功经验，提出构建和谐世界的思路和主张，无疑代表了第三世界广大发展中国家的利益和愿望，因而深得国际民心。

中国共产党"十八大"报告明确指出："弱肉强食不是人类共存之道，穷兵黩武无法带来美好世界。要和平不要战争，要发展不要贫穷，要合作不要对抗，推动建设持久和平、共同繁荣的和谐世界，是各国人民共同愿望。"由此提出"在国际关系中弘扬平等互信、包容互鉴、合作共赢的精神"，主张遵循联合国宪章宗旨和原则，坚持国家不分大小、强弱、贫富一律平等，推动国际关系民主化，尊重主权，共享安全，维护世界和平稳定；主张尊重世界文明多样性、发展道路多样化，尊重和维护各国人民自主选择社会制度和发展道路的权利，相互借鉴，取长补短，推动人类文明进步；倡导人类命运共同体意识，在追求本国利益时合理兼顾他国，在谋求本国发展中促进各国共同发展，建立更加平等均衡的新型全球发展伙伴关系，同舟共济，权责共担，增进人类共同利益。并明确表示要高举和平、发展、合作、共赢的旗帜，与世界各国人民一道共同维护国际公平正义，坚定不移地致力于维护世界和平、促进共同发展。中国共产党的上述认识和主张蕴含着深厚的和合文化精髓，既是对和合文化的继承和弘扬，又是充溢时代气息的创新诠释和重大发展，是中华民族优秀传统文化与中国当代外交实践有机结合的产物，对当代世界国际关系的调整和变革产生着重大影响。

三、和合文化主导的多元文化融合模式对当代世界文化关系的借鉴意义

在当今世界，伴随经济全球化和社会信息化的是文化的多样化。"百家争鸣"的多样化文化体系能否和如何共存共荣，是影响国际关系走向的紧迫问题和难解课题。而中国儒学和合文化主导的多元文化"融突"模式，以中华民族独特的文化智慧在化解这样的难题上显示出自己的特殊优势。

这种特殊的优势首先表现在国际宗教文化关系的协调上。当今世界各国各地不时发生的宗教或其教派冲突，本身具有复杂的历史成因，近代以来又与民族问题、地缘政治问题交织在一起，再加上第三方别有用心地介入和干涉，使问题越来越复杂，越来越成为"历史的死结"，越来越成为全球安宁的威胁，越来越成为世界和平发展、多元文化共存共荣的严重障碍。如此现实不能不引起人们对宗教文化的关系问题的深入思考，尤其是那些当事国或当事地区的无辜百姓更为迫切地渴望谋求化解之道。而中华民族在其融合过程中的方式显然对化解上述国际宗教文化的矛盾冲突具有借鉴意义。

其次表现在国际民族关系的调整上。近代以来，由于资本帝国主义的殖民统治和当代西方发达国家的强权政治和霸权主义，国际民族问题、民族矛盾愈益尖锐，民族间文化冲突持续不断，这成为制约世界和平发展的重要因素。如果从第三世界发展中国家的角度进行分析，这些民族国家大致有三方面文化关系必须妥善协调：一是多民族国家摆脱帝国主义奴役而自主自立之后，如何解决国内各民族的团结统一问题，这是其发展的前提、起点和基础。就这一方面而言，中华民族通过文化融合，即儒学与少数民族文化

交融互动而增强凝聚力的"融突"经验和模式显然对之有直接的借鉴意义。二是由于这些国家民族文化在历史传承、宗教信仰、经济体系及政治依附等问题上的种种差异,它们相互之间存在矛盾冲突,它们都有和睦相处、交融互动、发展进步的"融突"需求。在这一方面,中华民族的和合文化及其"贵和尚中""求同存异""包容宽厚""以邻为善、以邻为伴"等思维方式对化解矛盾和冲突也大有帮助。三是由于当初帝国主义在经济上剥削、政治上压迫众多民族、国家的同时,还在思想文化上实行殖民文化的精神奴役和资本主义文化的强势渗透,力图湮没这些国家各具特色的民族文化,使这些国家的民族文化传统受到强烈冲击和严重挑战,与殖民文化和资本主义文化的矛盾愈益深重,冲突愈演愈烈,从而产生是否和能否保持本土文化独立、弘扬民族文化传统的优势和特色,如何处理与西方文化的关系和不失个性地融入世界文化潮流等问题。这一方面其实同中国近代以来所面临的中西文化冲突是一样的,就中国近两百年化解这一文化冲突的历史经验而言,虽然和合文化在当时西方资本主义依恃经济、政治乃至军事实力的强势文化面前显得软弱无力,但其"贵和尚中""异中求同""反者道之动""天行健,君子以自强不息"等和合思维在应对西方资本主义文化的强势渗透、吸取西方优秀传统文化和引进社会主义先进文化以求进步自强上却发挥着重要作用。

此外还表现在当今世界文化变革发展的潮流和趋势上。第二次世界大战以前,尤其是殖民主义盛行的年月,与帝国主义消灭种族民族、霸占贫国弱国、以殖民形式瓜分世界等行径相适应的是西方资本主义殖民文化、强力文化和霸权文化。他们藐视贫弱国家的民族文化,罔顾人类四大古老文明的悠远史实,鼓吹"唯我独尊"的"欧洲文明中心论"。第二次世界大战后,他们用服务于经济垄断、政治强权的世界观和价值观绑架各国人民,千方百计湮灭世界各国丰富多彩的民族文化,对社会主义国家搞"和平演变",企图"不战而胜",让西方资本主义文化独领风骚。但随着第三世界人民的觉醒和国家的兴起,在经济全球化和社会信息化的"一体化"发展的同时,世界文化却呈现出多样性特征。从帝国主义文化要消灭多样性到人们摆脱殖民统治后世界文化反而呈现多样性,充分表明世界文化发展的规律和趋势是"多样性的统一",就是各具特色和优势的民族文化在"百花齐放、百家争鸣"中"相比较而存在、相斗争而发展",这就叫"和而不同,同则不继",这是中华民族和合文化早就总结出来的道理。可见这样的文化"和合"观念,既是中华民族文化融合实践的经验总结,又是文化变革发展规律的理性概括。

结合当代世界文化多样性及其关系调节的现实需要,弘扬中华民族和合文化及其思维原则,早在 20 世纪 90 年代经济全球化初见端倪的时候,我国许多有远见的学者就世界文化多样性的可能性、必然性和必要性及其应对方略进行了较为深入的探讨。社会学家费孝通颇有代表性地提出"各美其美,美人之美,美美与共,天下大同"的十六字概括,既反映了当今世界文化多样性特征(各美其美),又表明了不同文化主体彼此尊重、相互融通的主张(美人之美,美美与共),还指出了文化融汇的发展趋势(天下大同)。费孝通的概括不啻为弘扬中华民族儒学"和合"优秀文化传统的经典范例。

承认多样性,通过交融互动顺应、调节和实践检验从而驾驭多样性,让多样性文化在统一体内和睦相处、和谐发展,在这样的基础上,我国提出建设社会主义文化强国和构建和谐世界的发展策略。江泽民曾指出："和而不同……是人类各种文明协调发展的真谛。"[1] 中国共产党"十六大报告"系统地阐述了中国"主张维护世界多样性"的外交理念。胡锦涛提出："文明多样性是人类社会的基本特征，也是人类文明进步的重要动力。"[2] 他在阐释"和谐世界"构想时大力倡导平等开放包容精神，提出"相互借鉴而不排斥，取长补短而不定于一尊""吸纳百家优长、兼集八方精义"[3] 等重要主张。

中国共产党"和谐世界"的构想引发全球追求美好未来的人们的共鸣和响应，也引起一些西方著名学者对儒学及其和合文化的青睐和兴趣，对中华民族"和合"思维方式的肯定和赞赏，英国历史学家汤因比就是其中较有影响力的代表。他认为国际社会的和平统一、合作繁荣"是以地理和文化主轴为中心，不断结晶扩大起来的"，其中"文化主轴"的作用，在中华民族那里"具有无与伦比的成功经验"，那就是中华文明"两千年来培育了独特思维方式"，即和合文化所培育的思维方式，而这种思维方式在政治、文化上所具备的实现和平统一、合作繁荣的本领，"正是今天世界的绝对要求"[4]。汤因比从一个外国学者的角度充分肯定了和合文化及其思维方式对于世界各国和平合作、繁荣共进以及世界多样性文化和谐发展的时代价值。

四、和合文化对全球社会和自然关系问题的生态学意义

现代生态观起因于对资本特别是垄断资本的掠夺式经济发展方式的批判，认为任何生物的生存都不是孤立的，不同生物之间相生相克，同种生物之间的互助和竞争并存。而现代工业文明凭借科技及其生产力的强大力量，以及以之为工具唯利是图、无限追求利润、暴力式开发、掠夺式发展的资本运作方式，在制造出只适合少数人奢侈享受的畸形社会生态的同时，还不断地破坏自然生态的平衡并愈益降低其自我修复能力，致使人口、资源、环境等全球性问题越来越尖锐。

面对人口、资源、环境等全球难题，有识之士都在寻求化解之道。绿党提出"生态永继、草根民主、社会正义、世界和平"四个基本主张，向世界倡导"生态优先"、非暴力、基层民主和反对核武器等。虽然绿党的主张的确反映了国际社会科学发展、和平发展的良好愿望，但由于不能触及破坏全球社会生态的垄断资本制度及其国际强权政治和世界霸权主义，其主张难以从根本上解决问题。与绿党相比，萨卡、佩珀、高兹等"生态社会主义"学者更触及问题的实质，他们把注意力放在对现存社会制度的批判上，主张通过社会改造构建社会生态新的平衡，从而在保护自然生态基础上获得经济、社会和人的持续发展。萨拉·萨卡在其著作《生态社会主义还是生态资本主义》中指出，资本主义天然存在着一种资本的逻辑，它要求实现资本的不断增值、利润的最大化，它建立在自私自利的驱动力基础之上，市场与价格机制只注重眼前利益而不注重未来人类的生存。由此，资本主义国家解决生态问题的种种措施，诸如价格机制、污染许可证制度、生态凯恩斯主义、稳态经济理论等都难以奏效。萨卡对苏联、东欧社会主义模式也

① 江泽民. 江泽民文选（3）[M]. 北京：人民出版社，2006.
② 胡锦涛. 努力建设持久和平，共同繁荣的和谐世界 [N]. 人民日报，2005−9−16.
③ 胡锦涛. 坚持开放合作寻求互利共赢. http://politics. people. com. cn.
④ [英] 阿·汤因比，[日] 池田大作：展望 21 世纪 [M]. 北京：国际文化出版公司，1987 年中文版.

进行了深刻的批判，认为造成苏东社会主义模式垮台的最为根本的原因是其遭遇了经济增长的生态极限。此外，由于经济、政治高度集中的权力机制及其营造的社会生态任意地干扰自然生态，适得其反地限制社会主义和共产主义理想道德的倡行，导致"公地的悲剧"而造成比资本主义更严重的生态后果。基于对"生态资本主义"和苏东社会主义模式的批判，萨卡提出了生态社会主义的解决方案。但是，此方案只是学者案头上的逻辑方案，既缺乏实践基础，又难以诉诸实践，至今仍处于"学术争鸣"的状态。

"民族融合"应属"社会生态"范畴，但其孕育的和合文化观则起源于古老中华"天人合一"的天道观。"天人合一"已经把自然和社会视为一个相当于"宇宙"的统一的生态体系，这样的天道观显然应该是早期人类及其社会活动必须依赖于物质自然乃至假设的神力神灵等生活经验的概括总结。以"天人合一"为哲学基础的和合文化与西方生态观相比，虽然不及后者科学和精致，但在其哲学世界观乃至自然观、社会观、价值观、文化观等方面无不存在契合之处。在哲学理念及其思维方式上，它们都不是孤立的，而是普遍联系地看待自然事物和社会事物；在自然观上，和合文化"一阴一阳之谓道""道生一，一生二，二生三，三生万物"或"五行""相生相克"衍生万物的天道观，同生态学基于生物种群从环境的制约关系中去解释其生存样态颇有"异曲同工"之妙；在社会观上，和合文化"贵和尚中""和而不同""和谐""大同""天下为公"等人道人伦价值观及其文化观与"社会生态"理论高度契合，而当代"生态社会主义"关于"自然生态和社会生态关系"的思想主张，中华民族早在数千年前就以"天人合一""天人感应"等"神话"方式表达了。正是这些契合之处，使和合文化这一中华文化之精髓成为当代生态理论的重要文化资源，尤其在思路和思维方式上为化解发展难题发挥着重要作用。

中国人民大学张立文教授基于和合学"融突论"的和合观念，为全球难题寻求化解之道，见地深刻，启示宏远。他把21世纪人类共同面临的冲突和挑战概括为五个方面：一是由人与自然的冲突所致的生态危机，二是由人与社会冲突所致的社会危机，三是由人与人的冲突所致的道德危机，四是由人与自身心灵冲突所致的精神危机，五是由不同文明之间冲突所致的文明危机。针对此五方面危机的挑战，他提出求解"融突"的五个原理：一是"和生"，即万物都有存在的理由和权利；二是"和处"，即事物相互依存、互为条件；三是"和立"，即彼此尊重、求同存异；四是"和达"，即互助合作、互利共赢；五是"和爱"，即友善相处、相互爱护。

化解危及生态的难题说到底是一个实践问题，学者案头上的化解之道，即便是极有可行性的方案，也须诉诸全面而持续的全球共同实践。我国自改革开放以来，从邓小平"两个文明一起抓"到江泽民物质文明、政治文明、精神文明"协调发展"，再到胡锦涛提出以人为本，全面、协调、可持续发展的科学发展观及其"经济建设、政治建设、文化建设、社会建设、生态文明建设五位一体总体布局"，既不断弘扬和创新和合思维的全面性、整体性、系统性和人文性，又汲取可持续发展的当代生态观赋予和合文化以新内涵。构建和谐社会和和谐世界的主张及其不懈努力，更是把和合理念发挥到了极致。中国特色社会主义面向现代化、面向世界、面向美好未来的建设实践，赋予了和合文化时代内涵，不断创新发展的和合文化使"和合"精神成为中国科学发展、和谐发展、和平发展的文化特色。中国三十多年改革开放的发展成效向国际社会提供了可资借鉴的"中国经验"及其"和谐世界"的正确主张——既"尊重世界文明多样性、发展道路多样化",又基于人类共同利益,建立"人类命运共同体意识",推动国际关系民主化,构筑世界各国"平等均衡的新型全球发展伙伴关系",同舟共济,权责共担,尊重主权,共享安全,全球同心、各国合力,和平合作、共赢共进,进而从根本上化解全球生态难题,保持全人类世世代代永续发展。显而易见,鲜明体现中华和合文化特色的"和谐世界"主张,已经融合了当代生态学关于全球生态文明建设的核心思路,那就是以人及社会为本,通过构建"平等均衡"的社会生态,达成社会与自然的和谐统一,从而保证人与社会全面、协调、可持续地永续发展。

现代新儒学与中国马克思主义的功能性解读

——基于"后发"策略

何 一

（宜宾学院 政府管理学院）

摘 要：近代西方对"世界历史"的必然性开创及其崭新发展模式的强力示范，决定了作为中国近代两大历史主题之一——现代化事业处于"后发展"的事实。历史主题即是理论主旨。历经思想激辩及历史剧变，马克思主义最终成为中国的核心意识形态。现代新儒学因其在民族独立和国家发展等实体历史方面的软弱无力而"移居"海外，但随着中国现代化事业的深入，其超越近代西方文化绑架而对传统价值充分尊重的策略取向，在新的历史条件下，因正在成为中国意识的有益补充而重新获得讨论的意义。

关键词："后发"策略；中国马克思主义；现代新儒学

近代西方对"世界历史"的必然性开创、对东方历史的霸道介入及其崭新发展模式的强力示范，决定了作为中国近代两大历史主题之一——现代化事业处于"后发展"（later-development 而非 post-development）的事实。历史主题即是理论主旨。理论先行、思潮迭起是近代中国的历史"常态"，万流归宗，马克思主义、自由主义和以现代新儒家为代表的文化保守主义成为解读和试图解决中国"后发"问题的最有代表性的三大思想体系。物换星移，马克思主义最终成为中国的核心意识形态，并在社会构架、生产方式等方面成功改变了中国近代以来的面貌。之后，自由主义退居纯学理领域，现代新儒家及其文化主张，因其在民族独立和国家发展等实体历史方面的软弱无力而"移居"海外。而随着中国"后发"现代化事业的深入，其超越近代西方文化绑架而对传统价值充分尊重的策略取向，无论从价值理性还是工具理性层面，都正在融入我们的文化实践之中，并在新的历史条件下，因正在成为中国意识的有益补充而重新获得讨论的意义。

指向解读和解决中国"后发"问题的理论主旨亦即"策略"，无论是中国马克思主义还是现代新儒学，作为完备的体系规范，其学说必然涵盖问题与目标系统、知识与理论系统和策略与方法系统三个方面。这也是本文分析比较的逻辑顺序。其中，问题与目标决定策略的指向，知识与理论决定策略的品质，而策略与方法则具体体现策略的"形下"内容。

一、问题与目标系统

近代以来，"问题中国"在宏观指向上，始终面临着两大主题亦即历史目标：民族独立和国家富强。在历经洋务运动、戊戌变法、清末新政数次"自新"事件之后，直到辛亥革命及民国的建立，仍不能改变中国自 1840 年以来历次对外御侮的败局。对这两个主题关系的破解亦即根本之策，正如魏源"以治内为治外"论，即第二个主题：革新自我以建立一个真正现代的新中国，以达御侮、独立、富强的目标。近代中国社会所有变革思潮和实践的出发点、纷争和归宿，均源于此。所以说，"如果以走出中世纪，实现现代化为标志来鉴定近现代思想，那么在'五四'以来的中国思想史上，有三个派别均属于这一范畴"，即马克思主义、自由主义西化派和现代新儒家。[1]然而，在对"问题中国"的内在机理，以及对置此问题的现实和终极目标的分梳、阐发上，中国马克思主义与现代新儒学却意旨别趣。

从宏观和根本上说，作为中国马克思主义理论源头的马克思恩格斯著述，在关于近代"世界历史"以来被殖民国家（包括中国）的出路亦即"问题"的诊断方面，有非常精辟的论述："世界历史"在本质特征上，表现为生产力的极大提高和与此相关的国际交往的普遍发展，这一过程"迫使一切民族——如果它们不想灭亡的话——采用资产阶级的生产方式；它迫使它们在自己那里推行所谓的文明，即变成资产者。一句话，它按照自己的面貌为自己创造出一个世界"[2]。即"问题"的具象反映在生产方式质的差异性导致生产力量的差异性，并造成各民族国家国际生存状态的差异，使得资本主义模式获得了那个时代的"当下"价值。

显然，马克思恩格斯对于历史问题解析的理论出发点，是生产力、生产关系、经济基础和上层建筑诸要素间的辩证决定论。同样基于此辩证唯物主义和历史唯物主义学说的中国马克思主义，本着对中国国情特别是"后发"中国历史实践的深刻了解，得出近代中国问题之根，在于中西方社会形态本质差异的冲突和中国封建制度在质和量上的绝对弱势，其具体体现是民族矛盾，而问题之解，则根植于对社会历史实体本身的根本性改造，即民族民主革命。或者说，实行新民主主义革命，以解决中国式现代化的政治前提问题，改革开放，以解决中国式现代化的路径问题，换言之，即实现对中国问题的"五四"式解读：倡扬并实践科学与民主。这一宏旨，在众多中国马克思主义者，特别是毛泽东的《中国社会各阶级的分析》《湖南农民运动考察报告》《中国共产党在民族战争中的地位》《新民主主义论》等著作及"邓小平理论"体系中得到了系统的阐述，并在具体的历史过程中上升为一种政党纲领和自觉的实践行为。

当然，这并不是马克思主义者（包括中国马克思主义者）看待资本主义的全部理论。众所周知，马克思主义学说的最终指向，是埋葬这个已然异化，并走向自己对立面的"世界历史"的始作俑者，建立一个崭新的理想世界——绝对而永恒的带有人类之善本体意义的共产主义社会。而这一终极使命亦为中国马克思主义者视为己任，并看作解决资本主义时代中国危机和世界危机的不二法宝。

以形上的文化来构置理论，并认为近代中国积贫积弱造成的国运颓势本质上是一种文化危机，是现代新儒家和西化论者的共识。

现代新儒学兴起的内缘是儒学传统的捍卫者对"五四"以来儒门境遇的回应；而外缘的典型事件，在一定程度上则是梁启超《欧游心影录》描述的西方景象所传达的情绪："一百年的物质进步，比之从前三千年所得还要加几倍；我们人类，不惟没有得着幸福，倒反带来许多灾难。好像沙漠中失落的旅人，远远望见一个大黑影，拼命往前赶，以为可以靠他向导，哪知赶上几程，影子却不见了，因此无限凄惶失望。"[3] 这一被"实证"了的"西化"恶果，使新儒家更加坚信：近代以来家国多舛乃"西化"孽障，而且这种鸠占鹊巢的文化入侵，导致了民族文化精神的丧失。

牟宗三在《唐君毅全集·序》中就曾指出："时代之症结是自由与奴役之争，是文化意识之沉落。人类一方面陷于物质文明之痴迷中而放纵恣肆，一方面即有陷于嫉恨之邪妄之中而期毁之者。此一带有普遍性之缠夹源于西方而倒映于中国……"[4] 当然，现代新儒家不是一般意义上的复古主义者，他们既主张接受西方文化，又要否定、抛弃其物质文明的病态，由此把"现代化不等于西化"作为自己的思想起点。在他们看来，"中国问题"在于传统文化的失却和因对付挑战的情急而导致道德理性的堕落并引发知性缺失。

与马克思主义一样，现代新儒学也存在"当下"与"终极"两个层面的目标系统。他们解决"问题中国"的第一个逻辑起点是坚持东方文化成德之教之心性论的核心价值，以儒学本位，通过"返本开新"，吸纳西方民主、科学的知性要素，复兴中华文化，以对置"中学"衰微，建立一个"中体西用"式的儒家资本主义现代中国，以达到新的"内圣外王"。第二个起点，现代新儒家基于文化民族主义立场，认为儒家思想文化具有不为特定社会形态所制约的"常道"性格或曰儒家文明的共识价值，而这恰是中华民族精神之理性所在。因此它足以应对世界性的科学主义及理性主义的"执障"，并最终据此建立一个价值理性上完满的儒学大同世界。

二、知识与理论系统

如前所述，知识与理论决定策略的品质。

在知识与理论系统的发生发展上，中国马克思主义与现代新儒家均由理论的"原生态"与"发展态"构成，都是历史的思考成果与当下具体主题结合的产物。其同样照应了两种历史背景：一是近代中国在"世界历史"中的全面失败引起思想界的全面"回应"——对民族出路的全民族探索行为；二是以西方资本主义体制下的普遍"异化"，特别是以第一次世界大战爆发为理据的，近代西方理性主义的自我"非理性"失败，导致中国的西化思潮备受质疑。第一种背景的结果是近代中国思想先行，"主义"与"思想"纷呈，这其中包括源自西方的马克思主义学说和产生于中国传统的儒家学说；第二种背景则使作为对资本主义"反动"，并引领"后资本主义"时代的马克思主义高调登场和作为对激进的西化主张"反弹"的传统儒学复兴即现代新儒学兴起——这引起了中国思想家对中国现实社会发展前景"后资本主义"模式的超越性思考。

在知识与理论系统的性质和结构上，包括中国马克思主义与现代新儒学在内，中国的现代化"后发展"学说，无不以"道器"立论。从其"道"的价值取向上说，它们同为叛逆资本主义理念和体制的"后资本主义"学说，同时又有着深深的维护中华民族主义情愫和最终实现世界大同的济世理想。而于形而之下的"践道"策略层面，特别是具体到功能品质上，两个知识系统却有极大的差异。这种差异性因文化观的根本对立而表现为实践性与学理性、整全性与个别性的差别。

马克思主义从诞生之日起，其鲜明的革命性、实践性和科学性已然是常识。这种特性从文化观上解释，基于广义的文化概念，人类的生活世界，包含物质技术、法律制度和思想意识三个层面的内容，在各层面要素之间，马克思主义坚持唯物的辩证决定论，这一观点在历史的宏观演进上，表现为恩格斯的"合力说"："历史是这样创造的：最终的结果总是从许多单个的意志的相互冲突中产生出来的，而其中每一个意志，又是由于许多特殊的生活条件，才成为它所成为的那样。这样就有无数互相交错的力量，有无数个力的平行四边形，而由此就产生出一个总的结果，即历史事变，这个结果又可以看作一个作为整体的、不自觉地和不自主地起着作用的力量的产物。"[5]而在具体的社会结构要素上，马克思主义一向认为，文化是次生的上层建筑，作为意识形态范畴："一定的文化是一定社会的政治经济的集中表现。这是我们对于文化和政治、经济的关系及政治和经济关系的基本观点。"[6]

因此，是从观念出发去解释实践，还是从现实实践出发解释观念，不仅是一个"文化"认识问题，更重要的是如何正确理解和有效进行社会历史实践的问题。正如马克思所指出的："全部社会生活在本质上是实践的。凡是把理论引到神秘主义方面去的，神秘的东西，都能在人的实践中以及对这个实践的理解中得到合理的解决。"[7]而现代新儒家立足于"形上"的单纯文化决定论，将近代中国问题之"解"托付于观念文化和道德仁心。他们认为：从人类生活的本质来讲，"所谓思想，所谓道德，在世界上本来是很根本的现象"[8]。因而它不是物质的附庸。张君劢甚至把"唯物论"看成思想史上的昙花一现："唯物主义是各国思想界中必有的阶段……恐怕不到几年后，这种思想，也就要过去了。"[9]完全否定其真理价值。因此，他们总是以"形上"文化问题化约具体实在的政治、社会变革问题。在对待中国近代"后发展"的问题上，梁漱溟就反复强调，"中国民族自救运动之最后觉悟"，就是"改造文化，民族自救。重大的民族自救文化改造问题，早掩盖了其他问题"[10]。近代中国的变故"与其说是政治问题，经济问题，毋宁说是整个文化问题"[11]。显然，他们对于解决中国社会问题，在认识上的逻辑是：文化观念是构成全部社会历史发展和演变的最深刻根源。由此出发可以解释并解决社会历史的一切问题。这样，作为文化整体之核心的价值系统，或根源于唯意志论"意欲"的"人生观"或所谓"道德心性"等，就成了现代新儒家知识系统的核心。于是"文化问题"远离了中国的现实。反帝反封建及军阀、土地等中国现实的中心问题，反成了文化问题的枝节。"所以，疏通中国文化生命之命脉、护持人道之尊严、保住价值之标准，乃是这个时代之重要课题。这不但是解决中国问题之关键，同时亦是护持人类自由之关键。"[12]这样，在知识系统的理论品质上，中国马克思主义与现代新儒学，实践与学理，整全与单一截然两分，其结果如下：

在两种知识理论系统与其实践主体的关系上，中国马克思主义学说的运行，呈现一种行动纲领加社会实践家加实体社会运动加制度构建的全整性组合模式；而现代新儒家的理论则更多只停留在观念的学理言说，而于社会改造特别是技术制度等实体环节和基础层面无涉。现代新儒学的这种理论属性，极大地制约了它对现实实践的参与效力。回顾新儒家的生存状况及对中国"后发展"的实际影响：20世纪二三十年代在学术领域和市民社会中实际反响较小；五十年代港台新儒家的宣言式呼号并未触及社会底层运动和民众的普遍响应；六十年代他们转向学术建设，影响范围渐微；八十年代以来虽为"显学"，但仅限于学术文化领域。

三、策略与方法系统

关于"问题中国"，近代以来一直存在着技术解决、学术解决、政治解决三条路径的争论。

马克思主义认为，相对于作为人类社会存在和发展基础的生产方式，思想文化是次生者，同时二者又相互辩证制约。马克思主义理论的运行方式是实践—理论—实践的方式。具体到中国，半殖民地半封建社会的特殊国情，使得如何改造社会的问题，成为中国现代思想史的中心问题，因此，中国马克思主义者基于唯物史观，以社会基本矛盾为历史发展的着力点，提出了一系列实际解决中国问题的方案，即彻底地、不妥协地反对帝国主义和封建主义，并使之落实到人民大众的实践层次。具体到中国近现代的历史实践，这就是作为中国马克思主义两大组成部分的毛泽东思想与中国特色社会主义理论。在策略方法系统的内容上，毛泽东思想立足于民族独立解放，它肇始于世界性民族和阶级革命的历史洪流，成长于中国社会的现实需要，成熟于与历史实践的互动发展。同样，中国特色社会主义理论体系的关注基点，是改革开放形势下中国实体社会的发展，亦即解决"什么是社会主义、怎样建设社会主义"和"为什么发展、怎么样发展"的新认识、新判断和新实践问题，它们触及物质技术、法律制度和思想意识等文化形态的各个层面，从经济基础到上层建筑，纵贯"形上""形下"，并从执政党理论和纲领的地位，以政策、法律等形式，与社会运动相互结合，互为表里。由此实践性和全整性的运行对社会触及的广度和深度，是显而易见的。

历史地看，科举制度的废除，使得孔孟至汉以来的"实践儒学"丧失了体制的支撑，加之现代新儒学依据的宋明理学偏于"坐而论道"的理论特性，导致现代新儒学对中国问题的努力走上"学术解决"的理路似乎是一种宿命。在其策略的"形上"内容里，如前所述，他们坚持以思想文化的启蒙和道德重整解决中国问题，奉行从思辨到思辨、理论到理论的"文化决定论"，如梁漱溟所言：解决中国近代以来的危机"最要紧的是思想之改革——文化运动——不是政治问题"[13]。在把未来社会设想为一个真善美的价值"理想王国"的同时，把实现的途径归结为精神、文化和思想的变动，人性的复归，而"形下"策略则是立足"成德之教""内圣外王"与"返本开新"。

在"成德之教"上，他们认为，现代化应该建立在以儒学为主体的民族精神重建的基础上。为避免物质主义、功利主义泛滥，强调哲学的努力方向，即在"安身立命"，并从"人生本质"、人之所以为人的生命角度规范人类的终极价值，从而重建儒家的道德主体性哲学。据此，他们立足超越的文化理想，以其天道性命相贯通的特殊理路，将学理的重心放在对主体的"心""性"及社会人伦的砥砺修炼，以构建一个"人人尧舜"、圣贤流行的"人极"道德理想社会为己任。正如唐君毅在其生命最后的集大成之作《生命存在于心灵境界》中所言："……吾人之论之目标，在成就吾人生命之真实存在……而立人极。"[14]在"内圣外王"方面，现代新儒家把人努力在世界上实现至高无上的善设定为人类存在的唯一目的和具有终极意义的价值标准。内圣即内在的道德完善，并自觉把恢复、壮大民族文化生命与道德生命作为自己的神圣职责；外王即建功立业，利用厚生，"修、齐、治、平"。内容上，"要求民主政治是（新外王）的第一义，此乃新外王的形式意义、形式条件"，"另一面则是科学，科学是（新外王）的材质条件"[15]，以内圣统驭外王。而"内圣"高于"外王"，并不在于"内圣"系统的严整，而在于它的崇高，它从人的存在价值和终极意义上拥有整个世界，故"外王"事功是受制于此的"形下"功用。在他们看来，挽救内圣层面的常道不仅是对中华民族的拯救，而且是使其走向现代化的根本方向。这是因为，"若是真想要求事功，要求外王，唯有根据内圣之学往前走，才有可能"[16]。在"返本开新"方面，牟宗三指出："本文化发展之需要而言，中国需要现代化、需要科学、需要民主政治，但这些需要既都是文化发展中之事，所以必须先护住其文化生命之命脉，这些需要始能由内部自身之要求而自本自根地被发展出。"[17]即在内圣外王基本结构根本不变的前提下，由"心性之学"开出"科学""民主"。他还提出了在"坎陷"方法论下的"三统开出说"："道统之肯定，此即肯定道德宗教的价值，护住孔孟所开辟之人生宇宙之本；学统之开出，此即'知性主体'以融纳希腊传统，开出学术之独立性；政统之继续，此即由认识政体之发展肯定民主政治为必然。"[18]在这里，现代新儒学陷入了两个理论和实践困境。一是在"成德之教"和内圣外王的价值取向里，如何显发认知主体以用理性认知的方式来处理客观知识的问题没有得到正视；二是返本开新中以"德"开"智"，以"形上""生出""形下"的主观臆断无法诉诸实践环节。

所以，关于现代新儒家与现代新儒学，李泽厚论曰："除了马列哲学的中国化之外，在现代中国思想史、哲学史上，比较具有传承性特色和具有一定创造性的，就只能数'现代新儒家'了。只是比起马列来，他们的力量、影响、作用和对时代的贡献确乎渺不足道。"[19]从纯学术的角度，这个评价是比较公允的。

结　语

学说成败的"暂时性"和"永恒性"，往往与所关注事实或事件的展现和发展成熟程度密切相关。由历史上儒学成败显隐的规律可知，儒学是"治世之学"。

虽然，现代新儒学的产生除了客观历史的"因果律"使然，主观上意欲以儒学传统对置马克思主义的传入，也是重要的历史动因。

但毕竟，从人是目的主题的角度，现代新儒家殚精竭虑，力证我心与我身、人与自然、个人与社会、精神与物质、自由与必然、哲学与科学等关系的命题。他们这种对人和人类精神价值的尊重，对于确立人的主体性的深邃玄论以及追求"生生和谐"的人文精神，展现了人与"人学"的高贵与庄严，因而具有普遍的价值和意义。

他们主张以儒家"道统"为民族精神的主要内涵，提出了调整民族精神、心理文化结构，以促成中国和中国传统文化现代化的根本性问题。就此而言，新儒家的观点远比"西化论"的观点深刻，尤其是他们在吸收西学以中国化方面的努力，其思想史意义的价值功不可没。

现代新儒家因"意义危机"和"文化飘零"而同时站在普遍主义和文化保守主义立场。以保守主义论,现代新儒家在中国近代文化生态中激进主义甚嚣尘上的时候,作为一种制衡力量,保证了中国思想文化建设的整体理性。而以普遍主义论,它客观上彰显了中国传统文化的独特存在和独有价值。以超越的学术立论,不以政治呼号,近一个世纪以来薪火不断的当代新儒家正当此任。

近代以来,"问题中国"的秩序与意义危机,是一个触及社会各层要素的"整全性"系统危机,基于此,它需要一个整全系统的意识形态,既作为形而上的信仰,又可以提供重建秩序的策略方案。然而,现代中国三大思潮中,现代新儒家文化保守主义显然富于感悟而窘于方法。它所重建的只是意义世界的终极价值。而中国自由主义作为一种文化多元主义,它关注社会政治正义秩序构建而疏于价值构建。它与文化保守主义一样,都并非一种整全系统的社会运动理论。最终,历史选择了马克思主义亦即中国马克思主义。

但是,"中国现代化进程的长期性和艰巨性决定了现代新儒学在今天还有一定的生命力,它还会与上述两个派别并存发展,不断斗争较量,直到中国的社会主义现代化实现之日"[20]。

参考文献:

[1] 李毅. 中国马克思主义与现代新儒学 [M]. 天津:天津教育出版社,2007.

[2] 马克思,恩格斯. 马克思恩格斯列宁斯大林论历史科学 [C]. 黎澍,编. 北京:人民出版社,1980.

[3] 梁启超:欧游心影录,饮冰室合集:专集23 [M]. 北京:中华书局,1989.

[4] 牟宗三. 唐君毅全集:序 [M]. 台北:学生书局,1991.

[5] 马克思恩格斯选集:第4卷 [M]. 北京:人民出版社,1975.

[6] 毛泽东选集:第2卷 [M]. 北京:人民出版社,1991.

[7] 马克思恩格斯选集:第1卷 [M]. 北京:人民出版社,1975.

[8] [9] 张君劢. 人生观论战之回顾 [J]. 东方杂志,1934,31 (13).

[10] [11] 梁漱溟全集:第2卷 [M]. 济南:山东人民出版社,1989.

[12] 牟宗三. 唐君毅全集:序 [M]. 台北:学生书局. 1991.

[13] 梁漱溟全集:第2卷 [M]. 济南:山东人民出版社,1989.

[14] 唐君毅. 生命存在与心灵境界·自序,见唐君毅全集:第23卷 [M]. 台北:学生书局,1991.

[15] [16] 牟宗三. 政道与治道:新版序 [M]. 台北:学生书局,1996.

[17] 牟宗三. 唐君毅全集:序 [M]. 台北:学生书局. 1991.

[18] 牟宗三. 道德的理想主义:序 [M]. 台北:学生书局,1992.

[19] 李泽厚. 略论现代新儒家,中国现代思想史论 [M]. 合肥:安徽文艺出版社,1994.

[20] 方克立. 现代新儒学与中国现代化 [M]. 天津:天津人民出版社,1997.

宋学在乾嘉汉学话语中的不同意蕴

崔发展

（西南石油大学　马克思主义学院）

乾嘉时期，汉学虽然掌控话语权，但宋学却仍有其存在的必要。那么，在汉学家看来，宋学的有效性体现在哪里？或者说，在汉学话语中，宋学是如何被理解或被界定的呢？

阮元一向被尊为乾嘉汉学的殿军，其言论有时亦明显带有对乾嘉汉学乃至对乾嘉之前的清学进行总结的意味，如其所谓"《汉书》云：修学好古，实事求是。后儒之自循于虚而争是非于不可究诘之境也，岂河间献王竟逆料而知之乎？我朝儒者束身修行，好古敏求，不立门户，不涉二氏，似有合于实事求是之教"①。依阮氏所言，一个"实事求是者"应该是"不立门户"之人，此时的门户就是指汉宋门户。那么，这里的"宋"具体指什么？

在正式分析这一问题之前，需要注意如下几点：第一，这里的讨论对象以群体性的表现为主，而基本不做全体判断，这是因为另类乃至相反的案例总是存在的。第二，汉学家有无门户，主要取决于其对宋学的态度，为此，通过梳理门户问题，就可明白汉学家话语中的宋学究竟何指。也就是说，这里是要探讨在汉学家的话语中，宋学具有怎样的面向，因此探讨的焦点将主要针对汉学家内部，而不着重考虑汉学家与非汉学家的外部之争。第三，宋学、理学与宋儒之学不尽相同，这里主要取汉学家所理解的宋学（理学、宋儒之学）之意，或者说汉学家所建构或自造的宋学（理学、宋儒之学）之意，且一概以宋学称之，而不再做详细区分。

尽管"汉学""宋学"之名出于何时难以定论，但二者作为学术专名成对出现，应当是在清初，尤其是在乾嘉时期几成流行词汇，且常常被对立使用。这种流行做法本已表明汉宋之有别，既然有别，难免有争，但亦有兼采或持平之论，如此纠缠不已，终使得汉宋关系成为乾嘉时期的一个重要问题。由此逆向推导这个问题的缘起，有些学者自然就会认为汉宋之争是门户之辨的诱因，为了避免门户之争，就要反思划分汉宋这一做法本身的问题。不过，就总体情况讲，乾嘉时期汉宋分立才是主流，只是这一分立是否一定导致汉宋之争或门户之争，则就大有讨论的必要了。对此，本文试从如下几个方面进行分析。

---

① 阮元：《研经室三集》卷五《惜阴日记序》。

一、乾嘉汉学家是否真的"不立门户"?

若如阮元所说清儒皆不立门户或大都不立门户,未免过大,那么,若仅指乾嘉汉学家,又当如何?看来也难有定论,如对于阮元本人是否有门户之见,学界尚有较大争议,遑论其他?其实,值得思考的倒是这样一个问题:阮氏为何要将"不立门户"作为"实事求是"的一个重要指标?具体而言,对于乾嘉汉学而言,这是一个学术总结或精神提炼,还是一个期许、规劝、引导?从当时人的引述中,似可得出不同乃至截然相反的结论来。比如,钱大昕的批评之言:"说经必尊服郑,论学先薄程朱,虽一孔之明,非无可取,而其强词以取胜者,特出于门户之私,未可谓之善读书也。"① 江永的兼采之举:"兼宗汉宋,不立门户。"② 纪昀的公心之辩:"消融门户之见,而各取所长,则私心去而公理出,公理出而经义明矣。"③ 朱壬林的持平之论:"汉学、宋学,不宜偏重,学以穷经求道,一而已矣。本无所谓汉宋之分。"④ 林昌彝的规劝之言:"学者得其分合之道,则汉学、宋学一以贯之,而何门户之别哉?"⑤ 凡此种种,似难定论。

对于这个问题,可以尝试从反证的角度来作答。当时人直接或间接涉及"门户"的言论如此之多,或者说,当时汉学名流多有批评汉宋之争而主张汉宋持平、汉宋兼采的论调,岂不恰恰说明了门户之见或汉宋之争实则是一种流行的风气或弊病?越是大力倡导汉宋持平、不立门户,或许越能表明时人分别汉宋或出入门户的事实。如汉学家吴兰庭曾向友人吐露心迹:"弟于经典诂训,笃信汉儒,不喜后来新说,然亦未尝轻议宋儒者,是非久而自明。专尚攻评,非长厚之道,徒足取敌于俗目,并望同志共守此约。"⑥ 此番语重心长之语,印证了时人"专尚攻评"、辄诋宋学的门户之见,故而吴氏才有"同志共守此约"的殷殷之望。江藩说"近今汉学昌明,遍于寰宇,有一知半解者,无不痛抵宋学"⑦,若将吴氏此言与江氏所观察到的现象相参看,或许更能明了汉宋分立的大局。

前引方东树说汉学家"争为实事求是之学",若从汉学家对"实事求是"的尊奉与践履来看,可以说汉学家的确有一份"争"心,但这是否就是所谓的汉宋门户之争?这就要看此"门户"的具体所指是什么。章学诚有"学不可无宗主,而必不可有门户"⑧的警世之论,提醒时人必须注意门户与宗主不同。这就意味着,一个人是否宗汉,与其是否抱有汉主宋奴的门户之见,并无必然关系。然而实际上,当时的汉学家乃至今日的诸多争论,似乎多未理清二者之间的不同。其实,仅就一个人宗汉而言,是无法断定他有无门户之见的,因为一般而言,某一汉学家有无门户之见,主要取决于他如何对待宋的问题。不过,进一步讲,即便此人宗汉采宋,他也不一定就无门户之见,因为在宗汉

---

① 严元照:《娱亲雅言》卷一《钱序》。
② 张舜徽:《清人文集别录》卷七《通艺录》条,中华书局1980年。
③ 《四库总目提要·经部总叙》。
④ 朱壬林:《小云庐晚学文稿》卷二《与顾访溪徵君书》。
⑤ 林昌彝:《小石渠阁文集》卷一《汉宋学术论》。
⑥ 严元照:《娱亲雅言》卷一《吴序》。
⑦ 江藩:《国朝汉学师承记》,中华书局1983年。
⑧ 章学诚:《文史通义》卷五《浙东学术》。

之后不仅有是否采宋的问题，更有怎样采宋以及所采的是哪一层面的宋等深层次问题，故而不可一概而论。

二、如果某一汉学家的确有汉宋门户，此时的"宋"指的是什么？

下面通过分析几个例子，揭示宋学在具体所指上的变化。

例一：方东树以宋学为宗，据其观察，"近世风气，亦必虚构之，但道着一宋字，心中先自有不喜意，必欲抑之排之，以署其短失而后快于心。乃至宋人并无其事与言，以为必当如是云尔，不通，殆若一无所知如此也"①。若如方氏所言，这些人宗汉却又凡宋必反，甚至不惜无中生有或想当然地指斥宋学，乃是最明显的门户之见者。当然，方氏所言未必尽符实情。不过，既然方氏并非仅指某一个或少数几个人，而是泛指"近世风气"，亦当道出了相当的实情。如焦循也提到时人对于宋学讳莫如深的心理，其言曰："且夫唐、宋以后之人，亦述孔子者也。持汉学者，或屏之不使犯诸目，则唐、宋人之述孔子，诅无一足征者乎？学者或知其言之足征而取之，又必深讳其姓名，以其为唐、宋以后之人，一若称其名，遂有碍乎其为汉学者也。学者或知其言之足征而取之，又必深讳其姓名，以其为唐宋以后之人，一若称其名，遂有碍乎其为汉学者也。"②焦氏所谓"深讳其姓名"，大可与方氏"道着一宋字"相互印证，足可见时人因执守汉学门户而对宋学所展现出的微妙心理。尤其是焦氏所批评的乃是"持汉学者""学者"，应该也不只是针对少数几人的批评而已，因而亦可与方氏所言的"近世风气"相互参照，这至少说明汉学家群体中有相当一部分人脱不了门户之见的嫌疑。且不论方氏基于宋学立场的批评，即便是汉学家群体内部，如焦循之外的钱大昕、阮元等人，也不时出来指责这类极端反宋者的门户之见。

例二：以训诂与义理来区分汉宋，是当时最主流的做法。③ 对于这类情形的描绘或观察非常多，这里仅采用一些旁观者的评论。如焦循有言："说者分别汉学宋学，以义理归之宋。"④ 戴震亦说："言者辄曰，有汉儒经学，有宋儒经学，一主于故训，一主于义理。"⑤ 尽管二人对此颇为不满，但参照此番言论中的"说者"与"言者"来看，这种划分法乃是一种时兴的做法，否则也不会引起戴震、焦循等学界名流的再三批驳。尤其是当时的官方也明确认可这种划分法。如《四库提要》有云："盖考证之学，宋儒不及汉儒；义理之学，汉儒亦不及宋儒。"总撰官纪昀亦认为："汉儒以训诂专门，宋儒以

---

① 方东树：《考奖集文录》卷六《答友人书》。

② 焦循：《雕菰楼集》卷七《述难四》。

③ 当然，也有一些非主流的看法，如王鸣盛认为，汉学、宋学都言义理，且本是一家之言，"学者若能识得康成深处，方知程朱义理之学，汉儒已见及；程朱研习义理，仍即汉儒意趣，两家本一家"。（《十七史商榷》卷六四"顾欢论道佛二家"条）而胡承珙则认为不应强分训诂与义理，主张"治经无训诂、义理之分，惟求其是而已。为学亦无汉宋之分，惟取其是之多者而已"。（《求是堂文集》卷四《四书管窥序》）不过，若细究二者言论，汉宋之义理若惟求其"是"，则当以孔孟之义理为准，而这也是焦循的观点，其言曰："宋之义理诚详于汉，然训诂明乃能识羲文周孔之义理。宋之义理，仍当以孔之义理衡之。"（《雕菰集》卷十三《寄朱休承学士书》）但这样一来，汉宋区分的必要性就打了折扣。

④ 焦循：《雕菰集》卷十三《寄朱休承学士书》。

⑤ 戴震：《戴震文集》卷十一《题惠定宇先生授经图》。

义理相尚。"① 有一点需要注意，上述引言中只是说汉学主于训诂、宋学主于义理，即便戴、焦等人反对这种划分法，但从学术有专攻这一方面看似无不可。然而，遗憾的是，这种划分却进一步衍生出宋学即义理之学的流行观念，进而演化为"汉儒专言训诂，宋儒专言义理"② 的陋见或潜意识，由"主"而"专"，一字之转，然已将义理之学（义理）等一切有抽象意味的理论取向径直等同于或贬斥为宋学，认为追求义理就是重蹈宋学之覆辙，"盖析理至微，其言必至涉于虚而无涯涘"③，以致不少汉学家严守汉宋大防，谨小慎微，专心于训诂考据而弱化乃至放弃了义理诉求。在这个层面，不少汉学家的门户观念是非常明确的，汉学训诂与宋学义理判为两途，"沿流而失源，骛末而忘本，党同伐异、入主出奴、护前争胜之习兴，几至以门户祸经术，而横流不知其所纪极"④。即便是戴震、焦循等仍致力于通经明道，但其也明确认为自己所阐发的义理不同于宋学之义理，尤其是戴震力批"以理杀人"，实际上仍是抱有鲜明的门户意识。

例三：孙星衍曾将己著《原性篇》寄给友人江声。江声在回信中直言不讳："性理之学，纯是蹈空，无从捉摸，宋儒所喜谈，弟所厌闻也。"⑤ 在江氏的一喜一厌之间，门户之见的心迹吐露无疑。但要注意，江氏所厌闻的乃是作为"性理之学"的宋学，而也只有在这个层面上，江氏的宗汉反宋才可说是有门户意识的。乾嘉时期，将宋学理解为或限定在"性理之学"的层面，亦为一大习见。如清高宗就将理学等同于宋儒性理之学，其言曰："两年来，诸臣条举经史，各就所见为说，而未有将宋儒性理诸书，切实敷陈，与儒先相表里者。盖近来留意词章之学者，尚不乏人，而究心理学者盖鲜。"⑥ 与这种理解相应，这类汉学家的宗汉反（性理之）宋，显然亦可谓是门户之见。当然，并非所有汉学家都反对性理之宋，或者说，汉学家并非凡性理之宋皆加以反对，如阮元所称王昶"治经与惠栋同深汉儒之学，《诗》、《礼》宗毛、郑，《易》学荀、虞；言性道则尊朱子，下及薛河津、王阳明诸家"⑦，称朱珪"于经术无所不通，汉儒之传注、气节，宋儒之性道、实践，盖兼而有之"⑧。不过，据当时汉学家的整体学风而言，更多的人对性理之宋学是颇有反对意见的，他们对于性理之学过度警惕的心理十分强烈，这一点亦可以从戴震之《孟子字义疏证》的遭际反映出来。此书"开篇先辩理字"，触犯了这些汉学家的大忌，因而受到他们的冷落、误解乃至批驳自在情理之中。

三、若说汉学家没有汉宋门户之见，此时的"宋"指的又是什么？

这里依旧采取案例分析。

例一：一些汉学领袖人物直言应该兼采宋学，那么，宋学中被兼采的那部分到底是什么？段玉裁有言："今日之弊，在不尚品行政事，而尚剿说汉学，亦与河患相同。然

① 纪昀：《阅微草堂笔记》卷一《滦阳消夏录一》。
② 伍崇曜：《伍跋》，《国朝汉学师承记》，中华书局1983年。
③ 江藩：《国朝汉学师承记》，中华书局1983年。
④ 胡承珙：《求是堂文集》卷四《四书管窥序》。
⑤ 孙星衍：《孙渊如诗文集》卷首《赠言》。
⑥ 《清高宗实录》卷一二八"乾隆五年十月乙酉"条。
⑦ 阮元：《研经室二集》卷三《诰授光禄大夫刑部右侍郎王公昶神道碑》。
⑧ 阮元：《研经室二集》卷三《太傅体仁阁大学士大兴朱文正公神道碑》。

则理学不可不讲也。"① 照段氏此说，讲不讲理学与品行政事何干？再来看陈寿祺对阮元、段玉裁的相关引述："顷仪征阮抚部夫子，金坛段明府若膺寓书来，亦兢兢患风俗之弊。段君曰：'今日大病在弃洛、闽、关中之学，谓之庸腐，而立身苟简，气节败，政事芜，天下皆君子而无真君子，故专言汉学不治宋学，乃真人心世道之忧。而况所谓汉学者如同画饼乎。'抚部曰：'近之言汉学者，知宋人虚妄之病，而于圣贤修身立行之大节略而不谈，以遂其不矜细行，乃害于其心其事。'二公皆当世通儒，上绍许、郑，而其言若是。"② 观此，所谓"今日之弊""今日大病""世道之忧""风俗之弊""害于其心其事"，此类谆谆告诫，就是要警醒世人不可将宋学一概抹杀，而要注意兼采宋学中那些与修身立行、品行政事相关的部分。那么，这部分究竟是什么呢？来比照几个正面的典型：林伯桐"生平好为考据之学，宗主汉儒，而践履朱子，无门户之见"③；刘台拱一面是"学问淹通，尤邃于经，解经专主训诂，一本汉学，不杂以宋儒之说"，另一面则是"深研程朱之行，以圣贤之道自绳；然与人游处，未尝一字及道学也"④。由此而言，汉学家主要反对的乃是宋学中的"德性之学""义理之学""性理之学"，但与此不同，他们却主张兼采宋学中的"德行之学"，即有利于躬行实践的部分。

例二：江藩所著《汉学师承记》，自乾嘉至今常被指责为门户森严之作。对此，梁启超为江氏辩护道："乾嘉以来学者事实上确各树一帜，贱彼而贵我，子屏不过将当时社会心理照样写出，不足为病也。"⑤ 不过，通过分析此书择取史料的方法与过程，可以发现江氏对原材料有明显的删改、回避、有意歪曲、存心遗漏等情况，而其目的就是扬汉抑宋。由此可见，江氏显然不是"照样写出"，而江氏本人的门户观念又是"当时社会心理"的一个写照，我们同样可以从其所辑录的《经师经义目录》明显看出江氏谨守汉学门户的取向。不过，江氏并不一概反对宋学，江氏同样辑有《宋学渊源记》，亦表现出兼采宋学的一面。只是要注意，江氏所采录的仍是宋学中德行之学的一面，既着重从德行一面来甄选传主，亦着重在立传中描画入选者立身行事、道德践履的形象，却又有意删减乃至摒弃了传主在性理之学或义理之学等层面的探究，因为在江氏看来，宋学虽因"不究礼乐之源，独标性命之旨"而有"考镜不足"的毛病，但毕竟"率履则有余"。⑥ 不唯如此，江氏在《汉学师承记》中，亦有意凸显传主大多至孝、有制行等形下践履，亦间接表现出汉学家兼采德行之学的一面。据此而言，包括江氏在内的汉学家群体，又可说是无门户之见者。

例三：在《九曜斋笔记》"趋庭录"中，惠栋曾记其父惠士奇的话："先君言宋儒可与谈心性，未可与穷经。栋尝三复斯言，以为不朽""汉有经师，宋无经师。汉儒浅而有本，宋儒深而无本""宋儒谈心性直接孔孟，汉以后皆不能及。若经学则断推两汉"。

① 王章涛：《王念孙王引之年谱》，广陵书社 2006 年。
② 陈寿祺：《左海文集》卷七《孟氏八录跋》。
③ 《清史列传》卷六九《儒林传下·曾钊附林伯桐等》。
④ 江藩：《国朝汉学师承记》，中华书局 1983 年。据漆永祥考证，江藩因宗汉抑宋，对此材料有窜改。参见氏著：《江藩与〈汉学师承记〉》研究，上海古籍出版社 2006 年。
⑤ 梁启超：《梁启超论清学史两种》，复旦大学出版社 1985 年。
⑥ 江藩：《国朝汉学师承记》，中华书局 1983 年。

观此数语，可知宋学在穷经或经学上不受汉学家重视。如程晋芳亦有言："愚所谓程朱不可轻议者，非以其解经论学为无可是正也，其操心也纯，其制行也严，其措诸事也明而有伦，因是以其身为百世师，而人亦以是知二帝三王之道也之可贵而可从。"① 所谓"解经论学"，当包括宋学中的经学、义理之学或性理之学，汉学家在这些层面上多是持反对或抵制态度，门户之见明显，这也是汉学家远绍汉儒经学的主要原因，但宋学并非无可取之处，其制行之学仍是有实用的。

综上所论，在汉学家话语中，宋学包括经学、德性之学、性理之学、义理之学（义理）、德行之学等不同的层面。其中，德性之学、性理之学、义理之学皆可归为义理之学。因而，简言之，汉学家言下的宋学主要指经学、义理之学、德行之学三个层面。

大体来讲，汉学家只要宗汉反宋，无论是反对哪个层面上的宋学，皆可谓门户之见。但若细分之，则又不尽然。如对于某个汉学家而言，他因反性理之宋而有门户，但他兼采德行之宋而又无门户，此一时彼一时，不可一概而定。也就是说，即便是同一个人，此时有门户，而彼时则无门户，当依具体语境或场景来做针对性的判定。由此而言，汉宋关系之所以复杂多变，就是因为汉学家话语中的宋学包含着不同的面向。若不加分殊，极易引起混淆。由此，如果说"持久的汉宋之争中一些纠缠不清的东西都是源于所争论的不是一个宋学"②，那么，仅就汉学内部而言，并不是所谓的广义宋学与狭义宋学之争，而应是汉学与宋学的不同层面之争。

比如，乾嘉时期的某些人物，究竟应归为汉学家还是宋学家，常有争论。其实，如果考虑到门户与宗主的区别，大致可以这么说，一个人是汉学家还是宋学家，主要取决于其为学之宗主是汉学还是宋学。也就是说，某个汉学家虽然尊崇程朱，但这一点与其汉学家的身份之间并无矛盾，换句话说，汉学家在区分汉宋时并不以是否尊崇程朱为判准③，因为真正的标准乃在于一个人为学之所宗。无论一个人是否尊崇程朱，只要他以汉学为宗，那么，他必然是汉学家。如钱大昕推崇朱子，"卓哉紫阳！百世之师。主敬立诚，穷理致知。由博返约，大醇无疵"④，但钱氏并未因此而被称为宋学家，因为钱氏为学以汉学为宗，故而尊宋并不妨害其被尊为汉学名流。但是，必须注意的是，这样的论断切忌泛化，因为汉学家之尊崇程朱与批驳程朱，乃是在不同的层面上展开的。因此，即便可以大体说宋中有汉，汉中有宋，汉宋交织，但必须充分注意分别其中的宗主与门户问题。

与义理学相比，虽然汉学家总体上对德行之学给予了更多认同，但从上述钱大昕、阮元、段玉裁对汉学群体执着于训诂考证而不讲宋学（德行之学）的批判来看，汉学内部的尊德性与道问学之争乃是十分明显的，这可以说是汉宋之争在汉学内部的表现，与外部的汉学与理学之争（如江藩与方东树、清代汉学与宋明理学）有所不同，具体表现为如下几点：

第一，它属于乾嘉汉学的自我反省与自我批判，是汉学家对当时汉学发展状况的自

---

① 程晋芳：《勉行堂文集》卷三《与家绵庄书（二）》。
② 余英时：《人文与理性的中国》，上海古籍出版社 2007 年。
③ 张循：《清代汉、宋关系研究中若干问题的反思》，《四川大学学报》2007 年第 4 期。
④ 钱大昕：《潜研堂文集》卷十七《朱文公三世像赞》。

我审视，是汉学内部的汉宋之争，而非汉学外部的汉宋之争。

第二，与宋明理学将尊德性置于主位不同，如龚自珍所言，乾嘉汉学这里已是道问学当令，虽皆有争，但主次已明显不同，且道问学、尊德性各自的内涵也有了明显变化。

第三，汉学内部的道问学与尊德性之争，主要表现为"穷经"与"进德"之争。然若细加分别，则"穷经"内部又有训诂与义理之争，亦即训诂要不要求义理、明大道①；而"进德"内部既有德行与德性之争，又有道德的智识化（经验论）与性理化（先验论）之争，或者说是新旧道德（道统）之争。当然，这三者又是彼此关联的，因为无论实际情况如何，汉学家均会认同"治经必通训诂，博稽制度，进求义理以达诸躬行"②的理念，若此，无论在哪一环节出了问题，势必都会引发争论。

鉴于学界对第三种情况中的进德之争论述最少，这里稍作申论。所谓兼采宋学，若只是取德行而不涉及德性，实际上很难把握二者之间的边界，或者说，此时的德行或躬行实践并未获得其自身的独立性与合法性，仍需从德性之学那里寻求形上依据，这或许就是朱珪兼采"宋儒之性道、实践"、阮元"崇宋学之性道"背后的隐曲。但问题是，如果承认性道之学，那么，汉学对宋学的"反动"就会丧失动力与方向，这自然是大多数汉学家不愿意接受的，因而必然会在汉学内部引发争论。由此，在尊德性的问题上，就发生了如下分裂：一是干脆回避探讨德性或德行问题（并非不要德行或德性，而是不探讨、不理会），以免与宋学有染。这应该是大多数人的取向，也是上述钱大昕、阮元、段玉裁等人批判的矛头所向。另一是置换德性或德行的理学内涵，重新赋意，为德行之独立性、合法性寻求新的经验论或知识论基础。这就是戴震指责时人"以躬行实践之儒归焉，不疑夫躬行实践，劝善惩恶，释氏之教亦尔"③的主要原因，也是戴震、汪中、凌廷堪、阮元等人尝试阐发新义理或新道德主张的主要原因，在这个意义上，进德、尊德性的问题仍旧在引导着穷经、道问学的问题。但是，无论是哪一种取向，都会引发争论。④ 如就戴震本人而言，一方面认为宋儒之躬行只是对意见而非真理的实践，是不知的结果，但另一方面，有时却又承认程朱或宋儒的躬行道义，从而陷入自我纠缠之中。⑤

然而，进德问题上更大的纠缠，源自于乾嘉汉学家的生活实际。乾嘉时期，与宋学

---

① 参见张循：《汉学的内在紧张：清代思想史上"汉宋之争"的一个新解释》。该文认为，"汉宋之争"不仅发生在汉学与理学之间，更是汉学自身内在紧张的一种反映。汉学的内部紧张包括两个层面：第一层面的穷经与进德之争、第二层面的考据与义理之争。关于"汉宋之争"不能完全用汉学与理学对立的框架来解释，另可参看张循：《清代汉、宋学关系研究中若干问题的反思》一文。

② 邵晋涵：《南江文钞》卷八《庚子科广西乡试册问》。

③ 戴震：《戴震集》，上海古籍出版社 1980 年。

④ 外部之争也能表明时人对这种新道德的态度。如章学诚是传统道德的坚定卫护者，他认为"戴氏笔之于书，惟辟宋儒践履之言谬尔"。（章学诚：《答邵二云书》）方东树亦批评道："夫躬行君子，孔子所求。今并此黜之，谓不足贵，则天下尚安有白黑也。"方氏也强调重行必先重知，并由此批评汉学家在言行上难以相顾的现象。但关键的问题是，他与戴氏虽然都讲"知"，但二者所谓的"知"在内容上毕竟是不同的，故他对戴震的批评有些错位。参见方东树：《汉学商兑》，商务印书馆 1937 年。

⑤ 参见徐道彬：《论戴震对朱熹始终如一的态度》，《河南师范大学学报》2006 年第 4 期，第 19 页；路新生：《理解戴震》，《华东师范大学学报》2003 年第 1 期。

的力量相比,汉学一方无疑有着压倒性的优势,如方东树就指出,当时的汉学家虽然对于宋学有诸多的批评、误解乃至诋毁,而与此恰成鲜明对比的是"程朱之门,独寂然不闻出一应兵"[①]。方氏旨在为宋学做出辩护,故而此论未尝没有强为之说的一面,但与时人对汉学的趋之若鹜以及对宋学的诸多批评相比,程朱之门少有应战者毕竟是不可否认之事实。不过,尽管汉宋双方的力量对比如此悬殊,但汉学并未由此而彻底否定或摆脱宋学的作用与影响,而只是从领域或范围上对宋学划定了某种边界。因为在乾嘉之时,宋学仍然是官方哲学,程朱理学仍是科举取士的准则,而且汉学家亦未完全否认宋学存在的合理性或有效性。在进德问题上,虽然少数汉学家对躬行实践之宋学由肯定到质疑的态度上的巨大转变也体现出时代道德观的嬗变,但总体上看,汉学家对于宋学虽多有非议与不满,但他们却仍置身于由宋学所缘构而成的生活世界中,虽然他们在思想观念上对于宋学已有一定程度的"反动"意识与"革命"主张,但其现实的行为却仍被宋学所束缚而表现出言行上的不一致。对此,可参看梁启超的一段评论,其言曰:

> 乾嘉学派,大致是由亭林"经学即理学"那句话衍出来,但亭林的确是想在六经中求义理,乾嘉学派则将义理搁在一边,专以研索六经里头的名物训诂为学问最终目的。他们对于什么朱、陆之争,儒佛之争,纯采"不理"主义,换一句话说,就是跳出哲学的圈子外,专做他们考证古典的零碎工作。若勉强问他们的人生观怎么样,对于哲学上几个重要问题作何见解,我老实不客气说,他们依然是"程朱中毒"。因为个个都从八股出身,从小熟读的《集注》《或问》,早已盘踞住他们的下意识,长大之后,浑身扑在乱书堆中,对于这些问题都不复理会,自然是由着下意识支配了。所以那时,许多鼎鼎大名的学者——他们虽然口头上鄙夷宋学——我敢说一句放肆的话:"一个个都是稀稀薄薄,朦朦胧胧的程、朱游魂,披上一件许、郑的外套。"那时候思想界的形势大略如此。[②]

梁氏此言虽有言过其实之处,如对于汉学家而言,许郑之学并非只是"外套",而是亦带有某种安身立命的意味,不过,汉宋交织成了乾嘉汉学绕不过去的一个解释学处境,却是不争之事实。因此,何止是思想界如此,生活世界未尝不是如此。所谓兼采宋学,无论是基于传统的惯性还是惰性,无论是有意还是无意,抑或是被动还是主动,都实际地存在着这种倾向。对此,即便是极端的反宋学者,何尝不是生活于宋学的天地里,虽欲罢而不能呢?这或许才是汉宋之争(无论是外部之争还是内部之争)的大本大源。

上述论述,恰恰体现出钱穆所谓"不知宋学,则亦不能知汉学,更无以评汉宋之是

---

① 参见方东树:《汉学商兑》,商务印书馆1937年。

② 梁启超:《戴东原哲学》,录入汪学群编《清代学问的门径》,中华书局2009年。陈居渊提到,十八世纪的汉学只是一种学问,而从事者大都来自江南一隅的扬州、常州、苏州、徽州等地,就当时全国学界而言,仅占有极少的一部分,且相当一部分对宋学基本持肯定态度。陈氏此说可与梁氏一说相参照。参见陈氏著:《汉学更新运动研究:清代学术新论》,凤凰出版社2013年。

非"① 的一面，但这显然与钱氏视清代汉学乃宋明理学之余绪大为不同，而是意在表明，无论如何，宋学都可谓是汉学家的一面镜子、一座警钟、一个对话者，且不论汉宋的外部之争如何，单就汉学家自身的内在紧张来看，汉宋关系都是一个极其重要的坐标系，从中可以找到汉学家自身的位置：一则，知而不行非儒，但行宗宋学则必生纠缠，此一种紧张也；二则，仅考据而不求义理不可，但求义理又难免会蹈宋学之虚，此又一种紧张也。三则，最让汉学家尴尬的乃是，在传统儒学所预设的道问学与尊德性合一、知行合一、考据与义理合一的框架内，汉学家所重视或擅长是知、考据，宋学所擅长或重视的是行、义理，而若是知、考据必然要以行、义理为目标，或者说汉学的合法性恰恰取决于它能否导向宋学，如此一来，汉学家自身的纠结就可想而知了。如何应对这一框架？或逃避，或抗击，都反映出汉学自身内部的紧张。然而，基于当时的生活实情而言，想绕开而终究不可得，抗击又会面临重重阻力，此间紧张程度自不待言。

---

① 钱穆：《中国近三百年学术史》（上册）《自序》，商务印书馆1997年。

《儒教与道教》评述*

张培高　许英凤

（西南石油大学　马克思主义学院）

摘　要：《儒教与道教》虽然与《印度教与佛教》《古犹太教》一样均是韦伯比较宗教学系列作品中的重要著作，但相对而言，此书在其心目中的位置非其他著作可比。韦伯不懂中文，他是在二手资料上展开研究的，但韦伯尽力克服这一缺陷，以其深刻的洞察力及高屋建瓴的宏大叙事能力从多方面和多维度来分析中国社会的特质和中国文化的特点，得出了一些符合中国实际情况的结论。但另一方面他仍然受到语言限制，再加上其本人的民族主义情结、持那时欧洲人对中国文化的偏见及研究方法的缺陷，韦伯的研究也存在较为严重的失误。

关键词：《儒教与道教》；普遍性与特殊性；正统与异端；巫术与理性；洞见与失误

马克思·韦伯与卡尔·马克思和涂尔干（迪尔凯姆）同为三大古典社会学理论的奠基人，其所著《儒教与道教》（又名《中国的宗教》）虽然与《印度教与佛教》《古犹太教》一样均是韦伯比较宗教学系列作品中的重要著作，但相对而言，《儒教与道教》是"世界宗教的经济伦理"系列作品中的首要部分（《儒道与道教》为第一卷，《印度佛与佛教》《古犹太教》分别为第二、三卷），而且韦伯对其先后多次进行修订与完善直至去世前（该书先后有四个版本[①]），由此可见此书在其心目中的位置显然非其他著作可比。就本书的主旨而言，《儒教与道教》与其他作品（如《新教伦理与资本主义精神》）有一致之处，即要探讨为什么只有欧洲才能产生资本主义，以凸显西方文化（主要是基督教新教文明）的特色。韦伯的著作虽然在 1938 年就已有汉译本（《社会经济史》1938 年为郑太朴先生所译），但真正受到学者（尤其是华人学者）的普遍重视是在 20 世纪 80 年代以后。那时，一方面，中国正值改革开放，国人急需从国外的学术中吸收营养，以便更好地了解自己与世界；另一方面，自第二次世界大战结束后，世界相对和平，世界各国或大部分地区都在极力谋求发展，在此背景下，亚洲的日本、韩国、新加坡，以及中国的台湾地区、香港地区，经济迅速发展而成为亚洲最发达与富裕的地方，由此韦伯的命题便成为华人学者和汉学家所反思与批判的对象（如杜维明的《新加坡的挑战》、金耀基的《儒家伦理与经济发展：韦伯学说的重探》等都证明儒学与现代化之间也具有

---

　　* 基金项目：国家社科基金重大项目"百年道家与道教研究著作提要集成"（14ZDB118）。

　　① 施寒微：《版本考据》，载韦伯著，王容芬译《儒教与道教》（最新修订版），中央编译局出版社，2012 年。

亲和性）。从那时至今已有三十来年，这期间产生了比较丰富的研究韦伯思想的著作（包含对"韦伯命题"的研究），本文在此基础上尝试对韦伯的《儒教与道教》再作一番述评。

一、韦伯的洞见

韦伯不懂中文，他是在二手资料上展开研究的①，但韦伯尽力克服这一缺陷，以其深刻的洞察力及高屋建瓴的宏大叙事能力从多方面和多维度来分析中国社会的特质和中国文化的特点，得出了一些符合中国实际情况的结论。正如杨庆堃先生所言："不过纵使有材料上的缺陷，韦伯仍处处显露出对事实的洞察力。"② 以下举例论之。

（一）"君临天下"与"乡村自治"之间的悖论

"公元前 221 年，名义上的王朝及其所有的封臣都被扫除之后，秦王成功地将中国整体统合于'中央王国'之下，而成为第一位皇帝（秦始皇）。换言之，他将此据为支配者之家产，而置于其官僚行政的管理之下。"③ 从理论上说，随着统一帝国及真正的"独裁政治"（Selbstherrschaft）时代的到来，拥有最高权力和全天下财富的皇帝，在权力上，随时可以管理或处置任何个人、团体和区域（如可以随时赋予或罢黜某人的权力，甚至决定某人的生死），在经济上，可以向全国任何地方要求进贡或纳税。但实际上，"就像所有幅员广大而交通不够发达的家产制国家结构一样，中国行政里集权的程度非常有限"④。这种有限性表现在：第一，官职的任命权与财政管理权分离。韦伯说："当中央集权化的努力一再失败之后，官职的叙任权——除了某些州郡的最高官职外——以及几乎是整体财政管理系统，最后都一一交给州郡。"⑤ 第二，乡村自治。韦伯说："事实上，皇权的官方行政只施行于都市地区和次都市地区……'城市'就是官员所在的非自治地区；而'村落'则是无官员的自治地区！"又说："在中国，基于安全的理由而有乡村聚落。这是缺乏任何'警察'概念的帝国疏放行政怎样也无法顾及的……村落……与'城市'之差别，仅在于其通过自身的组织来运转。"⑥ 就前者而言，作者无甚研究而不敢妄论其妥当与否，但就后者论，作者认为韦伯的确道出了中国政治结构的一个特色，即在传统社会，朝廷派遣的官员只到县一级，县级以下就无政府部门了，乡村的管理完全靠自己管理自己（即"自治"），其管理组织是"自治团体"（韦伯称之"村庙"），简言之即"君临天下"与"乡村自治"之间存在着张力。正如费孝通先生所说："在上述有些简短的叙述中阐明了几点：（1）在中国传统的权力体系中存在两个层次——上层有中央政府，下层有以士绅阶层作为管事的自治团体。（2）中央政府的

---

① 韦伯说："诸多文献资料与碑铭，被移译过来的不过是其中的一小部分，对于一个非汉学家而言，这真是个大障碍。遗憾的是，我并没有一位汉学专家来参与合作原典的考证。"韦伯著，康乐、简惠美译：《儒教与道教》，广西师范大学出版社，2010 年。下凡引韦伯原文，未特别注明的，版本同此。

② 杨庆堃：《导论》，载韦伯著，康乐、简惠美译：《儒教与道教》，广西师范大学出版社，2010 年。

③ 韦伯著，康乐、简惠美译：《儒教与道教》，广西师范大学出版社，2010 年。

④ 韦伯著，康乐、简惠美译：《儒教与道教》，广西师范大学出版社，2010 年。

⑤ 韦伯著，康乐、简惠美译：《儒教与道教》，广西师范大学出版社，2010 年。

⑥ 韦伯著，康乐、简惠美译：《儒教与道教》，广西师范大学出版社，2010 年。

权威事实上是受限的。由士绅管理的地方事务一般不受中央权威的干扰。"①

（二）儒教是俗人道德伦理

关于儒家是不是宗教这个问题，在中国，20 世纪初就发生过激烈的争论，如康有为与梁启超的争论。康有为在《孔子改制考》中率先把孔子改造为教主，把儒家改造为宗教，正所谓"今发明儒为孔子教号，以著孔子为万世教主"②。梁启超先是随其师极力参与宣传孔教运动，但后来其观点与康相反，认为儒家不是宗教。1902 年，他在《保教非所以尊孔论》一文中说："（孔子）所教者，专在世界国家之事，伦理道德之原，无迷信，无礼拜，不禁怀疑，不仇外道，孔教所以特异于群教者在是。质而言之，孔子者，哲学家、经世家、教育家，而非宗教家也。西人常以孔子与苏格拉底并称，而不以之与释迦、耶稣、摩河东并称，诚得其真也。"③ 又说："吾以为孔教者，教育之教也，非宗教之教也，其为教，主于实行，不主于信仰。"④ 韦伯对儒家或儒教的界定与梁氏及当时西方大多数人的观点（梁氏云："西人常以孔子与苏格拉底并称，而不以之与释迦、耶稣、摩诃末并称，诚得其真也"）有一致之处。韦伯说，"中国的语言里没有特别指'宗教'（Religion）的字眼。有的只是'教'（Lehre）——士人学派的'教'……儒教（Konfuzianismus）的中国官方称呼为'士人之教'（Lehre der Literaten）"，并认为"儒教，就像佛教一般，只不过是种伦理——道，相当于印度的'法'（Dhamma）——罢了。不过，与佛教形成强烈对比的是，儒教完全是入世的（Innerweltlich）俗人道德伦理。并且，儒教是要去适应这个世界及其秩序与习俗"⑤。

虽然韦伯把《儒教与道教》置于"世界宗教的经济伦理"系列作品中，且他在《导论：世界宗教的经济伦理——比较宗教社会学初探》中说："这里所说的'世界宗教'……就是最能把为数极多的信徒吸引到自己周围的那 5 种宗教的或受宗教制约的生活准则系统：儒教的、印度教的、佛教的、基督教的、伊斯兰教的伦理……""儒教是受过传统经典教育的世俗理性主义的食俸禄阶层的等级伦理。……这个阶层的宗教的（您要愿意，也可以说是非宗教的）等级伦理的影响，远远超出了这个阶层本身，它规定了中国人的生活方式。"⑥ 但从上述的《儒教与道教》的引文中可知，韦伯基本上把"儒教"等同于"儒家学说"，认为这是一种俗人入世的价值体系⑦，正所谓"基本上，它（儒教）所代表的只不过是给世上受过教育的人一部由政治准则与社会礼仪规制所构

① 费孝通：《中国士绅：城乡关系论集》，外语教学与研究出版社，2011 年。
② 康有为：《孔子改制考》，中华书局，1958 年。
③ 梁启超：《梁启超全集》（第三卷），北京出版社，1999 年。
④ 梁启超：《梁启超全集》（第四卷），北京出版社，1999 年。
⑤ 韦伯著，康乐、简惠美译：《儒教与道教》，广西师范大学出版社，2010 年。
⑥ 韦伯：《导论：世界宗教的经济伦理——比较宗教社会学初探》，载韦伯著，王容芳译《儒教与道教》（最新修订版），中央编译局出版社，2012 年。
⑦ 至于韦伯是否把儒教当作宗教，学界的看法也是相反的。如梁宗华认为"韦伯对于'儒学'、'儒教'的概念并没有明确清晰的界定，他基本以'儒教'统称儒家学说。见梁宗华著：《韦伯的儒教伦理观》，《哲学研究》2003 年第 3 期。而周可真则认为"德国学者马克斯·韦伯曾著有《中国的宗教：儒教与道教》一书，他把儒教与道教都纳入中国宗教的范畴""我们已有理由相信，曾经被古代中国人称之为'儒教'的儒家学说是一种特殊的宗教，即一种类似于基督教、佛教、伊斯兰教等等的文化现象。"见周可真著：《儒教之"天"与基督教之"上帝"》，《哲学研究》2003 年第 12 期。

成的巨大法典"①。

韦伯对儒教的界定是否符合中国之实际呢？这实际上涉及儒学是不是宗教的问题。这一问题很复杂，从学界激烈的争论即可知。因受字数及主题所限，本文只能简略分析。"儒教"一词至少在西汉就已经出现了，如《史记·游侠列传》云："鲁人皆以儒教，而朱家用侠闻。"显然，此处的"儒教"就是以儒学教化之意。不过，在道教兴起、佛教进入汉地以后，中国传统文化逐渐形成了儒、道、释三教并存的局面，儒教与道教、佛教并列成为非常普遍的现象，如《北史·周本纪下》云"（周武帝）辨释三教之先后，以儒教为先，道教次之，佛教为后"，在此"教"都是在同一意义上使用的。按今天的理解，道教与佛教之"教"不仅是"教化"之"教"，也是"宗教"之"教"，而儒教之"教"是否为"宗教"则有争议。对此，我认为可以从三个方面来分析。

1．"天"与"神"

在儒家经典中，"天"是最高的概念，但其含义较为丰富，而且前后有所变化，至少在尧舜时期，"天"就已有"自然之天"和"人格神之天"的含义了，如《尧典》云"乃命羲和，钦若昊天""荡荡怀山襄陵，浩浩滔天"，《益稷》云"俟志以昭受上帝，天其申命用休"，前者指"自然之天"，后者则指"人格神之天"，且此含义上的"天"与"上帝"同义。这两种含义为后世（包括后来的儒家）所继承，随着人文思想的兴起并居主要地位。自孔子以来，儒家对"天"特别增加了义理或道德之天的含义，如《孟子·尽心上》云："尽其心者知其性也，知其性则知天矣。"虽然"天"的此含义与上古不同，但仍然是最高的概念，其目的是为儒家的道德价值体系寻找最根本的依据。而后，随着"气"论思想的发展，至少自荀子起就已以"气"释"天"了，如云"天地之变，阴阳之化"（《荀子·天论》），并提出了"明于天人之分"的思想。不过，即便如此，"人格神之天"的含义仍在荀子、汉唐乃至宋明的儒学中得到了继承，如二程云："夫天，专言之则道也，天且弗违是也；分而言之，则以形体谓之天，以主宰谓之帝。"（《伊川易传》卷一）这里的"帝"显然是指"上帝"，但这一含义是次要的，主要的则指"义理之天"或"道德之天"，正如二程所云："天者，理也。"

2．"仁"与"鬼"

儒家开山孔子既重视礼乐又重视"仁"，而且以"仁"统率"礼乐"等其他条目（如《论语·八佾》："人而不仁如礼何？人而不仁如乐何"），并认为德行的提高在于自己（"为仁由己"），还认为提高德行的目的在于"济世"，正所谓"修己以安百姓"。总之，孔子关注的是现实的伦理规范与社会秩序。虽然孔子对鬼神抱有怀疑的态度（《论语·先进》："未能事人，焉能事鬼？……未知生，焉知死"），但又很重视以鬼神为对象的祭祀（《论语·八佾》："祭如在，祭神如神在"）。当然，孔子重视祭祀的目的仍是关注现世的秩序，既是对"亲亲""尊尊"原则的强调，也是对"修身""治国"要求的强调，如《论语·八佾》云："慎终追远，民德归厚。"又如《中庸》云："宗庙之礼，所以序昭穆也。序爵，所以辨贵贱也……事死如事生，事亡如事存，孝之至也……明乎郊社之礼、禘尝之义，治国其如示诸掌乎。"孔子的这一思想在后世历代儒学中都得到了

---

① 韦伯著，康乐、简惠美译：《儒教与道教》，广西师范大学出版社，2010 年。

继承。从理论上说，"无鬼"与"祭祀"是矛盾的，正如墨子所言"执无鬼而学祭礼"，然而这一矛盾在儒家的思想中却允许其存在，究其原因有二：一是由儒家的实用哲学性质决定的，二是儒家对精英文化与世俗文化作了区分，正如所谓"君子以为文，百姓以为神"（《荀子·天论》）[1]。

3. "内圣"与"外王"

虽然孔子罕言"性与天道"，但"心性"思想在《论语》中亦有之，到子思、孟子时，儒学的心性思想已经较为丰富了。汉唐时虽然儒学内部对此关注不多，然而宋以来，儒学因要回应佛教的挑战，宋明儒学家在吸收与改造佛教、道家与道教心性论的基础上，创立了儒学心性论，其理论的系统性、丰富性与完善性以理学（含心学）为最。虽然在理学中，自二程以来的理学家对内在修养的强调比较多且认为通过"敬""静"等修养工夫能够达到一种高度自由的精神境界，此即今人所说的"内在超越"，但纵观理学思想可知，他们不仅强调"内圣"，还强调"外王"，而且后者才是最终的落脚点。周敦颐在《通书》中说："志伊尹之所志，学颜子之所学。""圣人之道，入乎耳，存乎心，蕴之为德行，行之为事业。"其中"伊尹之志"为"外王"，"颜子所学"为"内圣"。又如张载在评价王安石变法时，一方面说："世学不明千五百年，大丞相言之于书，吾辈治之于己，圣人之言庶可期乎！"（《学大原上》）另一方面说："既学而先有以功业为意者，于学便相害。既有意，必穿凿创意作起事端也。德未成而先以功业为事，是代大匠斫，希不伤手也。"（《学大原下》）。这里既表明了他对通过"变法"而改变社会危机的期待，又表明了不满意王安石在"内圣"不足的情况下而开展变法。二程说："治道亦有从本而言，亦有从事而言。从本而言，惟从格君心之非，正心以正朝廷，正朝廷以正百官。若从事而言，不救而已，若须救之，必须变。大变则大益，小变则小益。"（《二程遗书》卷十五）此处所谓的"本"即指"格君心之非"，要求君臣，尤其是君主做足"内圣"工夫，即"君志先定"。"事"就是指"外王"。总之，"内圣与外王"兼备且"外王"是其最终归宿是理学的基本精神，正如余英时先生在《朱熹的历史世界》一书中所言："道学虽然以'内圣'显其特色，但'内圣'的终极目的不是人人都成圣成贤，而仍然是合理的人间秩序的重建。"[2] 实际上，这也是整个儒学的基本精神。

综上所述，在儒学体系中，虽然存在"祖先（鬼神）崇拜""上天崇拜"及"内在超越"的思想且具有一定的宗教性，但究其基本倾向，笔者仍然认为儒学是现世主义的道德价值体系，亦即韦伯所说的"俗人道德伦理"[3]。或许正是由于儒学非宗教但亦有宗教性这一特点而导致韦伯在《导论：世界宗教的经济伦理——比较宗教社会学初探》与《儒教与道教》中对儒教（在本文中，遵从韦伯的说法把"儒学"称作"儒教"）作

---

① 李存山：《气论与仁学》，中州古籍出版社，2009年。
② 余英时：《朱熹的历史世界》，生活·读书·新知三联书店，2004年。
③ 当然，如果按照蒂利希的标准［以是否指向"终极关怀"作为"宗教"标准，见蒂利希：《文化神学》，《蒂利希选集》（上），上海三联书店，1999年］，那么笔者亦认为儒教确是一种特殊意义的宗教，即"道德宗教"或"人文宗教"，与此同时，道教也是一种特殊意义的宗教。

出了不同的界定，而且也是导致他对儒教的界定陷入自相矛盾的原因。①

（三）自然科学与逻辑思维的缺乏

韦伯说："（中国）除了没有哲学与神学的'逻辑'（Logik）之发展外，法学的'逻辑'也没有发展的余地。而且，体系化、自然主义式的思维亦无法开展。"之所以缺乏，韦伯说："在最高超洗练的中国艺术里，全都缺少这种促成（西方文艺复兴意味下）理性主义野心的诱因。在家产官僚制的制约下，支配阶层的竞技完全只限于受俸者和士人猎取功名禄位的竞争，其他所有的追求都被窒息了。"其结果就是"实践的理性主义（praktischer rationalismus）——官僚体系对于生活的最根本态度——摆脱了所有的竞争，而得到完全的伸展。没有理性的科学、没有理性的艺术活动……没有任何神圣的或者人类的权威能和官僚体系相抗衡"②。在此，实际上韦伯提出一个后来被称为"李约瑟难题"的问题，即"近代的自然科学为什么没有产生在中国"。

韦伯认为缺乏自然科学和逻辑思维的主要原因在于家产官僚制度。事实上，在此仅提"封建官僚制"是难以作出合理解释的，因为同样是在专制制度下，明代以前中国的科技发明遥遥领先于世界，而明代中期以后才开始落后于西方。正如李约瑟所说："（中国）在3到13世纪之间保持一个西方所望尘莫及的科学知识水平……""中国的这些发明和发现往往远远超过同时代的欧洲，特别是在15世纪之前更是如此（关于这一点可以毫不费力地加以证明）。"③

虽然造成这一难题的原因很多而欲准确、全面地加以概括是相当困难的，但笔者认为中国传统哲学重人文或道德而不重视自然的特点是一个极为重要的原因。④ 这也在很大程度上决定了中国传统哲学对逻辑及自然科学的不重视。以逻辑而言，本来先秦是有专门的名家如邓析、公孙龙等，但荀子认为他们是"不法先王，不是礼义，而好治怪说，玩琦辞，甚察而不惠，辩而无用，多事而寡功，不可以为治纲纪；然而其持之有故，其言之成理，足以欺惑愚众"（《荀子·非十二子》）；对于自然，荀子说："唯圣人为不求知天。"（《荀子·天论》）朱熹则说："今为学而不穷天理，明人伦，讲圣言，通世故，乃兀然存心于草木器用之间，此是何学问？如此而望有所得，是炊沙而欲成其饭也。"⑤ 不过，在唐宋时，虽然经学与德行教育居于首位，然而"律学、算学"等实学也纳入其中，北宋时甚至出现了分科教育（如胡瑗的"苏湖教法"），朱熹也说："时务

---

① 一方面韦伯说，"儒教徒，原则上，与犹太教徒、基督教徒和清教徒一样，怀疑巫术的真实性……儒教也认为巫术在面对德行（Tugend）时，是无计可施的"（韦伯著，康乐、简惠美译：《儒教与道教》，广西师范大学出版社，2010年），但另一方面又说"儒教伦理纯粹以敬畏鬼神为取向的"（韦伯著，康乐、简惠美译：《儒教与道教》，广西师范大学出版社，2010年），作为儒学教学内容之一的"乐""所具有的巫术性意义乃是最重要的"（韦伯著，康乐、简惠美译：《儒教与道教》，广西师范大学出版社，2010年）。如此，在儒教中，原则性与实质性明显就存在矛盾了。

② 韦伯著，康乐、简惠美译：《儒教与道教》，广西师范大学出版社，2010年。

③ 李约瑟：《中国科学技术史》（第一卷），科学出版社、上海古籍出版社，1990年。

④ 张岱年，方克立：《中国文化概论》，北京师范大学出版社，1997年。实际上，重人文而不重视自然也就是"仁学"压倒了"气论"，见李存山：《仁学与气论：中国传统哲学的基本结构》，载《气论与仁学》，中州古籍出版社，2009年。

⑤ 朱熹：《答陈齐仲》，《朱文公文集》卷三十九，《朱子全书》第22册，上海古籍出版社，2002年。

之大者，如礼乐制度、天文地理、兵谋刑法之属，亦皆当世所须而不可阙，皆不可以不之习也。"① 显然这一教育制度能在一定程度上消除"重人文不重视自然"而带来的弊病。遗憾的是，元、明、清三朝的教育只重"德行明经科"②，从而进一步加重中国传统哲学的这一弊病。

尽管韦伯对中国传统文化缺乏自然科学与逻辑思维之原因的分析可以再探讨，但毕竟他的结论是非常符合中国实际的，正如梁启超于 1902 年在《论中国学术思想变迁之大势》中所说，先秦学派之所短"一曰论理 Logic 思想之缺乏也。……此事（按：论理）虽似细故，然实关于学术盛衰之大原。试观泰西古代思想，集成于亚里士多德；近世文明，滥觞于培根。彼二人皆以论理学鸣者也。后有作者，可以知所务矣""二曰物理实学之缺乏也。……中国《大学》，虽著'格物'一目，然有录无书；百家之言虽繁，而及此者盖寡。其间惟墨子剖析颇精，但当时传者既微，秦、汉以后，益复中绝……此（按：物理学的缺乏及阴阳五行、风水迷信的盛行）亦数千年学术堕落之一原因也"。③ 虽然此论是梁启超针对先秦学派而说的，但其亦符合中国传统学术之整体情况。

韦伯的洞见当然不限于以上所述（如他以多元文化的视角对中国文化和社会进行分析，为我们认识自己的文化提供了新的视角），在此就不论述了。

二、韦伯的失误

尽管韦伯通过努力克服语言的限制，以其深刻的洞察力得出了不少符合中国实际的结论，但他仍然受到语言限制，再加上其本人的民族主义情结，不可避免地带有那时欧洲人对中国文化的偏见，以及研究方法的缺陷，他的研究也存在较为严重的失误。这些失误除一些细节上的错误［如他把王莽当作武将（按：王莽是个文官），又如他认为明代才有"先生"的称呼（按：这一称呼在战国时期就已经有了）］外，还有理论与研究方法等方面的失误。

（一）特殊性与普遍性

价值关联、理想类型是韦伯社会科学方法论中重要的概念。在韦伯看来，社会科学的对象是文化事件，而价值与意义是文化事件的两个要素，其中价值表示人与实在的一种关系。价值关联（Werbeziehung）决定了社会科学与自然科学的分野。而所谓价值关联就是指社会科学工作者依据一定的价值与一定的实在发生联系。实际上，价值关联也就是价值判断，其作用是对具有独特性质的对象采取一种态度，一种评价态度。④ 这一选择态度显然为研究者本人所独有，面对同一个客观事件或材料因个人的态度不同而不同，正如韦伯所说："一切关于文化实在的认识始终是依据于一种特别独特的观点的

① 朱熹：《学校贡举私议》，《朱文公文集》卷六十九，《朱子全书》第 23 册，上海古籍出版社，2002 年。

② 这方面李存山先生有详论，见李存山著：《朱子〈学校贡举私议〉述评》，《中国社会科学院研究生院学报》2011 年第 3 期。

③ 梁启超：《论中国学术思想变迁之大势》，上海古籍出版社，2001 年。

④ 韩水法：《韦伯社会科学方法论概论》，载韦伯著，韩水法、莫西译：《社会科学方法论》，中央编译出版社，2008 年。

认识……若没有研究者的价值观念就没有选择材料的原因和关于个别实在的有意义的认识。"① 从哲学上说，这里蕴含着特殊与普遍之间的矛盾，即材料或事件本身是普遍的，而视角是个人的、特殊的。个人的态度在科学研究中当然是很重要的，但仍然避免不了特殊性与普遍性的矛盾，甚至可能造成以偏概全的弊端。

因为社会科学的任务是对特殊的文化事件的认识，因此如何从一般的概念到个别性便成为问题。韦伯的理想类型方法便是应此而来的。而理想类型"不是现实的一种描述，但它将给描述提供明确的表达手段……获取这种理解类型的方式或者是片面地强化一种或几种观点，或者是把从属于这些片面地突出了的观点的一种充满混乱和分散的、此处多彼处少而有些地方根本不存在的个别现象联合在一个自身一致的思想图象之中。这种思想图象因其概念的纯粹性不可能经验地存在于任何现实之中，它是一个乌托邦""理想类型是以发生学的概念来把握历史个体或者它们个别成分的特别尝试"②。由此可见，理想类型是一种逻辑理想的建构，与客观实在是相脱离的，而且这也是限于说明特殊性的一种方法，因此理想类型既有脱离客观实在的缺点，又不具有普遍性的弊端。尽管任何社会科学的研究者都有自己的价值判断而且韦伯所主张的"理想类型方法"后来演变成"模型分析方法"而得到广泛运用，但如果以己作为模型或标准来衡量彼之长短，那么从逻辑上说，已经犯了以特殊代替普遍的错误，因而作者的分析及其结论的准确性势必受到人们的普遍怀疑。实际上，韦伯对中国文化（尤其是儒教与道教）的误读与此就有密切关联。

在《儒教与道教》中，韦伯正是以西方文化（尤其是以基督教新教）作为理想类型或标准来理解儒教与道教的（对世界其他宗教也是如此），所以在其行文中不仅"欧洲中心论"意识随处可见，而且对儒教与道教（还包括中国文化的其他方面）的误读也较多。比如在语言与思维方面，韦伯说："由于（中国）文字一直保留着图像的特色，并未理性化为地中海商业民族所创造出来的拼音字母的形式，而使得文学作品立即诉之于眼睛和耳朵，并且在本质上较倾向诉诸前者。"另外，他认为"诗与系统性思维"及"雄辩术"的缺乏也根源于文字的图像特征。③ 又说："尽管语言有其逻辑的特性，中国的思想还是一直停滞于相当具象且描述性的状态。"④ 在此，韦伯明显表现出对西方文化的自信和对中国文化的严重曲解与歧视。又如韦伯认为儒道两教都不存在禁欲主义的伦理，没有像基督教那样的神圣的上帝意志与俗世之间的紧张性而导出的改造世界的积极性，一个是适应现世（儒），一个是漠视现世（道），而拥有世界普遍神、摆脱巫术束缚与偶像崇拜、接近基督教伦理的太平天国则是让中国拥有此种宗教的最后机会。⑤ 言下之意就是，在中国，只有拥有基督教的伦理才可能发展出资本主义。同时，韦伯把道教与佛教作为儒教的异端及把天人合一视为巫术与神秘主义等与中国实际严重不合的误读主要源于他的欧洲中心论的情怀，或者说这是他把特殊性视为普遍性所致（详见下

① 韦伯著，韩水法、莫西译：《社会科学方法论》，中央编译出版社，2008年。
② 韦伯著，韩水法、莫西译：《社会科学方法论》，中央编译出版社，2008年。
③ 韦伯著，康乐、简惠美译：《儒教与道教》，广西师范大学出版社，2010年。
④ 韦伯著，康乐、简惠美译：《儒教与道教》，广西师范大学出版社，2010年。
⑤ 韦伯著，康乐、简惠美译：《儒教与道教》，广西师范大学出版社，2010年。

文）。

（二）巫术与理性

韦伯认为判断一个宗教理性化程度的主要标准有二："一、这个宗教对巫术之斥逐程度；二、它将上帝与世间之间的关系及以此它本身对应用世界的伦理关系，有系统地统一起来的程度。"① 从第二条内容看显然是以基督教为基准的。第一条仍然如此，正如苏国勋先生所说："韦伯认为东方宗教仅凭其深厚的泛神性质就可以证明是巫术，表现出他用西方一神论救赎宗教看待世界其他地域宗教，凸显了他那时代西方学者视欧洲地方性为普世性的立场。"② 我们来看看韦伯是如何以此立场来分析儒道释三教与巫术关系的。

虽然韦伯基本上不把儒教当作宗教，并且认为儒教与新教一样都是理性主义的，"儒教（在意图上）是个理性的伦理"③，但他认为在与巫术的关系上，新教"对世界之彻底除魅"，而无论是儒教还是道家道教、佛教，要么与巫术具有亲和性，要么纯粹就是巫术。他在论述儒教与巫术的关系时说："这个巫术的乐园之得以维持住，是因为儒教伦理本就有与其亲和的倾向。"④ 之所以具有亲和性是基于以下一些理由：儒教是士人之教而士人起源于巫师，"士人阶层的起源我们已无由得知。表面上看来他们显然曾经是占卜师"⑤。又如"儒教伦理纯粹以敬畏鬼神为取向"⑥ 等。实质上，这些理由基本上都是经不起推敲的。

虽然"士"的起源学界多有争论（如王国维、郭沫若认为"士"像阳物，徐中舒认为"士"与"王"同字，等等），但从《尚书》来看，关于"士"的称呼在尧舜时就已有了（《尧典》："汝作士，五刑有服"），这里的"士"指掌管刑事的人。"士"之名在关于周的文献中有更多记载，如《多方》曰"多士大不克明保享于民"，《洪范》曰"谋及卿士、谋及庶人""王省惟岁，卿士惟月，师尹惟日"，《大诰》曰"肆予告我友邦君，越尹氏、庶士、御事"。在此所说的"士"显然是指不同于老百姓的贵族阶层，而且也不是说这里的"士"皆指占卜师。在《诗经》中，关于"士"的记载也很多。如《郑风·女曰鸡鸣》曰"女曰鸡鸣，士曰昧旦"，《召南·摽有梅》曰"求我庶士，迨其吉兮"，另外还有"爪士""卿士"等说法。但从《诗经》来看，"士"本指男人，是与女人相对的一个概念，至于"爪士""卿士"则是其引申义。在其他文献中还有"上士""下士"等说法，如《孟子·万章下》曰："（周室班爵禄也，如之何？）……君一位，卿一位，大夫一位，上士一位，中士一位，下士一位，凡六等。"综合以上文献看，暂且不论"士"之起源如何，毫无疑问的是，"士"的含义有多种：既可作男性之通称，又可指掌管刑事的人，还可指贵族，等等。在这些"士"人中或许有些是占卜师，但这并不意味着"士"皆是如此。

---

① 韦伯著，康乐、简惠美译：《儒教与道教》，广西师范大学出版社，2010年。
② 苏国勋：《重读〈儒教与道教〉》，《江海学刊》2015年第1期。
③ 韦伯著，康乐、简惠美译：《儒教与道教》，广西师范大学出版社，2010年。
④ 韦伯著，康乐、简惠美译：《儒教与道教》，广西师范大学出版社，2010年。
⑤ 韦伯著，康乐、简惠美译：《儒教与道教》，广西师范大学出版社，2010年。
⑥ 韦伯著，康乐、简惠美译：《儒教与道教》，广西师范大学出版社，2010年。

在儒教中，虽然一方面对鬼神持怀疑态度，另一方面又主张祭祀（包括祭祀祖先与祭祀天地），甚至在祭祀上有一套很成系统的仪式。即便如此，难道可以说"儒教伦理纯粹以敬畏鬼神为取向"吗？本文的第一部分已分析到"无鬼"与"祭祀"在学理上是矛盾的，然而从儒教的实用理性角度看这一矛盾是完全可以存在的。[①] 这一手段用《周易》的说法就是"神道设教"，用荀子的说法就是"君子以为文，百姓以为神""以文则吉，以神则凶"。汉代的董仲舒虽然仍讲"天"的"人格神"意义，但其根本目的是要"屈民以伸君，屈君而伸天"（《春秋繁露·玉杯》），即对于君权既要伸张又要限制。而且同时，无论在汉唐还是宋明，始终有像王充、范缜那样主张唯物论和无神论的思想家存在，这抑制了儒教最终转化为宗教。那儒教的最终取向是什么呢？用张载的话来说就是"民胞物与"，即以"爱人"为核心而延及"爱物"，或者说以人与人（社会）之间、人与自然之间的高度和谐为最终取向。总之，儒家学者虽然没有完全废弃鬼神，但绝对不是以敬畏鬼神为取向的，鬼神仅仅是一种"神道设教"的手段，最终的取向为"达到天地人三者的和谐"。

韦伯对道家、道教乃至佛教的认识与儒教有一致之处。他在判定道家时说："我们要了解到，早期隐逸者的'救赎目标'，首先是以长寿术，其次是以巫术，为其取向的。"[②] 又说："儒道两者都确信，俗世统治中的良好秩序是使鬼神安静的最好办法。这种鬼神信仰的卡理斯玛转化，也正是老子的门徒之所以无法走上极端政治冷漠态度的原因之一。"[③] 据《庄子》《荀子》《史记》等文献记载，许由是尧舜时的隐者，那他的目标是追求长寿和巫术吗？《庄子·逍遥游》中说，尧要让许由作天子，他推辞了，理由是"子治天下，天下既已治也，而我犹代子，吾将为名乎？名者，实之宾也，吾将为宾乎？鹪鹩巢于深林，不过一枝；偃鼠饮河，不过满腹"。从表面上看，其理由冠冕堂皇："您已经治理得很好了，让我来代替您，别人会认为我是为了名与位。"但实质是，许由根本不稀罕天子之位，其目标是要追求身心的自由。另外，《论语·微子》也记载了许多逸民，如长沮、桀溺、荷蓧杖人及伯夷、叔齐等。这些隐者的目的皆不是长寿，更不是为了巫术，前三人的理由是逃避乱世，"滔滔者天下皆是也，而谁以易之？且而与其从辟人之士也，岂若从辟世之士哉"，而后两人理由是名节（兄弟互让、不食周粟）。即便就《庄子》中的隐者来说，虽然追求身心自由对健康有益，但毕竟追求长寿与追求自由是两回事。再者，虽然庄子所讲的"心斋""坐忘"等确实难以理解而显得很神秘，但这不是巫术，用现代术语说是一种心理修养的方法。与此同时，庄子与老子一样均是无神论者，不讲鬼神的。在老子以前，"天"除了自然之天的含义外，还具有人格神的意义，与帝等同，是最高的神。而老子则说"道……吾不知谁之子，象帝之先"（《道德经》第四章），于是道成了最高的概念，正所谓"道生一，一生二，二生三，三生万物"（第四十二章）、"道法自然"（第二十五章），在此老子就以"道"否定了"帝"的神圣性，实际上也就否定了"帝"的存在，因此可以说老子是中国古代第一位无神论的哲学

---

① 李存山先生对此有较为详细的分析，见李存山著：《气论与仁学》，中州古籍出版社，2009年。
② 韦伯著，康乐、简惠美译：《儒教与道教》，广西师范大学出版社，2010年。
③ 韦伯著，康乐、简惠美译：《儒教与道教》，广西师范大学出版社，2010年。

家。① 庄子也把道作为最高的概念，并认为人的生死不过是气的变化，他说："人之生，气之聚也；聚则为生，散则为死。若死生为徒，吾又何患！故万物一也。"（《庄子·知北游》）综上所述可知，韦伯把道家与巫术联系起来的理由是不能成立的，由此可以说，无论儒还是道都是理性主义的哲学体系。

在分析道教、佛教时，韦伯说："道教已然是绝对的非理性的，坦白地说，已变成低下的巫术长生法、治疾术与解厄术。"②"道教不过是个巫师的组织。佛教，就其输入到中国的形态而言，也不再是早期印度佛教那样的救赎宗教，而变成施行巫术与传授秘法的僧侣组织。"③据上述所论可知，道家本是无神论的哲学，虽然老庄也讲"长生久视""死而不亡"，但其实质是要追求高度自由的精神境界，然而东汉以来，在老庄哲学的基础上，吸收了古代宗教与民间巫术、先秦的神仙传说与方术、阴阳家及儒家等思想，形成了一个以神仙信仰为核心、以追求长生不老为目标的宗教理论体系（道教）。无疑，道教是讲鬼神（且具有系统的神仙谱系）、巫术（如画符消灾与求雨、扶乩、占卜）和肉体成仙的，但是不是说道教是"绝对的非理性"和"十足的巫术"呢？答案是否定的。在道教中，虽然有许多巫术的内容，但其中也包含很多理性的、科学的思想，如道教科技（包括化学、医学、矿物学等）、道教哲学。葛洪的《抱朴子内篇》《金匮药方》《肘后备急方》，陶弘景的《肘后百一方》《本草集注》，孙思邈的《千金要方》《千金翼方》等著作中包含着丰富的药物学知识，尤其值得一提的是中国首位诺贝尔奖获得者女科学家屠呦呦在提炼治疟药物青蒿素时就受到《肘后备急方》的重要启示。道教也有自己系统的哲学思想，如唐代著名道士成玄英、李荣、司马承祯等所建立的重玄哲学中就有丰富的宇宙本体论、生成论思想。以李荣而言，他把"道"解为"虚极之理"（"道者，虚极之理也。夫论虚极之理，不可以有无分其象，不可以上下格其真"④），此"理"与"道"等同，是宇宙万物之本体，对理学家建构"天理"论有重要影响。他也讲生成论，如云："非有非无之真，极玄极奥之道，剖一元而开三象，和二气而生万物也。"⑤与此同时，道教学者都是讲辩证法的，如唐末五代道士谭峭所作的《化书》，虽然其中包含有许多附会的内容，但万物常化且能够互相转化是该书的中心思想。总之，在道教中，理性与巫术并存，但绝非"十足的巫术"和"绝对的非理性"，正如李约瑟所说："道家哲学虽然含有政治集体主义、宗教神秘主义以及个人修炼成仙的各种因素，但它却发展了科学态度的许多最重要的特点，因而对中国科学史是有着头等重要性的。此外，道家又根据他们的原理而行动，由此之故，东亚的化学、矿物学、植物学、动物学和药物学都起源于道家。他们同希腊的前苏格拉底的和伊壁鸠鲁派的科学哲学家有很多相似之处。""道家深刻地意识到变化和转化的普遍性，这是他们最深刻的科学洞见之一。"⑥

---

① 李存山：《中国传统哲学纲要》，中国社会科学出版社，2008年。
② 韦伯著，康乐、简惠美译：《儒教与道教》，广西师范大学出版社，2010年。
③ 韦伯著，康乐、简惠美译：《儒教与道教》，广西师范大学出版社，2010年。
④ 李荣：《老子注·第一章》，载张继禹主编：《中华道藏》第9册，华夏出版社，2004年。
⑤ 李荣：《老子注·第二十一章》，载《中华道藏》第9册，华夏出版社，2004年。
⑥ 李约瑟：《中国科学技术史》（第二卷），科学出版社、上海古籍出版社，1990年。

虽然印度佛教本讲神异（如"五神通"，案：与巫术相比很难说有实质的区别），而且在印度佛教刚传入中国时，欲让中土人接受，僧侣除了需要有高深的理论之外，更需要有神异，以吸引民众和上层贵族，所以我们可以看到魏晋时期的许多僧侣（如昙无谶、觉贤）等均讲神通，但正统的佛教教义不仅不包含神异，而且大都对此加以贬斥。如《大智度论》卷十九中说："比丘营不如法事而为生活，谓之邪命。有五种：一者若行者为利养故，诈现异相奇特。二者为利养故，自说功德。三者为利养故，占相吉凶为人说。四者为利养故，高声现威令人畏敬。五者为利养故，称说所得供养以动人心。"其中的第三条就是指被贬斥的"面相占卜"之巫术。中国化佛教禅宗虽然对神异的态度不一（一、相信且宣传；二、否定且批判；三、相信但不宣扬，或不置可否，这一种是主流①），但从禅宗的基本倾向看，其目的是要达到心灵的高度自由，正所谓"若见一切法，心不染著，是为无念"（《坛经·般若品》），"终日吃饭，未曾咬着一粒米；终日行，未曾踏着一片地"。据此而论，显然韦伯的"佛教，就其输入到中国的形态而言，也不再是早期印度佛教那样的救赎宗教，而变成施行巫术与传授秘法的僧侣组织"之论与中国佛教的实际情况相差很大。从中国佛教（如禅宗）追求心灵解脱的宗旨来说，其理性主义的本质是很明显的。

（三）佛道异端与三教合一

在先秦，学术繁荣，百家争鸣，正所谓"孔北老南，对垒互峙；九流十家，继轨并作"（梁启超语），然而由于多方面的原因②，随着儒学渐居统治地位，除道家外，其他大都消沉，有些（如墨家、名家）甚至不传了。按史书记载，一般认为汉哀帝元寿元年（公元前2年），佛教传入中国内地。虽然从思想源流上讲，道教中的许多思想（如巫术、神仙、养生）在先秦就有了，但从实质上说道教的产生年代在东汉末年，而且与佛教基本同时活跃在历史舞台。由此，形成了以儒、释、道（道家与道教）为主要内容的中国传统文化。这三者的关系如何？对国人来说，观点是基本一致的，即虽然互有斗争，但大体上是三教包容、三教合一的。然而韦伯却认为这三者的关系是互相排斥的，儒教为正统，佛道二教为异端。他说："此（道家）一教理的意义最初基本上与儒教的并无不同。后来它却与儒教成为对立的关系，最后彻底被视为异端。"③ 又说："孔子与老子的信徒之分裂，自子思的攻击后就已存在。不过双方反目之加剧，是由于学派的发展，以及彼此竞争俸禄与权势造成。"④ 还说："佛教之以受到严重的迫害，有着种种不同的缘由。其中包括：在儒教之通货政策与重商主义考虑下的利害关系，以及，不用说，官职俸禄的全面竞争。"⑤ 实际上，韦伯的这些说法基本上都是错误的。

关于儒道之关系，自其存在后，自古及今，历代都有人研究。如汉代的司马谈在《论六家要旨》中说："《易大传》（《系辞》）：'天下一致而百虑，同归而殊涂。'夫阴阳、

① 杜继文，魏道儒：《中国禅宗通史》，江苏人民出版社，2008年。
② 详见梁启超：《论中国学术思想变迁之大势》，上海古籍出版社，2001年。
③ 韦伯著，康乐、简惠美译：《儒教与道教》，广西师范大学出版社，2010年。
④ 韦伯著，康乐、简惠美译：《儒教与道教》，广西师范大学出版社，2010年。
⑤ 韦伯著，康乐、简惠美译：《儒教与道教》，广西师范大学出版社，2010年。

儒、墨、名、法、道德，此务为治者也，直所从言之异路，有省不省耳。……儒者博而寡要，劳而少功，是以其事难尽从；然其序君臣父子之礼，列夫妇长幼之别，不可易也。……道家使人精神专一，动合无形，赡足万物。其为术也，因阴阳之大顺，采儒墨之善，撮名法之要，与时迁移，应物变化，立俗施事，无所不宜，指约而易操，事少而功多。儒者则不然。以为人主天下之仪表也，主倡而臣和，主先而臣随。"首先，司马谈在此所说的"道家"显然是指黄老道家，因为按《礼记》《庄子》《吕氏春秋》等典籍及司马迁的说法（《孔子世家》："[孔子]适周问礼，盖见老子云。……孔子自周反于鲁，弟子稍益进焉"），孔子曾向老子学过礼，从时间上说老子早于孔子，且庄子受老子影响而常建构孔子与其弟子的对话场景以贬斥儒家伦理①，所以老庄道家不存在"采儒墨之善"的情况，但稷下黄老道家的代表作品（如《黄帝四经》《慎子》《管子·心术》《管子·内业》等）则已经接受儒家关于仁、义、礼的伦理学说。由此，我们可以看到，道家是在发展的，黄老道家便是以道融儒的产物。

其次，司马谈的"此务为治者也"继承了《庄子·天下篇》中"天下之治方术者多矣，皆以其有为不可加矣……古之人其备乎！配神明，醇天地，育万物，和天下，泽及百姓"之说。司马谈认为诸家（含儒道）有异有同：同在于"此务为治者"，异在于"直所从言之异路"，具体于儒道两家讲就是："道家使人精神专一，动合无形，赡足万物""儒者则不然。以为人主天下之仪表也，主倡而臣和，主先而臣随"。道家重个人之养生、重自然，儒家重社会关系、重仁义，一个是自然主义，一个是人文主义，这是两者之异。

《汉书·艺文志》对儒道之异同也有论述："儒家者流，盖出于司徒之官，助人君顺阴阳明教化者也。游文于六经之中，留意于仁义之际，祖述尧舜，宪章文武，宗师仲尼，以重其言，于道最为高。……道家者流，盖出于史官，历记成败存亡祸福古今之道，然后知秉要执本，清虚以自守，卑弱以自持，此君人南面之术也。合于尧之克攘，易之嗛嗛，一谦而四益，此其所长也。及放者为之，则欲绝去礼学，兼弃仁义，曰独任清虚可以为治。"对于儒道之异与司马谈讲的基本一致，概括地讲，一则"人文化成"，一则"返朴归真"。在此，特别注意的是儒道之同：虽然一则出于"史官"，一则出于"司徒之官"，但无论是何种"官"皆源自夏、商、周三代文化，这是学界"儒道同源"之说的一个重要缘由，另则是孔子曾受学于老子（见上文）及两家皆讲"道"等。

对于"道"，韦伯也有论述，他说："'道'本身是个正统的儒教概念。它意指宇宙的永恒秩序，同时也是宇宙的运行：在所有缺乏通贯性辩证结构的形而上学里，通常将两者认同为一的那种情形。就老子而言，道，与神秘主义者典型的追求——追求神——拉上关系。道就是那不可变更的要素，因而也就是绝对的价值；它指的是秩序与万事万物的实在根源，是所有存在的永恒原型总体的理论。……道对于孔子与老子而言是一样

---

① 如《庄子·大宗师》，子贡趋而进曰："敢问临尸而歌，礼乎？"二人相视而笑曰："是恶知礼意？"子贡反，以告孔子曰："彼何人者邪？修行无有而外其形骸，临尸而歌，颜色不变，无以命之。彼何人者邪？"孔子曰："彼游方之外者也，而丘游方之内者也。外内不相及，而丘使女往吊之，丘则陋矣！彼方且与造物者为人，而游乎天地之一气。"

的，并且是具有同等妥当性的一个概念。"① 在《老子》中，"道"显然是最高的概念。虽然《论语》有"夫子之言性与天道，不可得而闻也"（《公冶长》）之语，但后来的儒家也把"道"作为最高的概念，如《系辞》云："形而上者谓之道，形而下者谓之器。"所以，从这点及上述所论两家之同上说，韦伯的"道对于孔子与老子而言是一样的，并且是具有同等妥当性的一个概念"及"此（道家）一教理的意义最初基本上与儒教的并无不同"具有合理性，但"'道'本身是个正统的儒教概念""孔子与老子的信徒之分裂，自子思的攻击后就已存在"及"（道家）最后彻底被视为异端"之论则完全不符合儒道两家的实际情况。

从词源上说，"道"本指道路（《说文解字》："道，所行道也"），而后引申为道理、法则（这点儒道是相同的），直到老子时"道"才上升为最高的概念，再后来儒家受老子的影响接受了这个概念（如《系辞》所云），故怎么能说"道本身是个正统的儒教概念"呢？虽然两家都讲"道"，但两家的倾向是不同的（一个重个体与自然，一个重道德与社会），所以我们可以看到在传世本《老子》（第十九章"绝仁弃义、民复孝慈"、第二十八章"夫礼者，忠信之薄而乱之首"）及《庄子》中亦皆有攻击儒家之论。反之，在《孟子》《荀子》中皆有批评道家之说（《孟子》中的"杨朱"为道家人物，《荀子·解蔽》："庄子蔽于天而不知人"）。因此，从这个意义上说韦伯的"后来它（道家）却与儒教成为对立的关系"之论有一定的道理，但要说道家"最后彻底被视为异端"则言之太过，而且其论"孔子与老子的信徒之分裂，自子思的攻击后就已存在"更不符合史实。因为荀子只是说道家不够全面，即知天而不知人，并没有否定其"知天"的合理性。韦伯说子思对道家进行了攻击而又没有提供依据，实际的情况可能是《中庸》（据传为子思所作）受了道家的影响，如《中庸》云："宽柔以教，不报无道，南方之强也，君子居之。衽金革，死而不厌，北方之强也，而强者居之。"在此，子思扬"柔"斥"刚"，应是受了道家的影响。荀子也是如此，他的思想以儒为主，吸收了法家、道家的思想，如其"虚一而静"的思想就受到黄老道家的影响。因此，仅从黄老道家、子思和荀子来看，就可知儒道根本不是对立的关系，而主要是相互吸收、相互包含的关系。

儒学居主导地位后，儒道之间仍然不是正统与异端的对立关系，如司马迁、扬雄的思想虽以儒为主，但包含道家的思想。司马迁既推崇儒家的大一统，又崇尚道家的无为。② 扬雄也认为道家的思想有可取之处，他在《法言·问道》中说："或曰：'庄周有取乎？'曰：'少欲。'"魏晋时期，玄学昌盛，虽然玄学因崇尚老庄而著名，但实际上玄学是儒道融合的产物，如郭象云"圣人虽在庙堂之上，然其心无异于山林之中"，这就把"名教"与"自然"统一起来了。不过，随着道教的兴起和佛教的传入，儒道之间的融合就扩展为儒、释、道（道家与道教）之间的融合了，宋明理学就是典型的儒、释、道三教融合的产物。反之，佛教进入中国后，吸收了儒道两家的思想而成为中国化的佛教，禅宗是个典型。

既然"夫阴阳、儒、墨、名、法、道德，此务为治者也，直所从言之异路，有省不

---

① 韦伯著，康乐、简惠美译：《儒教与道教》，广西师范大学出版社，2010年。
② 刘兴林对此有详论，见刘兴林著：《司马迁儒道互补说》，《华中师范大学学报》1994年第1期。

省耳",那么学说一旦与政治、政权结合起来,统治者及该学说的一些代表人物(尤其是当权者)就可能会利用权力对其他学说进行打压(极端者则消灭对方如"焚书坑儒",轻者如"独尊儒术,罢黜百家"),如此学派与学派之间的斗争就会由思想、理论斗争扩展到政治领域。儒释道三教格局形成后,三者之间虽然既有理论斗争又有政治斗争,但从整体上说主要是由理论斗争引发的。因为虽然三教之间有相同之处(如在伦理观上有共同之处①),但从根本的宗旨上说儒家是重群体讲入世的,道家、道教与佛教均属于出世的(当然这两者仍有不同,道家道教在现世中出世而佛教则在幻世中出世),在这一点上是不能根本调和的,因此东汉以后的儒与释、道之间(尤其儒释之间)存在着斗争,甚至有时是激烈的斗争。不过,需要特别指出的是,激烈的斗争绝不是说他们之间为了争夺"官职俸禄与权势",究其根本原因是儒家认为他们的力量若过于强大会危及政权、社会与百姓。佛教之所以会有"三武一宗"之难,虽然与儒、道有关系,但根本的原因在于他们的力量过于强大已危及政权及社会的稳定了,故而朝廷要采取措施。以周武帝为例。虽然周武帝支持道教,但更喜欢儒家。周武帝不仅经常召集群臣亲讲《礼记》②,而且亲定了"儒教为先,道教为次,佛教为后"的政策。不过,经济上的原因才是关键,周武帝一共废掉四万多所寺庙,还俗三百多万僧尼③。实际上,儒家对于俸禄的态度,孔子早就讲过了,如孔子说:"君子谋道不谋食。耕也,馁在其中矣;学也,禄在其中矣。君子忧道不忧贫。"(《论语·卫灵公》)又说"士志于道,而耻恶衣恶食者,未足与议也""君子喻于义,小人喻于利"(《论语·里仁》),还说:"以道事君,不可则止。"(《论语·先进》)可以说,"以道事君""谋道不谋食"及"以义求利"的观念贯穿于儒家始终。虽然在三教的斗争中,不可否认,的确有某些儒者出于追求经济、政治利益之目的,但从根本上及整体上说儒者不是为了经济与政治之私利与他们进行斗争,而是为了各自的理想:儒家以建构一个国泰民安、天人和谐的社会为最高追求,释、老则以个人的长寿或心灵自由为最高的追求。

据上述可知,韦伯以"争夺官职俸禄与权势"作为主要原因来分析三教间的斗争是严重失实的。作为官方学说的儒教之所以没有采取极端的方式打压他者,乃在于他们的理论除了有冲突一面之外,还有互补的一面,即儒教把佛道作为"神道设教"的补充,以发挥儒学所不具有的或不能承担的宗教功能,这一功能为许多士人,尤其是科场、官场失意的士人提供了强大的心灵慰藉。所以从总体上看,儒道释三教虽有斗争,但大体上是三教并存、融合的,正如宋孝宗赵昚所言:"以儒治世,以道治身,以佛治心。"

韦伯之所以会把儒道释三教融合的关系曲解为对立的关系,主要在于他以基督教的排他性来解读中国文化的包容性。基督教的排他性是很强烈与明显的,如在基督教的发展史上始终充满着正统与异端的纷争,不仅存在于与犹太教、伊斯兰教之间,也存在于

---

① 如宗密说:"然孔老释迦皆是至圣。……策万行,惩恶劝善,同归于治,则三教皆可遵行。"宗密:《原人论》,《大正藏》第四十五册。

② "帝御正武殿,集群臣亲讲《礼记》""帝(又)御大德殿,集百僚及沙门道士等亲讲《礼记》",《周书》卷六《武帝纪上》。

③ "八州寺庙出四十千,尽赐王公充为第宅;三方释子减三百万,皆复军民,还归编户。"《历代三宝纪》卷第十一,《大正藏》卷四十九。

基督教内部（如十字军东征不仅针对穆斯林，也针对基督教内部所谓的"异端"）。又如以"爱"而言，虽然儒教与基督教一样皆是讲爱的，但这两者的爱是不一样的。一个是神本主义的，一个是人文主义的。在基督教中，爱的首要含义是关爱上帝，然后是上帝对其选民的关心，最后才是人与上帝和解的途径。[1] 基督教认为世界是罪恶的，人也生而有罪，上帝是最高的唯一的神，只有信仰基督才能得到上帝的拯救。而儒家的"爱"则不同，虽然他们讲"亲亲"，但其所讲的"爱人"之"人"则指整个人类，是个普遍的概念。道家与道教、佛教讲的"人"也如此。由此就可看出，基督教的爱上帝、爱信徒与儒道释三教的普遍之爱存在着"排他性"与"普遍包容性"的对立。

韦伯的失误当然不止这些，还包括其对天人合一的误读，造成这一误读的根本原因在于他以基督教的天人对立观（人与自然的二元对立：人虽有原罪，然而与万物相比，人是高贵的，万物是卑贱为人所用的）来解释中国人的天人关系，在此，就不展开了。

三、结论

韦伯在《导读：世界宗教的经济伦理》一文中说："下面要讲的命题绝不是主张：一种宗教信仰的特性是生动地体现这种特性的那个阶层的社会状况的简单因变量，是其意识形态以及物质观念的利益状况的反映。"[2] 韦伯此论显然是针对马克思唯物主义的。当然，韦伯对马克思唯物主义作如此的理解是片面的，因为马克思并不认为社会存在与社会意识之间仅是一种单向度的关系，而是决定与被决定、作用与反作用的辩证关系。不过，我们也不能就此说韦伯是唯心论者或者二元论者。综观其《宗教社会学论文集》可知，他是个多元文化论者，他认为对人行为的影响既有物质因素也有文化因素，正如其所说："从来没有一种经济伦理只取决于宗教。相对于一切由宗教的或者别的（就宗教而言的）'内在'因素所决定的人对世界的看法来说，经济伦理显然有一种在最高程度上由经济地理的与历史的现实决定的纯属固有规律性的标准。诚然，生活方式的宗教定规也是经济伦理的诸因子之一——请注意：仅仅是之一。"[3] 在《儒教与道教》中，韦伯正是以此和理想型方法对中国不能产生资本主义的原因进行分析的。在前四章（即社会学基础一至四章）先从物质层面上对中国不能发展出资本主义的原因进行分析，而后面的章节则从精神（文化）层面上进行分析。他在第四章结尾处说："在西方产业里找到其独特据点的、理性的经营资本主义，在中国不仅因缺乏一种在形式上受到保证的法律、一种理性的行政与司法而受到阻碍，并且也受阻于俸禄的体系；而基本上，是缺乏一种特殊的心态。特别是根植于中国人的'精神'里，而为官僚阶层与官职候补者所特别抱持的那种态度，最是阻碍的因素。"[4] 这里所说的"精神"就是指后面所要分析的儒释道三教。

---

① 姚新中著，赵艳霞译：《儒教与基督教：仁与爱的比较研究》，中国社会科学出版社，2002年。
② 韦伯：《导论：世界宗教的经济伦理——比较宗教社会学初探》，载韦伯著，王容芳译《儒教与道教》（最新修订版），中央编译局出版社，2012年。
③ 韦伯：《导论：世界宗教的经济伦理——比较宗教社会学初探》，载韦伯著，王容芳译《儒教与道教》（最新修订版），中央编译局出版社，2012年。
④ 韦伯著，康乐、简惠美译：《儒教与道教》，广西师范大学出版社，2010年。

　　无疑，韦伯多元文化的分析方法对国人研究中国文化有着重要的借鉴作用，能够促使我们以更全面与更准确的要求来对传统文化进行研究；同时他提出的"新教伦理、儒家文明与资本主义的关系"问题对世人（尤其是国人）关注与思考"中国文化与中国现代化的关系"及"中国现代化如何实现"有重要的启示作用。不过，另一方面，我们也要清楚地看到韦伯因理想类型分析方法的缺陷及韦伯本人的偏见与不足所导致的对中国文化的严重曲解或误读。唯有如此，我们才能够比较全面地理解与把握韦伯的思想。同时，我们既要看到西方文化的缺陷与优势，又要看到我们文化的优点与不足，如此才能够增强文化自信与文化自觉。

"生之谓性"再释

吴祖刚

（西南石油大学　马克思主义学院）

〔摘　要〕从告子与孟子关于人性的辩论开始，人性论就成为中国伦理思想史的中心议题，性善性恶也成为主要的辩题。在对人性做出价值判断之前，首先需要确定什么是人性，这就涉及人性基本原则的界定。本文从对告子与孟子关于"生之谓性"的论辩，荀子"生之所以然者谓之性"的论释切入，以证明三家的人性论都可归入"生之谓性"这一原则。

〔关键词〕性；告子；孟子；荀子

人性论是中国传统伦理思想的中心议题之一。人性论本质上是要回答："人是什么？""人指怎样的？"如此一来，西方有关人士的各种理论，比如自由意志、原罪说、自私的基因等等，都可以归入人性论。在中国先秦时期，人性论主要集中于人性之善恶性质的考察。如果人的本质属性是善的，这就为道德找到一个一劳永逸的可靠的根基；如果人性是恶的，则需要回答道德如何可能。然而人性究竟是什么？如何确定人性呢？本文通过对告子、孟子和荀子有关人性的论述的诠释，证明早期人性论都遵从"生之谓性"的原则，这一原则也奠定了中国人性论的基本模型。

一、告子"生之谓性"的含义

告子的"生之谓性"究竟何意？告子本人文献已经遗失，我们只能通过《孟子·告子上》来窥其精要：

1. 告子曰："性犹杞柳也，义犹桮桊也；以人性为仁义，犹以杞柳为桮桊。"告子认为桮桊相对于杞柳，是非自然的状态，仁义相对于人性来讲也是非自然的。以人性为仁义就是在改变人性。告子之意非常明确，人性之中没有仁义这些道德（善）因素，或者说人性是价值中立的。

2. 告子曰："性犹湍水也，决诸东方则东流，决诸西方则西流。人性之无分于善不善也。犹水之无分于东西也。"这段文字建基于前一段文字，前一段文字只是说明了性与仁义无关，仁义即是善的代表，所以告子的意思实际上就是说性与善无关。但是在现实中，人的行为总有善与不善，以至于我们常常会认为人的本性就是善的或者恶的。这段文字就试图对这样一种经验事实进行解释，告子为此找到的理由就是：外在环境的影响。

3. 告子曰："食色，性也。仁，内也，非外也；义，外也，非内也。"告子指出所谓的性就是"食色"等人之感性欲求，是以人之生物本能为人性，正如朱熹所言："告子以人之知觉运动为性者。"在告子看来，感性欲求本身是不可能以善恶来评价的，因为我们可以说过分的贪求食色是恶，但是不能说维持生存与繁衍的饮食男女之欲是恶，而且后一种情形恰恰是与人的生命和人类的存续同在的，正是从这个角度出发，告子提出："性无善无不善也。"

即是如此，告子为什么又会有"仁，内也"这样的认识？"仁，内也"是否意味着仁是人本来就具有的？如果是这样，那怎么与"食色性也"相协调？"仁内"的认识是否意味着告子对孟子的妥协和让步呢？回答这些问题，其实只需要弄清楚"仁"字的含义即可。刘翔认为："此构型之语义，当是心中想着人之身体（身、人义类相属，古音同在真部）。可见仁字造文语义，与爱字造文语义，实属同源。仁字与爱字义近。"由此我们也就可以理解为什么在孔孟儒家中，经常用爱来释仁，如当樊迟问什么是仁的时候，孔子回答是"爱人"，孟子也说过"仁者爱人"，《大学》中则有"唯仁人为能爱人"，告子也用"爱"来解释仁，他对"仁内"具体说明是："吾弟则爱之，秦人之弟则不爱也，是以我为悦者也，故谓之内。"告子认为这种对自己弟弟的爱是从内而发的，是因为自身的原因而原意如此。但告子并不认为这种爱是具有道德含义的，进而是可以进行善恶评价的，这才是孟子和告子产生分歧的最根本之处。告子认为这种对弟弟的爱本质上是与食色同等的，都是人之感性欲求，是人的生物本能。我们不能说喜欢吃一块烤肉是善的表现，那么我们喜爱自己的亲人又怎么可以称为善呢？这样的爱没有经过人的反思，并不是自觉的爱。因此即使告子说"仁，内也"，他也并不是在说人性善，更不是对孟子的让步。正如罗哲海所说："仁只不过是血亲之间那种本能的归属感。"这种自然本能意义上的仁爱当然还不能以善恶来加以评断。在这一点上告子明显比孟子要高明，因为休谟告诉我们从事实到价值之间有条巨大的鸿沟，这一鸿沟需要证明，而遗憾的是跨越这道鸿沟的孟子没有给出证明。

二、孟子的辩争

作为反对方，孟子对告子的"生之谓性"提出了强烈的批评，并以此为题专门有一个辩论。就《孟子·告子上》提到的孟子与告子关于人性的辩论而言，古往今来很多学者都认为是孟子获胜了，如陆象山所言："一次将杞柳来论，便就他杞柳上破其说。一次将湍水来论，便就他湍水上破其说。一次将生之谓性来论，又就他生之谓性上破其说。一次将仁内义外来论，又就他义外上破其说。穷究异端要得恁地使他无语，始得。"当代一位孟学研究者也说道："孟子的争辩，从形式逻辑上说，并不严密，但由于思虑巧妙，找出了告子的很多疏漏之处，驳倒了告子，从而帮助性善论站住了脚跟。"下面我们将主要关注告子与孟子之间关于"生之谓性"的辩论，以此证明孟子并未在辩论中战胜告子，甚至顺其理论思路，孟子还不得不接受告子"生之谓性"观点。

告子曰："生之谓性。"孟子曰："生之谓性也，犹白之谓白与？"曰："然。""白羽之白也，犹白雪之白；白雪之白，犹白玉之白与？"曰："然。""然则犬之性犹牛之性，牛之性犹人之性与？"

这是孟子与告子二人关于人性的论辩中让人最难以把握其准确含义，却又是最接近形式推理的一个论辩。孟子以不给告子反驳机会的方式结束这轮论辩，由此让人感觉孟子获胜。孟子真的获胜了吗？牟宗三说："然由'生之谓性'推下来而至其心中之所想，这期间有两步跳跃或滑转。告子一时辨别不清，遂至语塞。"这两步跳跃或滑转在牟宗三看来恰恰是孟子犯的错误，其一是"生之谓性"与"白之谓白"不能等同。按照牟宗三本人的说法，前者是一个原则，后者是一个分析命题。第二是由"白羽之白也，犹白雪之白；白雪之白，犹白玉之白"不能推导出"犬之性犹牛之性，牛之性犹人之性"。牟宗山先生的前一个批评是正确，但是后一个批评并不完全准确（对此，后文将有说明）。罗哲海认为，当孟子问"生之谓性也，犹白之谓白与"的时候，并不是在做推理，只是为了澄清告子是将生与性看作是同义词。其实这一点傅斯年早就说过："寻上文之意，'生之谓性'之性字，原本必作生，否则孟子不得以'白之谓白'为喻也。"确定这一点之后，罗哲海认为孟子这个论辩的结构如下：前提一，"性"与"生"的指涉完全相同。前提二，羽之白等同于雪之白、玉之白。结论：人之性等同于动物之性。由此可以很明显地看出，前提二是一个虚假的前提，这样一个推理并不构成一个三段论形式。因此孟子的论证实际上就是直接从"生之谓性"这个前提跨越到"犬之性犹牛之性，牛之性犹人之性"这个结论的。所以孟子的论证是无效的。

以上两位学者都承认孟子在这个论辩中犯了错误，换言之，孟子对告子的批驳实际上是不成立的。基于上面两位学者的观点，我们更可追问：当孟子反问"然则犬之性犹牛之性，牛之性犹人之性与"时，告子会怎么回答？戴震曾说："凡曰'之谓'，以上所称解下……凡曰'谓之'者，以下所称之名辨上之实。"根据这个解释，那么"生之谓性"就可以翻译为：性就是生。当然根据前后文，我们可以进一步将告子的意思明确为"性就是生而即有的"。这似乎不能算作一个非常好的定义，但是至少做出了一些界定，用牟宗三的话来说就是"这是说性的一个原则"，梁涛则称之为一个"形式命题"。所以当孟子问"生之谓性也，犹白之谓白与"时，告子完全可以做出否定的回答，因为"生之谓性"是在做界定，而"白之谓白"仅仅是一个同义反复而已。在"生之谓性"这个界定下面，我们可以找到与之相适应的对象，即性是所有存在者"生成即具有"性质或者属性。荀子认为这样的"性"是一个大共名。在这个大共名之下还有别名，这即是某类具体事物的性质或属性，而这个性是该类事物所特有的，但是别名无疑是不能超出共名所界定的范围的。因此当孟子反问"然则犬之性犹牛之性，牛之性犹人之性与"的时候，告子可以理直气壮地回答："然"。因为无论是犬之性、牛之性还是人之性，都是符合"生成即具有"这个界定或原则，都可以是性这个共名之下的别名。然而这并不表示犬之性、牛之性、人之性的内涵是一样的，即他们在本质属性是上可以不一样的。前文我们说牟宗三先生所讲的"由'白羽之白也，犹白雪之白，白雪之白犹白玉之白'不能推导出'犬之性犹牛之性，牛之性犹人之性'"并不十分准确的原因也在于此，"白"与"性"一样都可从共名层面来理解，白羽、白雪与白玉的白，从共名层面而言无疑是相同的，从内涵层面言则有所区别。

我们为什么又会像孟子一样认为"犬之性犹牛之性，牛之性犹人之性"这个结论是荒谬的呢？这是因为我们不自觉地被孟子带入了别名层面的"性"，可以说孟子在这场辩论中实际上是偷换了概念。由此来看，孟子在这个论辩中还是没有战胜告子，甚至他让我们看到了他自己在对"性"概念理解上的混淆。孟子既然没有能驳倒告子，当然他就没有办法理直气壮地反对"生之谓性"这个提法。因此现在的孟子似乎就只有两个选择，或者接受"生之谓性"，或者继续反对但是需要寻找一个针对告子的更好的反驳依据。根据孟子其他篇章中有关"性"的阐述，我们可以发现，孟子实际上是接受"生之谓性"的，虽然这不是他主观意愿甚至极力反对的。证据如下：

1. 如前文所言，孟子将四端之心看作是像人的四肢一样为人所固有，这已经在一定程度上表明了孟子将其看作是"生成即具有"的。

2. 孟子说"人之所不学而能者，其良能也；所不虑而知者，其良知也。孩提之童，无不知爱其亲者；及其长也，无不知敬其兄也。""良知""良能"即指后文所提到的孩提之童对自己父母的爱，而这种爱在一个还不具备自我意识的婴儿身上，不应当被看作是自我反省或受社会环境的影响所致，唯一合理的解释是这种爱是其生而具有的。对兄长的敬重在本质上也是对"爱其亲"的一种扩展，这就是孟子所讲的对四端之心的"扩而充之"具体表现之一。

3. 孟子在根本上不能反对"生之谓性"还有一个证据就是他对命与性的区分："口之于味也，目之于色也，耳之于声也，鼻之于臭也，四肢之于安佚也，性也，有命焉，君子不谓性也。仁之于父子也，义之于君臣也，礼之于宾主也，智之于贤者也，圣人之于天道也，命也，有性焉，君子不谓命也。"关于这段话的论释非常多，主要集中于如何区分性、命二字。朱熹说："程子曰'五者之欲，性也。然有分，不能皆如其愿，则是命也。不可谓我性之所有，而求必得之也。'愚按：不能皆如其愿，不止为贫贱。盖富贵之极，亦有品节限制，则是亦有命。"这表明无论是程子还是朱熹，都认为孟子所讲的欲是性。命是对欲是否获得满足的一种解释，所以对命最准确的解释还是孟子所讲的"莫之致而至者"。徐复观就认为"莫之致而至者"不仅仅是对命的解释，也是对性的解释，因此，性与命是有相同的地方的。在笔者看来，所谓的相同之处就是人获得它们的方式。因此，耳目口鼻体等所代表的欲与仁义礼智圣所代表的道德性是叫作命还是叫作性，仅仅是名称的差别，从"生成即具有"有这个角度看，二者之间并无差别。由此可见，孟子实际上无法反驳"生之谓性"。

如果孟子并不能从根本上反对"生之谓性"，那他为什么又会在这个问题上与告子发生争论呢？这与孟子试图标举出人之特性有很大关系。孟子说："人之所以异于禽兽者几希"，"几希"就是仁义礼智的四端之心。孟子也是由此区别性与命的。在孟子看来，人性就应当是仁义礼智所标举的存在。孟子之所以强烈地反对告子的"生之谓性"，就在于告子这个讲法太笼统，不能表明人之为人者，不能将人与一般的动物区别开来。但是，孟子并没有反对欲本身的存在，所以孟子仅仅是叫人们要寡欲。欲望太多会影响四端之心的培养和扩充，荀子恰是从这个角度来判定人性恶的。孟子反对"生之谓性"的最为主要的根据就在于"生之谓性"无法使性善得以挺立。

三、"生之所以然者谓之性"——荀子对告子的继承与发展

荀子因其性恶论而著名，看似特异，但其人性论实际上还是处于传统范围内，这主

要表现为荀子对告子"生之谓性"的继承与发展，只是在对性的界定上比起告子来要更为深入。

性是一个"名"，荀子曾明确地讲性为"散名之在人者"。在荀子看来，一个"名"的形成应当满足两个条件，或说应当遵循两个原则，这也就是荀子所讲的"制名之枢要"：其一是从。荀子说："后王之成名：刑名从商，爵名从周，文名从礼，散名之加于万物者，则从诸夏之成俗曲期。"从即是依照，因循。在荀子看来，各种概念的形成都有一个历史传统，在一般情况下，人们都应当遵循历史的传统。因此，荀子说："若有王者起，必将有循于旧名。"对旧名的因循并不表示就没有创新，荀子同时也强调"有作于新名。"而关于新名的形成就是"制名之枢要"的第二点：约，即约定。荀子说："名无固宜，约之以命，约定俗成谓之宜，异于约定俗成谓之不宜。名无固实，约之以命实，约定俗成谓之实名。"这即是说名称本来没有适宜与否的问题。换言之，名称和对象之间本没有必然的联系，所谓合适的名都只不过是人与人之间相互协调之后达成共识，并被长期坚持下来的一种习惯，即"俗"。比如狗和马，我们现在分别用来指称两种动物，但是在最开始的时候未尝不可以交换这两种动物的名称。"约"又是先于"从"的，只有经过约定而形成某种名称才可能有依从和遵守的存在。所以名的适宜与否，在荀子这里最为关键的因素就是是否坚持做到普遍的认同①。由此我们都可以大胆推测荀子所讲的"性"必然会对传统加以继承。荀子是不是这样做的呢？

在荀子对性的诸多界定中，"生之所以然者谓之性。性之和所生，精合感应，不事而自然谓之性"一语尤为重要，也是最能体现荀子对告子的继承和发展的一个界定。对于这段话的解析有很多，梳理和对比这些解析并非本文目的②，笔者于此只陈述自己的观点。笔者认为："生之所以然者谓之性"是由"性"之生成界定性，其含义为某物生成之际所具备的状态即为性。荀子的这种认识与告子"生之谓性"的观点完全一致，即从"生"这个角度言性。然而"生之所以然者"还仅仅是一种潜能状态，如果没有外部世界的刺激并不能得到显现，我们也就没有办法去认识。所以荀子会接着说"性之和所生，精合感应，不事而自然谓之性。"很多学者认为这一段文字难于理解，甚至有些突兀③，实际上这段文字的出现是非常自然的，甚至是必须的。此语究竟何意？杨倞说："和，阴阳冲和气也。……言人之性和气所生。"而梁涛则认为："该句的'和'应是对'性'的限制、修订：'性之和所生'就是指性是在和谐状态下产生的。"如果这句话所表明的意思是"性在和谐的状态下产生"的话，那么原文似乎当为"性由和所生"，可见梁涛先生的解释是存在问题的。我们认为，这段文字可作如下解释：性是与外物相和而产生或者形成……"和"并非和谐，而表示的是性与外部世界有接触，所谓"精合感应"即指性与外部世界接触之后的反应（感应）。这种反应有很多，比如简单的生理反应、形成认识甚至知识。实际上这后半句中最重要的是"不事"二字，它意味着人性在与外部世界"精合感应"时是自然的流露，而无刻意的伪装。荀子认为在刻画人性的过

---

① 荀子所讲的"约定俗成"并不是随意的，而是坚持"同则同之，异则异之"的原则。这一原则又是建立在荀子对人的感官功能的认识的基础上，即荀子认为人的感官会对相同的对象产生相同的反映。

② 对这段文字的解析的梳理和评述可参见笔者拙作《荀子人性论新探》，载《道德与文明》2012 年第 6 期。

③ 相关陈述参见笔者拙作《荀子人性论新探》，载《道德与文明》2012 年第 6 期。

程中有两个自然：自然生成（生之所以然者谓之性）和自然展现（性之和所生，精合感应，不事而自然谓之性）。然而自然生成是人性本来的样子，对此我们或许无法形成认识；自然表现即是与外部世界的"和"与"精合感应"，这是我们能够认识并可有所作为之处。但是即便如此，荀子却并没有告诉我们人所具有的哪些特点或特性就是人性。所以，荀子的这个界定同告子一样，还是一个说性的原则或一个形式命题，且都是从"生"而言行。

由此可见，告子、孟子和荀子在谈论人性时的一致性，即"生之谓性"作为一个没有质料的形式命题，既适用于声称"性无善无不善"的告子，也适用于坚持"性善论"的孟子，还适用于提出"性恶论"的荀子。而当向性这个形式概念填充质料时，他们之间则出现一些分野。正如一位当代学者所言："就性是天赋这一点上，思孟与荀子并无差别，两派之间的差别是'天就'或者'天命'之性的内容是什么？思孟认为，天赋之性是道德的、义理的，荀子认为，天赋之性是自然的、材质的，'性者，本始材朴也'"。

参考资料：

[1] 朱熹：《四书章句集注》，中华书局 1983 年版。

[2] 刘翔：《中国传统价值观诠释学》，华东师范大学出版社 2010 年版。

[3] 罗哲海：《轴心时期的儒家伦理》，大象出版社 2009 年版。

[4] 陆九渊：《陆象山全集》卷三十四，中国书店 1992 年版。

[5] 杨泽波：《孟子性善论研究》，中国人民大学出版社 2010 年版。

[6] 牟宗三：《圆善论》，联经出版事业有限公司 2003 年版。

[7] 傅斯年：《性命古训辩证》，广西师范大学出版社 2006 年版。

[8] 戴震：《孟子字义疏证》，中华书局 1961 年版。

[9] 梁涛：《"以生言性"的传统与孟子性善论》，《哲学研究》2007 年第 7 期。

[10] 王先谦撰，沈啸寰、王星贤点校：《荀子集解》，中华书局 1988 年版。

[11] 颜炳罡：《郭店楚简〈性自命出〉与荀子的情性哲学》，《中国哲学史》2009 年第 1 期。

比较视域下的先秦儒家分配正义思想[*]

王 剑

（贵州师范大学 阳明文化研究院）

摘 要：分配正义是西方正义论的重要课题，按贡献分配是古代社会分配正义的主导原则，但按贡献分配存在重大缺陷，应当以按需分配来弥补，二者结合的结果是调节性再分配即现代分配正义观。先秦儒家提倡分配公平，反对过度剥削和贫富两极分化，还提出许多社会保障与基本福利的主张，这些与现代西方分配正义观不谋而合。在社会资源的分配方面，先秦儒家的参政机会公平与阶级流动的思想，与罗尔斯要求权力、地位与职务向所有人开放的思想也是相通的。

关键词：先秦儒家；分配正义；中西比较

分配正义是当今理论界讨论的热点问题之一，在贫富分化与对立加剧的今天具有很强的现实意义。而回顾中国自己的古老智慧，特别是先秦儒学，有助于我们思考和解决这个理论难题。同时，我们知道"正义"与"分配正义"（distributive justice）都是来自西方的政治哲学概念，西方关于分配正义的思想史，对于我们理解先秦儒家的相关思想具有非常必要的参照价值。本文将在中西比较的视域下，观照与研讨先秦儒家关于分配的思想，为现实问题的解决提供一点启示。

一

柏拉图关心的是普遍正义（社会秩序）而不是分配正义，他认为当一个城邦中的哲学家、护卫者与劳动者各安其分、各尽其职时，正义的国家就出现了。[1]156 自从亚里士多德将特殊正义限定于政治与司法领域之后，分配正义逐渐成为正义论的核心问题之一。不过，严格的分配正义理论围绕"一个社会或者团体应该如何在有着竞争性需求和诉求的个人中间分配稀缺资源或者产品"，分配的主体是国家政府，分配的内容首先是物质财富，这样的理论只有两百多年的历史。[2]1

古希腊的梭伦认为正义是"给一个人以其应得"，平民应得的是自由和合乎身份的尊严而不是分夺富人的财产，财产应该通过劳动挣取，继承之财物也是应得的。[3]8-16 亚里士多德既标举"以公共利益为依归"的普遍正义，又重视个人利益——出身、财产的

---

* 贵州省哲学社会科学规划课题《先秦"义"思想与古希腊"正义"理论比较研究》阶段性成果（编号：18GZYB22）。

利益以及由个人能力和贡献产生的利益。[4]P162亚氏最早明确指出分配正义的原则是各取所配得。[5]P134东罗马帝国时期的《法学总论》将财产权、家长权、继承权等权利置于显要位置,认为给予每个人他应得的部分是法律的基本原则,认为物权受法律保护不得被侵犯。[6]古罗马的西塞罗与中世纪的阿奎那都忠实于亚氏的理论。十七世纪末英国的洛克也从权利的角度来诠释正义,他认为应得首先指财产权,财产权来源于最初的劳动与占有行为。[7]18-33总之,在前现代阶段,以亚氏的分配正义为代表的主流思想可以概括为:分配的内容主要是政治地位而不是物质财富,分配的标准是美德;只要确立了财产权,在经济活动中遵循交换正义原则,国家无需且无权对资源(如土地)、财富或产品予以再分配。十八世纪前的大思想家如西塞罗、格劳秀斯与洛克等都认为,个人或国家救济穷人,是慈善、美德而不是政治、法律义务。[2]27-36

在分配正义思想史上,十八世纪是关键的转折期。随着工商业经济与科技革命的勃兴,以及伴随英国革命、美国独立与法国大革命等而来的政治进步,传统等级制遭到很大冲击,人人平等观念与消除贫困的信心逐渐流行,分配正义的现代观念诞生了。在这个过程中,卢梭、休谟、亚当·斯密与康德等思想家发挥了重要的"启蒙"作用。卢梭提出了彻底的公民平等的思想,为了保障政治平等,防止财富不平等腐化道德与民主,卢梭要求政府管理社会的政治经济,以防止财富悬殊的情况出现,这种观点为现代分配正义提供了有力的支持。斯密真正改变了我们对穷人的看法,他认为穷人在智力、美德、上进心等方面与富人一样,"因而在权利、功劳和尊严上也一样",穷人陷于贫困主要归因于运气不佳,并提出了向富人征收各种(比穷人高得多的)税费,由国家兴办义务教育等救济穷人的再分配主张。[2]86-92

康德则从哲学上阐明了基于理性、自由意志等天赋的人格平等观与开发潜能、实现自由的人性目的论,由此可以推论,社会应当承担消除贫困,为所有公民提供良好生活条件的义务。因此,康德伦理学为按需分配的正义观提供了强大的支持。有趣的是,康德的相关思想与先秦孔孟儒家有很多合拍之处。如康德讲自由意志是天赋的美德,孟子讲仁义忠信是"天爵",而良心是"人人有贵于己者"(《孟子·告子上》);康德讲施舍抬高了施舍者而贬低了接受者[2]99,《礼记·檀弓》讲"廉者不受嗟来之食";康德讲政府应当强制富人为穷人提供生存条件[2]102,孟子希望国家给每户农民分配较充裕的土地,不仅"使民养生丧死无憾",还要保障每个平民都能实现人伦道德上的善(《孟子·梁惠王上》)。

其实,现代分配正义观自产生伊始,就遭到保守主义、社会达尔文主义与自由主义右派的猛烈抨击,如斯宾塞、哈耶克与诺齐克都反对国家剥夺个人任何财产,反对国家以税收的方式实行调节性再分配。但经过空想社会主义、功利主义与马克思主义等对自由主义的长期批判,二十世纪中叶以来,有不少自由主义思想家开始对坚持绝对财产权与按贡献分配原则所不能解决的贫富分化等问题进行深刻反思。① 当代的自由主义左派

---

① 休谟早就从经验主义、怀疑主义的立场否定了绝对的财产权,他直言,"现实的财产所有权将经不起检查,在某种程度上可以追溯到武力或者欺诈"。参见(英)布莱恩·巴里. 正义诸理论 [M]. 孙晓春,曹海军,译. 长春:吉林人民出版社,2004.

（如罗尔斯）与社群主义者（如沃尔泽）展露出明显的平等主义、社会主义倾向，他们在综合前人思想成果的基础上，提出并论证了比较完善的现代分配正义观。

罗尔斯主张，利益分配就是正义论的核心问题。罗尔斯在《正义论》中提出了正义的两条原则：第一条是权利平等原则，即每个人应该在社会中享有平等的自由权利。第二条原则包括差别原则与机会平等原则。前者要求在进行分配的时候，如果出于效率考虑不得不容忍某种不平等的话，这种不平等应该使境况最差的人们获得最大利益，即利益分配应该向困难群体倾斜（由此要求福利性再分配）；后者要求权力、地位与职务向所有人开放，使每个人都能凭借才干而不是出身（运气）平等地参与职位的竞争、选拔。[8]60−75

沃尔泽认为，政治理论的核心问题就是各种物质与社会资源（如官职、财富、荣誉、教育、医疗、成员资格、安全等）应该如何分配的问题。沃尔泽主张宗教、经济、政治、科学和文艺等社会领域应相对独立，反对权力或金钱对所有社会领域的主宰控制，以使自由和平等能在每个领域中同步发展。沃尔泽批评绝对私有制，主张一种经济民主的思想——包括生产的集体化和国家的福利性分配。生产集体化来自社会主义，旨在通过企业的集体拥有和参与，在普通公民中重新分配市场权力。福利国家是来自共和主义的理想，企望在政治群体中培养积极的相互关心的公民特性，因此主张给予全体公民以安全和基本福利的保障。[9]

二

在研讨先秦儒家的分配正义思想之前，我们需要对西方分配正义的主要原则做一些辨析。如上所述，按劳动成果或贡献大小分配是古代社会的主导分配原则。抛开生产资料不均的因素，按劳分配原则是人类的原始正义、自然法则。按贡献分配则是当人类进入阶级社会之后，将按劳分配原则推扩到政治、军事、文化领域而得的一个更宽泛的分配原则。

笔者以为，按贡献分配并不是一个理想的分配原则。首先，政治领导和文化创造上的贡献（"劳心"）和物质产品上的贡献（"劳力"）之间是不能准确估算其交换比例的，而且由于两者在权力、声望等社会资源分配上呈现严重的强弱分化，两者的贡献交换自然会呈现向强者的不公平倾斜。其次，由于权力、财富等掌握在少数人手中，物质劳动所需的自然资源与生产资料就会在很大程度上被他们瓜分，从而使劳动者不得不依附于他们。如在中国西周封建社会，往往是依照贵族的政治地位和社会等级高低来分配自然资源和劳动力的；在西方资本主义社会早期，资本家往往是依靠权力掠夺、官商勾结、暴力强占、殖民贸易和奴隶贸易等罪恶手段来抢占资源、积聚财富，完成资本的原始积累[10]820−875。我们习惯于将有产者（地主、资本家）通过占有生产资料来役使或雇佣农民、工人生产，以分配得到远远大于自身劳动价值的产品或货币的现象称为"剥削"。因此，不论中西古今，按贡献分配并不像纯粹的按劳分配原则一样符合正义。

现代意义上的分配正义，要求国家在全社会分配财产，以使每个人都得到一定程度的物质手段。[2]5综上所述，现代分配正义观的提出，一方面是哲学与科学（如经济学）不断发展的结果，使按贡献分配原则的缺陷被暴露得越来越明显，是科技、经济飞跃与教育普及的结果，使下层社会具备了摆脱贫困、愚昧的可能；另一方面要归功于自由、民主与法治的进步，使人人平等、按需分配成为正当的要求。不过，笔者认为按需分配原则必须与传统的按贡献分配原则结合起来，前者的施行对象应当被限制在"基本善品"（罗尔斯的概念），否则人类社会将失去前进的动力。事实上，不管是思想界（以罗尔斯为代表）提出的调节性分配原则，还是现代西方资本主义国家普遍实践的全面福利制度，都是这两种原则的有效结合或"完美搭配"（如北欧高福利国家）。

让我们将目光转到中国先秦时期，先考察先秦儒家分配正义思想产生的背景。正如《国语·周语》记述的那样，"诸侯春秋受职于王以临其民，大夫、士日恪位著以儆其官，庶人、工、商各守其业以供其上"，西周礼制以社会等级为基础，制定了每个社会阶层的权利—义务体系、利益分配份额与消费标准。一方面这种等级制使按贡献分配的分配格局固定化，另一方面收入分配的差距不算太大，在这种格局中上层（贵族）的奢靡程度与底层（农工商）的困苦程度尚可维持社会团结。因此周礼被孔子视为"小康"之道，被荀子称为"群居和一"之道（《荀子·荣辱》）。柏拉图设想的"城邦正义"，一定程度上在西周得以实现。

然而当历史进入社会转型期的春秋战国，这种秩序就被来自社会中上层的欲望洪流自行冲垮。当时由于生产力发展与人口增长较快，社会财富的总量在迅速增加，新开发的耕地矿场资源日渐增多，公田制渐趋瓦解被赋税制代替，分封制渐趋瓦解被谷禄制代替。各统治阶层不满于原有的分配格局，要求增加私有财产，提高享乐标准。欲望解放的恶果是各统治阶层不仅"交征利"（《孟子·梁惠王上》），而且通过战争掠夺、加重赋税的手段压榨庶民的利益，社会逐渐出现贫富两极分化的状况。这样不正义的时代，激发了先秦儒家关于分配正义的思考。在民本理念的指导下，儒家一贯反对贫富两极分化。孔子曰："不患寡而患不均，不患贫而患不安。"（《论语·季氏》）"君子周急不继富。"（《论语·雍也》）孔子注意到到两极分化对于社会团结与和谐的危害。因为贫富差距过大，会引起社会底层劳动者对于分配不公正的义愤以及对富贵者的嫉妒与仇视。从柏拉图、亚氏到卢梭，很多西方哲人也深刻认识到贫富两级化对道德维系与政治稳定的危害。

先秦儒家不仅仅反对贫富两极分化，还主张藏富于民、共同富裕。如荀子曰："下贫则上贫，下富则上富。故田野县鄙者，财之本也；垣窖仓廪者，财之末也。百姓时和，事业得叙者，货之源也；等赋府库者，货之流也。故明主必谨养其和，节其流，开其源，而时斟酌焉。"（《荀子·富国》）共同富裕似乎只是希望，但儒家明白至少应在自然资源上做到按需分配。中国以农业社会为基础，先秦儒家将周代的井田制视为理想，主张平均分配耕地给农民，并统一田赋标准。孟子特别注意到社会转型期自然资源（主要是土地）初次分配的公正问题。孟子曰："夫仁政必自经界始。经界不正，井地不均，谷禄不平。"（《孟子·滕文公上》）孟子的主张成为后世儒家以及老百姓之"耕者有其田"理想的源头。

进言之，先秦儒家认为国家应该承担保民、安民、富民、教民的全面责任。儒家相信国家权力由皇天和人民授予或认可，这就意味着国家必须承担造福于民的责任，因此先秦儒家将分配公平、社会保障与福利当作统治者的重要职责。其一，孔孟儒家反对国君、大夫、陪臣等掌握实权的统治者以繁重赋税搜刮劳动者的产品，以暴力侵占聚敛财富。其二，孟子、荀子主张均等赋税，田赋什一，去"关市之征"，即减轻农业税，免去商业税。[9]155 其三，孟子、荀子与《礼记》都有主张政府扶助老弱病残、鳏寡孤独的思想，以及养老、救济、赈灾等社会保障制度的设计。[10]156-158 这些设计即使因为空疏而无法与现代欧美国家的福利主义政策相媲美，至少也比西方中世纪以来教堂与政府推行的济贫法要全面和人性化。[2]68-74

先秦儒家并没有反思按贡献分配原则是否合乎正义的问题，但他们认识到完全按权势、财富的力量来主导分配是亏损道德的或不合理的。民本主义的立场与社会和谐的理想，指引着儒家提出分配公平与社会保障的主张。分配公平限制统治者和有产者过度剥削劳力阶层，这一思想与马克思的主张不谋而合；社会保障使社会困难群体在分配中得到照顾，这一点与罗尔斯分配正义论的差别原则殊途同归。

三

以上我们讨论的是自然资源与物质利益分配的正义问题。分配正义还包括社会资源（权力、名望）公平分配的问题，而在春秋战国的语境中主要就是社会中下层能否获得参与政治与向上流动的机会。在西周封建制下，各家族的政治等级是确定的，贵族的爵位与权力依靠继承得来，只有很少人因为军功等原因从庶民变成贵族。这种状况到春秋战国时代发生了很大变化：由于社会经济蓬勃发展，财富向新兴阶层聚集，庶人的地位提高，他们对参与政治更感迫切；由于制度改革、富国强兵、参与国际竞争的需要，各国君主、权贵也积极招揽人才。官吏选拔、任命应根据品德、能力而不是出身等级的"任贤使能"原则，也成为政治改良的目标，得到大国开明君主的认同。因此，我们在先秦儒家以及墨家、法家等百家那里都能发现尊贤、尚贤、举贤、任贤的政治主张。

随着此时期封建世袭制的解体，权力分配、参政机会公平的正义问题开始凸显。一批智识者（尤其是儒家、法家）的理性开始觉醒，他们开始追问：基于出身的等级政治是合乎正义的吗？孔子主张"举贤才"（《论语·子路》），公羊家讥讽"世卿"制度（《春秋公羊传·隐公三年》），荀子建议按贤能、德行的标准重新分配王公大夫之子孙与庶人之子孙的地位（《荀子·王制》），都是要求改革传统封建贵族制度的呼声。

先秦儒家认为：从政治事业的公益性质来讲，贤者、圣人是最适合从政的，只有他们才能造福于国家、人民；只要一个人既有知识、才干，又有德行，他就有资格参与政治，完全不用考虑他的出身等级。于是儒家通过提倡民间办学，来为社会大多数没有权力的士庶民踏入仕途、参与政治铺路。孔子第一个兴私学，提倡"有教无类"，为中国民间推广学校教育奠定了基础。孟子在其"治民恒产"的理想农业社会建构中，强调要在农村普及"庠序之教"。后世考核任免的官僚制度与公平竞争的科举考试制度之建立、推行，可以从先秦儒家的思想与实践这里找到源头。[11]147-148

先秦儒家认为政治事业应当以公益为目标而不是为君主或某个阶层的利益服务，这一观点与古希腊柏拉图、亚里士多德的政治学，以及西方自由主义传统、契约论思想是一致的。后者已经成为西方现代民主制度的理论基础。社会资源是政治事业的资本，因此社会资源应该根据个人与政治相关的天赋、才能、品德来分配，在现实操作上就是应该按照公开、公平的原则，经过竞争选拔、择优录取的方式来授予职位及权力。先秦儒家的参政机会公平与阶级流动的思想，与上引罗尔斯要求权力、地位与职务向所有人开放的思想是完全一致的。先秦儒家的相关思想，对于当今中国政府机构与企事业单位的人事制度改革，或许还有一定的借鉴意义。

四

人类的（分配）正义观经历了古今的变化，但在变化上中西并不是同步的。古代人的正义推崇等级制度与社会秩序的理想化，如柏拉图与孔子。近代人追求普遍的自由与尊严，力争废除等级特权，建立民主政治与市场体制，以消除歧视与贫穷。在主张人格平等与打破贵族体制方面，先秦孔孟儒家走在西方人的前面。当代人追求实现权利平等与机会平等，并要求完善的民主、法治与福利，以保障个人的自由与发展。而先秦儒家在主张土地平均分配、设计各种社会保障制度以及为士庶民争取机会平等方面又是超前的。

总之，在人类社会的历史长河中，按劳分配与按贡献分配原则一直是分配正义的主导，但按贡献分配原则存在重大缺陷，应当以按需分配原则来弥补，二者结合的结果是调节性再分配或福利性再分配，即西方现代分配正义观。从西方近现代分配正义观与先秦儒家相关思想的比较来看，儒家相关的伦理、政治思想资源非常丰富，或许能对当今中国分配正义观的建构及现实问题的解决提供一些借鉴或启示。

参考资料：

[1] 柏拉图. 理想国 [M]. 郭斌和，张竹明，译. 北京：商务印书馆，1986.

[2]（美）塞缪尔·弗莱施哈克尔. 分配正义简史 [M]. 吴万伟，译. 南京：译林出版社，2010.

[3]（古希腊）亚里士多德. 雅典政制 [M]. 日知，力野，译. 北京：商务印书馆，1959.

[4]（古希腊）亚里士多德. 政治学 [M]. 吴寿彭，译. 北京：商务印书馆，1965.

[5]（古希腊）亚里士多德. 尼各马可伦理学 [M]. 廖申白，译注. 北京：商务印书馆，2003.

[6]（罗马）查士丁尼. 法学总论——法学阶梯 [M]. 张企泰，译. 北京：商务印书馆，1989.

[7]（英）洛克. 政府论（下篇）[M]. 叶启芳，瞿菊农，译. 北京：商务印书馆，1964.

[8]（美）罗尔斯. 正义论 [M]. 何怀宏，等，译. 北京：中国社会科学出版社，1988.

[9] 李翰林. 沃尔泽《正义诸领域》[A]. 应奇. 当代政治哲学名著导读 [C]. 南京：江苏人民出版社，2010.

[10]（德）马克思. 资本论（第一卷）[M]. 中央编译局，译. 北京：人民出版社，2004.

[11] 郭齐勇. 中国儒学之精神 [M]. 上海：复旦大学出版社，2009.

中国自由观念的时代性与民族性

郭　萍

（山东社会科学院）

摘　要：自近代至今，中国思想界在自由问题上的争执暴露出不理解时代性与民族性问题就无法恰当理解中国的自由观念。可以说，时代性与民族性是解读中国自由观念的两个基本维度。从其时代性看，中国的自由观念历时地展现为王权时代、皇权时代、民权时代的自由观念，且与西方自由观念的发展历程具有一致对应性。从其民族性看，中国一以贯之的德性自由传统根本不同于西方的理性自由传统，德性自由的内涵及其言说方式体现出西方自由观念所不能取代的独特性。当然，中国自由观念的时代性与民族性之所以可能，皆是源于当下生活。因此，唯有立足当下生活才能真正从本源处理解中国自由观念既有的时代性与民族性，也才能使其时代性与民族性不断丰富发展。

关键词：中国自由观念；时代性；民族性；当下生活

自近代至今，中国思想界一直存在着这样的争论，即究竟是接纳西方的自由观念，还是接续中国的自由观念。这种选择"西方"还是"中国"的纠结似乎表明，只要处理好中西之别就可以彻底解决中国的自由问题。殊不知，在中西之别的背后还隐藏着一个古今之变的问题。这是由于在争论中潜藏着这样一种前提性观点，即把西方等同于现代，同时把中国等同于传统。于是，争执双方各执一隅：一方立足于民族性维度，强调中西之别，主张坚守中国传统的自由观念；另一方则基于时代性维度，强调古今之变，要求通过移植西方现代自由观念来发展中国的现代自由。

然而，中西之别与古今之变，根本是两个不同维度的问题：西方与中国的区别属于共时维度上的民族性问题，而现代与传统的不同则是历时维度上的时代性问题。由此便不难发现，争论双方并未真正理解时代性与民族性问题，进而导致对中国的自由观念存在着根本性的误解。故而，我们要恰当地理解中国自由观念首先需要澄清时代性和民族性问题。

一、理解中国自由观念的基本维度：时代性和民族性

应当承认，自由作为一种超越性的观念是不分古今中外的。因为没有任何一个时代或任何一个民族的人们不渴望自由，只要对自由有所向往便意味着人们已经具有某种自由观念，而且古今中外的各种自由观念也体现出某种摆脱束缚、自作主宰的"交叠共识"。在这个意义上，自由观念乃是超时代性和超民族性的。

然而，自由的超越性并不是一种空洞、抽象的特质，它总是在社会历史中的真实、具体的呈现。这缘于我们所形成的自由观念总是属于某个具体时代和某个具体民族的自由观念，而绝不会是不属于任何时代或任何民族的观念。也就是说，我们对自由观念的言说始终无法摆脱身处其中的具体时代和民族，就如同我们无法跳出自己的皮肤。正是由于各个时代、各个民族对于自由问题的理解与领悟不尽相同，因此，不同时代的自由观念总是具有不同的时代特质，由此形成了古代自由观念和现代自由观念；同时，不同民族的自由观念也体现出不同的民族特质，从而区别为中国的自由观念、西方的自由观念等。在这个意义上，自由观念是亦古亦今、亦中亦西的，也就是具有其时代性和民族性。

当然，自由观念的超越性与其非超越性并不矛盾。事实上，自由观念的时代性与民族性，是指自由问题在不同时代、不同民族的生活情境中，所呈现出的不同解释方式和言说方式。而任何具体的自由观念的指向，却都试图对具有普遍意义的自由问题做出解答。在这个意义上，自由观念所具有的时代性和民族性并不是作为一种消极的局限性而存在，而是对人类所共同追求的自由本身的一种积极的具体性呈现。也唯有如此，自由的超越性才能被"召唤"出来，自由的真谛才能现身。据此可以说，时代性与民族性既是通达自由真谛的现实途径，也是我们解读一切自由观念的两个基本维度。

据此而言，下文要探讨的"中国自由观念"乃是指自古至今关于自由问题的中国式言说系统和观念形态。其中，所谓"中国"首先是一个民族性概念，这种民族性不是人种学意义或地域意义上的民族，而是文化意义上的民族，它代表着中国人在追求自由的过程中所形成的，不同于西方的特有的对自由问题的观念形态和言说方式。但同时"中国"还是一个承载着历史变迁的时代性概念，它经历了从王权时代到皇权时代，再到民权时代的历史变迁，故而，中国历代的自由观念都具有不同的时代烙印。也就是说，"中国"一词同时表征着自由观念的民族性和时代性，由此共同构成了自由观念的中国式展开方式和确证方式。而我们只有从本源的意义上理解其时代性与民族性，才能使古今中西自由观念的共通性以及中国自由观念的特殊性得到直观呈现，才能对中国自由观念有恰当的理解。

二、中国自由观念的时代性

中国自由观念的时代性是指中国人在不同的历史发展阶段对自由问题的思考而形成的观念样态所呈现出的不同时代特质，所揭示的是中国自由观念古今之变的问题。

为此，我们首先需要对中国历史的分期问题做一个简单说明。毋庸置疑，现实的自由总是某种主体的自由，因为唯有主体才享有自由，而非主体无自由。所以，有什么样的主体就有什么样的自由，而社会主体的转变，也就意味着自由观念也发生相应的转变。这就是说，自由的时代性与主体的时代性是一致的。所以我们有必要从主体转变的角度概括中国历史发展的不同阶段，以便更明晰地呈现自由的时代性。有鉴于传统的历史分期的局限性[①]，笔者认为近年黄玉顺教授所提出的观点值得参考，即将中国历史发

---

① 对于中国社会发展的历史分期问题，传统的观点：依次经历原始社会、奴隶社会、封建社会、资本主义社会、社会主义社会，呈现由低级到高级、由简单到复杂的历史演进过程，并没有凸显社会主体的变迁。

展分为："王权列国时代（夏商西周）→第一次社会大转型（春秋战国）→皇权帝国时代（自秦至清）→第二次社会大转型（近现当代）→民权国族时代。"① 对此，他以表格方式对各时代的社会特质做了提纲挈领的描绘：

特征＼时代	王权列国时代	皇权帝国时代	民权国族时代
社会形态	宗族社会	家族社会	国民社会
生活方式	宗族生活	家族生活	市民生活
所有制	土地公有制	土地私有制	混合所有制
家庭形态	宗族家庭	家族家庭	核心家庭
社会主体	宗族	家族	个体
政治体制	王权政治	皇权政治	民权政治
主权者	王族	皇族	公民
治理方式	贵族共和	宰辅制度	代议制度
国际秩序	王国—列国封建体系	帝国—藩国朝贡体系	国族—国族交往体系
核心价值观	宗族宗法观念	家族宗法观念	人权观念

这种角度的历史分期将更有助于我们把握中国自由观念的时代性特质和凸显历史演变的整体脉络。据此，我们可以对中国自由观念历时形态做这样的归纳：王权时代的宗族自由观念、皇权时代的家族自由观念和民权时代的个体自由观念。通过对这三种不同自由观念的解读，我们便可以概括呈现中国自由观念的时代性特质和历史演变脉络。

（一）王权时代自由观念的特质：宗族自由

中国的王权时代是前轴心时期的春秋战国乃至西周之前的时代。这一历史时期以宗族（clan family）为核心来安排社会生活，其根本价值目标是实现宗族利益，虽然也存在个体行为，但一切个体行为都是为了宗族价值的实现。也就是说，宗族群体乃是王权时代宗族社会生活方式下所认同的价值主体。所谓宗族，就是按父系血缘结成的大家庭，即所谓"父之党为宗族"（《尔雅·释亲》）②。宗族社会就是依靠血亲纽带形成"家—国—天下"同构的宗法等级社会，而最大的宗族就是以天子为代表的王族。据此而言，为了"天下"也就是为了"王族"，反之亦然。所以王族拥有最大的权利和权力，也就是最大自由的拥有者。其他的大宗、小宗则按其不同等级而不同程度地享有自由。需要声明的是，拥有自由的主体是王族和各宗族，而非天子、诸侯王等任何个体，也就是说，王权时代自由观念的根本时代特质是体现为一种整体的宗族（群体）的自由。

在前轴心期的西方自由观念中也体现着类似的时代特质，《荷马史诗》所描述的宗教仪式就能反映出宗族社会生活中的自由观念。例如以人做牺牲的祭祀活动实际是一种

① 黄玉顺：《国民政治儒学——儒家政治哲学的现代转型》，《东岳论丛》2015年第11期。
② 《十三经注疏·尔雅注疏》，中华书局1980年版。

祈求保障宗族利益的行为，而这其中根本没有考虑作为祭品之人的个体自由权利问题，所体现的同样是一种宗族的自由观念。当然，此时自由观念尚未哲学化，更多的是依靠原始的神学观念来维护宗族自由的合法性。

（二）皇权时代自由观念的特质：家族自由

春秋战国以来，中国进入轴心时期，社会发生了第一次大转型，即由以宗族为社会主体的王权时代向以家族为社会主体的皇权时代过渡。此时"家国同构"社会模式已经破坏，代之而起的是大夫之"家"，例如"三家分晋"所指的"三家"即是此类，虽然社会秩序仍以宗法维系，但各"家"之间已不存在血亲关系。随秦汉一统，"封建废而大宗之法不行，则小宗亦无据依而起，于是宗子遂易为族长"①，族长所管理的不再是宗族，而是家族。由此家族生活方式得到确立，相应地以家族为核心安排社会生活，以保障家族利益为目的进行制度建构。家族随之成为新的社会主体，享有社会权利和掌握政治权力，也即成为自由的拥有者。皇族作为最大的家族自然享有最大程度的自由，而各级士大夫家族按其等级享有不同程度的自由。与宗族自由相似的是，家族自由也非皇帝或士大夫个人的自由，而是皇族和各级家族全体的自由。这是因为在皇权时代完全以家族整体价值为评判个体的根本价值标准，个体则是实现家族利益的工具性存在。

诚然，皇权时代的士大夫并不是一味地顺从皇族，而是彰显出某种独立的自由精神，特别是孟子所彰显的"说大人，则藐之"（《孟子·尽心下》）的品格，"闻诛一夫纣矣，未闻弑君也"（《孟子·梁惠王下》）的革命精神，确实体现出"从道不从君"的独立自主性，但他所从之"道"并未脱离宗法家族观念，还是以家族整体利益为指向的。也就是说，"大丈夫"所代表的价值主体并不是一个个体，而是一个家族。因此，那种"大丈夫"的独立精神实质上还是家族自由，而与现代自由观念有着根本不同，这也是皇权时代自由观念的时代特质。其实，在传统的家族生活方式下，家族自由有其适宜性和正当性，在前半期也起到积极作用，但这种自由观念不再适用于现代社会。

几乎与中国同时，西方社会也进入轴心时期，而且也由此向皇权时代过渡，因此此时的西方自由观念也体现出明显的家族自由的特质。以往曾有人认为希腊的民主城邦制已经体现出现代性的个体观念（individual idea），相应地具有个体自由观念。但事实上，个体自由观念是在西方现代性的生活方式中才确立起来的价值观念，在近代以前的西方社会同样以家族为社会主体，个体并没有独立价值，家族自由同样是西方皇权时代自由观念的特质。法国思想家贡斯当就专著《古代人的自由与现代人的自由》一书分析指出雅典城邦享有自由权利的公民，仅仅是指土生土长的成年男性公民，其权利的大小也是由公民财产的多少来决定的；而且他们也不代表自己，而是代表整个家庭。在柏拉图的《理想国》和亚里士多德的《政治学》等著作中所体现出的自由观念也印证着这种"古代人的自由"，所以孔多塞直言："古代人没有个人自由的概念。"②

随着轴心时期哲学的发端，皇权时代的思想家还从形上学层面为家族自由的合理性提供根据。例如汉儒董仲舒不仅提出以"三纲五常"为原则的制度建构来维护家族自

---

① 刘大槐：《刘大槐集》，上海古籍出版社 1990 年版。

② 转引自（法）贡斯当：《古代人的自由与现代人的自由》，阎克文，刘满贵译，商务印书馆 1999 年版。

由，而且还以意志之"天"为根本之"道"作为家族自由合理性的最终来源，所谓"惟天子受命于天，天下受命于天子"①（《春秋繁露》），据此"屈民而伸君"②（《春秋繁露》）保障皇族自由才符合"天道"。宋明新儒学的发展将家族伦理观念抽象为形上的"天理"，通过建构"天理—性命"贯通为一的哲学体系论证了家族至上的合理性，并提出以"工夫"通达"本体"的学说来倡导通过个体自觉的克己复礼维护家族利益。与此相似，古罗马帝国也是以"君权神授"作为皇族享有自由的合理性依据，而且发展到中世纪，神学的解释对于君权合理性的根本意义以更加强势的方式体现出来。显然，不论是神学性的"上帝""天"还是哲学性的"天理"，都不过是家族主体的一种外在投射，其根本目的都是为家族自由合理性而辩护。

（三）民权时代自由观念的特质：个体自由

在封建社会后期，社会生活再度发生了转变。自明清市民生活兴起之后，传统的家族生活方式便逐步走向解体，但清朝的统治延迟了这一历史进程，因此，直到晚清时期中国社会才全面进入第二次大转型，即由前现代的皇权时代迈向现代的民权时代。我们知道西方通过文艺复兴、启蒙运动而进入民权时代，并顺利建构现代社会，完成了现代转型，而中国的这次社会转型则由近代一直延续到当代，至今尚未完成。尽管如此，现代性生活方式已然在中国扎根。因此，发展现代民权社会是一个不可逆转的且正在发生着的事实。

现代性生活方式以核心家庭（nuclear family）取代了前现代的家族，而核心家庭与传统家族的根本不同就在于，它是以独立个体为基础而组建的，其最直接的体现就是对于社会权利的分配是以个体为单位而非家庭。这就表明，现代性生活的实质是个体性生活，由是传统的宗法尊卑等级制度被平等人权所代替，享有权利和拥有权力的主体不再是宗族或家族，而是公民个体。也就是说，民权时代是以实现个体利益为根本目的而安排社会生活，因此个体成为社会主体，也就是现代自由的拥有者。这一点从严复以"群己权界论"来翻译穆勒的 On Liberty 就可以看出近代以来的中国人开始将自由理解为个体权利与公共权力的划界问题。可以说，个体自由正是民权时代自由观念的根本特质。由此也表明，以个体自由为基本立场的自由主义成为现代西方社会的主流思想既不偶然，也不特殊。

随着个体自由意识的凸显，自由问题也成为民权时代的一个标志性课题被思想家所关注。虽然中国的自由理论还没有现代西方那样丰富，但自明清以来中国的自由观念已经萌发了现代性转向。蔡元培就曾特别指出："梨洲、东原、理初诸家，则已渐脱有宋以来理学之羁绊，是殆为自由之先声。"③近代以来，发展个体自由不仅仅是中国自由主义思想家的观点，也是文化保守主义者的主张，维新儒家的论著言说中都明确阐释了个体自由的观念，例如康有为所著的《大同书》就是以个体自由为大同理想的基础，他说："所求自由者，非放肆乱行也，求人身之自由。则免为奴役耳，免不法之刑罚，拘

---

① 董仲舒：《春秋繁露》，中华书局 1992 年版。
② 董仲舒：《春秋繁露》，中华书局 1992 年版。
③ 蔡元培：《中国伦理学史》，东方出版社 1996 年版。

囚搜检耳。""近者自由之义，实为太平之基。"① 梁启超特撰《新民说》指出："自由者，天下之公理，人生之要具无往而无不适用也。"② 就是通过培养个体自由意识来"新民"。现代新儒家通过吸纳西方自由主义理论，基于儒家立场发展自由民主。如徐复观认为，"'自由'乃人之所以区别于其它动物的唯一标识"③，主张创建自由社会；牟宗三提出发展健康的自由主义；张君劢设计了"第三种民主"，并起草了以主权在民为宗旨的"四六宪法"。中国思想各派对个体自由的认同已经表明中国自由观念具有鲜明的现代性特质。

事实上，这一时代特质还更深刻地体现在个体自由的本体依据中。我们知道在西方，马丁·路德发起的宗教改革通过"因信称义"的思想以内在于个体的"良心"取代了外在的"上帝"，之后通过理性启蒙，西方思想家通过理性形上学的建构将个体确立为绝对自由的拥有者，成为个体自由的根基。在中国也有着相似的哲学转向，阳明将程朱的"天理"收摄为内心的"良知"就迈出了向个体自由转化的第一步，近代各派思想家也做了进一步的理论努力，其中最成熟的理论就是现代新儒家建构的"道德形上学"，例如牟宗三以自我的"良知"坎陷出民主与科学就是一个典型，虽然其中存在着理论诟病，并没有完成对个体自由的哲学论证，但其理论指向却与现代西方哲学一致，即欲确立个体的绝对主体地位，为民权时代的个体自由观念奠定本体论基础。

行文至此，可以看出中国自由观念并非一成不变，而是随社会生活方式的演变由前现代的宗族自由、家族自由向现代的个体自由转变，呈现为一个历时发展演变的过程。据此便知，仅仅将中国自由观念视为属于传统社会的观念而无法接纳现代自由观念并不符合事实。事实上，我们看到，西方自由观念的发展也经历了相似的历史过程，其传统的自由观念直到现代理性启蒙之后，才演变发展出个体自由。据此而言，中西自由观念历史演变具有明显的一致性。这实质表明，个体自由作为现代性的自由观念，不仅仅属于西方，也属于中国。中国现代自由观念的发展虽然受到西方国家的刺激，但最根本的还是中国社会内部自发的现代转向使然，可以说，这是中国自由观念的时代性要求。因此，以前现代的自由观念施用于当今中国显然是不合时宜的，而以拒绝西方自由为理由来否定个体自由也不具合理性。这种将古今之变混同中西之别的错误，其根本原因就在于没有真正理解中国自由观念的时代性。

还需指出的是，中国自由观念不仅已经发生了由传统向现代的转向，而且其转向中还具有超越现代民族国家的局限性，进一步发展现代自由的可能。这是因为，当前盛行的个体自由主要还是以民族国家为前提的自由，实为一种国族主义的个体自由。而随着后现代主义者对现代性批判的展开，人们开始意识到真正意义上的个体自由尚未充分展开，目前只能说是个体自由发展的初级阶段。因此，超越国族主义成为今后个体自由的一个发展趋势。据此便知，中国自由观念中所蕴藏的这种可能性，正是其时代性展开的必然涵项。

---

① 康有为：《大同书》，古籍出版社 1956 年版。
② 梁启超：《梁启超全集（第二册）》，北京出版社 1999 年版。
③ 徐复观：《中国自由社会的创发》，选自徐复观：《中国思想史论集续篇》，时报文化出版事业有限公司 1982 年版。

三、中国自由观念的民族性

虽然自由观念的历史演变在中西之间体现出明显的一致性，但自由总是在各民族不同的生活境域中生发，中西自由观念并不是等同的，即自由观念在不同的民族国家中具有不同的发问方式、论说系统和解决思路、言说方式，这就是自由观念的民族性。正是由于中国自由观念在历时发展演变中保持了自身特有的言说方式，才形成不同于西方的一个独特传统。相反，"如果失掉了它的民族性格就会失掉它的某些本质"①。那也就不会形成中西不同的自由传统了。

即便中西传统内部存在着诸多派别，但在整体上依然呈现出各自一以贯之的特质。概括说来，中国自古至今保持着德性自由的特质，即以德性为最高层次的自由并作为各领域自由（如政治自由等）的根本依据，以此保障主体配享自由的合理性；西方则一直具有理性自由的特质，即以理性代表最高的自由为政治自由、认识自由奠定基础，以此保障其社会主体配享自由的合理性。

在西方，古希腊哲学便以求真向善为自由，其中柏拉图就是这一观念的主要奠定者。他以"善"为最高理念，并认为"善"必须通过洞见真理方能获得。据此，他对自由做了这样的定义："人之本性追求善，只有当人能够追求并终于达到善时，人才是自由的。"② 可见，在柏拉图看来，自由就存在于对真理的认识中。这种以认知真理为"善"的自由观开启了西方理性自由的先河，由此也确立了西方理性自由的基调。继柏拉图之后，亚里士多德通过抽象的概念和逻辑接近真理，让理性自由观念进一步凸显出来。

近代以来，西方的理性自由得到了最为充分的体现。近代哲学之父笛卡尔就使"自由观念重新被建立在理性主体的认知功能和求善本性之上，柏拉图主义的求善原则和自主性自由观得到了长足的发展"③。康德虽然提出不同于认知理性的实践理性，也即自由意志，但自由意志是"作为普遍立法意志的每个有理性的存在者的意志"④，这归根到底还是一个理性公设。所以他说："善良意志只有为有理性的东西所独具。"⑤ 而黑格尔通过"绝对精神"的辩证展开将理性自由推至巅峰。当然，现代西方哲学中的唯意志主义可说是理性自由的一个反动了，但是西方的"非理性主义是寄托在理性主义身上的，是理性主义自身的一个环节，虽然是最高的环节，但它实现的仍然是理性预定的目的，即把握绝对的真理"⑥。即便在神学盛行的中世纪，经院哲学对上帝的论证和言说也依然是以抽象概念和确定性逻辑推导展开的，同样保存着理性自由的基因，最典型的就是托马斯·阿奎那对上帝存在的论证正是依靠亚里士多德的逻辑学才得以完成的。在

① 转引自贺麟：《现代西方哲学讲演集》，上海人民出版社 1984 年版。
② 转引自谢文郁：《自由与生存》，上海人民出版社 2007 年版。
③ 谢文郁：《自由与生存》，上海人民出版社 2007 年版。
④ （德）康德：《道德形而上学基础》，苗力田译，上海人民出版社 2012 年版。
⑤ （德）康德：《道德形而上学原理》，苗力田译，上海人民出版社 2012 年版。
⑥ 邓晓芒：《西方哲学史中的理性主义和非理性主义》，《现代哲学》2011 年第 3 期。

这个意义上，确如怀特海所说："两千年的西方哲学史都是柏拉图的注脚。"① 当代西方盛行的分析哲学、现象学运动虽然是反对传统的理性主义哲学，却还是说着柏拉图的语言，例如我们无论如何也无法否定逻辑实证主义和胡塞尔的先验现象学所具有的理性内核，这实际上是以一种拒斥和解构的方式延续着西方理性自由的传统。

在西方，理性自由不仅代表着最高层次的自由，而且也作为现实政治自由的根本依据，特别是近代以来理性自由为西方自由主义的兴起奠定了哲学基础。可以说，现代西方的自由人权、民主平等等政治自由观念无不是这种理性自由的具体表现形式。当代西方最具代表性的政治哲学理论——罗尔斯的"正义论"，就是一个以理性个体为前提的理论典型。

相较之下，中国的德性自由传统与之形成鲜明对比。儒家自周公便提出"惟德是辅"，后世儒家在发展德性传统的同时，将认知理性视为褊狭之知。例如宋儒张载就明确指出"见闻之知，乃物交而知，非德性所知；德性所知，不萌于见闻。"② （《正蒙·大心》）认为"见闻之知"褊狭而有限，只是"小知"，而脱离见闻、洞见心性的"德性之知"才是"大知"。对此，佛道两家也持类似的观点。佛家主张"去执"，道家认为"为学日益，为道日损"，主张"绝圣弃智"，这都是认为知识的获取不但得不到自由，而且根本就是自我束缚。当然，中国所体现出的德性自由的传统并不是简单地否定知识理性的价值，尽管如此，也不得不承认，作为中国思想传统主流的儒道释三家都是将德性而非理性作为配享自由的根本依据。

中国人对"德"的重视在其文明开端已经有所显露，六经之首的《周易》中就强调"天地之大德曰生"（《周易·系辞下》)③。自此中国文化便烙下了重"德"的思想底色。虽然儒道释三家所言之"德"不尽相同，但毕竟与西方文化所凸显的理性传统有着明显的区别，而且儒道释三家在思想合流的过程中，彼此吸收，对于"德"的理解走向融通合一。我们知道，儒家之"德"是仁爱之德，如孔子就以"仁"为总德，孟子在"性善论"中延伸性地提出仁、义、礼、智"四德"；道家之"德"是真、朴的自然之德，即老子所说："含德之厚者，比于赤子。"④ 而随着儒道合流发展，"德"已成为至仁至真的统一体，这在魏晋玄学中即有突出的体现。佛教也通过与儒道的融通，实现了佛教之"德"与儒道之"德"的合一。例如在中国影响最广泛的禅宗就认为心性本觉，佛性本有，通过发挥先验心性的领悟作用而成佛，而成佛也就实现了"德"的圆融。借鉴佛老思想而形成的宋明新儒学所体现的"德"正是儒道释三家之"德"融通的成果。如张载的《西铭》提倡"民吾同胞，物吾与也"⑤，王阳明在《大学问》中主张"视天下犹一家，中国犹一人"⑥。这些与其说是儒家仁爱之德的展现，不如说是儒道释三家之"德"的共同内核的凝聚。

---

① 参见（美）保罗·埃尔默·摩尔著：《柏拉图十讲》，苏隆编译，中国言实出版社，2003年版。
② 张载：《正蒙》，（清）王夫之注，上海古籍出版社2000年版。
③ 《十三经注疏·周易正义》，中华书局1980年版。
④ 朱谦之：《老子校释》，中华书局1984年版。
⑤ 张载：《张载集》，章锡琛点校，中华书局1978年版。
⑥ 王阳明：《王阳明全集》卷26，中华书局1992年版。

　　"德"的本义与作为动词的"得"相通，如《说文解字》所言："德者，得也。"①
因此，所谓"德性"就是指得其本性，这一过程本身就是一种自由。因为，得与不得全
在于自己。佛禅讲："自性迷，佛即是众生；自性悟，众生即是佛。"② 自己执迷不悟，
就是凡夫；而自己幡然醒悟，即立地成佛。至于到底能否得到佛性，是众生还是成佛，
根本无系他人而全在于"自性"。在儒家，孔子即讲："为仁由己，岂由人乎哉？"③ 孟
子也明言"四德"（即仁、义、礼、智）是"求则得之，舍则失之"④。显然，求舍、得
失全也在于自己，而非由他人主宰。这都表明，"德性"乃是主体的自主自觉，如荀子
所说："出令而无所受令；自禁也，自使也；自夺也，自取也，自行也，自止也。"⑤ 据
此可见，德性是由己而得，是自得之性，而自得也就是自由。这种主动自觉的"得"，
"能"行动，在确证主体的同时也让自由得以直观。所以，德性的呈现就是主体的自由
生活，德性自由也正是中国人所追求的最高的自由。

　　不仅如此，在中国思想传统中，德性自由还是一切具体自由的根本依据。例如儒家
特别讲求自觉的道德践履，这种道德自由之所以可能根本原因在于人是德性的存在者。
人作为主体不仅在现实生活中践履具体的"德行"，而且具有"人同此心，心同此理"
的"德性"，也就是本体论上的普遍主体性。"德性"作为形上的绝对主体性乃是现实的
制定社会政治制度、伦理规范（"德目"）和言行（"德行"）的本体依据，它为形下主体
的确立、形下自由的实现奠定形上学的基础。这一传统也被近现代儒学所继承，维新儒
学"照着"传统德性自由观念来讲，为现代政治自由正名；而现代新儒学"接着"传统
德性自由观念讲，通过借鉴西方现代哲学方法和思想元素，建构了现代形态的德性形上
学（如牟宗三的"道德的形而上学"），就是力图为现代政治自由提供根本依据。

　　中国自由观念的民族性体现了中西自由观念之间的非等同性，但其民族性不意味着
中西自由观念彼此隔绝、相互排斥，也不代表其内容是封闭、孤立、僵化的。恰恰相
反，民族性是一个开放发展中不断展开的特质，中西自由观念在相互比较和借鉴过程
中，不断丰富着自身的民族性，由此才能使自身的民族性得以保持和更丰满地展开。这
在近代以来中国自由发展中体现得尤为突出。

　　一方面，民权时代，西方以其理性自由为现代个体自由的确立率先建构了相应的理
论，这对于后进入民权时代的中国来说，是值得借鉴的。其实，近代以来的中国思想家
已经有意识地借鉴西方自由理论重新阐释传统的德性自由，其目的在于通过树立现代意
义的德性自由观念来确证和发展个体自由。可以说，我们借鉴现代西方自由理论是为了
继续发展德性自由的传统，而非放弃自身的民族性。

　　另一方面，中国的德性自由观念也值得西方借鉴。应当意识到，近代以来，西方的
自由观念广泛流行，几乎成为被普遍接纳的文化现象，但其实是以"时代性"之名将西
方的"民族性"作为世界范围内的示范样态而加以传播。事实上，西方的理性自由观念

①　许慎撰，段玉裁注：《说文解字》，上海古籍出版社 1981 年版。
②　王孺童编校：《〈坛经〉诸本集成》，宗教文化出版社 2014 年版。
③　《论语》：《十三经注疏·论语注疏》，中华书局 1980 年版。
④　《孟子》：《十三经注疏·孟子注疏》，中华书局 1980 年版。
⑤　王先谦：《荀子集解》，中华书局 1988 年版。

不仅自身面临着难以克服的理论困境，而且面对当前个体自由的弊病也显得无能为力。显而易见，当前的自由乃是局限于民族国家范围内的个体自由，而这种个体自由始终难以摆脱民族主义甚至国家主义的纠缠。对此，西方思想界中，不论是基于个体理性的形上学自由观念，还是基于个体焦虑、烦畏情绪的存在主义自由观念，都没有寻找到走出这一困局的可能途径。相较之下，中国的德性自由观念却可能为现代个体自由的发展提供一条更为健康可靠的思想路径，如现代新儒家所说，应当发展健康的自由主义。其实，我们在努力完成德性自由的现代转向的同时，也可以克服西方自由观念的缺陷，发展出超越民族国家限制的个体自由。这既是为进一步展开个体自由提供的有益参考，也是中国自由观念民族性的一种更丰富的展开。

四、时代性与民族性的本源交汇：当下生活

由上已经表明，中国自由观念积淀着不同的时代特质和丰富的民族特质，但作为一种更彻底的思考，我们不禁要问这种时代性与民族性是如何可能的？如果我们对此仅仅做对象化、历史性的描述，将其时代性与民族性视为史学意义上的时空坐标，那么将无法回答这一根本性的问题。为此，我们还需深入到本源的层面上加以理解，由此揭示这种时代性与民族性交汇显示出来的本源意义。

从其时代性看，中国自由观念并非一成不变，而总是与其所处的时代相适应，所以，它曾经体现出王权和皇权时代的特质，而今又体现出民权时代的特质，这意味着中国自由观念总是一种基于"此时"的自由观念。从其民族性看，中国自由观念不同于西方，而是一直保持着自身独特的表达方式，这意味着中国自由观念总是一种立足"此地"的自由观念。这种"此时"与"此地"的交汇在原初意义上绝非一个就此"定格"的客观对象化的"坐标"，而是中国自由观念当下现身的"场域"。此"场域"乃是历时与共时的自行敞开，而这种敞开的境域正是我们身处其中却又浑然不觉的生活本身。这里所指的"此时""此地"的生活，不是经验对象化的生活，而是前对象化的存—在本身、生—活本身。因此，我们并不能用任何现成的概念进行对象性的说明，其本身尚不具有史学意义上的时代性和人类学、政治学意义上的民族性，而只能作为历时性的展开和共时性的呈现本身。然而，这恰恰就是自由观念的时代性与民族性的期备和源头。也就是说，自由观念的时代性原初的是当下生活的历时性展开的样态，民族性本源的是当下生活的共时性呈现，而作为对象化的时空坐标，乃是对当下生活进行史学性考察所作出的对象化解释。据此表明，当下生活才使得作为对象化时空坐标意义上的时代性与民族性成为可能，也只有通过当下生活才能释放出自由的时代性和民族性，而从本源层面上理解当下生活就是我们得以理解中国自由观念的时代性与民族性的先决条件。

既然生活本身并不是一种现成在手的"什么东西"，而是生生不息、衍流不止的"在"本身，那么，也就原初地决定了自由观念的时代性与民族性是始终开放的、不断敞显新内容的，而非任何概念化、凝固化的"特质"。因此，任何以某种定格的"时代性"和预设的"民族性"来裁剪和限定我们对自由问题的思考都是不恰当的，而唯有在敞开的、不断发展的生活中，所呈现出的时代性与民族性才是中国自由观念本真的特质。

由此，也就使我们可以从原始意义上更透彻地理解中国自由观念既有的时代性与民族性内容。一方面，我们看到，在前现代的生活方式下，中国社会所推崇的是宗族/家族的自由，并以相应的宗族/家族的德性为之辩护是适宜而正当的；但在现代性生活方式下，宗族/家族的自由观念已经丧失了曾经的适宜性和正当性，生活的诉求自然孕育并塑造着中国自由观念的现代样态，个体自由观念才与现代相适应。另一方面，我们也看到，西方现代性的自由观念乃是基于西方民族国家生活的具体情境而产生的，即便同是西方文化传统的欧美各国也不尽相同，所以任何企图移植西方现代自由观念来充任中国的现代自由观念的做法都是没有必要的，也是绝无可能的。

也正是由于生活的衍流变化，中国自由观念不仅呈现出由前现代到现代的历史演变，而且还在续写着由现代向后现代发展的可能，继续丰富着自身的民族特质。这意味着当前自由观念所呈现的时代性与民族性也成为有待超越的内容。事实上，当前所出现的后现代主义者对现代自由的批判，以及主张超越民族国家进一步发展个体自由的趋势，已经表明现代民族国家时代乃是一个有待超越，甚至正在被超越的时代。哈贝马斯等思想家明确提出"超越民族国家""主权终结论"的思想，提醒着我们对个体自由的思考也势必需要超越民族国家的局限性，而这一切都是渊源于生活本身。当下生活所不断敞显出来的新可能，既让当前所盛行的西方个体自由的弊端充分暴露出来，也为我们克服这些弊端，更好地发展个体自由提供了本源土壤。正是由此，中国自由观念的时代性与民族性才得以继续展开，呈现为新的时代特质和更丰富的民族特质。

所以，我们诚然认可对自由观念进行对象化的解释的积极意义，却也更应当清醒地意识到关于自由问题的所有言说和表达皆有其当下生活的渊源，皆是由生活而孕育生发的。离开生活滋养的自由之花，即使枝叶、根系俱在也无法盛开，这不论从现实意义上还是从理论建构本身来说都是如此。因此，当下生活虽然不是自由观念本身，但对于自由观念的确立具有最为原始的意义。唯有立足当下生活，才能真正从本源处理解中国自由观念既有的时代性与民族性，才能使其时代性与民族性在敞开的情境中不断丰富发展。

据此而言，对于古今、中西的自由观念急于做出肯定或否定的评判之前，我们尚需先聆听当下的生活本身的"呼声""召唤"，基于当下原初的感悟再去对这些既有观念和理论进行反思和评判。唯此才能让中国自由的时代性与民族性自动现身。这在当今时代，就是要求我们根植于"此地"，以中国的话语来表达"此时"的现代性自由的诉求，也就是要通过继承中国德性自由的传统来充分发展现代个体自由。

"仁"在先秦儒学中的多元伦理学定位

陈 焱

（上海健康医学院 思想政治理论教学部）

摘 要：在孟子的"见孺子将入井"例中，暗含一个带有基本"强弱关系"之角色双方的道德境遇之前提。恻隐之心的发动，在依赖于此一道德主体处于对道德对象具有相对"强者"之位的前提下，才是可能的。这一暗含前提实际是先秦儒学自角色伦理之思想进路而始，最终确立其以"仁"为核心的并作为其政治哲学之基础的德性伦理学的过程中的思想孑遗。

关键词：仁；角色伦理；见孺子将入井；先秦儒学

一、导言

从当代的眼光来看，先秦儒家的道德哲学一般可以被归类为德性伦理学的范畴。如余纪元所指出的那样："仅就哲学范围内而言，以德性伦理学模式研读儒学乃是现下儒学哲学研究的占主导地位的模式。"[①] 当然，国内外也有一些学者试图以康德的义务伦理或角色伦理的角度来阐释儒家的相关道德概念，论及前者的典型自然是牟宗三，正如其高足李明辉先生所指出的那样："如果我们承认康德伦理学是一套'义务论伦理学'，则根据牟宗三的分析与分判，儒家伦理学基本上也是一套'义务论伦理学'。"[②] 而后者，其代表人物如安乐哲（Roger T. Ames）先生，他就认为儒家之"仁"是"用以激发并促成人们在家庭、社会以及较为宽泛的文化叙事（所谓儒家的角色伦理）中的角色生存技艺"[③]。

但从先秦儒学发展的角度来看，实际上上述观点皆有片面性。儒家伦理学尽管肇始于先秦，但若以德性伦理学言之则不能全数涵盖其概念内涵，特别是其中"仁"之一德要超越单纯的美德范畴。如陈来先生所指出的那样："从孔子答仲弓以'己所不欲，勿施于人'释仁来看，证明孔子思想中的'仁'不仅是'德'，而且是'道'。从而，由金律和忠恕一贯之道来看，孔子的伦理思想不能全部归结为'德性伦理'（virtue ethics），因为孔子更多地说到准则、法则、规则、原理等。孔子所说的'一以贯之的道'不是那

---

① 余纪元著：《新儒学的〈宣言〉与德性伦理学的复兴》，《山东大学学报》2007年第1期。
② 李明辉著：《儒家、康德与德行伦理学》，《哲学研究》2012年第10期。
③ （美）安乐哲，（美）罗斯文著：《〈论语〉的"孝"，儒家的角色伦理与代际传递之动力》，《华中师范大学学报》（人文社会科学版）2013年第52卷第5期。

些单方面的德性，而是社会道德生活的根本原则和定律。"① 而就康德的义务论言之，在儒学中其对应的核心内涵要在宋明道学中才获得完全的成就。② 同时，相关论者对于儒家角色伦理学的讨论，则大多同儒家的"礼治"与"五伦"之类对于人与人之间社会与政治关系的规定与讨论密切相关，没有看到孔孟对于道德的内在性维度的关注，而这是牟宗三所着力强调的部分。

质言之，对于儒家德性伦理学或义务论的思考起点而言，乃是兼及主体性的并且是内在个人层面的；而对于儒家角色伦理学的思考起点来说，乃是主体间性的，同时是外在政治与社会层面的。但显然上述说法皆不能完全涵盖先秦儒家道德哲学的全部内容。

笔者认为，从先秦儒学的整体来看，此间问题的关键在于，儒家对相关的道德哲学的问题与概念实际上抱有一种内外相合、主客相混的情况，不能简单地将儒家规定为某种特定的现代伦理学规范或分型，实际上角色伦理、义务伦理与德性伦理的思想进路纠缠在先秦儒家的相关道德哲学概念的讨论之中，而这一情况的典型，鲜明地显现于先秦儒家对于"仁"这一道德哲学概念的叙说之中。这构成了本文所论之主旨。

二、"仁"的德性伦理诠释背后所蕴含的角色伦理特质

当代有一种观点认为，"仁"这个概念在儒家道德哲学中具有核心地位，大约可以认为是诸德之总名，或者可谓"诸德之家"。③ 此种说法基本上是从德性伦理学的角度来讲，依道德形而上的思想进路，通过对于"仁"的分析与诠释，展开一套儒学的道德形上学系统。质言之，上述说法乃是沿着宋明道学在"接着讲"。如牟宗三所言："仁不为任何德目所限定，然而任何一德目亦足以指点仁。仁是超越一切德目之上而综摄一切德目，是一切德性表现底根源，是道德创造之总根源，故仁是全德。"④

但诉诸先秦相关的儒学文本，对于"仁"这个概念来说，尽管其存在着"普遍性"与"总体性"的思想特质，乃近于道（上文陈来语），但论者其实还是可以看到孔子加于其上的个别与特殊性之内涵。或曰：

仲弓问仁。子曰："出门如见大宾，使民如承大祭；己所不欲，勿施于人；在邦无怨，在家无怨。"（《论语·颜渊》）

樊迟问仁。子曰："爱人。"（《论语·颜渊》）

上述两条显然都是孔子从某一具体层面对于"仁"所做的阐释，因此说法各异。而历来论者也指出，于"仁"，孔子对于不同弟子的不同诠释，恰恰体现出了"仁"这个概念作为德性所蕴含的总体性与普遍性原则。但这种总体性与普遍性，从根本上说，乃是来自于"仁"之于一切人的先天性与内在性特质。这在《孟子》中更见得清楚。孟子曰：

所以谓人皆有不忍人之心者，今人乍见孺子将入于井，皆有怵惕恻隐之

---

① 陈来：《古代德行伦理与早期儒家伦理学的特点》，《河北学刊》2002年第22卷第6期。
② 如牟宗三在这方面的巨著《心体与性体》的论说与阐发对象就是宋明道学。
③ 杨泽波著：《孟子性善论研究》再修订版，中国社会科学出版社2016年版。
④ 牟宗三著：《心体与性体》（二），《牟宗三全集（第六册）》，联经出版事业公司2003年版。

心。……恻隐之心，仁之端也……（《孟子·公孙丑上》）

孟子的上述说法，很好地以"恻隐之心"表明了"仁"作为德性的先天性与内在性，同时发展并明确了孔子所讲的"为仁由己"（《论语·颜渊》）与"仁远乎哉？我欲仁，斯仁至矣"（《论语·述而》）的相关说法。

不过，如果在这里加入角色伦理学的视角，我们会发现，根据孟子的说法，作为仁之端的恻隐之心背后，实际上蕴含着一种关乎强弱的角色伦理关系。由孟子"孺子入井"的范例来看，因为"孺子"之于"入井"这件事毫无自救与抵抗之能力，因此，旁观者（今人）本身的道德决断也就是"孺子"能否脱险的关键。换言之，在孟子所设定的这个道德境遇中，弱者的生杀予夺完全取决于强者的自由意志。因此，不论具体的情状如何变化，恻隐之心发动的前提显然应该是，处于当下情境之中的"强者"一方对处于当下情境中的"弱者"一方所处之危殆局面的意识与焦虑。

因此，经由孟子的说法，在另一方面我们也可以得出，在儒家眼里，尽管"仁心"的发动是内在而先天的，但在直观上"恻隐之心"的产生，显然必要求一种仁心发动之道德主体处于某种拥有"强弱"关系的道德情境之中，并且还要求道德主体事实上处于其中"强者"的角色之中。就此而言，我们似乎可以在某种程度上说，"仁"之德乃是一种"强者道德"①。依孟子的观点，既然在"孺子入井"这一道德情境之中，"见孺子之人"实际上存在于一个绝对自由的状态之中，那么很自然地，他的道德选择以及他践行其道德选择的力量并不受到任何外在的影响与制约，从内在的意义上说，此即孟子所谓"非所以内交于孺子之父母也，非所以要誉于乡党朋友也，非恶其声而然也"（《孟子·公孙丑上》）。而这一说法除了表明一般常说的"仁"的内在性之外，更是从一个侧面揭示了仁心之发所必需的道德自觉与道德自愿两个前提，而要确保这种自觉与自愿，从内在层面上说就必须在理论上确立其先天性与绝对性。而这也正是"仁"在道德角色层面上所要求的绝对强者之位置导致了"仁"这个概念从根源性上就是不可教与不可学的，因为任何的外在影响都会动摇这一由恻隐之心开始的"仁心"生发之过程。

因此，我们也就不可能强迫某人"成仁"或"达仁"。这在揭示"仁"的内在性特质之同时，其实也从外在的角度说明了"成仁"与"达仁"所要求的道德情境之中的绝对强者之位。在这个意义上，"见孺子入井"例中的道德主体显然必定处于这一强者之道德角色中，才能成就其"仁心"之生发。此间德性伦理与角色伦理的联结关键在于：先秦儒家之"仁"的内在性与先天性，实际上也就表明了哲学上的主体性原则，人对于自身来说必然是具有绝对控制权的强者；当然，每个主体如要推扩也皆有其界限，这构成了作为主体间性的人的社会属性与角色，也即人必定处于某种社会关系之中，也受到某种社会秩序或法律的约束。而在主体间的层面，个体之间的地位强弱之分很大程度上来自于社会秩序的规定。或者说，是通过某种客观的社会秩序，明确了"孺子"与"旁观之成人"的上下强弱关系，进而构成了内在道德之心（仁心）的生发情境。

从这个层面上讲，这也就意味着，若要发挥恻隐之心的道德作用，就需要将道德主

---

① 有意思的是，在此这一概念正与西人尼采所谓之"强者道德"相反。

体置于道德情境中相对于"弱者"的那个绝对"强者"的角色之中。这里的"绝对"也就是说，不存在任何外在的法律或者暴力乃至情境关系强迫在此一道德情境中的道德主体去发动恻隐之心并做出道德选择，因为要是有这种外在影响，那么仁心发动所要求的绝对"强者"与绝对"自由意志"的道德角色与境遇也就不成立了，而"恻隐之心"的发动也会受到影响。对此，孟子同样给出过一个经典的范例：

> 孟子曰：矢人岂不仁于函人哉？矢人唯恐不伤人，函人唯恐伤人。巫匠亦然，故术不可不慎也。孔子曰："里仁为美。择不处仁，焉得智？"夫仁，天之尊爵也，人之安宅也。莫之御而不仁，是不智也。不仁、不智、无礼、无义，人役也。人役而耻为役，由弓人而耻为弓，矢人而耻为矢也。如耻之，莫如为仁。仁者如射，射者正己而后发。发而不中，不怨胜己者，反求诸己而已矣。（《孟子·公孙丑上》）

从孟子的上述说法可知，"唯恐不伤人"的矢人与"唯恐不死人"的匠人处于"见孺子将入井"的道德情境中，因为其外在职业境遇（术）的特殊性动摇与影响了其道德主体在道德选择上的"绝对强者"之地位与角色，进而也将影响到其内在"恻隐之心"及其仁德之生发。因此孟子在此借用孔子"里仁为美"的说法强调只有确保自身道德之心处于不受外在影响的生发状态的意义所在，才是智慧的表现，要不然就是自择于"不仁"之处，自然也就难将恻隐之心生发出来，最终带来的就是"唯恐不伤人"的结果。

不过，此种"智"或"智性"本身的生发在某些方面又来自于主体自身的道德之心对于自身所处的道德情境是否良好的一种自觉（耻），这是个人自由意志的体现。反之，若无此一环，也即只能以外在他者的意志为意志，为人所役。因此，这里孟子实际暗自架设了一个循环论证，首先"恻隐怵惕"之仁的生发从外在道德境遇来说依赖于"里仁为美"之智的选择，而反之"里仁为美"之智的生发从内在道德境遇来说又仰赖于道德之心对于自身所处的道德情境是否良好的一种自觉（耻）。在孟子看来，从哪一方面进入这个循环决定了"人役"与"役人"的区别，此即士人与庶民的区别。就此而言，孟子的"仁"说也并未完全摆脱伦理的维度，并且也正是以此联结起政治哲学的范畴。或曰：

> 无恒产而有恒心者，惟士为能。若民，则无恒产，因无恒心。苟无恒心，放辟，邪侈，无不为已。及陷于罪，然后从而刑之，是罔民也。焉有仁人在位，罔民而可为也？是故明君制民之产，必使仰足以事父母，俯足以畜妻子，乐岁终身饱，凶年免于死亡。然后驱而之善，故民之从之也轻。（《孟子·梁惠王上》）

依孟子，在"矢人"与"匠人"处，若其为"民"，则上述循环必然是从角色伦理所关注的道德境遇的变化而开始的。"人役而耻为役"之"耻"在无"恒产"的前提下并不会现于其上，所以"放辟，邪侈，无不为已"本身带来的就是"唯恐不伤人"的现实。而同样的循环，在"士"那里，却是从内在道德之心的角度切入，以"人役而耻为役"之"耻"入手，从道德境遇之选择上就直接排除了外在的影响，使得自己在进入任何道德情境之时都处于完全具有自由意志的绝对强者之位。因此我们可以说，孟子在某种程度上还是以政治地位①上的应然之分野来判断，和有选择性地偏重使用德性伦理与角色伦理各自不同的思想逻辑。就此而言，"见孺子入井"的理想情境本身实际上存在着双重内涵。从德性伦理学上说，其就是对先天内在之"仁"如何生发并推动道德行为的一个经典诠释。而从角色伦理学的角度上说，它还蕴含着"士君子"相对于"庶民小人"的在角色伦理上的道德责任，正如以恻隐之心为代表的"今人"之于"将入井之孺子"在角色伦理上的道德责任一样。

我们可以看到，孟子"苟无恒心，放辟，邪侈，无不为己。及陷于罪，然后从而刑之，是罔民也"的说法，实际上也就是将"民"放到了一个对于"将入井之厄"完全无知的"孺子"的角色位置之上，而面对这种局面，有"恒心"的士人君子（绝对之自由意志，处于强者之位的道德主体）应该如何做，也就非常直白地显现在了其"孺子入井"的譬喻之中了。对于士君子而言，不制民之产，也就是坐视孺子入井，这本身便可化为"仁人在位，罔民而可为也？"的追问。从这个意义上说，"仁"概念本身显然也有角色伦理的维度，并且这一道德角色以政治秩序为其尺度。孟子曰：

> 人皆有不忍人之心，先王有不忍人之心，斯有不忍人之政矣。（《孟子·公孙丑上》）

就此而言，若"不忍人之心"以"恻隐怵惕时人"与"将入于井之孺子"为其最基本的强弱角色之双方，则"不忍人之政"的最基本的强弱角色之双方就是有恒心之"君"与无恒产之"民"。由此确立了儒家政治哲学的内在道德基础。但孟子在这里并不从角色伦理学的角度来论说这一问题，孟子在此加上了一个前提，也即所谓之"人皆有不忍人之心"，而这种普遍性显然是由"见孺子入井"例来确保的，所以，作为发端于"不忍人之心"的"仁"本身还必然兼有德性伦理与角色伦理的双重属性，而孟子的"见孺子入井"例构成了其中的理论过渡。

三、"仁"在角色伦理与德性伦理之间的过渡属性

依角色伦理角度而言，具体到先秦儒家的"复周礼"之理想社会层面上说，在周礼的秩序与背景之下，天子或国君就是这一情境之中的绝对"强者"或"上位者"，同时也是维护整个礼制的第一责任人。从这个意义上说，若依"礼制"为前提，"仁"可谓先秦儒家为君主所规定与确立角色伦理之本质属性，也是礼对于君主的基本角色伦理之要求，换言之，"仁"在这里是处于上位（君位）者维护礼制的必要前提，也是礼制对于上位（君位）的必然要求。从这个意义上说，从儒家最原初的思想旨归的角度而言，若论其道德哲学乃是部分地由角色伦理学的角度切入就是顺理成章的事。或云：

> 子曰："知及之，仁不能守之；虽得之，必失之。"（《论语·卫灵公》）

上述引文中，仁能守的显然是"位"。这个"位"显然是相对于"民"的"君位"或"官位"之上位，也即我们在"见孺子入井"范例中所说的强者之位。依孔子，要稳

---

① 当然在孟子时代的实然层面，士与民的区别在很大程度上已经并不依赖于礼制了。

坐或者说符合这一"上位"角色的基本前提就是"仁"能守之。此间之"位"的合法性意义从外在的角度讲是礼制赋予的,即所谓"虽得之",但从内在的意义上说,则来自于"仁"。因之,"以仁守位"也就是维护礼制所要求的上位者的基本角色伦理原则,但其指向的却是一种在孔子看来必须为居于君位者所自觉(为仁由己《论语·颜渊》)的伦理德性——仁。换言之,在某种程度上,孔子实际上是将"仁"在角色伦理层面替换成了"君位"的代名词,在"以仁守位"的断语中,依前节的分析,尽管"仁"开始于维持外在君位这一角色之伦理学的必然要求,但在孟子那里,其最终生发完成,却是一个德性伦理学的过程与结果。

暂且回到孔子,照上述引文的说法,"仁"似乎就成了"位"的前提,因为若无"仁之守"则必"失其位",从这个意义上说,必须有"仁之德",才可守"君之位"。这一点可以在《礼记·大学》中得到确认。或云:

> 为人君,止于仁。(《大学·传三》)

对此,朱子注云:"止,居也,言物各有所当止之处也。"① 而笔者也同意朱子在这个问题上观点,若以现代哲学语言来讲,此间所表明的就是"君位"与"仁德"之间所存在的一种应然关系。而也正是这种应然关系,使得我们能在孟子的"见孺子入井"的道德情境中观见"仁"的角色伦理之背景。从"孺子入井"的这一理想道德境遇来说,外在的强弱关系之"位"显然是"仁"之发动的契合对应之必要前提。不过,"孺子入井"毕竟只是一个理想状态,其作用就是揭示"仁"背后所蕴含的这种强弱角色伦理关系与道德境遇,正如前文所述,这是一个绝对意义上的强弱关系假设,其隐喻了以"君位"为核心的政治秩序,同时也揭示了"君位"与"仁德"之间的这种应然关系。因此,实然情况与应然关系之间必然还需要一个转换。而在将孔子对于现实政治实然情况的论述转换为孟子对于理想道德情境的论述的时候,我们就会发现,君臣士庶之位尽管从礼制的意义上来说有其绝对性,但从作为道德主体之人的角度来说,依先秦儒家,其位由臣而君或由君而臣则又都是相对的,换言之,道德哲学意义上"孺子入井"例中的具有角色伦理意义的"仁"之相对性与强弱角色伦理之绝对性,在政治哲学层面则发生了全然的倒置。因为上述所分析之应然关系,基于德性伦理的"仁"本身可以作为一个绝对的参照系来格准政治之"位"的相对性。

所以,君主以仁心发动化为仁政,则"制民之产""驱之而善,从之也轻",其自然守位,而反之若"残贼仁义"即失其位而成"一夫"。② 由前文可知,于孟子,保证这种应然关系的,显然是"恻隐之心"发动所要求的绝对意义上的自由意志。而要观见此种自由意志,则又需要一个具体的"见孺子入井"的角色伦理之情境。换言之,在孟子那里,仁的角色伦理学背景也就成了确立"君位"与"仁德"之间应然关系的理论前提。

在笔者看来,先秦儒家之所以要以这样一种复杂的先天内在的德性伦理学意义上的

---

① (宋)朱熹撰:《四书章句集注》,中华书局 2008 年版。

② 齐宣王问曰:"汤放桀,武王伐纣,有诸?"孟子对曰:"于传有之。"曰:"臣弑其君,可乎?"曰:"贼仁者谓之贼,贼义者谓之残,残贼之人谓之一夫。闻诛一夫纣矣,未闻弑君也。"(《孟子·梁惠王下》)

自由意志与通过角色伦理学的道德境遇的方式交叉的理论进路来确认"君位"与"仁德"之间的这种应然关系，其根本原因显然是在于当时"君位"与"仁德"的关系已经出现了问题①；换言之，当时既往经验与现实意义上的"德与位"之实然情况已经无法支撑这种应然关系了。而要确立两个概念之间的应然相关性，显然得保证其中之一处于绝对不动的锚固状态以作为参照。这是非常典型的自孔子以降的先秦儒家之思维范式。或曰：

> 为政以德，譬如北辰，居其所而众星共之。（《论语·为政》）
>
> 季康子问政于孔子。孔子对曰："政者正也。子帅以正，孰敢不正？"（《论语·颜渊》）

由上述引文可知，在孔子的时代，对于这种应然关系的强调，依然是偏重于"君位"层面上的外在之"位"的参照与绝对作用。但显然，孔子已经意识到了其时由外在礼制所直接规定的"位"与"德"（仁）之间的应然关系正在失去的实然情况。或曰：

> 子曰："人而不仁，如礼何？人而不仁，如乐何？（《论语·八佾》）

但从《论语》文本上说，孔子依然还是更多从"位"的角度出发，并以之为参照系来考虑这一问题。或曰：

> 齐景公问政于孔子。孔子对曰："君君、臣臣、父父、子子。"（《论语·颜渊》）
>
> 颜渊问仁。子曰："克己复礼为仁。一日克己复礼，天下归仁焉。（《论语·颜渊》）

"复礼"从本质上说也就是以"礼制"所规定的"位"之角色伦理要求来要求自己。而其后这句"天下归仁"显然表明，尽管在其时的政治实然层面，已经无法支撑"君位"与"仁德"之间的应然关系，但在这段对话中，孔子仍偏重于以"君位"为参照系的角色伦理式思想进路，但从"克己"的方面来看，思想的天平已经开始向纯然以德性伦理学意义上的"仁"为核心的方向倾斜与转换。而这一过程最终是由孟子来完成的。或曰：

> 孟子曰：桀纣之失天下也，失其民也；失其民者，失其心也。得天下有道：得其民，斯得天下矣；得其民有道：得其心，斯得民矣；得其心有道：所欲与之聚之，所恶勿施尔也。民之归仁也，犹水之就下、兽之走圹也。故为渊驱鱼者，獭也；为丛驱爵者，鹯也；为汤武驱民者，桀与纣也。今天下之君有好仁者，则诸侯皆为之驱矣。虽欲无王，不可得已。今之欲王者，犹七年之病求三年之艾也。苟为不畜，终身不得。苟不志于仁，终身忧辱，以陷于死亡。诗云"其何能淑，载胥及溺"，此之谓也。（《孟子·公孙丑上》）

---

① 这显然构成了《论语》一书中的一个孔子言说的基本思想与时代背景。譬如，孔子谓季氏："八佾舞于庭，是可忍也，孰不可忍也？"（《论语·八佾》）又如，子路曰："卫君待子为政，子将奚先？"子曰："必也正名乎！"（《论语·子路》）

比较一下上述两段引文中孔孟各自的"归仁"之说，我们可以发现，在孟子看来，礼制所规定的"君位"的价值与定义已经全然是针对"仁"与"心"这两个作为锚固之参照概念而言的，并且其"归仁"说本身具有必然与绝对之特质（民之归仁也，犹水之就下），而这种绝对必然性显然来自于孟子以"恻隐之心"为发端的、具有内在性与先天性的"仁"概念。但若依孔子"克己复礼"之说，则可谓"归仁"本身其实指向的只是对礼制之"位"的复归，就此而言，"位"本身才是参照系的原点，尽管此时在实然层面，"君臣父子"之位已经表现出了相对性与名实不符的情况。而孟子所言之"今之欲王者"这句话本身，实际上表明他已经全然地放弃了"位"在孔子那里的绝对属性，而纯然将"归仁"与否，作为是否"有位"的必要条件，此即孟子所谓之"有好仁者，则诸侯皆为之驱矣。虽欲无王，不可得已"，而反之"不志于仁，终身忧辱，以陷于死亡"。

因此，孔孟在这一问题上的分歧，也可以看作当时在实然层面上实现由"君位"而至"仁德"的应然关系之可能的彻底破灭过程。所以，借由"见孺子入井"例，孟子改弦更张，由前述的角色伦理之进路转向德性伦理之进路，以"仁德"而至"君位"，从一个新的角度重新确立此种应然性。可以说，这种思想进路的转化自孔子时代就已开始，但最终完成于孟子。同样，如前所述，孟子在这里为了保证这一进路中"仁德"与"君位"的应然关系，也就同时确立了"仁"在德性伦理学意义上的先天性与内在性，也即确立了"仁"之于每个人的普遍性意义，因之也就扬弃了其原有的角色伦理学价值。

四、小结

从上文的分析来看，先秦儒家在构建起道德哲学之核心概念"仁"的时候，实际上是以角色伦理学的角度切入而最终归于德性伦理学的藩篱。从大背景上说，这一过程乃是伴随着先秦时代"礼崩乐坏"的政治现实，与儒家恢复周礼的政治理想；同时，牵涉先秦儒家将道德哲学作为政治哲学之基础的基本理论架构。而凡此种种，最终表现为"仁"的概念在孔孟之学中的复杂内涵，以及兼及角色伦理与德性伦理之双重思想进路的情况。

依德性伦理学进路诠释先秦儒家道德哲学乃是学界的主流意见。而在角色伦理学层面的诠释，传统上偏重于对儒家的礼制以及"孝""悌"等概念的诠释，而甚少从这个角度来研究先秦儒家之"仁"概念。但显然，尽管最终孔孟之"仁"乃是建基于德性伦理学的思想进路之上的，但这并不是说"仁"没有角色伦理学的维度。相反"仁"的内涵之中同样有着一种对"强者"与"上位"之要求。从抽象的道德主体上说，行"仁"之主体必须拥有具有完全之自由意志的道德境遇中的"强者"之位，在孟子那里这代表着"惟士为能"的"恒心"，如此才能保证仁心之生发。而从具体的政治地位上说，行"仁"，才是获得与维持"上位"与"君位"的必要条件，是这一政治地位在角色伦理上的必然要求。

从一个严格的意义上说，孟子从角色伦理上所讲的"惟士为能"与其在德性伦理上所讲的"人皆有之不忍人之心"的普遍性与内在性原则存在着某种矛盾。但从另一方面说，"惟士为能"之说实际上可以看作生发这一"人皆有之不忍人之心"的道德起点。换言之，角色伦理的要求，实际上保证了"仁心"必定会在某些人（士）身上生发开来，而在"惟士为能"之后所带来的"制民之产"，依"仁心"而行"仁政"的现实，确立的就是一个大的道德情境，在这个情境中，人皆可因"有恒产""有恒心"而免于"唯恐不伤人"的情境之影响，并借由"仁德"与"君位"之应然，自然地践行"见孺子入井"例中所显现的那种恻隐之心的生发。

质言之，尽管"仁"在先秦儒家那里是个先天于人性之中的普遍概念，但其也必依某些条件与情境才能生发出来，而这一点构成了先秦儒学之"仁"的角色伦理学内涵，也是对先秦儒学进行德性伦理学诠释的一个基本前提。

参考资料：

[1] （宋）朱熹：《四书章句集注》，中华书局 2008 年版。

[2] 牟宗三：《心体与性体（二）》，《牟宗三全集（第六册）》，联经出版事业公司 2003 年版。

[3] 杨泽波：《孟子性善论研究》，中国社会科学出版社 1995 年版。

[4] 陈来：《古代德行伦理与早期儒家伦理学的特点——兼论孔子与亚里士多德伦理学的异同》，《河北学刊》2002 年第 6 期。

[5] 余纪元：《新儒学的〈宣言〉与德性伦理学的复兴》，《山东大学学报》2007 年第 1 期。

[6] 李明辉：《儒家、康德与德行伦理学》，《哲学研究》2012 年第 10 期。

[7] （美）安乐哲，（美）罗斯文：《〈论语〉的"孝"，儒家的角色伦理与代际传递之动力》，《华中师范大学学报（人文社会科学版）》2013 年第 52 卷第 5 期。

谈"法"说"律"
——儒家法思想及其现代价值

崔 罡

（西南交通大学　人文学院）

　　黄宗羲在《明夷待访录》中的名篇《原法》有云："三代以上有法，三代以下无法。"[①] 由此提出了一个"有法""无法"的问题。在黄宗羲看来，"三代以上之法，因未尝为一己而立"（《原法》），故可以称之为"法"；三代之后，"其所谓法者，一家之法，而非天下之法也"（《原法》），故其实"无法"。通常来讲，研究者会认为，黄宗羲是从"法"的目的性的角度进行界定的，即"为天下"还是"为私人"的问题。[②]

　　本文无意于对黄宗羲"法"思想进行专题研究，仅由此引出将要讨论的问题。无论怎样，"有法""无法"的观点，已经表达出对"法"的不同理解。简言之，从中国法律史的客观事实来看，法律的条文、制定法律的原则以及法律的执行，都是随着社会的演进而不断丰富完善的。但这些内容却绝非儒家所理解的"法"，或者说，儒家所理解的"法"绝不仅仅包括这些内容。

　　因此，在黄宗羲看来，到明代末期，也就是中国专制社会逐渐走向晚期的时候，关于"法"的传统精神已经被遗忘了。同样的遗忘，还表现在"君""臣""学校"等观念。[③] 这种遗忘是对三代儒家精神的遗忘，也是导致明末社会乃至整个三代之后乱象的根本原因，故而方有"正本清源"的需要。

　　本文尝试对传统儒家"法"思想进行简要梳理，并力求揭示其丰富的内涵与现代价值，同时抛砖引玉，求教于方家。

一

　　"有法"与"无法"的问题，其实早在荀子那里就已经提出了。在《非十二子》中他说：

> 尚法而无法，下修而好作，上则取听于上，下则取从于俗，终日言成文典，反𫄧察之，则惝然无所归宿，不可以经国定分；然而其持之有故，其言之

---

① 黄宗羲：《明夷待访录》，浙江慈溪二老阁本。按：今《明夷待访录》注本极多，但多有不尽如人意之处。本文所引该书均为二老阁本，作者自行点校，未出版。以下引用只注篇名。

② 段志强：《原法·题解》，《明夷待访录》，译注，中华书局 2011 年版。

③ 参见《明夷待访录》中的《原君》《原臣》《学校》等篇。

成理，足以欺惑愚众，是慎到、田骈也。①（《荀子·非十二子》）

王先谦注："言所著书虽以法为上而自无法。"又云："虽言成文典，若反复纠察，则疏远无所指归也。"笔者曾对荀子的法思想进行过专题研究，并将荀子与韩非子法思想之差异列表如下②：

			正义原则
礼	法		人格养成
			治国之道
			制度建构
			管理百姓
		刑	惩罚规训

其中，阴影部分为法家所理解的"法"。不难看出，法家对于法的理解，要比儒家更为狭窄。需要指出的是，在韩非子看来，法具有人格养成、治国之道、制度建构、管理百姓等功能，看上去与儒家的礼存在较大的相似性，事实上，其内涵和要求完全不同。众所周知，秦代以法家为宗，汉代虽然发生了"独尊儒术"的事件，其实质却是"阳儒阴法"③。黄宗羲所谓三代以后"无法"，所指的即是这一"阳儒阴法"的历史事实。换言之，进入帝国时代④之后，已经发生了对"法"的精神的第一次遗忘。

例如，在许慎的《说文解字》中，即认为："灋，刑也。平之如水。从水。廌，所以触不直者，去之，从廌去。法，今文省。"⑤值得玩味的是，今人把"法"收入"水"部，而《说文解字》则将其收入"廌"部。我们知道，汉字的部首本身具有表义之功能，因而，在以许慎为代表的汉儒看来，"法"的意义应当从属于"廌"。那么，何为"廌"？"廌"是一种传说中的能够判断疑难案件的神兽。⑥由此可见，在当时法与刑法、规训、诉讼、正当等含义已密不可分了。

那么，"法"究竟包括了哪些内涵呢？特别是在三代时期，它所指的到底是什么呢？

---

① 王先谦：《荀子集解》，中华书局1988年版。本文所引《荀子》均为此本。以下只注篇名。

② 崔罡：《论法的精神——荀子法思想管窥》//涂可国，刘廷善：《荀子思想研究》，齐鲁书社2015年版。

③ 在笔者看来，"罢黜百家、独尊儒术"这一事件本身就是在法家思想的指导下，意即，基于集权管理的需要，构建起统一的国家意识形态，最终产生的政治行为。汉代儒学在某种程度上，契合了帝国时代意识形态的需要，但其只能成为必要条件。按照韩非子的思想，意识形态是什么，其实并不重要，重要的是有且必须强化意识形态。简言之，帝国时代的需要才是充分条件。

④ 关于中国历史的分歧，参见黄玉顺：《"以身为本"与"大同主义"——"家国天下"话语反思与"天下主义"观念批判》（《探索与争鸣》2016年第1期）。作者将中国历史分为"列国时代""帝国时代""国族时代"和"超国时代"。

⑤ 段玉裁：《说文解字注》，浙江古籍出版社1998年版。

⑥ 参见段玉裁：《说文解字注》，浙江古籍出版社1998年版。必须强调的是，在很多学者看来，《说文解字》是一部字典。因而，在进行传统哲学研究之时，往往会将《说文解字》的训例视为"本义""古义"。事实上，《说文解字》是汉代经学的集大成者，其对汉字的训释，带有强烈的汉儒色彩。较为客观地说，表达的是汉代，特别是东汉中后期今古文经学融合趋势下共通的观念；较为极端点说，此即中国专制意识形态逐渐成形的集中体现。

二

从字形来看,"法"有三种写法,按照时间顺序,依次是"𠬟""灋"和"法"。学界通常认为,"𠬟"是"灋"的古文字形①。既然二者之间的关系可以确定,因此,我们有必要对三代文献中的"𠬟"和"灋"进行考察,以观其字义。

根据孟蓬生先生的考察,早先出土的先秦帛书中,"𠬟"的字形主要有三种,分别是"𠬟""定""企"②。此外复有两种写法,一为"𠬟"(上全下止),一为"窆"(音 biǎn,上穴下乏)。孟蓬生先生以为:"战国文字数据中'法'字所从的构件'夫'、'户'、'百'均为鱼(铎)部字,无论如何是不能用偶然性来加以解释的。'夫'、'户'均为鱼部字,夫、户喉唇相通,正如'法'字从'去'声而读通'乏'并借为'废'一样。"③ 那么,根据音韵学的考察,"𠬟"至少包括了如下意涵:

1. 与"百""白"相通,因而有"法度"之意。

2. 与"凡"相通,因而有"普遍""普世"之意。

3. 与"㔾"相通,因而有"范""氾""軓"之意。《礼记·王制》曰:"疑狱,氾与众共之。"《经典释文》曰:"氾,本又做汎。"

但作者也指出:"截止到目前为止,我们知道'法'字古文可以有两个从止的异构:一是从止,白声;二是从止,全(白)声。两者形符相同,声符相通,从字形本位的角度看,这两个形体应该可以认同。但改字用作'法'字,当是出于假借,其构形本意如何,就目前的资料而言,还不足以作出判断。"④

从现在的考古发现来看,"𠬟"和"灋"也确实有一个被同时使用的时期。根据张伯元先生的考察,"灋"最早见于西周金文,也多见于帛书等古籍。"灋"字的写法也比较多样,如将"灋"字中的"去"移到左边,将"廌"写作"户"等。⑤ 这些构字法倒是与孟蓬生先生的研究可以相互印证。但无论如何,"灋"是不从"氵"的。张伯元先生还发现,在部分帛书中,直接用"廌"来表示"灋"。如上博简《缁衣》简5"故心以体廌,君以亡",此句在郭店简写做"心以体法"。⑥ 其实,就《说文解字》的训释而言,"灋"和"廌"的关系是最为接近的。除此之外,张伯元先生还提出了另一个颇值得玩味的现象,"灋,在传统先秦著作中是个常用字,比如它常见于《周礼》中。然而,编撰于战国时期的《左传》和《国语》却不用'灋'而用'法',据统计,'法'字于

① 参见孟蓬生:《"法"字古文音释——谈鱼通转例说之五》,《中国文字研究》2012年第1期。作者认为:"经过李学勤、刘乐贤等人的研究,𠬟当纳入《说文》'灋(法)'字古文的演变序列已经是不容怀疑的事实。"此处李学勤先生的研究指《试论马王堆帛书〈伊尹·九主〉》(《文物》1974年第11期)一文,刘乐贤先生的研究是指《〈说文〉"法"字古文补释》(《古文字研究》第24辑,中华书局2002年版),又见于张伯元先生《"法"古文拾零》(《政法论丛》2012年第1期)

② 仅仅为字形相似,与如今的"定""企"字义有别。参见孟蓬生:《"法"字古文音释——谈鱼通转例说之五》,《中国文字研究》2012年第1期。

③ 孟蓬生:《"法"字古文音释——谈鱼通转例说之五》,《中国文字研究》2012年第1期。

④ 孟蓬生:《"法"字古文音释——谈鱼通转例说之五》,《中国文字研究》2012年第1期。

⑤ 张伯元:《"法"古文拾零》,《政法论丛》2012年第1期。

⑥ 张伯元:《"法"古文拾零》,《政法论丛》2012年第1期。

《左传》33 处，于《国语》31 处。这 60 余处的'法'字毫无疑问都写成从水从去的'法'字，绝无例外"①。这似乎对"灋""法"古今字的观点形成了挑战。

无论如何，"灋"的意涵与"法"是较为相似的，简言之，这两个字都有《说文解字》中"灋"的含义，却又不止于此。除了刑法、政令之外，还有榜样、方法、普遍等意涵。其实，这些含义在现代汉语中也得到了保留。例如，《汉语大字典》② 中"法"字有如下用例：

1. 刑法。

2. 法令、法律。

3. 规章制度。

4. 准则。

5. 规律、常理。

6. 方法、办法。

7. 合法度。

8. 效法、仿效。

与此形成对比的是，《说文解字》对"灋"的训释更加接近于"刑"和"律"。《说文·丼部》曰："罚罪也。从丼从刀。《易》曰：'丼，法也。'丼亦声。"段注："引易說从丼之意，丼者法也。盖出《易说》。司马彪《五行志》引《易说》同。《风俗通》亦云：丼者，法也，节也。《春秋元命》包曰：刀守丼也。饮水之人入丼争水，陷于泉，刀守之，割其情也。又曰：网言为罥，刀守罥为罚，罚之为言内也，陷于害也。"③ 而"律"的字义则是："均布也。从彳，聿声。"段注："律者，所以范天下之不一而归于一。故曰均布也。"④

综上所述，汉代之后，"法"主要的意涵是"刑法"，但此含义主要来自于"刑"和"律"。前者强调的是"罚"的意思，带有帝国时代国家暴力机器专政的意味；后者强调的是"均"的意思，表示使得天下整齐划一。

而从具体的用例来看，"法"在三代的用法也更丰富。杨伯峻先生认为《左传》中的"法"主要有三种用例：①动词，合于礼制法度；②名词，法则；③太史记事之法。⑤ 其中并无"刑法"之意。到了战国晚期，典籍中的"法"用量急剧增加。《荀子》中达到了 180 次之多。根据韩德民的研究，其含义主要分为四类：一是效法、遵循、模仿；二是规范制度；三是政治性国家具体制定的法律规章；四是与其他字促成的合成词。⑥ 但据笔者的研究，《荀子》中的法共包含了三种词性，十种内涵。⑦ 三种词性分别是动词、名词和形容词。其中，动词的词义是"模仿、仿效"，名词的词义是"模仿的

---

① 张伯元：《"法"古文拾零》，《政法论丛》2012 年第 1 期。今按：杨伯峻先生《春秋左传词典》有"法"而无"灋"。

② 汉语大字典编辑委员会：《汉语大字典》（缩印本），四川辞书出版社 1993 年版。

③ 段玉裁：《说文解字注》，浙江古籍出版社 1998 年版。

④ 段玉裁：《说文解字注》，浙江古籍出版社 1998 年版。

⑤ 杨伯峻：《春秋左传词典》，中华书局 1988 年版。

⑥ 参见韩德民：《荀子与儒家的社会理想》，齐鲁书社 2001 年版。

⑦ 崔罡：《论法的精神——荀子法思想管窥》//涂可国、刘廷善：《荀子思想研究》，齐鲁书社 2015 年版。

对象""仿效的对象"等，形容词的词义是"具备了模仿性的""具备了仿效性的"等。在传统儒学的知识系统下，作为名词的"法"，至高可以表示"道"或者"经"，是天地运作、身心安置的最高范畴；居中则表示"礼"或者"伦理道德"，是人世与社会运转的方式；最低则是"刑"或者"律"，是带有强制性、惩罚性，且使得社会整齐划一的条款。总结起来：

> 就观念的奠基性而言，礼为法提供依据，为刑提供间接依据。就功用而言，礼包含了"礼之义"的维度，是荀子思想的最高范畴，此为法所不具备；同时，二者共同承担"人格养成"、"治国之道"、"制度建构"、"管理百姓"等功用，随着功用的逐渐衍伸，法的作用愈发突显。而"刑"，也就是今天所讨论最多的"法"仅仅是法的某一项具体的职能而已。刑的正当性与正义性归根结底来自于礼，但它发挥着礼所未曾达及的功用。[①]

其实，儒家中关于"法"的表述，在历代学者的研究中已经非常充分，且并不难以理解。在某种程度上说，儒家所讲的一切伦理秩序，都可以被称之为法。与此同时，《说文解字》所说的"法"，只是这个序列中最终、最末的环节，是保障社会正常运转的底限。儒家的法思想最值得重视之处在于，恰恰是把法的精神、法的原则、法的制定、法的遵守以及法的修正等视为一体，从而形成了圆融无碍的系统。

三

然而，正如黄宗羲所说，三代之后"无法"。也就是儒家法思想中最后的、最末节的条文、条款层面被过分强调、过度强化了。也可以这样来说，把最终落实下来的条款、条文，视为神圣不可侵犯的存在。这样的观念当然有其积极意义，但也意味着法自身本源性的精神失落了。当"法"的受众不再去思考（或者不再允许被思考）如此之法何以可能的时候，法就成为钳制的手段。用荀子的话来说，就是"文久而灭"（《非相》）。

现代意义上所讨论的"法"源自于西方。其基本含义为 law，即为"规则、规律"之意。这与汉语的"法"是非常相似的。如孟德斯鸠所说：

> 从最一般的意义上讲，法是由事物的本性产生出来的必然关系，也就是事物之间的内在规律。从这种意义上说，广义的法律指的就是规律。所有存在物都有它们自己的法律。上帝有他的法律，神有他们的法律，动物有他们的法律，人也有自己的法律。[②]

《论法的精神》是现代法律重要的思想来源之一。在西方语境下，对于法的理解，并未超脱其词源的基本内涵。即便是睿智如康德，亦是在为法寻求道德的形而上学根

---

① 崔罡：《论法的精神——荀子法思想管窥》//涂可国，刘廷善：《荀子思想研究》，齐鲁书社 2015 年版。
② （法）孟德斯鸠：《论法的精神》，申林编译，北京出版集团公司，北京出版社 2012 年版。

基，探寻其正义性与正当性的基石。① 但在实际的研究中，对条文、条款的关注，压过了对法的词源，即规律的关注。诸多问题可能是由于观念视野的缺失引发，而非思想资源的不足。"精通这个体系知识的人称为法学家或法学顾问。从事实际工作的法学顾问或职业律师就是精通和熟悉外在法律知识的人，他们能够运用这些法律处理生活中可能发生的案件。"② 法律的现实运用当然无比重要，对于条文、条款的分析不容忽视，但由此而限制了对"法"自身的理解，反而有矫枉过正之嫌。简言之，用汉语的传统表达来说，现在更多关注的是"律"的问题而非"法"的问题。

因此，随着西学的传入，现代中国社会发生了更为严重的第二次遗忘。第二次遗忘在学术研究方式上，集中体现为"以西律中"，也就是近乎苛刻地按照西学（主要是近代西学）的标准来解释、解读传统思想，汉语中大量的观念由此被遮蔽。反映在现实生活中，即是生硬地按照西方的方式来处理中国社会的问题。基于双方文化和历史的巨大差异，这会带来巨大的问题。体现在"法"上，则尤其明显。

今天的中国社会，强调"依法治国"。不过，在很多时候，更注重"依律治国"。这里的"律"是最广义上的法规、条例等。

综上所述，笔者以为，"律"的作用固然重要，但其最终所起到的"社会管理"与"惩罚规训"的作用，是结果而非目的本身。从传统儒家的"法"思想来看，"法"为何制定、"法"因何制定、"法"如何制定等问题显然是先行的。不能单纯以条款的完善为目的，这只是"末"，而非"本"。

---

① 康德说："权利科学所研究的对象是：一切可以由外在礼法机关公布的法律的原则。……从事实际工作的法学家或立法者必须从这门科学中推演出全部实在立法的不可改变的原则。"参见康德：《法的形而上学原理》，沈叔平译，商务印书馆1991年版。由此可见，康德的研究是在law词源含义的前提下展开的。

② （德）康德：《法的形而上学原理》，沈叔平译，商务印书馆1991年版。

《荀子·天论》中的荀子时空观研究

——兼与《论天》中的亚里士多德的时空观比较

何江新

（西安科技大学　马克思主义学院）

摘　要：《荀子·天论》集中展示了荀子的自然时空观和社会历史时空观。研究发现，荀子重视后者而忽视前者，人文精神浓厚而科学精神相对缺乏。究其原因，荀子将天内化于人，将人伦法则内化于天人关系，从而得出顺人伦而生活的结论。

关键词：天；人；时空观；宗法人伦

【项目基金】本文为国家社科基金项目《儒学的超越性与时代性问题研究》（项目批准号：15XZX008）阶段性成果。

在《荀子·天论》里，荀子对自然现象进行了简要描述："列星随旋，日月递照，四时代御，阴阳大化，风雨博施。"[①] 荀子认为，天就是自然界，自然而然的现象。他只就这些自然现象进行描绘，并未像亚里士多德在《论天》中那样深究其之运行何以可能。正如"隆礼尊贤而王，重法爱民而霸"[②] 所示，古往今来，牟宗三、韦政通等一般研究者皆将荀学定位在"礼义之统"[③]。这就是说，以往研究多聚焦于荀子的人道观，而忽视了荀子的人道观的基础——时空观，尤其对两者之间的内在关联缺乏系统探究。本文试图在此方面有所突破，特撰文求教于方家。

一、荀子的自然时空观

在《荀子·天论》里，荀子指出："大天而思之，孰与物畜而制之？从天而颂之，孰与制天命而用之？望时而待之，孰与应时而使之？因物而多之，孰与骋能而化之？思物而物之，孰与理物而勿失之也？愿于物之所以生，孰与有物之所以成？故错人而思天，则失万物之情。"[④] 这段话常为各家引用，集中表达了荀子的天道思想。概括地来看，以往研究大体分为两种：一种认为，通过"制天命而用之"可以得出"人定胜

---

①　《荀子·天论》，自王先谦撰：《荀子集解》，沈啸寰，王星贤点校，中华书局1988年版。
②　《荀子·天论》，自王先谦撰：《荀子集解》，沈啸寰，王星贤点校，中华书局1988年版。
③　韦政通：《传统与现代之间》，中华书局2011年版。
④　《荀子·天论》，自王先谦撰：《荀子集解》，沈啸寰，王星贤点校，中华书局1988年版。

天"① 甚至"戡天"② 之结论；另一种则认为，通过这个论断，使得"天"成为对象性之自然，如同道家所理解的自然之天③。本文认为，从根本上说，这两种观点皆系对原始文本的片面解读。根据荀子天道观的根本指向，其真实含义：第一，人在尊重自然法则的基础上，有选择地利用那些可以被人类所用的自然法则而有所作为；第二，人在基本点上应该是顺人伦法则而生活。通常说来，所谓"人伦"，就是指人与人之间的"差序格局"④ 式的伦次关系。当然，该观念也暗含着人们对"天"的一种体悟，那就是，在一定情境下，人与天相互感通而成为一个整体，即"天人合一"⑤。

通过中西哲学比较的视域不难发现，造成上述片面解读的原因，是人们潜移默化地受近代西方主体性观念或对象化思维的影响而不察。如"道生一，一生二，二生三，三生万物"⑥ 所示，道家的"道"在黑格尔看来是最高的概念，宇宙万物无不由之而衍化，这跟从 Sein 不断外化出自然界和人类社会极其相似。于是，黑格尔高度评价了老庄之"道"，却忽视了其与老庄言说主旨及方式上的差异。其中，前者讲的是思维规律，体系中的范畴是脱离时空的，范畴之间相互结合，对立的范畴经过矛盾运动合于一个更高阶段；后者讲的是天道对人道的影响，文本中的"范畴"不离经验世界，对应的范畴之间是不对等的关系，其中一方高于另一方。然而，西学东渐以来，人们往往通过康德、黑格尔等西方学术来审视、阐释中国传统哲学思想，虽然吸收了西方哲学思想之精要，但同时也淹没了中国传统哲学思想。改革开放以来，像俞宣孟等有识之士就敏锐地意识到中西传统哲学之别，并发出了保护传统文化的呼声。随着综合国力的大幅提升以及借鉴吸收新加坡等国走上现代化道路的成功经验，党和国家也把传统文化的传承与保护提上重要的议事日程，建构社会主义核心价值体系、培育并践行社会主义核心价值观就是在这种背景下产生的。

在荀子那里，在经验范围内，天是自化的，人们只是在其经验范围内有所为、有所裁制而已；对于超出基本经验范围之外的部分，则非人力所能为，姑存而不论。如在"故人之命在天，国之命在礼"⑦ 等地方，天就是人格意义上的，这跟"天命靡常"中的天的含义相一致。由于"天"的含义极其丰富，而古人在运用过程中并未像西方哲学那样做出确切界定，这使得对文本的不同理解成为可能。比如像仁、道等观念，就需结合具体语境才能确定它们的具体含义。这种不做界定的方法显示了东西方思维方式的差异，或者说，这种思维范式使得中国传统哲学没有走上西方哲学那种概念式思维的道路。之所以未像西方哲学那样做属加种差的界定，是因为中国传统哲学一直没有开出"是什么"的追问方式，而重在体会或追问"如何是"。虽说体会是私人性的哲思活动，不具有西方哲学意义上的普遍性，但自宋明以来，对天道的体会却是中国哲学的核心问

① 冯契：《中国古代哲学的逻辑发展》，华东师范大学出版社 1997 年版。
② 张岱年：《中国哲学中"天人合一"思想的剖析》，《北京大学学报》（哲学社会科学版）1985 年第 1 期。
③ 牟宗三：《荀子与名家》，台湾学生书局 1994 年版；冯友兰：《中国哲学史（上册）》，华东师范大学出版社 2000 年版。
④ 费孝通：《乡土中国》，人民出版社 2013 年版。
⑤ 《正蒙·乾称篇》，自张载：《张载集》，中华书局 1978 年版。
⑥ 《道德经·第四十二章》，自王弼著，楼宇烈校释：《王弼集校释》，中华书局 1980 年版。
⑦ 《荀子·天论》，自王先谦撰：《荀子集解》，沈啸寰，王星贤点校，中华书局 1988 年版。

题。在西方，即便在探究神意的诠释学（Hermeneutics，希腊语为έρμ ήνευω）那里，仍然需要通过信使来传达神的信息。而在荀子及中国哲学那里，人人皆可直接体会天道，这点不可不察。

众所周知，在《理想国》里，柏拉图将世界分为可感和可知这样两个领域，这种划界方法的确立是西方传统哲学形成的标志，这种将感性与超感性相分离且后者优先于前者的划界方法就是柏拉图主义的基本方法。这种形态的哲思活动认为，哲学主要研究可知世界，也就是那些普遍性程度最高的、不变的知识领域，如形而上学、逻辑学。至于那些可感领域，由于其稍纵易逝（可变性），所以不属于西方传统哲学的研究对象。西学东渐之前，中国传统哲学思想基本上秉持"天人合一"①"体用一源"②等原则，对超感性领域无甚兴趣。西学东渐以后，人们开始按照西方哲学的范式重新架构、阐释中国哲学，与重视体验的原中国哲学精神相偏离就是很自然的事情了。所幸的是，吐故纳新、兼容并蓄正是中国哲学的基本特质，它的开放性、包容性保证了它不会成为一封闭甚至僵死的体系。只是，我们在对古代文本做研究时，须时时刻刻留意，是按照西方哲学的范式还是按原初精神去解读，这之间区别非常大，切莫望文生义、生搬硬套。比如，从《天论》看，人们可以把握经验之天，根据天的运行规则来发展生产、富国强兵，这是对"大天而思之"意义上的天的扬弃。也如荀子所指出的："万物各得其和以生，各得其养以成，不见其事而见其功，夫是之为神。"③"神"这个层面即"真宰"④就不是人力所能及的，它冥冥之中自有安排，看不见却能够被思议，人们得顺从那个看不见的神秘力量，而这种力量依然是自然的，并不是高高在上的天帝或信仰之源。鉴于此，荀子接着指出，"唯圣人为不求知天"⑤。如王先谦所注曰："既天道难测，故圣人但修人事，不务役虑于知天也。"⑥荀子很自然地从经验世界过渡到了社会历史领域。在他看来，人无法左右"真宰"——与其把握不了，不如存而不论。人能把握的是可知、可论的经验界。经验意义上的"时"可视为物理时间，但荀子追问到"真宰"这个层面就不再往下深究，而是很快转到人伦领域，即从"明于天人相分"⑦上升到"天人合一"，亦即从性恶到性善，其终极视域是"止于至善"⑧。这就是说，跟孔孟一致，荀子亦将人之为人定位在德性修养这个基本面，而不在于对自然世界的认知与把握，更不会去控制自然。于是，亚里士多德的"第一推动力"与宗教信仰相联系，而从荀子"真宰"或人格意义上的天等地方却都没有导出宗教信仰来，原因在于，人在内心世界里找到了安身立命之所，无需外求。

我们知道，在西方，古希腊人以地球为世界的中心，月球离地球最近，风雨云雾皆

① 张岱年：《中国哲学中"天人合一"思想的剖析》，《北京大学学报》（哲学社会科学版）1985年第1期。
② 《周易程氏传·易传序》，自程颢，程颐著：《二程集（下）》，中华书局2004年版。
③ 《荀子·天论》，自王先谦撰：《荀子集解》，沈啸寰，王星贤点校，中华书局1988年版。
④ 王先谦注曰："不见和养之事，但见成功，斯所以为神，若有真宰然也"。《荀子·天论》，自王先谦撰：《荀子集解》，沈啸寰，王星贤点校，中华书局1988年版。
⑤ 《荀子·天论》，自王先谦撰：《荀子集解》，沈啸寰，王星贤点校，中华书局1988年版。
⑥ 《荀子·天论》，自王先谦撰：《荀子集解》，沈啸寰，王星贤点校，中华书局1988年版。
⑦ 《荀子·天论》，自王先谦撰：《荀子集解》，沈啸寰，王星贤点校，中华书局1988年版。
⑧ 《大学》，自朱熹撰：《四书章句集注》，中华书局2008年版。

在月球之下，于是人们将太空（ouranos，天）分为月轮之下、月轮之上与最外层太空之间以及最外层太空等部分。同荀子之于先秦思想的总结者相似，亚里士多德是古希腊思想之集大成者。在《论天》里，亚里士多德接续了古希腊天文知识。该书头两卷分析月轮之上至宇宙的最外层太空，后两卷分析大地（包括构成大地的四元素、大地的形状等，月轮下至大地的各种气象，天象在《天象学》里讨论）。比如，他认为"天"有三层含义：一是指宇宙最外围的实体（ousian）或宇宙最外围中的自然物体，即通常习惯上所说的"天"的最远的、最外层的世界，所有神圣的东西之处所；二是指与宇宙最外围连续着的物体，包括月亮、太阳和某些星体；三是指被最外围包容着的一切物体，也就是通常所说的整个世界。

不难发现，荀子着重于经验界，而亚里士多德则超出了经验界，荀子之所以没有像亚里士多德在《论天》里那样对自然意义上的天做过多的探讨与分析，是因为在荀子这里，比起社会历史时空观，自然时空观就显得并不那么重要了。质而言之，在荀子文本里，不可把握的"时"可视为本源性的"时"的延续，由它导出循环型的社会历史时空观。

马克思曾指出："工业的历史和工业的已经生成的对象性的存在，是一部打开了的关于人的本质力量的书。"[1] 就西方哲学而言，形而上学是人的本质力量的集中体现。具体说来，由于有了人对自身如此这般的本质规定性，才有了随之而来的实践方式，在理论加实验的方法以及近代自然科学上的三大发现等基础上，催生了近代工业文明（如蒸汽机的发明、产业革命等）。如海德格尔所指出的，笛卡尔以来，通过数学化的物理学的方法来对物如此这般的解析[2]，数学（解析几何、微分法）和因果关系成了近代知性形而上学的尺度，两者的结合保证了近代西方自然科学的飞速发展。而在《天论》里，荀子没有像亚里士多德在《论天》或《物理学》中那样把天的运行与时空分析紧密联系起来，没有运用对象化思维将某物做对象化打量，而只是将之简单二分。"《易》以道阴阳"[3]，以阴阳二分为路径，汉代以后，阴、阳发展成较具普遍性的甚至是无所不包的概念：天有阴、阳，人有阴、阳，事事物物乃至整个世界无不由之构成。后来，从周敦颐开始，结合《易》，如宋明时期，人们描绘出一幅世界衍生图："无极而太极。太极动而生阳，动极而静。静而生阴，阴极复动。一动一静，互为其根。分阴分阳，两仪立焉。阳变阴合，而生水火木金土。五气顺布，四时行焉。五行，一阴阳也。阴阳，一太极也。太极本无极也。五行之生也，各一其性。无极之真，二五之精，妙合而凝。乾道成男，坤道成女，二气交感，化生万物。万物生生，而变化无穷焉。惟人也，得其秀而最灵。形既生矣，神发知矣。五性感动，而善恶分，万事出矣。圣人定之以中正仁义而主静，立人极焉。故圣人与天地合其德，日月合其明，四时合其序，鬼神合其凶。君子修之吉，小人悖之凶。"[4] 从这幅图景上看，尤其是在宋明理学那里，总是重笔墨描述世界展现的过程，即追问世界"何以是"，而不追问其"是什么"，即没有如此这般地

① 马克思：《1844 年经济学哲学手稿》，人民出版社 2008 年版。
② M. Heidegger, *Sein und Zeit*, Frankfurt am Main：Vittorio Klostermann, 1977。
③ 《庄子·天下篇》，自郭庆藩，王孝鱼点校：《庄子集校释（下）》，中华书局 2004 年版。
④ 朱熹，吕祖谦撰：《近思录·卷一》，斯彦莉译注，上海古籍出版社 2011 年版。

追问物之本质。之所以如此这般地展示天道的演化，其重要原因：天道是人道的依据，说天就等于是在说人，即"推天道以明人事"①。当然，按劳思光的看法，这只是依宇宙论而来的人道观。因为"为仁由己"②，所以在最高层面上，人是不假外求的，他在他自己身上找到了力量的源泉。这种人之为人的思考正是中国古人的终极皈依之所在。与后者相一致，荀子如此粗线条地勾勒必定忽视从而阻碍着其对事物的内在结构进行具体探究与分析，西方意义上的自然科学所需的基本条件在他那就很难出现，因为它并非人的终极视域或生存状态。

时空问题是天道观的内核。按《说文解字》的说法："时，四时也。从日，寺声。古文时，从之日。"③ 这段话表明，"时"初义为"日之行"，即太阳的运行，它意味着时乃是客观的，这与亚里士多德《物理学》里所指出的时间观相一致，即属于通过空间来表示时间的流俗意义上的时间观④。夫子曾有"逝者如斯夫！不舍昼夜"⑤ 的感叹，这说的是时间犹如流水，一直奔腾向前，是连续的、不可逆的、不确定的。当然，虽说时间无限或时间的流逝是客观的，但这并不影响人们对其不确定性的主观印象。我们知道，在康德的《纯粹理性批判》第1版以及海德格尔的相关著作中，区分了本源的即"自我激发的"⑥（selbstaffektion）即绽出的⑦（ekstasen）和流俗意义上的两种时间观。前者是主观性质的，具有不确定性；后者是客观性质的，且占据着主导位置，与柏拉图主义互为表里。跟众多先哲一样，在荀子这里，尚未将两者细分或深究下去。

通过《天论》可以发现，在荀子这里，循环的"时"与"人之为人"即人的本质关系紧密，而未与"物（质）"相关联，他认为社会秩序与天无关。只是，荀子有时也认为人之命在天定，这两者似互相矛盾。其实，这不是矛盾，而是"天"的含义的丰富性的不同展现。归纳起来看，在荀子文本里，天的含义主要有：一是终极意义上的，类似于信仰；二是物理意义上的，即自然界；三是"天然的"，形容词；四是天就是人本身，也就是董仲舒的"天人一也"⑧ 之前身。其中，前三层含义已很明确，第四点较隐晦，但它是中国哲学之最深处。《荀子·天论》里是这样描述的："圣人清其天君，正其天官，备其天养，顺其天政，养其天情，以全其天功。"⑨ 通过天人感应、人副天数的比拟，董仲舒及宋儒等后来者把这点很好地发挥出来了。按此思维逻辑，既然人的身体与天地同类，圣人与我也属同类，那么人人皆可成圣人。如果人人都是尧舜，天下也就无所谓分与争了。于是，天→人→圣人就这样内在地关联起来，"天人合一"由此而形成

① 江标辑：《四库全书总目提要·易类》，中华书局1991年版。
② 《论语·颜渊》，自朱熹撰：《四书章句集注》，中华书局2008年版。
③ 许慎撰：《说文解字》，徐铉校定，中华书局2013年版。
④ 亚里士多德：《物理学》，张竹明译，商务印书馆2006年版；M. Heidegger, *Sein und Zeit*, Frankfurt am Main：Vittorio Klostermann，1977。
⑤ 《论语·子罕》，自朱熹撰：《四书章句集注》，中华书局2008年版。
⑥ Heidegger, *Kant und das Problem der Metaphysik*，GA3 Frankfurt am Main：Vittorio Klostermann1991。
⑦ M. Heidegger, *Sein und Zeit*, Frankfurt am Main：Vittorio Klostermann，1977。
⑧ 《春秋繁露·阴阳义》，自董仲舒：《春秋繁露》，张世亮，钟肇鹏，周桂钿译注，中华书局2013年版；另外，《深察名号》里有"天人之际，合而为一"，见董仲舒：《春秋繁露》，中华书局2013年版。
⑨ 《荀子·天论》，自王先谦撰：《荀子集解》，沈啸寰，王星贤点校，中华书局1988年版。

一有机的整体。心性修养之所以能成为传统文化的主色调，一代代相即而不离，这与现实基础和理论阐发都是密不可分的。

二、荀子的社会历史时空观

由于经验之"天"有自身运动规律，星隊、木鸣等自然现象本是天地之变、阴阳之化或物之罕至，可怪而不可畏，可畏的是人对这些现象或社会乱象的原因归究错位，这些乱象与天之间没有关联，此即"明于天人相分"。那么，人世社会该如何治理？在总结治与乱等的经验时，荀子指出："百王之无变，足以为道贯。一废一起，应之以贯，理贯不乱。不知贯，不知应变，贯之大体未尝亡也。乱生其差，治尽其详。"① 这就是说，礼是君主不变的原则与基本操守，再将礼法结合，将之贯穿于道，社会治理就会尽详。在社会历史领域，治道"始则终，终则始，若环之无端也，舍是而天下以衰矣"②，就像一条循环的河流，循环往复，朝而复始。把握住"道"，就可应万变。在空间观上，荀子始终有一虚空着的"空间感"③。准确地说，他的空间观没有必然联系到物（质）。这种"虚空"就是没有对象的意识现象，而如马克思在《1844 年经济学哲学手稿》和《关于费尔巴哈的提纲》以及海德格尔在《路标》等著作中所指出的，对象化正是近代西方哲学的基本思维方式，以至于胡塞尔意识现象学依然没能逃脱。我们知道，西方近代自然科学的产生与发展莫不与对象化思维方式有关。荀子那里虽有二分法，但这并不是主客二分、二元对立性质的，他没有把物纳入具体的时空点来分析，没有做"所以然"的追问，而只是停留在现象表面做经验式的陈述。所以，主客对立的对象化思维模式没有出现。如荀子所言，"学至乎礼而止矣"④，因为礼乃"法之大分，类之纲纪"⑤，是纲领性的社会规范。人与禽兽区别几希，在有限的生命里，人最重要的就是以"人伦"为标准生活着、实践着。人伦即统类，就是荀子理想中的"道"。从这里可以看出，人的本质在于顺人伦这种社会规范而生活，其推理过程：人在"天"面前是渺小的→人应遵守天道→人又是有自觉能动性的→人应自觉地过有秩序的群居生活。这样，荀子就为"一天下"⑥ 做了充分的论证，他对秦国稳定的政治局面持肯定态度也就不足为怪了。

虽说个体与群体之间的辩证统一关系是最佳状态，然而如何辩证统一却有待深究。比如，强调其中某一方是否会压制另一方？按照孔子"仁"的观念，个体本是在群体之中的，两者共融共存，同等重要。然而，从周公制礼作乐到礼崩乐坏，再到荀子那里，为"一天下"计，族群优先于个体基本上已成定规。当然，这也不是说完全置个体于不顾，个体自由重视内圣、内省、内生等内在要素，而这些需通过人伦日用表现出来。

① 《荀子·天论》，自王先谦撰：《荀子集解》，沈啸寰，王星贤点校，中华书局 1988 年版。
② 《荀子·王制》，自王先谦撰：《荀子集解》，沈啸寰，王星贤点校，中华书局 1988 年版。
③ 江晓原：《科学史十五讲》，北京：北京大学出版社 2006 年版。
④ 《荀子·劝学》，自王先谦撰：《荀子集解》，沈啸寰，王星贤点校，中华书局 1988 年版。
⑤ 《荀子·劝学》，自王先谦撰：《荀子集解》，沈啸寰，王星贤点校，中华书局 1988 年版。
⑥ 《荀子·非十二子》，自王先谦撰：《荀子集解》，沈啸寰，王星贤点校，中华书局 1988 年版；《荀子·王制》，自王先谦撰：《荀子集解》，沈啸寰，王星贤点校，中华书局 1988 年版。

"内"的空间无限扩大，"外"的空间就随之缩小，克服役于外的法宝是内求、内省，而不在外本身。天人关系实际上就是内外关系。其中，人是内，天是外，内无限提升，外就相对缩小甚至显得可有可无，以至于只不过是空名而已。所以，先秦时还基本对等的那些概念，到汉代开始偏向于其中一方而淡化另一方，这使得对等的概念不再对等，顶多算相对应的观念。以这种方式推演，阴、阳中重视"阳"这一面就是不矛盾的，这种"概念"体系不是黑格尔意义上的。怀特海指出，一部西方形而上学史就是一部以柏拉图主义为主导的发展史。简要说来，柏拉图主义就是超感觉世界对现实世界的超越。其中，超感觉世界是原理世界，里边的概念是依靠相互结合而实现自身的运动与发展的，因超时空而具普遍必然性。与此不同，中国传统哲学是一元论性质的人伦日常之学，不论是名还是"大共名"① 皆有现实对应性。以西学为参照物来审视或强解中国传统哲学思想是对后者的戕害，于是有了"中国哲学合法性"问题的反思与讨论。这场中外之争其实也是古今之争。需要注意的是，以儒道为例，在漫长的历史长河中，儒、释、道三者之间孰不在彼此借鉴、吸收呢？那些不善借鉴吸收的学派，到最后都逐步淡出历史舞台了。不仅东方思想这样，西方学术亦彼此借鉴吸收。以海德格尔或胡塞尔为例，他们的学说也在核心处借鉴、吸取着东方思想。所以，中西方哲学之间并非毫无交集。当然，区分出中国哲学传统与现代化之别尤其是中西方哲学之异质性从而为传统文化保留地盘，乃是"合法性"之争的最大历史意义。比如，就其差异而言，黑格尔的概念体系是脱离时空不与经验事物相联系的靠互相关联而成的体系，而中国传统哲学里的名与实则不具有那种意义。《老子》文本之所以被黑格尔所看好，乃是因为在他看来该文本中有与之相似的逻辑推理模式。然而，如"制名以指实"② 所示，包括老庄在内的中国传统哲学里的概念其实只是"名"，"名"始终不离"实"。并且，相应的名之间不是对立的，而是可以互相转化的，所以黑格尔误解了中国哲学里的概念。总体上看，道家重阴，儒家重阳，似各有所偏——只有圣人才能做到不偏不倚。现实生活中，圣人是谁？荀子指出，"道者何也？曰：君道也"③。所以，一切统一于君王就是"道"的现实含义。荀子还指出，所谓君，就是指能统摄善生养人、善班治人、善显设人以及善籓饰人等方面的"能群"④ 者。当然，从强调德性这个维度到发展成满街都是圣人，这种局面成就了君王、族群及和谐而可能忽视了个体及其价值。尽管内心的自由也是中国传统哲学思想的根本追求，但纵观整个历史进程，相对而言，族群的优先性强调得更多一些。族群意味着秩序，自我意味着自由，两者之间实则就是必然与自由的关系。如何兼容体现的是人类的生存智慧，而这正是人类探索的恒久话题。

---

① 《荀子·正名》，自王先谦撰：《荀子集解》，沈啸寰，王星贤点校，中华书局 1988 年版。
② 《荀子·正名》，自王先谦撰：《荀子集解》，沈啸寰，王星贤点校，中华书局 1988 年版。
③ 《荀子·君道》，自王先谦撰：《荀子集解》，沈啸寰，王星贤点校，中华书局 1988 年版；另见《荀子·儒效》："道者，非天之道，非地之道，人之所以道也，君子之所道也。"自王先谦撰：《荀子集解》，沈啸寰，王星贤点校，中华书局 1988 年版。
④ 《荀子·君道》，自王先谦撰：《荀子集解》，沈啸寰，王星贤点校，中华书局 1988 年版。

三、荀子时空观的启示

当今社会已然成为技术主导的社会，技术深深嵌入社会生活的方方面面。而如上所述，从形态上看，西方传统哲学表现出二元对立的倾向，中国传统哲学则表现出一元特性。很显然，二元对立思维方式是技术形成之思想根基。以马克思的人的本质观来看，作为西方最深的学问，西方哲学体现的是人对自身的终极追问，它无疑要为西方社会乃至当今社会之弊端埋单。那么，西方人是否自觉意识到这一点呢？中国传统哲学是否可以成为克服二元对立之良方？比如，从借用老庄等东方思想到翻耕整个欧洲哲学史之后的海德格尔，立场上就有所变化，比如，海德格尔后期认为："现代技术世界是在什么地方出现的，一种转变也只能从这个地方准备出来。我深信，这个转变不能通过接受禅宗佛教或其他东方世界观来发生。思想的转变需要求助于欧洲传统及其革新。思想只有通过具有同一渊源和使命的思想来改变。"① 这是现代西方哲人站在西方哲学的角度对自身道路所做的反思，他们看到自身的问题而欲寻求出路，所选途径是跳出二元对立的划分框架，寻找尚未分化之源头，比如海德格尔的生存状态分析方法就是这种尝试。虽然海德格尔对欧洲哲学和社会问题所做的深刻反思依然具有改良主义色彩，但不管怎样，这种反思自身、克服自身局限的做法与路径却是值得我们借鉴的。当然，"过犹不及"②，反思过度或不做反思都不利于理论或实践的发展，它们会犯过"右"或过"左"的错误。

不管海德格尔或西方思想家如何反思或应对技术专政这个局面，他们总逃不出西方思想之窠臼，而通过对荀子时空观的解析则不难找到真正应对之方。那就是，把时空观锁定在社会历史时空上，人之为人的本质定位在人自身而不在外。荀子以天说人，把天内化于人自身之中。他借天言人，言天就是说人——"天"仿佛成为一个说不清、道不明而又与人休戚相关的"人—物"，既内在于人又超出人之外。缘于此，"天道"只不过是"人道"的另一种说法而已。通过《天论》里天人关系的分析，不难发现荀子的"自然观"重在人自身，而对周遭之物没什么兴趣。人自觉到"人之所以为人"应该循礼法而生活，在人伦、礼法中摆正自己的位置，安分于生而定之的秩序规范，形成一和谐的整体。这就是荀子时空观给技术成为意识形态的当代社会的启示。

---

① 孙周兴选编：《海德格尔选集（下）》，生活·读书·新知三联书店 1996 年版。
② 《论语·先进》，自朱熹撰：《四书章句集注》，中华书局 2008 年版。

中国传统文化的近世嬗变及其对中国马克思主义学术的文化滋养

吕惠东

（华中师范大学　人文社会科学高等研究院）

摘　要：近世以来，以儒学为代表的中国传统文化经历了困境与新生的嬗变过程，表现为从"中体西用"到儒学独尊地位的终结和从"诸子学复兴"到现代新儒学的兴起。留存创新下来的中华优秀传统文化滋养了中国马克思主义学术形成和发展的文化土壤，提供了中国马克思主义学术关于世界观与本体论、科学辩证法、人类未来社会理想的优秀传统文化资源。

关键词：中国传统文化；近世嬗变；中国马克思主义学术；文化滋养

笔者认为，从中国马克思主义学术思想史的角度讲，马克思主义学术在中国的发展大概经历了以下阶段："五四"及建党初期，属于中国马克思主义学术体系的萌芽酝酿期；20世纪20年代末到20世纪30年代前中期是其初步形成时期；延安中后期是其基本形成时期；中华人民共和国成立后17年是其学术研究深入并不断政治化时期；"文化大革命"十年是其挫折甚至中断发展时期；改革开放以来是其融合中国改革实践和世界现代化进程的学术新生时期。具体到1930年前后，中国马克思主义学术体系的初步形成具备了深刻的思想文化条件，尤其是经历"五四"后的中国传统学术体系的解体与嬗变，其中蕴含的优秀传统文化资源，为中国马克思主义学术体系的初步形成提供了丰富的思想文化资源和良好的历史契机，并深深根植于五千年博大精深的中华文明中。

一、中国传统文化的近世困境：从"中体西用"到儒学独尊地位的终结

在中国古代社会，以儒学为主流，与诸子学、佛学共同铸就了辉煌灿烂的中华文明。就中国传统学术而言，自董仲舒始，儒学就始终处于主流、主导、独尊的地位。但在世界相继进入工业文明后，儒学作为中国封建统治的理论根基，却成为制约中国步入世界工业文明大潮最主要的伦理束缚。在西方工业文明和文化思潮的巨大冲击下，儒学已没有主动选择的自由，要么革新自我，融入世界潮流，要么抱残守缺，走向历史的殉葬场。

近代以来先进的中国人学习西方的步伐与中华民族遭受民族危机的程度是同步的、成正比的。鸦片战争后，在西方的"坚船利炮"和"西学思潮"的双重冲击下，古老的中国被迫打开国门，维系中华古老文明的精神文化——儒学的命运开始告急。儒学面临

两千多年来前所未有的危机和挑战。"中学"与"西学"自此展开了长达百年的较量。

（一）"中体西用"的提出及影响

首先是以龚自珍、魏源为代表的第一批开眼看世界的知识人。他们既想维系传统的伦理道德，又希冀通过改革来达到挽救日益衰微的晚清朝廷的目的。他们吸取了今文经学"经世致用"的观念，人为地将西方文化分为"体"与"用"两个方面，认为中国应该取其"用"，而遗其"体"，这便是"师夷长技以制夷"的思想。在他们看来，"西学"只是"夷学"，是不能够跟融合了"儒、释、道"于一体的中国文化相提并论的。中国传统的"夷夏观"无疑还深刻地影响着他们。但他们毕竟开了向西方学习的先河。

其次，以曾国藩、李鸿章、张之洞为代表的洋务派，在认识中西关系上更加前进了一步。1861 年，早期改良派冯桂芬提出"以中国之伦常名教为根本，辅以诸国富强之术，不更善之善者哉"的论点。此说为曾国藩、李鸿章等洋务派官员所接受，并成为洋务运动的指导思想。其本质上是以中国传统的"器变道不变"为依据，提出以西方器物技艺之用，维护中国纲常名教之体。李鸿章曾说："顾经国之路，有全体，有偏端，有本有末。"认为西学乃"偏端""异学""仿习机器"，只能"治标"，唯有中学能"培养国本"，"中国文物制度"才是"郅治保邦"的根本。早期维新派的郑观应也说："道为本，器为末，器可变，道不可变，庶知所变者富强之权术，非孔孟之常经也。"（《盛世危言.凡例》）这表明至少在甲午战争之前，中国的洋务派、资产阶级改良派皆认为中学是治国之根本，西学只是奇技淫巧，是治国之末端。

一直到张之洞等提出"中学为体，西学为用"，"西学"才有了和"中学"相对独立的地位。在张之洞之前，沈寿康、孙家鼐等都对"中学为体，西学为用"进行了初步的阐发，但赋予"中体西用"说以理论形态、系统阐发的则是张之洞的《劝学篇》。张之洞以"旧学为体，西学为用"作为主线，强调以"中学治身心，西学应世事"，主张以孔孟之道、纲常名教来"务本""正人心"，以办"洋务"、设"五学"来"务通""开风气"。表面上是中学、西学各司其职、各有所得，其实质仍是维护封建统治根基的伦理纲常。在张之洞看来，大清即是国家，"保清"就是"保国"，他强调"三纲五常"乃"中国神圣相传之至教，礼政之原本，人禽之大防"。他极力抨击民权学说以及父子、男女平等的理论。这反映了 19 世纪后半叶中国文化对西方文化既吸收又排斥的一个特点。

"中体西用"之说在学理上有诸多不通的地方，是一个不成熟的理论，是应对民族危机下中西文化激烈冲突的一个折中纲领。但"中体西用"论仍然成为 19 世纪末 20 世纪初中国文化的主流学术思想，在政治、经济等方面起着决定作用。其融合中西的主张，相对前人本身就是一种进步，顺应了世界资本主义发展的潮流，具有历史的进步性。

自"中体西用"口号提出并逐渐官方化后，在中国就掀起了一场学习西方的热潮。其一，洋务派兴办了具有近代性质的新式学堂。例如开设同文馆，开设学习工业技术和军事技术的专业学校，学习外文、工程技术和近代军事技术以及自然课程等。其二，派遣幼童留学欧美。洋务运动期间，官费留学生达二百余人。其中涌现出了大量的人才，在中国走向现代化的进程中发挥了重要作用。例如为中国铺设第一条铁路——京张铁路的詹天佑，民国第一任总理唐绍仪，清华学校首任校长唐国安，甲午海战著名将领邓世昌、刘步蟾，以及近代传播西学思潮的严复等。他们通过应用西方的技术为中国的近代化和现代化事业做出了卓越的贡献。其三，翻译和出版西学书籍。在洋务派主持下的同文馆、江南机器制造总局等，翻译和出版了大量的西方书籍，涵盖外交、军事、数学、物理、化学、天文学、地质学和医学等近代各门学科，不仅加速了中国的现代化进程，而且为中国学术由传统到现代的转化起了巨大的推动作用。

"中体西用"口号的提出，是中国思想史发展中古代与近现代的一道分水岭，是学术思想、政治思想、文化思想由古代迈向近现代的一个重要标志。以此为起点，维新改良思潮得以高涨，革命思想得以酝酿萌芽，顽固保守思想则渐渐沉默以至衰竭。它的合法化，不仅凸显了西学的价值，起到了解放思想的作用，而且打破了中学一统天下的局面，使中国落后、封闭和僵化的局面得以改观。从此"用夷变夏"不再是中国思想界争论的主要问题，是否应该对中国封建的政治制度及其意识形态这个"体"进行某些变革，以适应资本主义经济因素的发展，成为人们关注和思考的主要问题。它的合法化起到了强化民族整合的作用。"中体西用"内在地包含着团结爱国的民族意识，既是民族危机下的一种方法论选择，又在中国现代化、世界化进程中注重自身的民族特色的保存。例如不能否认康有为的"保种、保国、保教"的口号与"中体西用"的口号是存在一定历史关联的。因此"中体"是中国在"西化"过程中联结中华文明的一条精神"纽带"。

随着历史潮流的涌动，"中体"所固守的一些文化阵地逐渐被"西学"所代表的现代化、世界化潮流所蚕食。从西方器技的引进到学理的引进，从西方自然科学的引进到西方政治学说的引进，进而到倡言变法、鼓动革命，再到文化伦理的自我西化等，都是在"中体西用"这块招牌下进行的。"中体西用"的口号可以看作西学思潮初起时融入中国文化学术所遭受到的第一次严峻的挑战，也是儒学这一传承两千多年的中国主流学术思想对日益强大的"西学"的最后抵抗。这道障碍逐渐扫除之后，儒学独尊的地位逐渐不复存在，西学思潮开始在中国的思想文化界大踏步前进。

（二）儒学独尊地位的终结

中国两千多年的儒学文化，在近世西学思潮的冲击下，其文化主导地位逐渐丧失，成为封建遗旧的代表。民国初期，在西学新文化的进一步批判和打击下，儒学独尊的地位终结。

1. 辛亥革命后儒学地位的变化

随着清王朝的覆亡，儒学，作为国家的意识形态，其功能亦宣告终结。南京临时政府的成立和《临时约法》的制定，首次在制度上宣告了儒学作为国家指导思想的终结。

中华民国的成立，还结束了儒学在学校教育中的垄断地位。忠君、尊孔是以儒学为核心的中国传统教学的宗旨和方针。1912年2月，临时政府教育总长蔡元培发表《对于新教育之意见》，指出"忠君与共和政体不合，尊孔与信教自由相违"[①]，主张废除清朝的封建主义教育宗旨，代之以"注重道德教育，以实利教育、军国民教育辅之，更以

---

① 蔡元培：《对于新教育之意见》，参见高叔平编：《蔡元培教育论著选》，人民教育出版社2011年版。

美感教育完成其德"①。1912年10月，民国政府教育部颁布的《大学令》规定，大学以文、理二科为主，取消经科，将其并入文科，要求大学应以研究教授高深学术、养成国家需要的硕学闳材为宗旨。② 同时要求小学废除读经科，初等小学校男女同校。这样，从基础教育和大学教育中，儒学及其典籍彻底丧失了在中国教育系统的特殊地位，这对儒学的传播可以说是致命的打击，在儒学发展史上是一个根本性的转折点，自此儒学的社会影响力大大削弱。

儒学思想在中国人心中根深蒂固，社会影响力已积淀两千多年，不可能因为一场政治风暴就土崩瓦解。政治系统中的封建复辟流、文化领域中的顽固保守流，在某个历史节点上就会跳出来并打着儒家封建伦理的幌子招摇过市。从1913年下半年到1916年6月，袁世凯打着"尊孔"的旗号，在文化和政治领域实行了一系列封建复辟的逆流。康有为、严复等人也对"废止读经"的规定竭力反对，哀叹民国成立后，政体答辩，礼教不存。加之后来的张勋复辟等，一幕幕的民国闹剧不断上演。然而，世界潮流，浩浩荡荡，顺之者存，逆之者亡。自由、平等、民主、共和已成为不可逆转的世界潮流和时代趋势。在以儒学为核心的中学与西学的碰撞、交锋中，儒学逐渐败下阵来，但中国社会文化走向民主科学的过程也是长期的、复杂的。

2. 五四新文化运动对儒学的批判

如果说辛亥革命后，资产阶级革命派从国家制度、法律层面终结了儒学独尊的地位，那么五四新文化运动则是从文化思想和学理层面对儒学做了历史性的时代判决。

以陈独秀、胡适、李大钊、鲁迅、钱玄同、吴虞等为代表的新文化运动学人，不约而同地向以儒学为代表的中国传统文化发起整体性的进攻。尤其是《新青年》的一批学者，毅然举起了"打倒孔家店"的旗号，以批判儒家封建礼教为切入点，掀起了一场规模宏大的新文化运动。

其一，五四新文化运动对儒学所宣扬的封建礼教进行了猛烈的批判。儒学自成为国家主流意识形态以来，历朝历代，不论是封建君主还是官宦文人，都依着维护封建统治的名义对儒学进行了改造、修饰，使其成为封建礼教的核心基础。五四新文化运动的成员大多从礼教层面或对儒学的内核展开激烈的批判，他们第一次以明确的文化批判立场来反思中国的近代历史。

面对民国初年封建遗老"尊孔读经""维护礼教"的吵吵嚷嚷，陈独秀率先树起"民主"与"科学"两面大旗，进而开辟了一个文化的新时代。在《敬告青年》一文中，他大声疾呼："举凡残民之妖言，率能征之故训，而不可谓诬，谬种流传，岂自今始！固有之伦理，法律，学术，礼俗，无一非封建制度之遗。""吾宁忍过去国粹之消亡，而不忍现在及将来之民族，不适世界之生存而归削灭也。"③ 号召青年以"民主"与"科学"两大武器向腐败的封建意识战斗。在《一九一六》一文中，陈独秀批判了儒家思想的"三纲"核心说，指出其使两千多年来的国人丧失了独立的人格。"儒者三纲之说，

---

① 《教育部公布教育宗旨》，载《教育杂志》第4卷第7号，1912年10月10日。
② 《大学令》，1912年10月24日，载《教育杂志》第4卷第10号，1913年1月10日。
③ 陈独秀：《敬告青年》，《陈独秀文章选编（上）》，生活·读书·新知三联书店1984年版。

为一切道德政治之大原。君为臣纲，则民于君为附属品，而无独立自主之人格矣；父为子纲，则子于父为附属品，而无独立自主之人格矣；夫为妻纲，则妻于夫为附属品，而无独立自主之人格矣。率天下之男女，为臣，为子，为妻，而不见有一独立自主之人者，三纲之说为之也。"他号召全国男女青年，"各奋斗以脱离此附属品之地位，以恢复独立自主之人格"①。针对袁世凯打着"尊孔"旗号的复辟，将"孔教"写入宪法，在《宪法与孔教》一文中，陈独秀以"孔教"为民国政治民主化的最大障碍进行了集中批判。"孔教之精华曰礼教，为吾国伦理政治之根本。其存废为吾国早当解决之问题，应在国体宪法问题解决之先。今日讨论及此，已觉甚晚。"封建社会把孔教作为唯一国教让国人全面信奉。"蔑视他宗，独尊一孔，岂非侵害宗教信仰之自由乎？"②"今乃专横跋扈，竟欲以四万万人各教信徒共有之国家，独尊祀孔氏，竟欲以四万万人各教信徒共有之宪法，独规定以孔子之道为修身大本"，这"去化民善俗之效也远矣"③。"故今所讨论者，非孔教是否宗教问题，且非但孔教可否定入宪法问题，乃孔教是否适宜于民国教育精神之根本问题也。此根本问题，贯彻于吾国之伦理、政治、社会制度、日常生活者，至深且广，不得不急图解决者也。"④

最后，陈独秀指出了中国儒教现代化以及中国政治现代化的出路："吾人倘以为中国之法，孔子之道，足以组织吾之国家，支配吾之社会，使适于今日竞争世界之生存，则不徒共和宪法可废，凡十余年来之变法维新，流血革命，设国会，改法律，及一切新政治，新教育，无一非多事，且无一非谬误，应悉废罢，仍守旧法，以免滥废吾人之财力。万一不安本分，欲建设西洋式之新国家，组织西洋式之新社会，以求适今世之生存，则根本问题，不可不首先输入西洋式社会国家之基础，所谓平等人权之新信仰，对于与此新社会新国家新信仰不可相容之孔教，不可不有彻底之觉悟，猛勇之决心；否则不塞不流，不止不行！"⑤ 作为五四新文化运动的"总司令"，陈独秀无疑是批判以儒学为核心的封建礼教的最为猛烈的斗士之一，也是传播西学思潮以唤醒国民产生影响最大的思想家之一。

五四新文化运动的另一位旗手李大钊，也对孔教儒学、封建礼教进行了激烈的批判。在《孔子与宪法》一文中，李大钊针对宪法草案中规定"国民教育以孔子之道为修身大本"这一荒诞的事件，指出："孔子者，数千年前之残骸枯骨也。宪法者，现代国民之血气精神也。以数千年前之残骸枯骨，入于现代国民之血气精神所结晶之宪法，则其宪法将为陈腐死人之宪法。""孔子者，历代帝王专制之护符也。宪法者，现代国民自由之证券也。专制不能容于自由，即孔子不当存于宪法。"孔子是国民中一部分人的圣人，宪法是全体国民共同遵守的律例。孔子之道含混，宪法之义，效力极强。⑥ 李大钊认为二者的范围、效力、理念、适用对象等皆不可混杂在一起，要行现代之民主政治，

---

① 陈独秀：《一九一六》，《陈独秀文章选编（上）》，生活·读书·新知三联书店 1984 年版。
② 陈独秀：《宪法与孔教》，《陈独秀文章选编（上）》，生活·读书·新知三联书店 1984 年版。
③ 陈独秀：《宪法与孔教》，《陈独秀文章选编（上）》，生活·读书·新知三联书店 1984 年版。
④ 陈独秀：《宪法与孔教》，《陈独秀文章选编（上）》，生活·读书·新知三联书店 1984 年版。
⑤ 陈独秀：《宪法与孔教》，《陈独秀文章选编（上）》，生活·读书·新知三联书店 1984 年版。
⑥ 李大钊：《孔子与宪法》，《李大钊文集（上）》，人民出版社 1984 年版。

必须将孔教踢出国家政治生活。在此基础上，李大钊得出的结论是："第一，我们可以晓得孔子主义（就是中国人所谓纲常名教）并不是永久不变的真理。孔子或其他古人，只是一代哲人，绝不是'万世师表'。……第二，我们可以晓得中国的纲常、名教、伦理、道德，都是建立在大家族制上的东西。中国思想的变动，就是家族制度崩坏的时候。第三，我们可以晓得中国今日在世界经济上，实立于将为世界的无产阶级的地位。"①

此外，鲁迅的《狂人日记》《阿Q正传》等作品，以文学的形式对中国传统和现实社会进行了深刻和无情的批判，他深入地思考中国国民性这一深刻的主题，直面黑暗的社会、麻木的民众，"哀其不幸，怒其不争"，指出这都是封建"吃人的礼教"造成的可怕后果。鲁迅的目的就是要打破这令国人窒息的礼教的"铁屋子"，给中国一个光明的未来。吴虞在《吃人与礼教》等系列批判儒学封建礼教的作品中，抨击了礼教对社会的危害，指出"孝"是孔子伦理学说的起点，是"二千年来专制政治与家族制度联结之根干"②。上述这些五四新文化运动的骨干，对中国传统文化及其对中国社会现实造成的危害的批判，是五四新文化运动最具代表性的思想之一，这些思想颇具深刻性，至今仍影响较大。

其二，在中西学术与文化对比的社会现实和学理依据的基础上，优劣已显见。五四新文化运动的领袖提出要学习西方的政治思想和学术文化。陈独秀大力倡言："国人欲脱蒙昧时代，羞为浅化之民也，则急起直追，当以科学与人权并重。"③ 他在《新青年》撰文明确表示："要拥护那德先生，便不得不反对孔教、礼法、贞洁、旧伦理、旧政治。要拥护那赛先生，便不得不反对旧艺术，旧宗教。要拥护德先生又要拥护赛先生，便不得不反对国粹和旧文学。"④ 吴虞也指出："儒教不革命，儒学不转轮，吾国遂无新思想、新学说，何以造新国民？悠悠万事，惟此为大已呀！"⑤ 并把儒学利于专制、不利于共和的弊端概括为三：尊先祖与隆君师并称，尊君尤甚；恃宠固位，取媚于上，同于妾妇，去公仆之义绝远；实行愚民政策，不开民智。五四新文化运动的学人认为，儒教与共和是绝不相容之物，提倡孔教必背共和，信仰共和必排孔学。批判封建君主专制，提倡资产阶级民主共和，代表了先进知识分子的心声。因此，他们批判儒学的原因之一，就是要在中国提倡西学，要在中国实现民主共和。

其三，五四新文化运动对儒学的批判虽有偏激，但并不是要彻底否定儒学，打倒传统文化。

五四新文化运动学人对儒学及传统文化的批判，只有极少数是绝对的偏激派，例如钱玄同，他主张"废除汉字而代以罗马字母"。在《中国今后之文字问题》一文中，钱玄同认为："欲废孔学，不可不先废汉文；欲驱除一般人之幼稚的野蛮的顽固的思想，尤不可不先废汉文。"并断言："二千多年来用汉字写的书籍，无论是哪一部，打开一

---

① 李大钊：《由经济上解释中国近代思想变动的原因》，《李大钊文集（下）》，人民出版社 1984 年版。
② 吴虞：《家族制度为专制主义之根据论》，《吴虞集》，四川人民出版社 1985 年版。
③ 陈独秀：《敬告青年》，《陈独秀文章选编（上）》，生活·读书·新知三联书店 1984 年版。
④ 陈独秀：《〈新青年〉罪案之答辩书》，《陈独秀文章选编（上）》，生活·读书·新知三联书店 1984 年版。
⑤ 吴虞：《儒家主张阶级制度之害》，《吴虞集》，四川人民出版社 1985 年版。

看，不到半页，必有发昏做梦的话。"① 但钱玄同毕竟只是代表了一小部分学人，大部分人对儒学的批判虽有偏激，但并不是全面否定，我们应该结合具体语境做深入分析。例如陈独秀，在1916年以前，他对儒学的批判并不激烈。1916年以后，他才把批判的锋芒对准孔子及其所创立的学说。但综观陈氏一生，他并没有全盘否定儒学，对孔子本人，也有具体的评述。他说："我们反对孔教，并不是反对孔子个人，也不是说他在古代社会无价值。不过因他不能支配现代人心，适合现代潮流，还有一班人硬拿他出来压迫现代人心抵抗现代潮流，成了我们社会进化的最大障碍。"② 李大钊也声明："余之抨击孔子，非抨击孔子之本身，乃抨击孔子为历代君主所雕塑之偶像的权威也；非抨击孔子，乃抨击专制政治之灵魂也。"③ 可以看出，五四新文化运动的学人批判儒学，主要是批判其中与近代民主、科学思想相悖逆的东西，批判与封建专制主义相一致的东西，而不是要彻底打倒儒学、否定儒学，更不是要"全盘反传统"。

经过五四新文化运动对儒学不适于现代政治观、学术潮流的内容进行的批判，西学在中国传播的最后一道障碍，也是最大的一道障碍基本清除，伴随儒学独尊地位的终结，同时而来的是西学思潮大量涌入中国。这为中国学术体系由传统到现代的转变提供了基本的前提条件，也是中国马克思主义学术体系萌生和初步形成的基本学术要素。

二、中国传统文化困境中的新生：从"诸子学复兴"到现代新儒学的兴起

（一）"诸子学复兴"

先秦的百家争鸣时期，诞生了包括儒、墨、道、法、名等众多学派在内的诸子学。汉代董仲舒倡言"独尊儒术"后，儒学成为中国学术的主流，其他的学派只能成为附庸，在中国近两千年的社会文化发展中缓慢前行，但也未中断。民国初期，尤其是五四新文化运动以后，随着儒学独尊地位的终结和对学术自由的倡导，诸子学获得了发展的有利契机。其研究逐渐繁荣，出现了被称为"诸子学复兴"的局面。

晚清尤其是民国以来，随着封建主义在政治上走向瓦解，孔子和儒学逐渐从正统的神殿上跌落下来，重新评价儒学和非儒学派的思想价值和文化地位就成为历史的必然。1916年11月，陈独秀在《宪法与孔教》一文中指出："孔教乃中华之国粹。然旧教九流。阴阳家明历象，法家非人治，名家辨名实，墨家有兼爱、节葬、非命诸说，制器敢战之风，农家之并耕食力，此皆国粹之优于儒家孔子者也。今效汉武之术，罢黜百家，独尊孔氏，则学术思想之专制，其湮塞人智，为祸之烈，远在政界帝王之上。"④ 这就从学理上阐明了中国传统学术独尊儒学之一家，对中国文化遗毒甚深，必须打破这种一家之言的局面。

正是在民国旧学解体、新学创建的过程中，中国传统的诸子学借助这一潮流，结合

---

① 钱玄同：《中国今后之文字问题》，载《新青年》第4卷第4号，1918年4月15日。
② 陈独秀：《孔教研究》，《陈独秀文章选编（上）》，生活·读书·新知三联书店1984年版。
③ 李大钊：《自然的伦理观与孔子》，《李大钊文集（上）》，人民出版社1984年版。
④ 陈独秀：《宪法与孔教》，《陈独秀文章选编（上）》，生活·读书·新知三联书店1984年版。

新的时代环境和社会现实，获得了新生，出现了创作的热潮。

1. 关于民国时期的道家研究

首先是有关老子年代的考证问题。胡适、张煦等人坚持传统的观点，认为老子生于周灵王初年，早于孔子；梁启超以及后来的顾颉刚、张寿林、罗根泽等"疑古派"认为老子其人其书成于战国末年，在孔子之后；钱穆、冯友兰等则认为《老子》晚于《庄子》，孔子问礼者与《老子》作者系两人。这是当时对道家学说研究的一个热点。其次，大量著作对道家经典与人物进行了考证。例如马其昶的《老子故》、奚桐的《老子集解》、陈柱的《老子集训》、蒋锡昌的《老子校诂》、严灵峰的《老子章句新编》、高亨的《老子正诂》、杨树达的《老子古义》、钱基博的《老子〈道德经〉解题及读法》、吕思勉的《经子解题》等著作，或从校勘、训诂的角度，或从史实考订的角度，对老子及其学说进行了研究。关于《庄子》的注释、整理相对逊色，但也有一些著作，例如，马其昶的《庄子故》、支伟成的《庄子校释》、胡远濬的《庄子诠诂》、朱文熊的《庄子新义》、马叙伦的《庄子义证》、刘文典的《庄子补正》、顾实的《庄子天下篇讲疏》等。最后，关于道家学说的现代新解，主要有胡适的《中国哲学史大纲》的部分内容，冯友兰的《中国哲学史》的部分内容，钟泰的《中国哲学史》的部分内容，王力的《老子研究》，郎擎霄的《老子学案》《庄子学案》，蒋锡昌的《庄子哲学》等。

2. 关于民国时期的法家研究

胡适的《中国哲学史大纲》首开以法理学参酌法家学说的风气。梁启超的《先秦政治思想史》是较早系统地把法家学说作为政治思想史的对象来加以研究的著作。20 世纪 30 年代中后期出版的杨鸿烈的《中国法律思想史》，对先秦法家学说的研究集前人研究之大成。

3. 关于民国时期的墨家研究

首先是《墨子》及其作者的校注考证。代表作有梁启超的《墨子学案》、胡适的《中国哲学史大纲》、钱穆的《先秦诸子系年考辨》、尹桐阳的《墨子新释》、叶瀚的《墨经诂义》、张之锐的《新考证墨经注》、张纯一的《墨子集解》、于省吾的《墨子新证》等。其次是关于墨家思想学说的阐释。代表作有梁启超的《子墨子学说》《墨子之论理学》《墨子学案》《墨经校释》，率先采用西方现代学术分类的方法，从政治学、经济学、宗教学和伦理学等方面阐释了《墨子学说》；胡适的《先秦名学史》《中国哲学史大纲》，把现代西方学术规范运用于墨学研究，推动了墨学研究方法的现代化进程。此外还有陈顾远的《墨子政治哲学》、王桐龄的《儒墨之异同》、张纯一的《墨学分科》、郎擎霄的《墨子哲学》、钱穆的《墨子》等，皆用现代学术思想对墨子学说进行了新的阐释。最后是对《墨辩》的研究。"《墨辩》复兴是民国墨学复兴所取得的最大成就。"[①] 梁启超的《墨经校释》和胡适的《中国哲学史大纲》开此研究的先河。此后的代表作有伍非百的《墨辩解故》、邓高镜的《墨经新释》、郭湛波的《先秦墨学辩》、栾调甫的《墨辩讨论》、鲁大东的《墨辩新注》等。民国时期对墨学的研究无疑是繁荣的，其中不仅有传统意义上的校勘、考证、注解等，还有用西方现代学术研究方法结合现实的当代阐释，给墨学

---

① 郑大华：《中国文化发展史·民国卷》，山东教育出版社 2013 年版。

的研究注入了新的活力，展现出新的时代特色。

（二）现代新儒学的兴起

在儒学独尊地位终结后，一部分服膺儒学及中国传统文化的知识分子，对走在封建社会末期的儒家学说，在坚持儒学本位的基础上，做了现代性的阐释，进而使儒学在现代学术思想系统中获得了新生。学界一般将其称为现代新儒学或现代新儒家。

一般认为，儒学的发展分为三个时期。一是先秦儒学，以孔子、孟子、荀子为代表；二是新儒学，即宋明理学；三是产生于20世纪初的现代新儒学，它是对"五四"以来激烈反传统倾向的一种保守回应，是对科学主义思潮的一种反抗。方克立认为，现代新儒学，是指"五四"以来，在强烈的民族文化危机意识的刺激下，一部分以承续中国文化之慧命自任的知识分子，力图恢复儒家传统的主体和主导地位，重建宋明理学的"伦理精神象征"，并依此为基础来吸纳、融合、会通西学，构建起一种"继往开来""中体西用"式的思想体系，以谋求中国文化和中国社会现实出路的一种学术思潮流派。它主要是指一种哲学和文化思潮，同时也包含着社会政治的内容。[①] 90多年来，现代新儒家已经经过三四代人的薪火相传，第一代主要以梁漱溟、张君劢、熊十力、贺麟、冯友兰、钱穆等为代表，50到70年代以唐君毅、牟宗三、徐复观、方东美等为第二代代表，80年代至今以杜维明、刘述先、余英时、成中英等为第三代代表。本节主要探讨20世纪二三十年代第一代现代新儒家的思想表现。

梁漱溟（1893—1988），是公认的现代新儒家的开创者，也是两千多年来儒家传统的最后守护者之一。美国学者 Guy Alitto（艾恺）称他为"最后的儒家"。在"五四"儒家思想遭到严重挑战的时候，在"打倒孔家店"的呐喊声中，在"全盘西化"的社会迷离中，梁漱溟以儒者风范和勇者的魄力，对处于末路的儒学进行了大胆的提倡，并做了创造性的发展。其著作主要有《东西文化及其哲学》《中国民族自救运动之最后觉悟》《乡村建设理论》《中国文化要义》《人心与人生》等。梁漱溟的哲学汇合了中西印三方的思想，并以中国传统思想和西方现代哲学中的非理性主义为根基，建立起自己的哲学体系。其思想中非理性主义倾向与理性主义的矛盾，反映了当时社会思想斗争的一个侧面。梁漱溟思想中继承了儒家哲学中的性善论传统，并接受了儒家哲学中注重反省内求的认识路线，同柏格森哲学的直觉主义结合起来，构成其认识论的基础，进而构建了其唯心主义宇宙观的生命哲学。在《东西文化及其哲学》中，梁漱溟以全新的角度解释了中西文化之异的原因。他把世界上的民族、国家分为以西方、中国和印度为代表的三种文化形式，并提出了对待他们的不同态度。梁漱溟对时代问题和精神的把握极为精当，他不仅仅只是发掘和阐扬儒家思想，更注重的是儒家当下的困境及对儒学未来前景的展望。这既使梁氏成为现代新儒家的前驱，也是在各种文化流派中现代新儒家迅速崛起的原因。梁氏对"中国向何处去"的深切关注，对人类文化未来命运的思考，也使得现代新儒家能够在学术思潮激荡的时代迅速崛起。他对东西文化的把握，也成为几十年来后人研究的主题。

---

① 方克立：《现代新儒学与中国现代化》，长春出版社2008年版。

熊十力（1885—1968），现代心性儒学的奠基者。从学术上说，熊十力复活了儒家的道德形上学；从文化生命上说，他复活了"为天地立心、为生民立命、为往圣继绝学"的卓越人格和气象；从中西文化对峙上说，他意图显证中国文化与中国哲学的根源性和主体性。熊十力以其彻底、深邃、刚健的思想导引出 20 世纪现代儒学最有影响力的一个部分。熊十力的"新唯识论"哲学体系，代表了 20 世纪中国学术界儒佛学说的恢复及新释这一重要倾向。它不但把本体论、宇宙论、人生论、认识论等熔于一炉，而且使辩证法思想贯穿于体系的始终。"新唯识论"体系既是 20 世纪中国哲学发展的一个重要里程碑，凸显了中华民族文化的现当代价值，同时也解决了新的时代背景和社会境遇下，传统文化的出路和前途问题。熊十力也因此被称为 20 世纪中国学术界现代新儒学的精神象征。

冯友兰（1895—1990），其创立的新理学，代表了理性主义、客观主义的儒家方向，它尽可能消解道德生命过程中的虚妄成分，尽可能挖掘道德实践过程中的理性地位。冯友兰于 20 世纪三四十年代著"贞元六书"，形成其新理学哲学体系。新理学是现代中国哲学家自创哲学体系的一个典范，它吸收西方逻辑分析方法和新实在论哲学，来表达传统哲学"极高明而道中庸"的基本精神。新理学根植于现代学术意识，成为现代中国哲学史中第一个具有清晰形成系统的哲学体系，同时试图以现代理性精神来阐明和改造传统哲学。从儒学的角度看，新理学悬搁了道德形上学，使道德从"天地"回到"人间"，尝试由理性、理想解释道德，而不是由宇宙精神来解释道德。这一努力使儒学不再以神秘的、独断的宇宙本原为起点，它将真正面对宇宙人生的客观性、现实性和复杂性，完成了中国现代哲学形而上学之建构。

以梁漱溟、熊十力、冯友兰、张君劢、贺麟、钱穆等为代表的第一代现代新儒家，开辟了儒学在 20 世纪的发展方向，使儒家思想及中国两千多年的传统文化得以薪火相传。他们的成就，在于能够吸收儒学之外的文化资源，在中西文化对话中，既坚持中国传统文化的立场，坚持本民族的特色，又不排斥现代文明的成果和人类普遍的精神价值。这也使现代新儒学在 20 世纪上半叶，成为与自由主义的西化派、马克思主义鼎立于中国思想界的三大学术思潮之一。

三、中国马克思主义学术对中华优秀传统文化资源的汲取

马克思主义诞生于 19 世纪中叶的欧洲，是关于世界无产阶级以及全人类解放的学说，也是带有欧洲的时代特色和地域文化性的学说。使这样一个同时具有时代性和民族性的学说应用到中国，必然要实现其在中国的"民族化""本土化"。"诸子学复兴"以及现代新儒学对中国传统文化的新阐释、新发展，为马克思主义及其学术体系的中国化，提供了优质的传统文化资源。

列宁曾经指出："马克思主义这一革命无产阶级的思想体系赢得了世界历史性的意义，是因为它并没有抛弃资产阶级时代最宝贵的成就，相反却吸收和改造了两千多年来人类思想和文化发展中一切有价值的东西。"[①] 毛泽东在讲到对中国传统文化的吸收学

---

① 列宁：《关于无产阶级文化》，《列宁选集》第 4 卷，人民出版社 1995 年版。

习时也指出："我们这个民族有数千年的历史，有它的特点，有它的许多珍贵品。对于这些，我们还是小学生。""我们是马克思主义的历史主义者，我们不应当割断历史。从孔夫子到孙中山，我们应当给以总结，承继这一份珍贵的遗产。"[①] 这无疑为中国的马克思主义者在学术创作和理论创新的过程中，有效吸取中国传统文化中的优势思想资源提供了方向指导。

（一）世界观和本体论的优秀传统文化资源

马克思主义的基本世界观是辩证唯物主义，认为世界在本质上是物质的。"世界的真正的统一性在于它的物质性"[②]，物质第一性，意识第二性，物质决定意识，经济基础决定上层建筑。这一原理是马克思主义理论的基石。在中国传统文化中从来不缺乏朴素的辩证唯物主义思想。从老子的"道生一，一生二，二生三，三生万物""人法地，地法天，天法道，道法自然"和春秋时期的"阴阳五行学说"，经战国中期宋妍、尹文的"精气说"，荀子的"自然之天"，到汉代王充明确提出物质性的"气一元论"，再到王船山对朴素唯物主义的集大成等，中国本土文化中一直就有一种朴素的唯物主义物质观。另外，中国古代的无神论思想也极为丰富，如孔子不语"怪力乱神"、王充的无神论、范缜的"神灭论"等。这种朴素唯物主义和无神论思想，是中国传统思想文化的重要流派和精神之一。可见，中国历史长河中的朴素唯物主义思想及无神论和马克思主义的物质本体论有诸多共通之处。它们使中国的早期马克思主义者更便捷地从学理上理解马克思主义的世界观，同时又更好地把中国优秀传统文化的因素融入马克思主义的思想体系，具有鲜明的中国民族特色。中国马克思主义者在用唯物史观研究中国历史和现实问题的过程中，对中国优秀传统文化中的朴素唯物主义思想进行了一定程度的借鉴和吸收，使唯物史观在中国的应用更具学理性，并深深根植于中国民族特色的文化土壤中，完成了马克思主义文化的中国化。

（二）辩证法的优秀传统文化资源

对立统一规律、质量互变规律、否定之否定规律是马克思主义辩证法的三大规律，是马克思主义认识论的基础。而辩证法思维在中国传统文化中也是源远流长，李约瑟曾说："当希腊人和印度人很早就仔细地考虑形式逻辑的时候，中国人一直倾向于发展辩证逻辑。"[③] 中国古代的"八卦""太极"的核心是阴阳观念。先秦时期的诸子百家就先后提出了"福兮祸之所依，祸兮福之所伏""和实生物，同则不继""有无相生，难易相成""高下相倾，长短相随""刚柔相推而生变化""一尺之锤，日取其半，万世不竭"等深刻的辩证法思想。在马克思对黑格尔的辩证法思想进行继承发展之后，欧洲的辩证法思想才得以新生。它们与中国传统文化中的辩证法思想具有融通相似之处。这使得中国的早期马克思主义者在接受马克思主义辩证法思想时，具有了文化上的先入性。正如李约瑟所说："现代中国人如此热情地接受辩证唯物主义，有很多西方人觉得是不可思议的。他们想不明白，为什么这样一个古老的东方民族竟会如此毫不犹豫、满怀信心地

---

① 毛泽东：《中国共产党在民族战争中的地位》，《毛泽东选集》第 2 卷，人民出版社 1991 年版。
② 恩格斯：《反杜林论》，《马克思恩格斯选集》第 3 卷，人民出版社 1995 年版。
③ （英）李约瑟：《中国科学技术史》第 3 卷，科学出版社 1978 年版。

接受一种初看起来完全是欧洲的思想体系。但是，在我想象中，中国的学者们自己却可能会这样说：'这是妙极了！这不就像我们自己的永恒哲学和现代科学的结合吗？它终于回到我们身边来了！'""中国的知识分子之所以更愿意接受辩证唯物主义，是因为，从某种意义上说，这种哲学思想正是他们自己所产生的。"① 郭沫若在 1925 年写的《马克思进文庙》的小品文中写道："马克思到此才感叹起来：我不想在两千年前，在远远的东方，已经有了你（孔子：引者注）这样的一个老同志！你我的见解是一致的。"② 这种东西辩证思维的共通性，使得中国的早期马克思主义者更便捷地、科学全面地学习和领悟了马克思主义的唯物辩证法，并出现了 20 世纪 30 年代"唯物辩证法风靡了全国"的现象，进而引发了中国思想界关于"唯物辩证法"的论战，促进了马克思主义哲学认识论体系的建立，为中国马克思主义哲学学术体系的初步形成提供了辩证法的优秀传统文化资源。

（三）关于未来社会理想的优秀传统文化资源

马克思关于人类未来社会的理想是建立一个"各尽所能，各取所需"的共产主义社会，实现每个人的自由全面发展。这与中国传统文化中的"大同"思想有着诸多共通之处。自古以来，中华民族一直向往和追求一种自由、平等、和谐的社会，这尤其体现在儒家的"大同"思想中。《礼记》有言："大道之行也，天下为公，选贤与能，讲信修睦。故人不独亲其亲，不独子其子，使老者有所终，壮者有所用，幼者有所长，矜、寡、孤、独、废疾者皆有所养。男有分，女有归。货恶其弃于地也，不必藏于己；力恶其不出于身也，不必为己。是故谋闭而不兴，盗窃乱贼而不作，故外户不闭，是谓大同。"③ 近世以来，太平天国《天朝田亩制度》的出台，及康有为著《大同书》，把人类社会的历史发展阶段分为"据乱世，升平世，太平世"三个阶段，并在《礼运注》中说："大道者何？人理至公，太平世大同之道也。"这里的"大同"社会、"太平世"便是中国古人对美好社会的理想追求。自古至今，"大同"社会在中国有广泛的群众基础，它所追求建立的一个人人平等、友爱、和谐的社会对中国的民众具有强大的吸引力，而这恰恰与马克思主义主张的建立财产公有、没有剥削、没有压迫的共产主义理想社会有很多类似的地方。"你（马克斯：引者注）这个理想社会和我（孔子：引者注）的大同世界竟是不谋而合。"④ 正因为有中国传统文化中的"大同"学说作为底蕴，中国近代知识分子在接受和认知西方社会主义思潮时并未显得有太大的心理障碍。在这样的文化背景下，马克思主义乘着社会主义的船舶来到了中国。这种文化共通性也使中国早期的马克思主义者更好地理解了马克思主义关于社会政治制度的学说以及人类社会发展阶段和方向的学说，为中国马克思主义政治学和社会学学术体系的初步建立提供了丰富的优秀传统文化资源。

近世以来，在内忧外患的国家民族境遇中，在西学东渐的文化冲击下，中国传统学

---

① 李约瑟：《四海之内——东方和西方的对话》，劳陇译，生活·读书·新知三联书店 1987 年版。
② 郭沫若：《马克思进文庙》，《郭沫若全集·文学编》第 10 卷，人民文学出版社 1985 年版。
③ 《礼记·礼运篇》，《十三经注疏》影印本，中华书局 1980 年版。
④ 郭沫若：《马克思进文庙》，《郭沫若全集·文学编》第 10 卷，人民文学出版社 1985 年版。

术文化资源同中国传统的政治、经济体制一样，无可避免地面临全面崩溃与瓦解的命运。此种情形下，五千年中华文明博大包容的文化态度、对国家命运的关注和对人类理想社会的追求与向往，使得以儒学为代表的中华传统文化在经历痛苦的自我革命后，获得了自我超越与新生。经过创新并留存下来的中华优秀传统文化，对马克思主义学术在中国的发展起到了重要的推动作用，加速了马克思主义学术中国化的进程，滋养了中国马克思主义学术体系形成和发展的学术土壤。

论儒家的超宗教性

秦际明

（四川大学　古籍整理研究所）

摘　要：儒家具有信仰维度，与诸宗教也有类似的社会功能，但儒家不与诸宗教并，儒家的性质乃是超宗教的。宗教性的鬼神信仰在儒家这里是"神道设教"以安民、化民的一个层次与阶段。除此之外，儒家自身的义理主张则不同于宗教性的鬼神信仰，而是基于道理以安排人的心灵秩序与社会秩序。因此，可以说儒家有君子之道与神道设教两个面向。现代以来关于儒家是不是宗教的争论之盲点就在于没有看到儒家的层次性，而各持一面来定义儒家。儒家于君子而言纯是文德之教，其教化百姓则立足于华夏文明本有的宗法性宗教，并将其整合于自身的义理框架之内，作为施教之重要方面。就当前世界宗教之问题来看，儒家和同观念与其特定的仁义结构可以作为汇通诸宗教的思想结构框架。

关键词：儒家；宗教；教化；神道设教

中国现代社会的组织框架与生活样式大抵是学习西方而来。不过，现代西方社会有其特定的政教关系，中国社会尽管可以学习西方的政治架构与社会关系，但并没有类似于西方的基督宗教，无法在所有方面都师法西方的理论。儒家在历史上一直是中国传统社会、传统文化的核心与灵魂所在，发挥着类似于西方宗教在社会中的功能。但儒家毕竟与西方宗教在诸方面都存在差异。加之经过近百年革命教育，马克思主义的唯物主义与无神论在中国社会已经深入人心，这些因素决定了中国现代社会的政教模式不可能照搬西方社会，而需要将现代社会与中国传统文化因素相结合，创造适合于现代中国的政教形态。

近年以来，儒家思潮在中国似有复兴之势。由于现代社会在社会形态诸方面与儒家曾经所主导的中国传统社会有巨大的差异，因而近年学者致力于探讨儒家应该以什么样的方式重归中国社会，在现代中国应该在哪些领域发挥什么样的作用。而其中突出的理论问题就是，相比较于西方宗教在西方社会中所起的作用，我们传统中的儒家与西方学术传统中的宗教相比较有何异同，可否将儒家称之为一种宗教？以及，在现代社会儒家应如何处理与诸宗教的关系？

一、关于儒家是不是宗教的争论

儒家的宗教性在社会学与宗教学中已经有了非常多的研究。学者毫不否认儒家具有一定的宗教性，在中国社会一直履行着许多宗教功能，但是不是就可以把儒家称为一种宗教，这是长期以来所争持不下的一个问题。韩星教授的《儒教问题：争鸣与反思》一书梳理和总结了自 20 世纪 80 年代以来关于儒教是不是宗教的多次大争论。[①] 在笔者看来，儒家或者儒教，与源自于西方学术的宗教概念产生于不同的社会形态与文化传统，二者无疑有诸方面的龃龉之处，说儒家是宗教或不是宗教，皆有可商榷的余地。而令人更感兴趣的是，为什么人们纷纷把儒家与宗教放在一起来讨论？既然儒家与宗教之关系问题取决于宗教之定义的宽与严，这其实是一个可以讨价还价的问题，那么探究那些把儒家说成宗教，抑或反对把儒家说成宗教的人之用意，就是一个饶有趣味也非常有意义的问题。

早在明清之际，儒家士大夫与西方来的传教士关于儒家与天主教之关系就进行过多次争论。而当时徐光启等人之所以认同天主教，其重要原因是他们认为天主教有益于儒家之教化。韩星教授在他的书里引述道："他们（指徐光启、李之藻和杨廷筠）信奉天主教的最大原因，是认为天主教为'天学'，'不脱六经之旨'，是为'天儒合一'；杨廷筠也以天主教教义与儒学'脉脉同符'，'吾人不必疑为异端'；徐光启表达得更明确：'余尚谓教必可补儒而易佛。''（天主教）真可补益王化，左右儒术、救正佛法者也。'"[②] 然而随着中西礼仪之争的加深，一旦中国的皇帝与儒家士大夫了解到天主教之宗教形态与儒学所代表的中国之道截然不同，对基督教就采取了断然否弃的态度。[③] 而其时的耶稣会传教士出于需要向中国传教的考虑，"极力否定儒家的宗教精神，尽量把祭祖、祀孔的活动解释成非宗教性的民事活动，只具有教育和伦理意义。他们对佛教和道教及中国各种民间宗教更是采取断然的拒绝态度。……他们要用天主教神学来补上儒家学说缺乏信仰的不足"[④]。李天纲指出："很显然，他们（耶稣会）的目的就在于否认以儒家为代表中国文化是宗教，以获得罗马天主教的宽容和接纳。相反，多明我会等修会把中国礼仪看作是异端和迷信，他们往中国习俗中寻找宗教性的因素，目的是为了将中国文化排斥在天主教之外，保持基督教的纯洁性。"[⑤] 这些史料俱表明关于儒家与西方宗教之关系的争持从来就不只是一个学理的问题，而深具政治之争的意味。儒家与西方宗教之关系的争论自始至终都围绕着西方传教与中国王道教化的策略问题。

现代以来关于儒家是不是宗教之争论绝非仅仅是一个学术理论问题，也是意识形态的政治问题和如何在现代社会重建儒家的策略问题。余敦康先生指出："……在 60 年代争论孔子是唯心论还是唯物论的问题，一下争论了十几年。……这种意识形态的争论呢，到了 80 年代以后，就演变为一个儒学是不是宗教的争论。……宗教是什么呢？就是鸦片烟，就是维护那个专制王权，为这个而服务，整套专制王权靠儒学来支撑了几千年，现在我们不要它。儒学在这个里面，起了这么一个作用，所以把它定位为儒学是宗教。那么，在学界有些好心人就认为儒学不是宗教，是哲学，是道德，那是企图在一片

① 韩星：《儒教问题：争鸣与反思》，陕西人民出版社 2004 年版。
② 韩星：《儒教问题：争鸣与反思》，陕西人民出版社 2004 年版。
③ 李天纲：《中国礼仪之争：历史、文献和意义》，上海古籍出版社 1998 年版。
④ 李天纲：《中国礼仪之争：历史、文献和意义》，上海古籍出版社 1998 年版。
⑤ 李天纲：《中国礼仪之争：历史、文献和意义》，上海古籍出版社 1998 年版。

打倒声中为儒学争取一点生存权，微弱的生存权。"① 至于 21 世纪以来，彭永捷教授②及蒋庆③、陈明④等先生重提儒教，并非将儒家等同于西方意义上的某种宗教，而期望儒家不只是停留于港台新儒家将儒学仅仅局限在心性修养层面，而要求将儒家致用于社会政治、公民教育与礼仪文化重建等广阔的社会空间。

如果儒家的含义与宗教的定义未能澄清，那么关于儒家是不是宗教的问题就是一个无谓的争论。导致争论的原因是在用"宗教"这样的西方学术语汇去言说儒家时，未能恰当地用这些学术语汇将儒家所含之义恰当地揭示出来，而停留在过于简单的比较，说儒家是宗教抑或不是宗教。

在本文看来，尽管儒家具有一定的宗教性质或宗教的功能，但不便因此而径称儒家为宗教。因为宗教性与宗教功能只是儒家的一部分，甚至不是儒家最为核心的性质所在，儒家还有许多用宗教无法概括的部分。首先，何谓宗教？我国宗教社会学家孙尚扬先生曾言："大概没有哪种研究对象像宗教社会学所研究的宗教那样在定义问题上引起如此广泛的争议。"⑤ 的确，由于各宗教文化的差异与宗教学者的不同理解，对宗教的定义方式多种多样。不过，值得注意的是，宗教在不同人的心目中所造成的印象是不一样的。无论宗教学家如何定义宗教，在我们中国的普通民众，或者非宗教学者的心目中，宗教最核心的要义就是鬼神信仰。

如果我们考虑到宗教在不同层次的人群中，其形象与发生作用的形式有所差异的话，那么我们也许就会放弃追求一种完备的、适用于所有文化传统与所有人的宗教定义。但对于许多西方学者来说，他们感到一种社会文化的核心如若没有宗教的参与，这是难以理解的。所以他们往往倾向于，要么刻板地依照基督宗教的形象来理解中国传统中的儒、释、道三教，要么放大宗教的范围，以便于将东方诸传统也纳入进去。而中国学者争论儒家与宗教问题，除了关心儒家在现代社会之命运外，产生分歧的重要原因就是他们未能明确区分儒家君子之道与神道设教以化民两个层面。

中国传统中本无与西方等同的宗教观念，中文"宗教"二字，如若不是作为一个翻译的名词，它本来的意思只意味着"可尊之教"。"宗"者，"尊"也⑥。"教者，效也，上为之下效之。"⑦ 儒家之谓教，本皆是教学、教化之义，这也是中国历史传统中对世人进行教育与教化的基本理解。因此，如若舍弃西方的那种以宗教为社会伦理道德与价值观念之核心的思维，我们大可将诸宗教及其宗教现象纳入中国传统文化的模式中来理解。

二、儒家的君子之道与神道设教

如果在理解儒家时一定要使用宗教这个社会学术语，或者，如果要将儒家与世界诸

---

① 转引自韩星：《儒教问题：争鸣与反思》，陕西人民出版社 2004 年版。
② 参见彭永捷：《认识儒教》，载于《社会科学》2011 年第 11 期。
③ 参见蒋庆：《关于重构中国儒教的构想》，载于《儒教新论》，贵州人民出版社 2010 年版。
④ 参见陈明：《儒教与公民社会》，东方出版社 2013 年版。
⑤ 孙尚扬：《宗教社会学》，北京大学出版社 2001 年版。
⑥ 《毛诗正义·公刘》。
⑦ 《白虎通义·三教》。

宗教进行比较研究的话，可以说，在中国传统的社会文化中，宗教只是儒家为安顿百姓进行"神道设教"的一个层面。儒家对君子之道与神道设教加以区分，这是为了教化民众使然。儒家就其自身的理解与追求来说，是无须任何鬼神观念的，是人的理性可以理解和把握的。这与基督宗教那样的"神圣性"有所不同，但这绝不意味着就可以减少其可尊敬。所谓"神""圣"性，是从其超出"人"的高度来加以衡量的。基督宗教于"人"之上，有"神"来作为其"神圣性"，而儒家于众人之上，有贤人、君子、大人，乃至于圣人，有立德、取义、成仁之境，恶乎其不可尊、不可敬欤？

在人类社会中，不同族群信不同的神，或者给其所谓神起不同的名字，往往因神之名号不同而争执不休；而儒家之立尊与敬，无需神仙，更不在于某神之名，这恰恰是儒家的普世性所在。一神之名是殊别的，不识此名、不信此神则对其无效，是故耶教人不尊真主安拉，中国的道士不敬佛祖。儒家无须立神之名而实有可尊、可敬之境，可谓是超宗教的。诚如杜维明先生所指出的那样："超越作为人的状态就是把人变成比人更优越的东西，变成超人或神。然而，儒家坚持认为：终极的自我转化不是超离人性而是实现人性；儒家这种看法是一种具有实质的和伦理宗教意义的宣称。这一人之为人的最低要求可以作为最大限度地实现人性的基础，就如涓涓溪流可以成为浩浩长江的源头一样。我们虽然不能否认涓涓溪流中也存在有水，但是我们也必须承认，长江的浩浩江水已赋予了它以质上不同的意义。"① 不立神而可尊、可敬之境，唯修身以至于君子而后可居仁由义，安于斯境，而小人则否。小人不能安于仁义，而须诱于福祉方可劝其善，须申鬼神不死或来世之说方可安其生死，免其忧惧。

因此，儒家因人才性之高下，而立君子、小人之殊教。《论语》一书，常以君子、小人对举。其谓君子，不一定是爵位尊崇者，而论德力；其谓小人，不一定是卑贱无德者，而以称寻常之人。子曰："君子怀德，小人怀土；君子怀刑，小人怀惠。"② 又云："君子喻于义，小人喻于利。"③ 君子行正道，安于德义，而小人则不免有人之常情，思念世俗之恩情，为世俗利益所驱使。君子、小人之情有所不同，其所教亦有所不同。在《论语》里，君子是众人之近于道者，是先知先觉，小人则是后知后觉。以先知觉后知，则正是孔子之谓弘道、儒家之谓教化的事业。

自然，也并不是所有的小人一旦慕君子之风就可以立马成为君子的。有时候，小人作为人群中的大众，是所有社会普遍存在之实情，古今莫不如此。因此，儒家就要考虑，如若不是所有人都是君子，不是所有人都能自觉地行仁义、安生死，不忧不惧，那么儒家将何以处之？以礼俗处之。其中，宗教性的"神道设教"也是儒家建构民间礼俗的一部分。"神道设教"一词源于《周易》，《易·观》曰："观天之神道，而四时不忒，圣人以神道设教，而天下服矣。"观卦此云"神道"意为"神妙无方，理不可知，目不可见，不知所以然而然"④（孔颖达疏）。而现代研究者往往截取"神道"二字，以为"鬼神"之道，因而在现代宗教社会学的语境中，"神道设教"就意味着圣人立鬼神信

---

① 杜维明：《论儒学的宗教性》，段德智译. 武汉大学出版社 1999 年版。

② 《论语·里仁第四》。

③ 《论语·里仁第四》。

④ 《周易正义·观》。

仰，以教化百姓，让百姓敬服。① 儒家"神道设教"经典的表述是在《荀子》一书中。其《礼论篇》云："圣人明知之，士君子安行之；官人为守，百姓以成俗。其在君子以为人道也，其在百姓以为鬼事也。"严格区分了君子之教与百姓之教的不同。

在人世间的外在与内在秩序建构方面，宗法性的社会组织秩序及其伦理建构，以及相应的礼法规范，尤其是丧葬祭祀礼仪方面，儒家并不是自己凭空创造一套价值与做法，而是在继承华夏历史社会传统的基础上进行提炼，使之具有更纯粹的精神品格与更普遍的适用性。儒家的正式形成一般是以孔子始。但孔子并不是一位"制礼作乐"以发展出一套新的价值伦理观念及其教法的创作者，而是一位"集大成者"（孟子语）。孔子自言"述而不作"，"五经"中的《诗》《书》《礼》《易》为孔子所定，但非孔子所作。所作的《春秋》亦是因鲁之旧史删削而成。"五经"所记载的华夏文明其及政教始于尧舜，下及文武周公，是先于孔子而存在的。自古以来的道统说亦自尧舜始，而非孔子始。尧舜禹汤文武周公之时并不以儒名显，而孔子以来的儒家继承尧舜禹汤文武周公之道而发扬之，此众所皆知。只是对于现代学者来说，先于孔子的华夏文明传统在社会学与宗教学的研究中如何界定，这是个一直在探索的问题。

牟钟鉴先生认为："在中国历史上有没有一种大的宗教一直作为正宗信仰而为社会上下普遍接受并绵延数千年而不绝……这就是宗法性传统宗教。中国宗法性传统宗教以天神崇拜和祖先崇拜为核心，以社稷、日月、山川等自然崇拜为翼羽，以其他多种鬼神崇拜为补充，形成相对稳固的郊社制度、宗庙制度以及其他祭祀制度，成为中国宗法等级社会礼俗的重要组成部分，是维系社会秩序和家族体系的精神力量，是慰藉中国人心灵的精神源泉。"② 兴许"宗法性宗教"之名称有待商榷，因为宗法是以血缘亲情为核心的人类社会结构方式，与宗教是什么关系还有待研究，但牟先生之见洞及中国传统中弥散于整个社会各个方面的伦理与习俗，认为这是儒家各其他学说所生长的社会文化基础与根源，对于我们思考中国传统社会中的宗教因素以及儒家与宗教之关系的问题是极有帮助的。

著名宗教学家杨庆堃的研究亦有见于此，只是他将其称为分散性宗教（diffused religion），以区别于制度性宗教（如犹太教、基督教与伊斯兰教）。他提出："制度性宗教在神学观中被看作是一种宗教生活体系。它包括（1）独立的关于世界和人类事务的神学观或宇宙观的解释，（2）一种包含象征（神、灵魂和他们的形象）和仪式的独立崇拜形式，（3）一种由人组成的独立组织，使神学观简明易解，同时重视仪式性崇拜。借助于独立的概念、仪式和结构，宗教具有了一种独立的社会制度的属性，故而成为制度性的宗教。另一方面，分散性宗教被理解为：拥有神学理论、崇拜对象及信仰者，于是能十分紧密地渗透进一种或多种的世俗制度中，从而成为世俗制度的观念、仪式和结构的一部分。"③ 杨庆堃先生据此认为，佛教与道教在中国可谓是制度性宗教，而至于中国传统社会中的官方祭祀天地山川神灵、民间祭祀祖宗与其他种类繁多、不计其数的神

---

① 参见晁福林：《试论先秦时期的"神道设教"》，载于《江汉论坛》2006年第2期。
② 牟钟鉴：《中国传统宗法性传统宗教试探》，载于《世界宗教研究》1990年第1期。
③ 杨庆堃著，范丽珠等译：《中国社会中的宗教》，上海人民出版社2007年版。

灵崇拜与祭祀则属于分散性宗教。他指出："在这一观点下审视中国社会的宗教特征，我们会发现分散性宗教在社会生活的所有主要层面广为流行，维系着社会制度的稳定；而制度性虽然有其自身的重要性，但是缺乏组织性力量，在整个中国社会系统中不能成为强有力的结构性因素。"[①]

杨庆堃先生在这里的论述就将儒家排除在宗教之外，他提到"在西方文献中，儒家常被当作宗教来看待，这种观念一部分来自基督教传统的影响，系统性和道德价值的强制性主导了基督教传统的宗教功能，在中国社会，儒学的道德价值毫无疑问始终占据着主导地位，这样就给无神信仰体系处理生活的终极意义一个正式宗教的地位，因为儒学的确发展成了一个带有终极道德意义的体系"[②]。但他自己不认为儒家是一种宗教，"儒家不是一种完全神学的宗教，因为它不设偶像，也无超自然的教义作为其教化的象征"[③]。杨先生在他的研究中需要处理儒家作为制度性的政治教化方式与他所谓的分散性宗教是什么关系。他提到了儒家具有某些宗教性仪式，以及许多儒士作品中的鬼神叙事，但他没有将儒家的宗教性面向与中国民间普遍信仰的分散性宗教联系起来。国内宗教学者孙尚扬为此专门指出了这一点。他写道："需要说明的是，杨庆堃本人并不认为儒家是宗教，而是将儒教视为一种具有宗教性的伦理政治思想。但笔者认为，儒教恰恰就是一种弥散型（孙氏对 diffused religion 的翻译，本文亦认为此译名要优于分散性宗教的提法）宗教。"[④] 而本文则认为孙氏所述的儒家之为宗教其实只是儒家"神道设教"的一个面向。

综合牟钟鉴、杨庆堃、孙尚扬之所述，事实上我们可以看到于佛、道之外，中国民间广泛存在一种源远流长的弥散性宗教，佛、道之宗教建构亦置身于其中方在中国历史社会获得其身份认同。在本文看来，牟氏所谓的"宗法性宗教"、杨氏所谓的"弥散性宗教"、孙氏所谓的"儒教"，都是儒家"神道设教"之层面，尽管他们对中国传统宗教的论述与归纳皆有所不同。

三、儒家对民间宗教的整合与升华

华夏自古以来就有对天地神明与祖宗英灵的崇拜与祭祀，这是传世文献、出土材料与中国社会之情状皆可证明的。我们需要阐明的是，儒家对这些宗教性的传统习俗作了什么样的提炼使之符合儒家礼法之要求，有助于儒家忠孝仁义与五常之道落实于人间社会。牟钟鉴先生宗法性传统宗教的提法为著名宗教学家吕大吉先生所采纳，并进一步讨论了与儒家的关系。他在《宗教学通论新编》一书中写道："孔子和儒学关于天命鬼神思想以及对表现宗法等级制度的仪礼（礼学）的大力提倡，无疑来源于三代以来的宗法性传统宗教，但孔子和儒家又有'敬鬼神而远之'的非宗教性一面，他的基本形态是一种人文性的学术理论，是宗法性传统宗教的人文化。所以，尽管儒家学派与宗法性传统宗教有密切关系，但本质上不是宗教。它们之间有联系，又有区别。二者都是宗法社会

---

① 杨庆堃著，范丽珠等译：《中国社会中的宗教》，上海人民出版社 2007 年版。
② 杨庆堃著，范丽珠等译：《中国社会中的宗教》，上海人民出版社 2007 年版。
③ 杨庆堃著，范丽珠等译：《中国社会中的宗教》，上海人民出版社 2007 年版。
④ 孙尚扬著，《宗教社会学》，第四版，北京大学出版社 2015 年版。

的上层建筑，都主张敬天法祖，维护宗法社会的君权、族权与夫权，但宗法性传统宗教是以宗教观念（天命鬼神）和宗教崇拜体制使之神圣化，而儒学则以忠君孝亲、三从四德之类社会伦理学说使之理性化、合理化。"①

儒家之谓礼是对民间习俗的整合，使之合乎义理而有助于淳化风俗，教化人心，建构良善的政治秩序与民间生活秩序。《礼记·礼运》篇云："圣人参于天地，并于鬼神，以治政也；处其所存，礼之序也；玩其所乐，民之治也。故天生时而地生财，人其父生而师教之，四者君以正用之，故君者立于无过之地也。……故礼义也者，人之大端也。所以讲信修睦，而固人之肌肤之会、筋骸之束也。所以养生、送死、事鬼神之大端也，所以达天道、顺人情之大窦也。故唯圣人为知礼之不可以已也。故坏国、丧家、亡人，必先去其礼。"②

天地鬼神的信仰于华夏源远流长，而儒家则将其风俗整合到人伦教化中来，将其信仰的内容予以天地阴阳变化的理性解释，将其信仰的精神实质由世俗价值提升到道德仁义忠敬的高度。《礼记·祭义》记载："宰我曰：'吾闻鬼神之名，不知其所谓。'子曰：'气也者，神之盛也。魄也者，鬼之盛也。合鬼与神，教之至也。众生必死，死必归土，此这谓鬼。骨肉毙于下，阴为野土。其气发扬于上，为昭明焄蒿凄怆，此百物之精也，神之著也。因物之精，制为之极，明命鬼神，以为黔首则，百众以畏，万民以服。圣人以是为未足也，筑为宫室，设为宗祧，以别亲疏远迩；教民反古复始，不忘其所由生也。众之服自此，故听且速也。二端既立，报以二礼：建设朝事，燔燎膻芗，见以萧光，以报气也。此教众反始也。荐黍稷，羞肝、肺、首、心，（间见）以侠甒，加以郁鬯，以报魄也。教民相爱，上下用情，礼之至也。"③ 孔子的这一段阐述，将流俗所谓鬼神之事，作了合乎自然理性的解释，并因人之情，设为祭祀之礼，以"教民相爱"。人之所以惑于鬼神，出于对生死离别的伤感，对生命终结的恐惧，以及对一些自然现象的不理解。孔子在这里因民之情而制礼之义则及其意义疏解，正是儒家立礼之旨。

儒家将自古以来对天的崇敬与祭祀作了合乎义理的转换。"万物本乎天，人本乎祖，此所以配上帝也。郊之祭也，大报本反始也。"④ 天作为至上、至尊的存在，于人而言意味着什么？儒家认为天是万物之所始，人本是天地所先，故人当有所报于天地，这就是郊祀天、社祀地的本来意义。这种对天地的尊敬对于世人来说也是极富教育意义的。人的终极来源是天地，而直接所由来自于祖先，故"人本乎祖，此所以配上帝"。因此，礼于上帝祖先即有报本，不忘根源、不忘恩情之意。"君子反古复始，不忘其所由生也，是以致其敬，发其情，竭力从事以报其亲，不敢弗尽也。是故昔者天子为藉千亩，冕而朱纮，躬秉耒；诸侯为藉百亩，冕而青纮，躬秉耒。以事天地、山川、社稷、先古，以为醴酪齐盛，于是乎取之，敬之至也。"⑤

儒家明确意识到自己所为祭祀礼仪之事不同于流俗的巫觋祝史之所为。"礼之所尊，

---

① 吕大吉：《宗教学通论新编》，中国社会科学出版社 2010 年版。
② 《礼记·礼运》。
③ 《礼记·祭义》。
④ 《礼记·郊特牲》。
⑤ 《礼记·祭义》。

尊其义也。失其义，陈其数，祝史之事也。故其数可陈也，其义难知也。知其义而敬守之，天子之所以治天下也。"① 区分儒家的礼与巫觋祝史之事的关键在于所为何义。相比于巫觋祝史之信神，儒家则以自然理性的态度，以阴阳五行之类的理性化的范畴来解释鬼神，尤其是赋予祭祀鬼神的礼仪以人文教化的意义。

而人从鬼神信仰到儒家所要求的义理之间，无疑是有很长一段路要走。毕竟从现实的角度来说，人之生也有欲、有惧、有情，如何使人超越其欲望和对生死、对社会与自然力量的种种恐惧，而趋于对道义的接纳与自足，这是儒家所要解决的课题。"何谓人情？喜、怒、哀、惧、爱、恶、欲，七者弗学而能。何谓人义？父慈、子孝、兄良、弟弟、夫义、妇听、长惠、幼顺、君仁、臣忠，十者谓之人义。讲信修睦，谓之人利。争夺相杀，谓之人患。故圣人所以治人七情，修十义，讲信修睦，尚辞让，去争夺，舍礼何以治之？饮食男女，人之大欲存焉。死亡贫苦，人之大恶存焉。故欲、恶者，人之大端也。人藏其心，不可测度也。美恶皆在其心，不见其色也。欲一以穷之，舍礼何以哉？"② 除对宗教性的鬼神作义理之转换外，儒家更是有见于世俗层面人世社会的种种情恶之处，通过礼来建立合理的社会秩序，使人能够各安其义、各行其道。在儒家看来，唯有从人心根本处下功夫，方能使人离于禽兽之乱而真正成人，才能建立安乐的人间秩序。

从这个意义上讲，儒家认为人应该是不断进化的，社会也可以不断进步，只是需要人有意识地通过礼来精心养育之。"故礼之于人也，犹酒之有蘖也，君子以厚，以小人以薄。故圣王修义之柄，礼之序，以治人情。故人情者，圣王之田也，修礼以耕之，陈义以种之，讲学以耨之，本仁以聚之，播乐以安之。"③

在这个施教的过程中，儒家特别强调圣王与君子的导向作用，注意区别君子与小人、贤人与普通民众之间的心性修养之差异，以及由此而带来的心理情感需要的不同。礼仪之设虽一，而君子、小人之用有所不同。"论伦无患，乐之情也；欣喜欢爱，乐之官也；中正无邪，礼之质也；庄敬恭顺，礼之制也。若夫礼乐之施于金石，越于声音，用于宗庙社稷，事乎山川鬼神，则此所与民同也。"④ 这一点不仅为诸种儒家经典所指出，亦为后世诸儒所识见。"此礼之本也，而在人者则以庄、敬、恭、顺为行礼之制焉。此圣贤君子之所独知也。若夫施之器而播之声，以事乎鬼神者，则众之所共知者也。"⑤

然而虽然君子与小人有所不同，但这种不同绝不是一条不可跨越的鸿沟。君子与小人同是人，有相类的心理结构与心理需要。只是君子修礼义而向道之志坚，小人则务于生计、贪于利害，心志难以自持罢了。因此儒家之礼可通于上下，君子以礼修身，有见于礼义而操存于心，也有礼义满足其于恩情的需要。小人亦如是，虽不能精心向道，亦足以用礼而毋失。

后汉以降，本土的道教与西来的佛教在中国兴起。但它们都自觉地将自身纳入儒家

---

① 《礼记·郊特牲》。
② 《礼记·礼运》。
③ 《礼记·礼运》。
④ 《礼记·乐记》。
⑤ 陈澔注：《礼记集说》，凤凰出版社 2010 年版。

伦理教化框架中来，以获得承认。杨庆堃先生指出："在中国，不论宗教提供的伦理价值如何启发人们的生活，我们必须承认如下两个事实：首先，在中国历史上没有任何一种主流宗教能像儒学那样发展出一套包罗万象的伦理体系，并如儒学那样对社会结构的系统具有极强的适应性。其次，主流宗教不仅借鉴了儒家伦理中最具策略性的价值精华，而且不断与之妥协。"① 杨先生在他的中国宗教研究中观察到释、道二教对儒学伦理观念的接纳与推崇。与之相应，作为儒家之代表的官方，对释、道二教在民间的流传也是默许的，并有意识地将其纳入自身的教化体系中来。如清代嘉庆皇帝 1812 年之诏书有云："他如二氏之学虽儒者弗尚，以其法归于劝善惩恶，亦犹《虞书》迪吉逆凶之义。故神佛祠宇，列入祀典，瞻礼祈祷，亦律所弗禁。"② 释、道之宗旨本不合于儒家观念，但因其流行民间，有"劝善惩恶"、安定民心之社会功能，儒家不弃，将其纳入民间教化体系中。晚明的徐光启甚至以基督教有修身劝善之效，认为同样可以纳入儒家的教化体系中。他认为："彼国教人，皆务修身，以事天主；闻中国圣贤之教，亦皆修身事天，理相符合，是以辛苦艰难，屦危蹈险，来相印证，欲使人人为善，以称上天爱人之意。其说以昭事上帝为宗本，以保救心灵为切要，以忠孝慈爱为工夫，以迁善改恶为入门，以忏悔涤除为进修，以先天真福为作善之荣赏，以地狱永殃为作恶之苦报。"③

　　这些都证明了在儒家士大夫的观念中，本无门户之见，但以行道济民为最高宗旨。现代诸宗教苟能皆以此心为心，那么诸宗教间的和谐共处、共生共荣，就不是一个问题。但事实上这并不容易。因此，探索儒家何以有此包容性与开放性，对今日世界价值秩序的安顿必将有所启发。

四、儒家与现代社会的宗教问题

　　如今之世，世界诸文明与宗教共存共生，而不似历史上的相对隔阂状态。那么在诸文明与宗教之间进行深入的比较研究，以理性和宽容的态度来处理文明碰撞与宗教冲突之问题就十分必要。孔汉斯曾写道："没有一个世界性的道德，人类就无法生存；没有不同宗教之间的和平，就没有世界和平；没有不同宗教之间的对话，也就没有宗教之间的和平。"④ 从人类历史的演进来看，如若没有一种文明与宗教进行比较的理性态度与宽容精神，则极易陷入盲目自大与顽固排外，以至于导致剧烈的宗教冲突。中国历史上一般而言并未因为宗教教义之冲突而发生大规模战争，其原因就在于作为主导文化的儒家制诸宗教之鬼神信仰而用之，同时又在政治与义理层面保持着深厚的人文精神与清明的理性精神。这是与西方宗教传统非常不一样的地方。李天纲先生曾写道："这说明天主教与儒教并不是一个层次的，一为教，一非教，故可互补；若同为教，便不可能相溶。考察古今中外，凡是真正宗教之间，冲突必为主，相溶极罕见；唯有中国儒教虽有宗教性，然不以'宗教'自立，故能容纳异教，从过去的佛教，到近代以来的基督教、伊斯兰教，都能逐渐深入中国儒教文化圈中，而没有发生宗教战争，无疑得益于儒教的

---

①　杨庆堃著，范丽珠等译：《中国社会中的宗教》，上海人民出版社 2007 年版。
②　杨庆堃著，范丽珠等译：《中国社会中的宗教》，上海人民出版社 2007 年版。
③　萧若瑟：《天主教传行中国考上卷（民国丛书）》，上海书店 1990 年版。
④　孔汉斯：《全球责任》，伦敦 SCM 出版社 1991 年版。

非教以及'和而不同'的思想。"①

    而西方文艺复兴以来，其启蒙思想家认识到中国的儒家文化与天道之观念时，有了重大的启发。"汉学文献在十七世纪时兴盛起来了。当时不仅出现了中国状况的书籍，还翻译了古代中国的圣典，有些附有注释，有些则无，这些圣典在西欧的宗教辩论中逐渐占据了意想不到的重要地位。因为中国的'宗教'没有神秘的东西，没有'教士的权术'，而谆谆教诲一种高尚的道德理想，它提供了——或者说似乎提供了——一个可喜的见证，它证明了，正如某些欧洲的学者主张的那样，宗教的本质正应当如此，在这个简单的主题上后来增添的一切东西既无必要也不合需要。"②

    因此，我们在这里提出，儒家以诸宗教为用，但儒家本身不属于宗教，而是超宗教的。兹所谓"超"，有多方面的含义。首先，相对于诸宗教对最高存在的种种断言，儒家采取的是存而不论的态度，仅从人之理性与经验所能理解的角度去认识，而不妄加超出逻辑的迷信。所以许多人宁愿将儒家对世界万物的认识称之为哲学，而非宗教。其区别在于，哲学是在知性概念的基础上用理性进行合乎逻辑的推理，而宗教的认识对象及其认识方式，都有超出人的理性与逻辑所能把握的范围。正因为诸宗教所诉诸的认识对象超出了人的理性能力，故而诸宗教之间的理论分歧是无法在逻辑论证的范围内予以解决的。因此，诸宗教之于最终实体各持一端，儒家悬而不论，允持厥中，合于中庸之道。

    其次，诸宗教在其所规定的范围内对人的困境进行诊断，并提出相对应的治疗程式。儒家亦然。正因为儒家在存在论上的中庸，故而超出诸宗教的理论方域，取其教化之卓有效者为己所用。

    儒家之仁义有一个内在的结构，可以处理不同道理与不同习俗之间的紧张关系，即仁通而义方，仁柔而义刚。仁与义搭配起来，就展现了义理的规范性与灵活性。仁是道德实践最高的境界与要求，是一种宽恕、不忍之心，是柔软的、爱的原则；而义则是决断的、严正的、刚猛的价值规范。不讲义，仁就会流于柔弱无力；不讲仁，义可能会带来冲突，造成悲剧。圣人之所以讲义，是看到了道德心本身的无力，这就需要给人以决断的力量，而生发道德的勇气；圣人之所以讲仁，是看到了世事的复杂，光用道义的拳头并不能解决问题。因此在仁与义之间就有一种极为审慎与全面的考量，既要有义的正当性，也要有仁的底线；反之亦然，既要有一种仁爱之心，亦要以义理正之。正如《礼记·乐记》所云："仁以爱之，义以正之。"③凡此种种，皆儒家合诸宗教之道。

    在全球化日益加深的今日世界，各大文明与宗教的相互作用与相互影响必然不断加深。而目前政治学与宗教学界所提出的对策主要是政治自由主义与价值多元主义，强调宗教信仰与道德伦理价值多元存在的事实，进而要求从政治上与法律上保障各文明传统与宗教传统的平等地位及其信仰自由。其出发点诚然是极好的，然而尚存在两方面的理论困难。其一是多元论暗含着相对主义的危险，其二是与某些宗教所声称的独一性存在

---

① 韩星：《儒教问题：争鸣与反思》，陕西人民出版社2004年版。
② 埃里克·J. 夏普著，吕大吉，何光沪，徐大建译：《比较宗教学史》，上海人民出版社1988年版。
③ 《礼记·乐记》。

矛盾关系。如美国宗教学者保罗·尼特曾论述道:"我在努力阐明的多元主义的相互关联的诸宗教神学,它的一个最微妙的和最具爆炸性的方面是它显然质疑甚至废除传统对基督和基督教独一性的理解。"① 如果诸宗教之间的差异无法通约,那么,要么就需要对诸宗教的诸多教义作出新的理解与解释,以切合于宗教多元论,要么就需要对诸宗教的理论与实践加以限制。

无疑,这两种选择都是极为艰难的。而对于本文来说,就是要尝试第三种选择,我们借更为通达的义理结构,将诸宗教整合到一个可以理解、可以践行的体系中来。在中国历史上,儒家以其仁义结构,调和诸义之间的歧义,以君子之道与神道设教的区分,融合诸宗教,纳入一个更为普遍的、一般的道德教化体系中来,以安顿社会人心。

因此,儒家之于中国,不只是诸宗教中的一端,而是对社会有着通盘的考虑,以其特定的义理结构融汇诸宗教。所谓"万物并育而不相害,道并行而不相悖"②,这不仅是一种信念,在历史上,儒家更是将之付诸实践。所以,今天我们不应当要求儒家成为一种宗教,而应当使儒家成为更宽泛的社会结构框架,以整齐人心,亦融汇诸宗教,以期为世界文明的未来做出其应有的贡献。

---

① 保罗·尼特著,王志成等译:《一个地球多种宗教——多信仰对话与全球责任》,宗教文化出版社 2003 年版。
② 董仲舒:《天人三策》,见《汉书·董仲舒传》。

论孝对为官从政的价值启示①

申圣超

（四川大学　马克思主义学院）

摘　要：党的十八大以来，习近平总书记多次强调要传承和弘扬中华优秀传统文化，并将其作为治国理政、经纶安邦的重要思想文化资源。作为中华传统美德之一，孝是一切德行的根本，也是为官从政的重要法宝。行孝首先要爱己之身，不让父母担忧，又要避免辱身羞亲，故孝自爱身始，孝则不辱亲，立爱自亲始，进而推至仁民，故孝为仁之祖，孝亲可以至仁民。只有在家孝敬亲长的人，才有可能为官时做到清正廉洁，故孝为廉之基，孝可以促进廉洁。上级的言行合义则从、不义则诤，故孝与义相连，真孝含谏诤。谏诤需要智慧，要讲求方式方法，尽可能做到情义兼尽，故智为孝之方，谏诤则需智。然而，应当辩证地看待传统孝文化，如三年之丧、亲亲相隐等已不能适应当代社会的需要，因此，对传统孝文化进行创造性转化和创新性发展，对为官从政有着极其重要的借鉴意义。

关键词：孝；仁；廉；诤；智

党的十八大以来，习近平总书记多次强调要传承和弘扬中华优秀传统文化，并将其作为治国理政的重要思想文化资源。作为中华传统美德之一，孝是一切德行的根本，也是为官从政的重要法宝。《论语·为政》载（或谓孔子曰）："子奚不为政？"子曰："《书》云：'孝乎！惟孝，友于兄弟，施于有政。'是亦为政，奚其为为政？"《论语·为政》将孝与政相结合，突出了孝的政治功能。世界上许多国家都倡导孝道文化，但最早提出"以孝治天下"，将孝由家庭伦理上升至国家政治层面的却是中国。自古以来，孝便在促进家庭和谐、维系社会稳定等方面起着极其重要的作用。在古代，封建统治者多用孝来安抚民众，其中在很大程度上有忠君的成分；而在现代，人们将孝道文化与社会现状相结合，除了告诫人们要孝敬亲长外，对领导干部为官从政亦有极其重要的借鉴意义，正如肖群忠先生所说，孝"是中国古人认为的为官从政的人格道德基础"[1]。

一、孝自爱身始，孝则不辱亲

《孝经·开宗明义章》曰："身体发肤，受之父母，不敢毁伤，孝之始也。"王充在

---

① ［基金项目］中国博士后科学基金第59批面上资助项目"传统孝文化的现代转化研究"（2016M592686），四川省哲学社会科学规划青年项目"儒家思想及其当代价值研究"（SC15C022），四川省2016年度政务调研课题"四川构建优秀传统文化传承体系研究"（川办涵〔2016〕61号）。

《论衡·四讳》中亦指出："孝者怕入刑辟，刻画身体，毁伤发肤。"身体受之于父母，是父母乃至先祖生命的延续，一个人无故毁伤身体甚至结束生命，表面上看是自己的事，实际上恰恰是不孝的表现。因此，保护好身体，避免其受到伤害，是行孝的第一步。当然，为国家和民族利益牺牲者除外，这部分人不但不违背孝道，反而是更高层次的"孝"。相反，如果在战场上临阵脱逃，就会让父母蒙羞、让国家蒙难，那样的话，即使苟全性命也不是"孝"，"战阵无勇，非孝也"（《礼记·祭义》）。

对于为官从政者而言，"不敢毁伤"还有另外一层含义，即自觉遵守党纪国法、免受行政处罚等。"孝子不服暗，不登危，惧辱亲也。"（《礼记·曲礼》）孔子曰："一朝之忿，忘其身以及其亲，非惑与？"（《论语·颜渊》）这也就是说，不要因一时气愤而以身试法，否则，不仅使自己的身体受到伤害，还使父母受到羞辱。正如《弟子规》所说"身有伤，贻亲忧；德有伤，贻亲羞"。《孝经·开宗明义章》曰："立身行道，扬名于后世，以显父母，孝之终也。"尽管当代社会已经没有了封建社会那种光宗耀祖的意识，但子女在社会上取得重要成就也是对父母极大的安慰和报答，特别是为祖国和人民做出突出贡献的人，其家族也会引以为自豪。相反，做了坏事，就有可能辱没先祖名声，"如果通过贪赃枉法，索贿受贿，以养其亲……也不能算是孝"[2](P43)。退一步讲，即使不能扬名后世，至少也不能做玷污父母名声的事情，"父母既没，慎行其身，不遗父母恶名，可谓能终矣"（《礼记·祭义》）。

作为父母，不奢求子孙后代权高位重，只希望其贤良有才能。然而，人之欲望无穷，"现在一些高级干部骄奢淫逸、违法乱纪，最终入了监狱，自己受罪，父母蒙耻，就不能算孝子"[3]。例如，某副省长利用职务上的便利，为他人谋取利益，非法收受他人财物，终因受贿罪和巨额财产来源不明罪被判处有期徒刑，并处没收个人财产。案发后，老母亲终日以泪洗面，妻子因其涉案受贿，女儿亦受其影响而婚恋破裂。当事人表示，愧对自己的家庭，不但没有尽到责任，反而让亲人为自己背负贪官骂名，并长期忍受痛苦煎熬。在面对纷繁扰攘时，他们为名缚、为物累、为欲伤，最终落得个身败名裂、让家族蒙羞的下场。近期上演的大型廉政豫剧《全家福》就讲述了一个因贪念私欲让"全家福"变成"全家苦""全家哭"，给人民群众和当事者家庭带来深重伤害的故事。可见，孝在修身立德、预防腐败方面具有很大的优势。作为领导干部，"一定要对手中的权力心存敬畏和戒惧，珍惜自己、珍惜家庭、珍惜名节，让良好家风涵养廉政文化，筑牢拒腐防变的思想道德防线，用清正廉洁守护好'全家福'"[4]。"殷鉴不远，在夏后之世"（《诗经·大雅·荡》），作为领导干部，要接受前车之鉴，为官一任，应当造福一方，这是对父母养育之恩的报答，亦是对其最大的孝。2014年3月9日，中共中央总书记习近平在第十二届全国人大第二次会议安徽代表团参加审议时提到，"既严以修身、严以用权、严以律己，又谋事要实、创业要实、做人要实"，被称为"三严三实"讲话。践行"三严三实"，要以修身律己为先，孝对此有着重要的意义。用孝来引导领导干部为官从政，就有可能使其因担心自己的行为让亲人蒙羞而减少过失，也促使犯有过失的人知耻改过、避免重犯。由此看来，孝对为官从政有着十分重要的启迪意义。

要而论之，行孝首先要爱己之身，不让亲人担忧，又要避免辱身羞亲。故孝自爱身始，孝则不辱亲。

二、孝为仁之祖，孝亲至仁民

曹端曰："性有五常而仁为首，仁兼万善而孝为先。"(《曹月川先生年谱》)仁乃五常之首，而孝为万善之源。马一浮亦说："一言而可以该性德之全者，曰仁。一言而可以该行仁之道者，曰孝。"(《复性书院讲录·孝经大义六·原刑》)可见，孝是实行仁德的根本。《管子·戒》云："孝弟者，仁之祖也。"高诱在《淮南子注·原道训》中，将"祖"解释为"本"，即孝为仁之本。如果一个人能够对亲人恪守孝道，那么，他往往也会对工作尽心尽责、对国家尽忠竭力，这是由忠、孝本质上的一致性决定的。对于为官从政者来说，在家孝敬父母，才有可能在工作中尽职尽责、对人民施以仁爱、对国家尽忠。孝是忠的基础，忠是孝的延伸，尽管孝为家庭道德而忠为政治伦理，然而在中国传统社会中，家国是同构的，即父乃一家之君，君乃一国之父，可见，忠、孝是一体的。"事君不忠，非孝也。"(《吕氏春秋·孝行览》)在古代，"君"代表国家，"事君"就是为国家尽忠。今天，"忠"主要表现为忠于党、忠于国家、忠于人民等。孝从家庭层面上升至社会层面，在一定程度上推动了仁的实现。

朱子曰："为人孝弟，则和逊温柔，必能齐家，则推之可以仁民。"(《朱子语类》卷20)相反，"孝弟而不能为仁……未必是真孝真弟"[5](P99)。由此可见，孝是仁在家庭伦理关系中的具体化，仁是孝在社会伦理和政治伦理关系中的扩展与泛化，亲亲而后仁民，仁民而后爱物，"能孝弟了，便须从此推去，故能爱人利物也"(《朱子语类》卷20)。孝，就家庭而言，是对亲长之爱；就社会而言，是爱他人之亲的朴素美德，即通过对亲长之爱扩展到爱社会上所有的人。换句话说，仁是由亲亲之爱推广开来的，孝是实现仁德的重要途径。因此，孝不仅是公民个人修身、齐家的基本要求，亦是统治者治国、平天下的必备条件。孔子曰："己欲立而立人，己欲达而达人。"(《论语·雍也》)朱子注曰："以己及人，仁者之心也。"孟子继承孔子的思想，提出"老吾老，以及人之老；幼吾幼，以及人之幼"(《孟子·梁惠王上》)。以上皆是说，人应当推己及人，由爱人及于万物，将亲亲之爱、家庭责任上升至民族大爱和社会责任。这正如《论语·学而》所说："弟子入则孝，出则弟，谨而信，泛爱众，而亲仁。"今天我们讲孝，倡导由孝亲推至仁民，就是要从爱亲出发，继而推己及人，最终实现仁民爱物；对于为官从政者而言，就是要做到廉洁自律、勤政为民。

《孟子·离娄上》云："仁之实，事亲是也。"仁者爱人，首先要爱亲。行仁自孝始，爱人先爱亲，一个人首先应当爱敬亲长，然后将爱敬亲长之心不断延伸，"以其所爱，及其所不爱"(《孟子·尽心下》)。在家孝亲未必在外仁民，但一个连亲长都不爱敬的人一定不懂得爱敬他人。因此，善为政者首先应当是孝子，这样才有可能使近者悦服、远者归附。由此可见，孟子认为，为官从政者如果能以孝导民，就有可能得"众人之欢心"，最终实现四方之国归顺的理想局面。《论语·为政》记载，季康子问孔子：如何才能使百姓恭敬、忠诚和相互劝勉？孔子告诉他，一个人如果能以庄重的态度来对待百姓，百姓就会对他恭敬；孝敬亲长、慈爱百姓，百姓就会对他忠诚；推荐德才兼备的人、教育犯有错误的人，百姓就会相互劝勉。这就告诫为官从政者：在家孝亲，在外仁民，自然会赢得百姓的爱戴。因此，提倡孝对为官从政有着十分重要的意义。

要而论之，为官从政者若能以爱敬亲长之心来对待他人，必然会获得"近者悦，远者来"或"远者近，旧者新"的理想局面。故孝为仁之祖，孝亲可以推至仁民。

三、孝为廉之基，孝可以促廉

为政之要，贵在廉洁。廉，自古以来就是中华民族的传统美德，《管子》将其与礼、义、耻一起视为国之四维。关于廉的内涵，《古代汉语词典》曰"正直，方正"，引申为："清廉，不苟取，与'贪'相对。"《礼记·曲礼上》云"临财毋苟得"，郑玄注："为伤廉也。""苟非吾之所有，虽一毫而莫取。"（《前赤壁赋》）由此可以看出，廉是人们对事物的态度或看法，将其贯穿到公共权力的行使中，就是廉政。古圣先贤知晓廉对为官从政的重要意义，因此十分重视廉德。如春秋时期宋国司城子罕以廉为宝，三国时期蜀汉丞相诸葛亮至死之日内无余帛、外无盈财，等等。

今天我们的党和国家依然十分重视廉政文化建设。党的十八大报告明确提出："反对腐败、建设廉洁政治，是党一贯坚持的鲜明政治立场，是人民关注的重大政治问题。这个问题解决不好，就会对党造成致命伤害，甚至亡党亡国。"可见，廉洁从政对党和国家的意义十分重大。2014年5月23日至24日，中共中央总书记、国家主席习近平在上海考察时强调："各级干部要增强信仰力量和道德力量，正确对待权力，正确对待名利，正确对待群众，做到坚定清醒有为、为民务实清廉。"可见，清正廉洁是领导干部为官从政的根本，"廉者，政之本也"（《晏子春秋·内篇杂下》）。倘若为官从政者做人做事一切从孝出发，便拥有了坚实的道德根基，进而产生不为物役、不为利驱的道德定力，他就会时刻以国家和人民利益为重，真正做到克己奉公、廉洁自律。正如2009年12月11日习近平在全国组织部长会议上所强调的："选拔任用干部既要看才，更要看德，把政治上靠得住、工作上有本事、作风上过得硬、人民群众信得过的干部选拔上来。"《孟子·滕文公上》曰："上有好者，下必有甚焉者矣。"如果领导干部为官清廉，带头端正自己的言行，下面的风气自然就端正了，正所谓"正人先正己"。可见，官德影响民德，为官从政者的道德素质提高了，民众的道德素质自然会提高，社会风气会随之得到净化，整个社会的道德水平也会因此而得到提升。因此，面对当前严峻的反腐形势，以孝涵养清正廉洁的价值理念，使领导干部从"不敢腐"到"不能腐""不想腐"，努力做到干部清正、政府清廉、政治清明。

百善孝为先，治政廉为首。古代统治者在选任官员时，就极为重视人的道德品行。他们认为，只有在家孝敬亲长的人，才有可能在为官时做到清正廉明。例如，在古代"二十四孝"中，虞舜的"孝感动天"、江革的"行佣供母"、孟宗的"哭竹生笋"和王祥的"卧冰求鲤"，以及彝族古代译文文献中的董永——"赛特阿育"，皆是因孝而获重用的例子；汉文帝的"亲尝汤药"和黄香的"扇枕温衾"等，则是孝子后来为王做官、勤政为民的典范。由此看来，我们应当充分吸收孝道文化在领导干部修身立德、为官从政等方面的有益因素，加强对领导干部德的考核，把孝、廉作为选任干部的重要依据。对于那些孝敬亲长、清正廉洁的干部，应及时选拔任用到重要岗位上来；相反，对于那些腐化堕落、道德败坏的干部，应及时处理，以免其影响干部队伍。在这里，需要注意的是，孝可以促进廉洁，但二者毕竟是两种不同领域的道德，随着家国一体的传统社会结构的解体、私人领域和公共领域的日益分割，我们应当看到孝、廉的差异，在继承中华传统道德资源时既要肯定又不要盲目扩大传统孝文化在廉政文化建设中的作用。同时，要建设廉政文化，法律和制度的作用不可忽视，优化顶层设计，加强反腐败国家立法，形成有效的机制，最终将权力关进制度的笼子里。

要而论之，只有在家孝敬亲长的人，才有可能为官时做到清正廉洁。故孝为廉之基，孝可以促廉。

四、孝与义相连，真孝含谏诤

在当代社会，孝抛除了忠君的成分，却包含了义的内容。义，《古汉语常用字字典》将其解释为：公正、合宜的道理、道德或行为。它体现在孝中就是谏诤。因此，尽孝时应遵循合理合宜的义的原则，即尽孝应合义，不义则"诤"之。

孟子曰："惟顺于父母可以解忧。"（《孟子·万章上》）但倘若对方有错，究竟是曲意逢迎还是以义谏诤呢？《孟子·告子下》给出了答案："亲之过大而不怨，是愈疏也……愈疏，不孝也。"可见，对于长辈不义的言行不但不怨、不谏，反而盲目顺从，就是不孝。赵岐在《孟子注疏·离娄上》中说："阿意曲从，陷亲不义，一不孝也。"父母有错，做子女的却以"孝顺"为名而不对其进行谏诤，就是不孝。《孔子家语·六本》记载了"曾子受杖"的故事：有一次，曾子锄地时不小心除断了幼苗，父亲一怒之下将其打晕。曾子醒来后，怕父亲担心，于是弹琴而歌，借以告知父亲自己身体无恙。孔子听说后斥责他："既身死而陷父于不义，其不孝孰大焉？"可见，真正的孝并非表面上的"顺"。《孟子·离娄上》提出"格君心之非"的理念，即主张通过谏议规诫等方式来纠正君主的错误思想。《颜氏家训·省事》亦有："谏诤之徒，以正人君子失尔，必在得言之地，当尽匡赞之观，不容苟免偷安，垂头塞耳。"由此看来，对于为官从政者而言，上级有错，下属对其进行规劝，不但没有违背道义，反而是下属的义务。

《说苑·正谏》载："孔子曰：良药苦于口利于病，忠言逆于耳利于行。故武王谔谔而昌，纣嘿嘿而亡。君无谔谔之臣，父无谔谔之子，兄无谔谔之弟，夫无谔谔之妇，士无谔谔之友，其亡可立而待。故曰：'君失之，臣得之；父失之，子得之；兄失之，弟得之；夫失之，妇得之；士失之，友得之。故无亡国破家、悖父乱子、放兄弃弟、狂夫淫妇、绝交败友。'"又说："处君之高爵，食君之厚禄，爱其死而不谏其君，则非忠臣也。"孝亲、敬上固然是孝之大伦、忠之原则，但人非圣贤，孰能无过？上级亦不例外。如果不加分辨地盲目顺从，就是陷其于不义之中，恰恰是大不孝。可见，上级的言行如果合乎道义，则听之从之；反之，则要劝之谏之。朱子曰："得为而不为，与不得为而为之，均于不孝。"[6](P78)具体到哪些"得为"哪些"不得为"，《荀子·子道》作出了明确的回答："入孝出弟，人之小行也。上顺下笃，人之中行也。从道不从君，从义不从父，人之大行也。"故"明于从不从之义""审其所以从之"之道，"孝子所以不从命有三：从命则亲危，不从命则亲安，孝子不从命乃衷；从命则亲辱，不从命则亲荣，孝子不从命乃义；从命则禽兽，不从命则修饰，孝子不从命乃敬。故可以从而不从，是不子也；未可以从而从，是不衷也"。这与孟子所说的"大人者，言不必信，行不必果，惟义所在"（《孟子·离娄下》）异曲同工，都是主张"惟义是从"。由上可知，孝以"顺"

为先，顺以"义"为前提，真正做到"以义辅亲""以正致谏"（《大戴礼记·曾子本孝》）。如果只是毫无原则地一味顺从，表面上看是大孝，实际上恰恰是沦其于不义之中，就是不孝。由此看来，就尽孝而言，谏诤比顺从更为重要，当然也更难做到。对于领导干部来说，尤其应如此，不仅对自己的上级要以义谏之，对下属的批评意见，亦应做到：谏行言听，使咬耳朵、扯袖子，红红脸、出出汗成为常态。但是在当代社会，一些人唯领导是从，"凡是领导作出的决策，都坚决维护；凡是领导的指示，都始终不渝地遵循"。表面上看，下级服从上级，上下级之间呈现出一派和谐融洽的景象，其实这是在其位而未尽其责。孝不等于唯命是从，不义不诤非真孝。即使一些人以行孝为名而陷上级于不义，也不是真孝。正确的做法：义则从，不义则诤。

要而论之，对于为官从政者而言，上级言行合义则从、不义则诤，避免处在上位的人陷于不义。故孝与义相连，真孝含谏诤。

五、智为孝之方，谏诤则需智

谏诤，要以对方出现过错即"有过"或"不中道"为前提，并且只可委婉劝谏而不能激烈对抗，即谏诤需智。《古代汉语词典》将智解释为：聪明，智慧。作为"三达德"（智、仁、勇）之首，智是取得良好谏诤效果的重要保证。由此看来，领导有过时，做下属的运用智慧及时对其进行劝谏，才有可能收到理想的效果。

习近平在一次会议上强调，党内要开展批评与自我批评，并且指出，批评要讲究方法。每个人都有可能犯错，做领导的亦不例外，关键在于，领导有了过错，做下属的是装聋作哑、为其掩饰还是厉声呵斥、粗暴对待？前者可能为领导日后犯更大的错误埋下隐患；后者则会对其造成身心上的伤害，有违于"礼"。由此可知，行孝时，不仅需要以义辅之，更需要以智谏之，尽可能做到情义兼尽。即使领导有过，也应"下气怡声"（《礼记·内则》），做到"谏而不逆"（《大戴礼记·曾子大孝》）、"微谏不倦"（《大戴礼记·曾子立孝》），既不盲目顺从又不违背"礼"的原则，否则，就会适得其反。至于具体的谏诤方式，《孔子家语·辩政》《说苑·正谏》《白虎通义·谏诤》《风俗通义·过誉》和《后汉书·李云传》等皆主张"讽谏"。那么，何为"讽谏"？《白虎通义·谏诤》曰："讽谏者，智也。知祸患之萌，深睹其事，未彰而讽告焉。此智之性也。"即下对上不直指其事，而是用舒缓的态度、委婉的言辞，通过比喻和暗示等方法规劝，使其改正过失，最终达到"咎故不生"（《大戴礼记·曾子立孝》）的目的。只有智者，才能"度君权时，调其缓急，而处其宜，上不敢危君，下不以危身。故在国而国不危，在身而身不殆"（《说苑·正谏》）。总之，对于上级的过失，既要及时规劝，又要注意观察时机、讲求方式，唯此，对方才容易接受并及时改正，最终达到劝谏目的。

上级有错，做下属的要以委婉的方式对其进行谏诤，但如果对方不听从，又该如何去做呢？这就涉及"以智谏诤"的另外一层含义，即"直不至于犯，而婉不至于隐"（《王阳明全集·悟真录》）。智者只有在适合谏诤的时候才谏诤，具体来说，就是不可则止、又敬不违。《春秋公羊传·庄公二十四年》云："三谏不从，遂去之。"这与《论语》所说"以道事君，不可则止"（《先进》）、"忠告而善道之，不可则止，无自辱焉"（《颜渊》）、"危邦不入，乱邦不居。天下有道则见，无道则隐"（《泰伯》）、"邦有道，则仕；

邦无道，则可卷而怀之"（《卫灵公》），《孟子·万章下》所谓"有过则谏，反覆之而不听，则去"，谢枋得《上丞相留忠斋书》所说"君臣以义合者也，合则就，不合则去"相一致。领导有错，做下属的理应委婉劝谏，但并不是每一次劝谏都有效果，当意见和建议不被接受时，做下属的亦要以"礼"相待。《论语·里仁》云："几谏。见志不从，又敬不违，劳而不怨。"王夫之在《读四书大全说·论语·里仁篇》中解释到："'几谏'者，非微言不尽之谓，而'见微先谏'之说为允当也。"钱穆在《论语新解·里仁篇》中解释说："谏不从，当反复再谏，虽劳而不怨。"这就是上文所说的情义当兼尽。

要而论之，上级有过，做下属的理应劝谏，但要怡色柔声、委婉劝谏，尽可能做到情义兼尽，达到劝谏目的。故智为孝之方，谏诤则需智。

值得注意的是，在现实生活中，我们总是强调下级要尊重上级，事实上，作为领导，亦应当有令人敬佩的行为，即以仁义之心来对待自己的下属。这也就是说，孝不是单向的顺从与尊敬，而是上下之间一种相互的道德要求，肖群忠先生将此解释为"义务并行互益性"[7](P355)。"君之视臣如手足"，臣才能"视君如腹心"；反之，"君之视臣如土芥"，则臣"视君如寇雠"（《孟子·离娄下》）。正所谓上慈下孝、上行下效，道理即在于此。

当然，中国古代的孝道文化也有其局限性，比如愚忠愚孝、上下相隐等已不能适应当代社会的需要，但不能因为它的某些局限性而否定其在当代社会的价值。孝从家庭伦理出发，延伸至社会层面，对为官从政有着积极的启示意义。不久前，包括传统孝文化在内的国学走进中央党校就是一个很好的力证。因此，我们应当运用马克思主义的立场、观点和方法对古代的孝道文化进行扬弃，正如习近平所说："对历史文化特别是先人传承下来的道德规范，要坚持古为今用、推陈出新，有鉴别地加以对待，有扬弃地予以继承。""重点做好创造性转化和创新性发展。"[8]总之，为官从政者应当从古代孝文化中汲取精华，自爱己之身始，由孝亲推至仁民，以孝来促进廉洁，用智慧进行谏诤，真正让孝文化内化于心、外化于行。

参考资料：

[1] 肖群忠. 孝与廉 [N]. 光明日报，2013-01-21.

[2] 舒大刚. 至德要道：儒家孝悌文化 [M]. 济南：山东教育出版社，2012.

[3] 周桂钿. 孝道：中国优于西方之道 [N]. 人民日报，2015-02-03.

[4] 中央国家机关纪工委. 现代廉政豫剧《全家福》走进中央国家机关 [EB/OL]. (2015-04-18) [2016-01-25]. http：//www. ccdi. gov. cn/yw/201504/t20150418_54991. html.

[5] 李颙. 二曲集 [M]. 北京：中华书局，1996.

[6] 朱熹. 四书集注 [M]. 长沙：岳麓书社，1987.

[7] 肖群忠. 孝与中国文化 [M]. 北京：人民出版社，2001.

[8] 潘旭涛整理. "习近平谈核心价值观"——民族的根与魂 [N]. 人民日报海外版，2014-07-31.

程颐的气学思想与其理学宇宙论的构建

宋道贵

（九江学院　庐山文化研究中心）

摘　要：二程兄弟作为理学的奠基人，其最重要的理论贡献是"体贴"出了天理，确立了理学的本体论。在此基础上，伊川又进而吸收改造了先秦以来特别是两汉的气学思想，并熔铸到其理学体系中，构建了理学的本体宇宙论，从而回应了佛教的挑战，超越了单纯强调气化的宇宙论生成论的思维模式，把宇宙论思想推进到一个新的理论阶段。

关键词：理；气；本体宇宙论

程颐（1033—1107，字正叔，号伊川）与其兄程颢（1032—1085，字伯淳，号明道）作为理学的奠基人，以他们所"体贴"出的天理作为形而上的本体去和佛教的空无本体以及道家的虚无本体相抗衡，并以"理"作为现实世界之"然"的"所以然"，从而为现实世界的伦理道德规范提供了形而上的本体支撑。他们的这一本体论思想，历来受到学界的重视。而另一方面，学界对于伊川理学体系中所容纳的气学思想内容，则关注较少。虽然也有部分学者从理气关系的角度揭示了伊川的气学思想所具有的理学特征，但对于其统合理气所形成的思想形态并没有给出明确的理论界定。[①] 对此，本文根据伊川的理气关系，把理与气这两个概念结合起来，将其本体论与宇宙论贯穿起来，试图从其本体宇宙论的构建中去考察其气学思想的特色及理论地位。

一、理气关系

理气问题成为理学的一个主要论题，始自伊川。他的理气论不像朱子那样贯穿于整个思想体系形成所谓的理气哲学，而主要从宇宙论的层面上对理气关系进行探讨，以明确理与气在宇宙万物的生成过程中各自的作用与地位。概括而言，伊川的理气关系主要包含以下三个方面：

首先，理气具有形而上下之别，理是"所以阴阳者"。从学理上来讲，理气之间形上与形下的分判是理学本体论建构的必要前提。如果理混同于气或物，其存在就落于形

---

① 参见小野泽精一等编著，李庆译：《气的思想》，上海人民出版社1990年版。另外，也有统论二程的气学思想而不作区分的，参见张立文主编：《气》，中国人民大学出版社1990年版；李志林：《气论与传统思维方式》，学林出版社1990年版；庞万里：《二程哲学体系》，北京航空航天大学出版社1992年版。

而下的实然层面，从而失去作为本体的意义。依此，伊川认为，要想合理地解读《周易·系辞》"一阴一阳之谓道"的含义，必须突出阴阳之气与道的概念分界。"'一阴一阳之谓道'，道非阴阳也，所以一阴一阳，道也，如一阖一辟谓之变"。[1](P67) "离了阴阳更无道，所以阴阳者是道也。阴阳，气也。气是形而下者，道是形而上者。"[1](P162) 在伊川理学思想的逻辑结构中，道和理是居于同等地位的概念。伊川强调道或理是形而上者，阴阳之气是形而下者，一方面凸显了道或理的超越的本体地位，另一方面又以"所以阴阳者"使道或理的超越的本体地位得以落实。即道或理不仅超越于气之上，而且是阴阳之气"一阖一辟"变化之根据。可以说，伊川正是以道或理对气之阖辟变化的主宰性来保证其道或理的形上性，否则道或理的形上性必然虚脱。

其次，理不离气。在伊川哲学中，理是无方所的，那么如何来保证理的遍在性？他是通过同样遍在的气，以理内在于气的方式来实现。正是在这种意义上，伊川强调"离了阴阳更无道"。[1](P162) 而落实到理与物的关系上，他则以"有物必有则，一物须有一理"[1](P193) 来进行概括。这样，伊川就通过道或理与气互不相离的关系揭示了理气在实际存在中的统一。这种统一关系不仅保证了理的遍在性，而且道或理的"所以阴阳者"的地位亦通过这种统一关系而确立。换言之，道或理是内在于气而发挥其对气的主宰作用的。

最后，理不生气。在理学中，理气之间有无派生关系，涉及宇宙生成论与本体论两种不同的理论模式。在此问题上，目前学界的探讨多将伊川与明道合论，不作区分。张立文、徐远和、卢连章等学者认为，在二程理学中，理与气之间具有时间先后的生成关系①，金春峰、庞万里等人则提出反对意见②。前者提出了以下三条文本依据：

> 有理则有气，有气则有数。[1](P1030)
>
> 有理而后有象，有象而后有数。[1](P271)
>
> 凡物之散，其气遂尽，无复归本原之理。天地间如洪炉，虽生物销铄亦尽，况既散之气，岂有复在？天地造化又焉用此既散之气？其造化者，自是生气。[1](P163)

根据前两条资料，他们认为理气具有时间先后的关系，并由此而推出理气之间是派生与被派生的关系。第三条论据是张立文先生所提出，他认为"造化者"即是理，因而"其造化者，自是生气"，其含义就是理生气。③

需要加以澄清的是，上述三条资料都是伊川之语。就其所表达的意义来说，以之作为理生气的论据，极为牵强。第一，"有理则有气"的表述并没有时间上的意蕴。因为根据伊川的理不离气之说，同样可以说有气则有理。第二，"有理而后有象，有象而后有数"，表达的是《周易》中理和象数之间的关系，即制易者先体悟到了理，然后立象

---

① 参见张立文：《中国哲学逻辑结构论》，中国社会科学出版社 1989 年版；徐远和：《洛学源流》，齐鲁书社 1987 年版；卢连章：《程颢程颐评传》，南京大学出版社 2001 年版。

② 参见金春峰：《论二程唯心主义哲学思想的理性主义实质》，《中州学刊》1983 年第 2 期；庞万里：《二程哲学体系》，北京航空航天大学出版社 1992 年版。

③ 参见张立文：《中国哲学逻辑结构论》，中国社会科学出版社 1989 年版。

数以明理。此意在《周易·系辞》中已有表露，即"圣人有以见天下之赜，而拟诸其形容，象其物宜，是故谓之象"。可见，理与象数之间的这种关系并没有蕴含理先气后甚至理生气的结论。第三，主张"造化者"是理有误读文本之嫌。为了证明这一点，笔者可以提供一条具体表述有所差异，但含义几乎完全相同的文本：

> 凡物既散则尽，未有能复归本原之地也。造化不穷，盖生气也。[1](P1253)①

比较这样两条资料，可以看出"造化者"并不是指理，而是指"天地造化"本身。"天地造化"之所以不用"既散之气"，是因为"造化"本身就是"生气"，即生生不息之气。

另外，伊川还明确否定道家"虚能生气"的宇宙生成论表述，"老氏言虚而生气，非也"[1](P160)；并且，他又赋予太虚以理的内涵，"道，太虚，形而上也"。[1](P1180)②这样伊川实质上就斩断了理与气之间的时间链条，否定了两者具有派生的关系。

综合以上分析，可以看出，伊川在理气关系上打破了"虚能生气"的生成论向度，突出了理是"所以阴阳者"的本体论思维。换成现代哲学的语言，可以说理与气分别代表着本体与现象这两个层面。不过，这两个层面并不相互隔绝，两者是一体的，本体之理即存在于实然之气中，并主宰于气，无形之理通过有形之气体现自己的存在。

在这种理气关系的统摄下，伊川引入了气学概念以展开其对宇宙生化的阐释，而在其气学论述的背后，强调理之主宰地位的本体论论述始终作为一条线索或明或暗地贯穿于其中。以下即就此稍作分析，以揭示其宇宙论的这一鲜明的理学特色。

二、气化生物

坚持万物由气化而生成，是先秦以来气学思想的基本观点，也是两汉以后儒道两家共同的宇宙论基础。如果仅从气学的角度来看，伊川气化论思想的特色在于赋予"气化"一词两种不同的含义：其一，广义的气化是指阴阳二气的絪缊、交感之运动变化。伊川认为"阴阳不相交遇，则万物不生"[1](P924)，必须阴阳相交，"天地之气，相交而密，则生万物之化醇"[1](P910)。而天地之气相交又必须在气的运动中才能实现，即地气上腾，天气下降，由此而导致天地相交遇，"天地相遇，则化育庶类，品物咸章，万物章明也"[1](P924)。这乃是在气学的通义上讨论气化与万物生成的关系。其二，狭义的气化乃是就万物之生成方式而言，指直接由气化而生成，与之相对的则是形化。伊川指出："万物之始，皆气化；既形，然后以形相禅，有形化；形化长，则气化渐消。"[1](P79)③在他看来，最初产生的宇宙万物自无而有，都是直接由气化生成，即是气化；万物之种类产生以后，则通过种的传递，繁衍生息，则是形化。据此，伊川甚至猜测在比较大的海岛上就有可能生活着直接由气化而生的人。

需要指出的是，无论是狭义的气化还是形化，都是广义的气化生成万物的具体方

---

① 按，未标谁语，其含义与伊川气有生灭的观点相合，故当为伊川语。

② 按，未标谁语，就其整句来看，与伊川"离了阴阳更无道，所以阴阳者是道也。阴阳，气也。气是形而下者，道是形而上者"[1](P162)的说法类似，故此条应为伊川语。

③ 按，未标谁语，与伊川"气既化后，更不化，便以种生去"[1](P199)的意义相一致。故此条当为伊川语。

式。狭义的气化是由天地阴阳之气细缊交感而直接化生出万物，形化则是天地之气从已有的种类中流行而生出万物。由此，伊川所谓"形化长，则气化渐消"，只是就狭义的气化而言，并没有把形化排除在天地之气的气化流行之外。

在此基础上，伊川把万有之不齐归因于气的种类及性质上的差异。如"霜，金气，星月之气。露亦星月之气"[1](P238)。"雹是阴阳相搏之气，乃是沴气。"[1](P238)"人乃五行之秀气，此是天地清明纯粹气所生也。"[1](P199)而从其统一性来看，"生物万殊，睽也，然而得天地之和，禀阴阳之气，则相类也"[1](P889)。因而，从根本上说，气乃是万物生成与存在的共同物质基础。

如果对伊川气化论的讨论仅仅到此，给人的印象则是伊川完全从气学的角度去揭示万物生成的实然之因，作为本体的理似乎并没有出场。这其实只是一种表象。因为根据伊川的理气关系，理作为本体就存在于气之中，并主宰气的运动变化，因此，阴阳之气的细缊交感正是理的主宰作用的体现。本文认为当伊川从气化的角度来论述万物的生成时，他实际上是把理气关系作为一个隐含的前提，即在此虽不言理，但却是题中应有之意。这一点可从下面两条文本资料中得到佐证。

> 天地之化，虽廓然无穷，然而阴阳之度、日月寒暑昼夜之变，莫不有常，此道之所以为中庸。[1](P149)

> 太极者道也，两仪者阴阳也。阴阳，一道也。太极，无极也。万物之生，负阴而抱阳，莫不有太极，莫不有两仪，细缊交感，变化不穷。[1](P690)

在此，伊川强调了阴阳二气的细缊变化之中，"莫不有常""莫不有太极"，而"常""太极"即是本体之理。这实际上是把前述所谓隐含之意明确表达了出来，而这种表达正是对理的本体地位的肯定。可以说，伊川认识到讨论万物之生成不是单纯的气学问题，必须强调本体之理对于气化流行的主宰，这表明伊川已经明显地具有本体宇宙论的意识。

三、气有生灭

在前述气化论的基础上，伊川以气之聚散说明物之生死，"万物之始终，不越聚散而已"[1](P1270)①。与张载把气散视作是对太虚的复归不同，伊川强调"死则散而归尽"[1](P56)②，气散即意味着气的消亡。需要明确的是，伊川这里所谓的气乃是指万物之气，即构成具体事物的有限存在。在他看来，张载"气之聚散于太虚"的观点虽然从气之聚散的角度反驳了佛教的轮回说，但只承认气之存在状态的转化而不承认气有生灭，实质上又陷入了另一种形式的轮回。

对此，伊川批评道："凡物之散，其气遂尽，无复归本原之理。天地间如洪炉，虽生物销铄亦尽，况既散之气，岂有复在？天地造化又焉用此既散之气？其造化者，自是生气。至如海水潮，日出则水涸，月出则潮水生也，非却是将已涸之水为潮，此是气之

---

① 按，未标谁语，伊川有"万物始终，聚散而已"[1](P1028)之说，故此条当为伊川语。
② 按，未标谁语，由于气散则灭是伊川气学思想的一个主要观点，且其"凡物之散，其气遂尽"[1](P163)之说与此条意义相通，故此条应为伊川语。

终始。"[1](P163)依伊川，物散则气灭，无复归本原之理。因此，万物之生，不是"既返之气复将为方伸之气"，而是由新生之气凝聚而成。而新生之气则是天地造化中自然产生的，因为造化本身即是生生不息之气。这样，他就以"气之终始"打破了张载气学思想中气的永恒性，并清除了其气之聚散说所暗含的轮回的意味。

另一方面，就天地造化而言，气之生生不息的本体论根据乃在于"生生之理"。伊川指出："屈伸往来只是理，不必将既屈之气，复为方伸之气。生生之理，自然不息。"[1](P167)所谓"屈伸往来"，即指气之生灭。而"屈伸往来只是理"，意谓气有生有灭、有始有终乃是理之必然。由此，伊川认为张载"将既屈之气复为方伸之气"的循环论观点有悖于"生生之理"自然不息的品格。这里特别需要引起注目的是"生生之理"的提法。伊川强调，"道则自然生万物。今夫春生夏长了一番，皆是道之长，后来生长，不可道却将既生之气，后来却要生长。道则自然生生不息"[1](P149)。所谓"生生"，含有生生相续之义，以之来界定本体之理，凸显了本体之理的宇宙生化功能，即"道则自然生万物"。因而，"生生之理"可谓是本体之理在宇宙创生意义上的另一种表达。就此来说，气之生生不息乃是"生生之理"在天地造化中的落实与发见。

对于伊川的上述观点，我们可以从以下两个方面来看：第一，就气学层面而言，伊川以造化之气的生生不息作为万物之气的产生根源，物散之后，其气归于消亡，万物的生灭与张载所说的太虚没有任何关系。这样，伊川实质上就否定了张载的太虚本源说，为他赋予太虚以理的内涵扫清了障碍。第二，伊川将气有生灭的观点放在天地造化生生不息的宇宙整体中来加以阐述，把"生生之理"的本体论贯穿在天地造化的宇宙论中，为万物之气的生灭变化提供了一个本体宇宙论的思维模式。

四、真元之气

伊川除了前述在天地造化的意义上强调气的生生不息之外，还就人的生命存在本身，以"人气之生，生于真元"[1](P148)的观点，阐述了人的生命之气的自然生成。其曰："真元之气，气之所由生，不与外气相杂，但以外气涵养而已。……至于饮食之养，皆是外气涵养之道。出入之息者，阖辟之机而已。所出之息，非所入之气，但真元自能生气，所入之气，止当辟时，随之而入，非假此气以助真元也。"[1](P165-166)依伊川之见，人的生命之气的产生，并不是外气的内在转化，而是"真元自能生气"，即只有"真元之气"才是人的生命之气所由以产生的根源。而"真元之气"究竟何指，伊川并未明言。不过，在另一处类似的表述中，他把"真元之气"与元气放在一起混用，这表明他所谓的"真元之气"指的即是元气。①

从思想渊源来看，伊川的上述"真元之气"说显然来自道教内丹派，如被认为作于唐代且具有明显内丹派倾向的《元气论》，其中曰："人之元气亦同于天地，在人之身，生于肾也。……生命之根，元气是矣。"[2](P1223)又曰："夫元气者乃生气之源，则肾间动气是也。"[2](P1224)可见，伊川强调"真元之气，气所由生"，与丹家突出"元气乃生气之

---

① 其曰："真元之气，气所由生，外物之气，不得以杂之；然必资物之气而后可以养元气，本一气也。"[1](P1261)按，此条未标谁语，由于"真元之气"是伊川气学思想的一个主要概念，故此条当为伊川语。

源"，在含义上是一致的，可以说伊川所谓的"真元之气"明显具有道教内丹派先天之元气的意味。

需要注意的是，丹家在强调元气为生命之本时，其所谓元气是下落到个体之生命上而言，而推上去讲，元气则是天地万物的最初本源。所以，《元气论》在讨论人身之元气之前，先有一个宇宙生成论的论述，即："泊乎元气蒙鸿，萌芽兹始，遂分天地，肇立乾坤。"[2](P1216)在丹家看来，在宇宙万物由元气而化生的过程中，元气亦作为万物生命之根本而落实到万物自身。用《元气论》中的说法，就是"元气本一，化生有万。万须得一，乃遂生成；万若失一，立归死地"[2](P1218)。

而伊川的"真元之气"说只强调了元气在个体生命上之落实这一个层面，并不具有作为天地万物之始源的宇宙论意义。虽然伊川以天地造化之气的生生不息来解决万物生成的气之根源的问题，但终究与人身之元气无法衔接。这样，人身之元气便成了无源之水、无本之木。而究其原因，则在于伊川不能接受以元气作为宇宙生化的根源。在伊川看来，天地造化之生生不穷是"生生之理"贯穿于生生之气的宇宙整体过程，如果承认万物之气皆根源于元气，则"生生之理"的本体地位必然不复存在。因此，否定元气的宇宙始源之义虽然使伊川的"真元之气"说缺失了与之相贯通的宇宙论的根基，但在另一个方面也鲜明地体现了其以本体宇宙论取代汉唐以元气论为基础的宇宙生成论的理论倾向。

五、结语

综上所述，伊川吸收并改造了先秦两汉以来气化宇宙论的思想成果，与其以理为本的本体论相融合，这样，宇宙论与本体论相贯通，就形成了理学的本体宇宙论。这一新的宇宙论的构建，在思想史上具有重大的意义。众所周知，由两汉至隋唐，中国本土哲学的宇宙论形态是以元气论为基础的宇宙生成论。不过，随着佛教的兴起，这一理论模式受到了严峻的挑战。如唐代的华严宗大师宗密，在其《原人论》中对元气论提出了尖锐的批评。他把元气判定为生灭妄想之心变现出来的外境，而只有"真一之灵心"才是最后的真实。[3](P710)依此，由元气所化生的宇宙亦属外境，是虚妄不实的"假有"。这一批判等于同时抽空了儒道两家宇宙论的根基。面对这种理论挑战，伊川将突出理的主宰之义的本体论与强调气化流行的宇宙论熔为一炉，以本体之理保证宇宙存在的客观实在性与合理性，同时又将本体落实在宇宙的气化流行之中。这样，不仅有力地回应了佛教的批评，同时也超越了两汉以来单纯强调气化的宇宙生成论，从而将宇宙论思想推进到一个新的理论阶段。

参考资料：

[1] 二程集［M］. 北京：中华书局，2004.

[2] 张君房：《云笈七签》卷五十六，北京：中华书局，2003.

[3] 宗密. 原人论［M］. 大正藏卷四十五.

谭嗣同与《明夷待访录》

孙卫华

（中南民族大学　政治学院）

摘　要：甲午后、戊戌前这段时间，谭嗣同思考"三代下有当于孔教者"何书可读这一问题时，最终认为"有当于孔教者，则《明夷待访录》其庶几乎！其次，为王船山之遗书"。《明夷待访录》排序实有一个变化的过程。这一变化过程，折射出谭嗣同为了冲决网罗，救治被荀学所冒乱的孔学而进行的艰辛探索历程。《明夷待访录》属孔学庄子一支，代表了破（"痛诋君主"）的一面；《船山遗书》属孔学孟子一支，代表立（"畅宣民主之理"）的一面。无破则无以立，一破一立，循环无端。为了"破"旧政旧学，"谭嗣同等一班人"大力宣扬《明夷待访录》，极大地促进了晚清湖南风气的扭转。

关键词：谭嗣同；《明夷待访录》；《仁学》；晚清湖南

尽管学界对于谭嗣同的研究已经相当深入了，但谭嗣同如何认识《明夷待访录》，他为何如此推崇该书，以及在宣扬该书的过程中对湖南风气的扭转起到了何种作用等问题，仍需要进一步探讨。

一、谭嗣同对《明夷待访录》态度变化及其原因分析

谭嗣同自幼好学，无书不读，其中湖南先贤周敦颐和王夫之对他影响很大，学界对此已有大量研究成果，兹不具论。关于谭嗣同与黄宗羲《明夷待访录》的关系，学者虽有所注意，但未深入探究。实际上，他对黄宗羲及其思想学说十分尊崇，曾说："凡为仁学者，于中国书当通《易》……王船山、黄梨洲之书。"[①] 从《年谱》所记载内容看，所谓"黄梨洲之书"当指《明儒学案》《宋元学案》和《明夷待访录》等。[②] 在此三类书中，与《仁学》思想最为接近的当属《明夷待访录》。

针对晚清社会思想之变局，而能有助于世道人心之救治者，则莫若黄宗羲的《明夷待访录》。故谭嗣同在感慨孔教亡后无书可读时，他说：

> 孔教亡而三代下无可读之书矣！乃若区玉检于尘编，拾火齐于瓦砾，以冀万一有当于孔教者，则黄梨洲《明夷待访录》其庶几乎！其次为王船山之《遗

---

① 谭嗣同：《仁学》，蔡尚思，方行编：《谭嗣同全集》下册，中华书局1981年版。

② 杨廷福：《谭嗣同年谱》，人民出版社1957年版。

书》，皆于君民之际有隐恫焉。①

在谭嗣同看来，孔教亡后，天下可读之书不多。他首列黄宗羲的《明夷待访录》，次则王夫之的《遗书》，认为只此二者尚可一读。其评价之高，推崇之至，可见一斑。当然，谭嗣同在《仁学》中的这一看法，仅是从讨论君臣关系的角度而言。谭嗣同认为，从阐扬孔教的宗旨出发，若寻觅孔教亡后与孔教精神较为一致的书籍，唯有《明夷待访录》和船山《遗书》，尚能"以冀万一有当于孔教者"。正是在此意义上讲，"三代下无可读之书矣"，并非指天下书只有两书可观。

谭嗣同"孔教亡而三代下无可读之书"的想法，之前曾与宋恕、欧阳中鹄谈论过，只是在表述上存在较大差异。在《酬宋燕生道长见报之作即用原韵》中，谭嗣同写道："居夷浮海一潜夫，佛肸、公山召岂徒？孔后言乖犹见义，秦还禁弛亦无书。"在"秦还禁弛亦无书"一句，原注："秦变法，而学与之俱变，非关挟书之禁也。居大道晦盲之际，则敢为一大言断之曰：三代下无可读之书，士读尽三代下书已不易，况又等于无读，黄种所以穷也。"② 在此，谭嗣同尚未指出什么书可读，这与《仁学》中的表述显然有所区别。然在上欧阳中鹄的信中，谭嗣同明确表示："孔子之学，衍为两大支。……持此识以论古，则唐虞以后无政可观，三代以下无可读之书。更以论国初三大儒，惟船山先生纯是兴民权之微旨；次则黄梨洲《明夷待访录》，亦具此义；顾亭林之学，殆无足观。"③ 在此信中，谭嗣同将王夫之的著作列为第一，《明夷待访录》次之。这种排序不仅与《仁学》不同，也与复宋恕的诗中的注不同。

张岱年先生认为："人类社会历史是客观的发展过程。人类的思想也有一个确定的发展过程。"④ 不仅人类全部的思想史如此，实际上，每一个人的思想发展历程亦是如此，即其后期的思想是建立在其前期思想基础之上的。谭嗣同对待《明夷待访录》的态度前后变化即可印证。在给唐才常的信中，谭嗣同说："三十以前旧学凡六种，兹特其二。余待更刻。三十以后，新学晒然一变，前后判若两人。三十之年，适在甲午，地球全势忽变，嗣同学术更大变。"⑤ 其学术大变，显然与其思考的核心问题发生了重大转变密切相关。谭嗣同当时思考的主要问题，应以孔教亡而三代以下何书可读为要。而此又与当时的社会背景密切相关。根据这些看法，我们就可推知谭嗣同的"孔教亡而三代下无书可读"说，缘何有不同的表述了，其中透漏出谭嗣同思想的发展过程。上欧阳中鹄的信写于 1895 年，复宋恕的诗写于 1896 年 10 月中旬，而《仁学》则完成于 1897 年之后。对于《明夷待访录》成为可读之书的第一排序来看，上欧阳中鹄的信中，该书还次于船山《遗书》之后，可见当时谭嗣同受欧阳中鹄先生的影响，私淑王夫之⑥，推崇王夫之。而在复宋恕的诗中，却纠结于将何书置于首要地位，这足以反映当时的谭嗣同陷入了较为深沉的思索之中，尚未寻觅到结论。自与宋恕交流此问题后，大概是受了宋

① 蔡尚思，方行编：《谭嗣同全集》下册，中华书局 1981 年版。
② 蔡尚思，方行编：《谭嗣同全集》上册，中华书局 1981 年版。
③ 蔡尚思，方行编：《谭嗣同全集》下册，中华书局 1981 年版。
④ 张岱年：《中国哲学史方法论发凡》，中华书局 2003 年版。
⑤ 蔡尚思，方行编：《谭嗣同全集》上册，中华书局 1981 年版。
⑥ 蔡尚思，方行编：《谭嗣同全集》上册，中华书局 1981 年版。

恕的影响，也可能是在与康有为、梁启超等人的交往过程中，开始对萦绕在其脑际的"三代下可读之书"有了较为明晰的认识。

1896 年 2 月 24 日，宋恕与谭嗣同相识于格致书院。① 自此以后，两人相交甚契。宋恕对谭嗣同评价甚高，即使到了 1908 年，宋恕还在给友人的信中称："戊戌四章京，学识及文章均以浏阳为最，而诗亦然。"② "百年人物虽衰谢，尚有诗人谭夏章。"③ 谭、夏、章分别为谭嗣同、夏曾佑和章太炎。"浏阳《仁学》足千古，表章幸有今潜夫。大苦大乐饮冰室，盖天盖地《自由书》!"④ 宋恕还曾评价其"伟才卓识，杰出一时"⑤。"如复生、易一则一向无分毫不满。"⑥ 谭嗣同应诏入京前，曾专程造访宋恕，讨教筹谋天下之事。⑦ 由此可见二人交往之笃。在某些方面，谭嗣同与宋恕的关系亦师亦友。1896 年 8 月 19 日，宋恕与谭嗣同、梁启超等七人合影。⑧ 七人中，宋恕较年长，学术声望也高，对其他几人影响较大。关于宋恕对待《明夷待访录》的态度，早在 1895 年 7 月 25 日，在写给友人钱念劬的信中，宋恕称："恕论国朝人著述，以黄梨洲《明夷待访录》为最，颜习斋《四存篇》次之。"⑨ 宋恕"《明夷待访录》为最"的看法显然对谭嗣同有影响。

在对待《明夷待访录》方面，康有为于 1897 年 7 月才说出"本朝之人物以黄梨洲为第一"⑩，"梨洲大发《明夷待访录》，本朝一人而已"⑪ 之类的话，而此时，谭嗣同的《仁学》已经完成。⑫ 从这个角度讲，谭嗣同对待《明夷待访录》的态度可能不是受康有为影响。

总之，是谭嗣同自己独立思考的结果，还是受宋恕的影响，已无从考证，但有一点可以肯定，即他们之所以志趣相投，与他们主张的一致性有很大关系。

二、《明夷待访录》是救治荀学之弊的药方

考察谭嗣同对《明夷待访录》的认识过程，可看出其思想的某些变化。谭嗣同二十岁时，始刻意为学文章，对王夫之、汪中、龚自珍、魏源、王闿运极其推崇。⑬ 王夫之、魏源、王闿运皆为湖南籍人士，其爱好略显一斑。二十五岁，师从刘人熙，始读

---

① 胡珠生编：《宋恕集》下册，中华书局 1993 年版。
② 胡珠生编：《宋恕集》下册，中华书局 1993 年版。
③ 胡珠生编：《宋恕集》下册，中华书局 1993 年版。
④ 胡珠生编：《宋恕集》下册，中华书局 1993 年版。
⑤ 胡珠生编：《东瓯三先生集补编·〈宋恕集〉补编》，上海社会科学院出版社 2005 年版。
⑥ 胡珠生编：《宋恕集》下册，中华书局 1993 年版。
⑦ 宋恕生编：《宋恕集》下册，中华书局 1993 年版。
⑧ 胡珠生编：《宋恕集》下册，中华书局 1993 年版。
⑨ 胡珠生编：《宋恕集》下册，中华书局 1993 年版。
⑩ 康有为撰，姜义华，张荣华编校：《康有为全集》第二册，中国人民大学出版社 2007 年版。
⑪ 康有为撰，姜义华，张荣华编校：《康有为全集》第二册，中国人民大学出版社 2007 年版。
⑫ 汤志钧：《章太炎年谱长编》，中华书局 1979 年版。
⑬ 杨廷福：《谭嗣同年谱》，人民出版社 1957 年版。

《船山遗书》，黄宗羲《宋元学案》《明儒学案》《明夷待访录》等书。① 三十岁以后，谭嗣同面对时局，"从事于变法新理论的研究，遂薄'为文章而文章'乃'雕虫篆刻，壮夫不为'"②。可见，三十岁以前的谭嗣同，对王夫之等思想家的推崇，其中文学的成分要多些。

甲午战败后，谭嗣同自谓："平日于中外事虽稍稍究心，终不能得其要领，经此创钜痛深，乃始屏弃一切，专致精思。"③ "专致精思"什么呢？致思的自然不再是文学方面的问题。尤其是在1896年，谭嗣同在《北游访学记》中，向乃师欧阳中鹄汇报了自己的所见所闻所思。从信中所透露的内容看，随着时局的大变动，谭嗣同已经不再自我陶醉于书香文墨之中，而转向了"专致精思"维新之路。从《北游访学记》到《仁学》，记录了谭嗣同的思想发展历程。谭嗣同在致汪康年的信中，表达了他撰写《仁学》的心情："近始操觚为之，孤心万端，触绪纷出。非精探性天之大原，不能写出此数千年之祸象，与今日宜扫荡桎梏冲决罗网之故，便觉刺刺不能休，已得数十篇矣。"④

谭嗣同撰写《仁学》的目的是要冲决网罗，即"初当冲决利禄之网罗，次冲决俗学若考据、若辞章之网罗，次冲决全球群学之网罗，次冲决君主之网罗，次冲决伦常之网罗，次冲决天之网罗，次冲决全球群教之网罗，终将冲决佛法之网罗"⑤。他又说："冲决网罗者，即是未尝冲决网罗。循环无端，道通为一，凡诵吾书，皆可于斯二语领之矣。"⑥

要求仁通，在谭嗣同看来，就要弘扬真正的孔学。真正的孔学，非被荀子乃至后人附会的扭曲的儒学。在谭嗣同看来，"孔学衍为两大支：一为曾子传子思而至孟子，孟故畅宣民主之理，以竞孔之志；一由子夏传田子方而至庄子，庄故痛诋君主，自尧舜以上，莫或免焉"⑦。按照谭嗣同的意思，孔学在传承中分成两支，孟子一支可谓之"立"（"畅宣民主之理"），庄子一支可谓之"破"（"痛诋君主"），一立一破，循环无端。孔学若按照这两支发展下去，定不会偏离孔学的真精神。不幸的是，"此两支皆绝不传，荀乃乘间冒孔之名，以败孔之道"。由此，谭嗣同慨叹："二千年来之政，秦政也，皆大盗也；二千年来之学，荀学也，皆乡愿也。"⑧ 我们暂且不论谭嗣同的理解是否完全符合孔学的真精神，重要的是，谭嗣同通过这种对孔学的独特理解，而对两千年的"政"和"学"进行猛烈批判。

两千年来，荀学"冒孔之名，以败孔之道"。除荀学外，还有没有能传孔学真精神的学问呢？谭嗣同指出："黄出于陆王。陆王将缵庄之仿佛；王出于周张，周张亦缀邹

---

① 杨廷福：《谭嗣同年谱》，人民出版社1957年版。按：《谭嗣同年谱》于此处强调始读《船山遗书》，恐与事实不符。谭嗣同接触王夫之的书籍较早，他从欧阳中鹄读书时，已经对王夫之十分推崇了，按照谭嗣同作为贵公子的身份，要收集《船山遗书》不应为难。从这个角度来看，谭嗣同受王夫之应多，主要表现在文学、哲学、民族主义等思想方面，而其后来的民主共和思想则似多来自于黄宗羲。

② 杨廷福：《谭嗣同年谱》，人民出版社1957年版。

③ 蔡尚思，方行编：《谭嗣同全集》上册，中华书局1981年版。

④ 蔡尚思，方行编：《谭嗣同全集》下册，中华书局1981年版。

⑤ 蔡尚思，方行编：《谭嗣同全集》下册，中华书局1981年版。

⑥ 蔡尚思，方行编：《谭嗣同全集》下册，中华书局1981年版。

⑦ 蔡尚思，方行编：《谭嗣同全集》下册，中华书局1981年版。

⑧ 蔡尚思，方行编：《谭嗣同全集》下册，中华书局1981年版。

峰之坠绪。"① 邹峄原为山名，孟子曾居住在此，这里用邹峄借代孟子。"顾出于程朱，程朱则荀之云礽也，君统而已。"② 在谭嗣同看来，当时被推崇的程朱之学，只是荀学的延续而已（云礽即远孙）。因此，谭嗣同宣称，欲冲决荀学的桎梏，须先扫除程朱之学的影响。那么，在此过程中，什么可起关键性作用呢？这就是谭嗣同从甲午后到戊戌前苦苦思索的内容。在笔者看来，他最终找到了黄宗羲的《明夷待访录》。因该书猛烈抨击了君主专制制度的种种弊端，提出了"向使无君，人各自私，人各自利"的大胆设想，矛头直指两千年来的儒学纲常伦理，并提出了一系列消除政治弊端的方案，而这恰好与《仁学》思想若合符节。尽管王夫之也反对君主制③，但从救荀学之弊的方面来讲，谭嗣同更看重《明夷待访录》。

《明夷待访录》中对君臣之伦的猛烈批判，契合了谭嗣同冲决君主之网罗、伦常之网罗的思想。谭嗣同列举的七类网罗，亦可分为学、政、教三大类。谭嗣同说："教不行而政敝，政敝而学亡。故言政言学，苟不言教，则等于无用，其政术学术，亦或反为杀人之具。"④ 又说："教则总括政与学，而精言其理。""教之真际，无过五伦。"⑤ 显然，在谭嗣同看来，伦常关系是冲决网罗的关键。他猛烈批判了君臣之伦的祸害，指出："君臣之祸亟，而父子、夫妇之伦遂各以名势相制为当然矣。此皆三纲之名之为害也。"⑥ 又说："五伦中人生最无弊而有益，无纤毫之苦，有淡水之乐，其惟朋友乎！"⑦ 从"世俗泥于体魄、妄生分别，为亲疏远近之名，而漠视朋友"的观点出发，谭嗣同认为："君臣之名，或尚以人合而破之。至于父子之名，则真以为天之所命，卷舌而不敢议。不知天命者，泥于体魄之言也，不见灵魂也，子以天子之子，父惟天子之子，父非人所得而袭取也，平等也。"⑧ 尽管"体魄""灵魂"等字眼，似乎与基督教的表述相近，实则是谭嗣同化用黄宗羲的君臣师友说和父子关系不可变思想而来。黄宗羲说："父子一气，子分父之身而为身。故孝子虽异身，而能日近其气，久之无不通矣；不孝之子，分身而后，日远日疏，久之而气不相似矣。君臣之名，从天下而有之者也。吾无天下之责，则吾在君为路人。出而仕于君也，不以天下为事，则君之仆妾也；以天下为事，则君之师友也。"⑨ 与黄宗羲"君臣师友"的观点略微不同的是，谭嗣同将之变成了"君臣朋友"⑩的主张。

黄宗羲曾提出无君的假设，谭嗣同甚至相信无君可以变为现实，前提是民"有学"。他说："民而有学，国虽亡亦可也。无论易何人为之君，必无敢虐之。直君亡耳。视君

① 蔡尚思，方行编：《谭嗣同全集》下册，中华书局1981年版。
② 蔡尚思，方行编：《谭嗣同全集》下册，中华书局1981年版。
③ 王夫之曾说："以天下论者，必循天下之公，天下非夷狄盗贼逆之所可私，而抑非一家一姓之私也。"（王夫之：《读通鉴论》卷末，《船山全书》第十册，岳麓书社2011年版。）
④ 蔡尚思，方行编：《谭嗣同全集》下册，中华书局1981年版。
⑤ 蔡尚思，方行编：《谭嗣同全集》下册，中华书局1981年版。
⑥ 蔡尚思，方行编：《谭嗣同全集》下册，中华书局1981年版。
⑦ 蔡尚思，方行编：《谭嗣同全集》下册，中华书局1981年版。
⑧ 蔡尚思，方行编：《谭嗣同全集》下册，中华书局1981年版。
⑨ 黄宗羲著，孙卫华校释：《明夷待访录校释》，岳麓书社2011年版。
⑩ 蔡尚思，方行编：《谭嗣同全集》下册，中华书局1981年版。

亡犹易臧获，于民宁有害焉。"① 臧获谓奴婢，视君好比更换奴婢一样容易，对于老百姓来说，哪里会有什么害处呢。可以说，谭嗣同这个观点将黄宗羲的假设往前又推进了一步，迈出了君主专制统治的门槛，正在向现代民主政治的大门迈进。

不仅如此，谭嗣同还将君民师友关系拓展到官民关系之中。他认为为了改变雍隔之弊，需要设学会以求通。"官民上下，若师之于徒，兄之于弟，虽求其情之不通不可得也。于是无议院之名而有议院之实。"②

可见，依照谭嗣同的看法，《明夷待访录》批判君主（"破"），其救治方案若能得以实施的话，或可救两千年来苟学之弊。冲决了两千年君主专制制度桎梏，再光大发扬王夫之等畅宣的民主之理（"立"），既可救政，亦可救学。政、学得救，孔教回到本真亦不远矣。从某种意义上说，《明夷待访录》批判君主是对两千年君主专制政治的颠覆，是一剂疗治苟学的绝好药方。

三、宣扬《明夷待访录》，促进了湖南风气的扭转

如果单从思想领域分析，维护君权、反对革命的"湘军时代"③ 理学复兴，相对于乾嘉时代而言，固然要开化了许多，但比之于维新时代，就显得保守多了。湖南风气发生显著变化，除甲午海战的失败为一大契机，曾激起了士人的觉醒外，真正导致湖南士人观念转变的当属"谭嗣同等一班人"鼓吹与传播的新思想。

要改变闭化的旧风气，鼓吹与传播新思想，不仅需要新的载体，还需要新的工具。新载体是什么呢？新政是也。新工具又是什么呢？《明夷待访录》等书籍是也。甲午战败后，湖南巡抚陈宝箴等一批维新官员积极推动，相继开办了时务学堂、南学会、《湘报》等，力求改变湖南风气。1897 年 10 月，谭嗣同应陈宝箴邀请，弃官从南京回到湖南，与江标、熊希龄、皮锡瑞、唐才常、黄遵宪等并力经营新政，设时务学堂于长沙。④ 谭嗣同、梁启超等在时务学堂传播新思想，对湖南风气的扭转起到极大的促进作用，其借助的新工具就是《明夷待访录》等书籍。梁启超回忆，其曾与谭嗣同等一班人"窃印《明夷待访录》、《扬州十日记》等书，加以按语，秘密分布，传播革命思想，信奉者日众，于是湖南新旧派大哄"⑤。这段话广为人知。他还说："湖南学政以新学课

---

① 蔡尚思，方行编：《谭嗣同全集》下册，中华书局 1981 年版。
② 蔡尚思，方行编：《谭嗣同全集》下册，中华书局 1981 年版。
③ 这里借用蔡元培对湖南在甲午海战前后的发展所划分的三期，即湘军时代、维新时代和革命时代。（蔡元培著，侯晓菊选编：《蔡元培散文・何谓文化——在湖南长沙的第一次演说》，上海科学技术文献出版社 2013 年版。）
④ 杨廷福：《谭嗣同年谱》，人民出版社 1957 年版。
⑤ 梁启超：《中国近三百年学术史》，东方出版社 2004 年版。梁启超在《清代学术概论》中回忆其在时务学堂时的情形，说："启超至，以《公羊》、《孟子》教，课以札记，学生仅四十人……启超每日在讲堂四小时，夜则批答诸生札记，每条或至千言，往往彻夜不寐。所言皆当时一派之民权论，又多言清代故实，胪举失政，盛倡革命。其论学术，则自荀卿以下汉唐宋明清学者，掊击无完肤。时学生皆住舍，不与外通，室内空气日激变，外间莫或知之。及年假，诸生归省，出札记示亲友，全湘大哄。先是嗣同、才常等，设南学会讲学，又设《湘报》（日刊）、《湘学报》（旬刊），所言虽不如学堂中激烈，实阴阳策应。又窃印《明夷待访录》、《扬州十日记》等书，加以按语，秘密分布，传播革命思想，信奉者日众。"（梁启超：《清代学术概论》，东方出版社 1996 年版。）

士，于是风气渐开，而谭嗣同辈倡大义于天下，全省沾被，议论一变。"① 可见，他们借助王夫之、黄宗羲等思想家的著作，尤其是《明夷待访录》作为宣传工具，应符合史实。这与谭嗣同、梁启超思想观点相似有关。1895 年夏，谭嗣同结识梁启超。② 之后三年，二人交往之默契和情绪之相投，实为少见。梁启超说："余之识烈士，虽仅三年，然此三年之中，学问、言论行事，无所不与共。其于学也，无所不言，无所不契。每共居，则促膝对坐一榻中，往复上下，穷天人之奥，或彻数日夜废寝食，论不休，每十日不相见，则论事论学之书盈一篋。"③ 如此频繁接触，密切交流，谭嗣同思考"三代下"何书可读之事，定是梁启超所熟知的。前文还曾提到 1896 年 8 月，谭嗣同、梁启超等与宋恕交往之事，宋的学术立场及观点对时人影响很大。这些都有助于我们理解缘何梁启超、谭嗣同等一班人借助《明夷待访录》宣传新思想。

但问题是，以往很多研究都因梁启超的回忆，将湖南宣传《明夷待访录》归功于梁启超。这种看法值得商榷。虽然说梁启超当时已经是舆论领域人物，但从"湖南新旧派大哄"之语可见当时湖南思想界的复杂，新旧两派的分歧之大和斗争之激烈，都非他省能比。在此环境中，作为外来者的梁启超，欲通过时务学堂宣扬其思想宗旨，没有湖南新派人物的支持，必将是寸步难行。透过"与谭嗣同等一班人"之语来看，可见梁启超等的诸多"新学课士"举措与谭嗣同等湘人的大力支持密切相关。谭嗣同就义后，他的诸多手稿及相关资料遭到焚毁，现在难以复原谭嗣同当时的言行，即便如此，我们仍能从仅有的少量资料中（与欧阳中鹄、宋恕的信中，《仁学》中）看到他对待《明夷待访录》的态度，从梁启超的回忆中，再现他宣传《明夷待访录》而付诸的行动。可见，谭嗣同对待《明夷待访录》，不仅只是思想上极力推崇，更有行动上的实践。④ 从这个角度讲，时务学堂借助《明夷待访录》宣传新思想，不仅是梁启超的主张，更应是谭嗣同的主张。

谭嗣同这种主张和实践，因其卓越的学识（"天才卓荦，学识绝伦"⑤）和特殊的身份（"世家子弟"或称"贵公子"），自然易于影响他人。除时务学堂外，南学会和《湘报》可以说是谭嗣同推广其思想的两个重要载体。南学会是由谭嗣同、唐才常等人于1897 年冬筹议，并得到陈宝箴等支持而建立的讲求新学的团体。⑥ 其议政的讲演刊载于《湘报》，用以扩大影响，砥砺湖南人士气。谭嗣同撰写的《湘报后叙》，从某种意思上讲，可称之为《湘报》的办报宗旨。立学会，办报章，可以说是谭嗣同"去隔通情"主张的具体落实。

那么，南学会和《湘报》是否借《明夷待访录》宣传新思想呢？谭嗣同当时公务繁忙，奔走于全国各地，宣传新思想，无暇顾及《湘报》的具体事务，其办报宗旨主要由

---

① 梁启超：《湖南广东情形》，《饮冰室合集》6《饮冰室专集之一》，中华书局 1989 年版。

② "他是一个理论与实践一致，反对徒有空言而没有实际行动的人。"（杨廷福：《谭嗣同年谱》，人民出版社1957 年版。）

③ 梁启超：《饮冰室合集》1《饮冰室文集之三·仁学序》，中华书局 1989 年版。

④ 杨廷福：《谭嗣同年谱》，人民出版社 1957 年版。

⑤ 杨廷福：《谭嗣同年谱》，人民出版社 1957 年版。

⑥ 汤志钧：《戊戌变法史》，人民出版社 1984 年版。

"刎颈交"①的唐才常具体落实。唐才常不仅是南学会的倡议者，还是《湘报》的主编。他任时务学堂中文分教习时，也盛赞《明夷待访录》。②尽管现在难以搜寻唐才常直接论述《明夷待访录》的文字，但作为《湘报》的主编，其思想倾向可以体现在办报宗旨中。《湘报》第三十五期率先刊登了皮锡瑞的第八次讲义，而其第七次讲义则刊于第三十六期。这先后倒置的安排，既有宣传技巧的因素，又反映了报馆对讲言内容的取舍标准。皮锡瑞在第八次演讲中说："后世儒者亦多袭用素王改制之意，自战国诸子以至国朝亭林、梨洲、船山诸公，其所著书莫不欲以所立之法之施行。亭林《日知录》明有立言不为一时一条；梨洲之《明夷待访录》、船山之《黄书》，更明明创法以待后世。世未有诋其僭妄者，况孔子大圣人而疑其僭妄乎？"③皮锡瑞的观点显然得到唐才常的认同。

还值得一提的是，戊戌变法期间，《湘报》连续登载了一个多月的销售《明夷待访录》的广告。《湘报》从第一百〇二号（1898年7月4日）到第一百三十五号（1898年8月23日），连续一个月刊登了《明夷待访录》等《湘报》馆新（到）刻时务书的广告。④此时朝廷放开言禁，文网松弛，湖南的维新志士无需顾忌文网，像此之前秘密发送《明夷待访录》了。更有意思的是，《湘报》广告中的这些新（到）刻时务书，如《皇朝经世文新篇》《湖南时务学堂初集》《湖南时务学堂考卷》《湖南时务学堂初集四本》等，均有涉及《明夷待访录》的内容。《明夷待访录》每部仅售价钱一百五十文，按照当时每斤牛油烛的价钱不过一百二十八文⑤来看，普通家庭皆有能力购买此书。显然，《湘报》主编唐才常刻意登载销售《明夷待访录》等书的广告，正是为了配合好友谭嗣同等维新志士宣传其政治主张，因《明夷待访录》中的很多思想能够为他们的变法主张提供理论支撑。

《湘报》广告售书，与时务学堂招生有很大关系。从第一百〇六号开始，《湘报》广告多加了一段告白："院试在即，时务书急宜购阅，第恐距馆较远者，购取为难，现寄存南阳街经济书局，南正街维新书局分售。"⑥广告的告白明确地告诉人们，这些书都是作为时务学堂招收学员应读的时务书。既然作为考试的参考书，考试内容自然也免不了与《界说》《明夷待访录》等有关。如此一来，应试学员若不潜心研读《明夷待访录》，能中第吗？

时务学堂考《明夷待访录》，湖南省城以外的学堂亦受其影响。比如，《湘报》第一百三十六号在"本省公牍"栏目中，刊登了徐大宗师按试永州府、桂阳州郴州经古题，其中掌故内中，有"书《明夷待访录》后"⑦。这绝非一种巧合，一方面说明当时湖南

---

① 蔡尚思，方行编：《谭嗣同全集》上册，中华书局1981年版。
② 唐才质回忆："时务学堂课程以《孟子》、《公羊》为主，兼亦宣讲孔子改制之说，旨在为中国改良创造条件。……梁先生去湘以后，欧、唐两先生担任第二班讲席……唐才常先生服膺王船山之学说，日以王船山、黄宗羲、顾炎武之言论，启迪后进；又勉诸生，熟读《黄书》、《噩梦》、《明夷待访录》、《日知录》等书，时共研习，发挥民主、民权之说而引申其绪，以启发思想。"（《湖南文史资料选辑》第二辑，湖南人民出版社1981年版。）
③ 《湘报》报馆编：《湘报》，中华书局2006年版。
④ 《湘报》报馆编：《湘报》，中华书局2006年版。
⑤ 《湘报》报馆编：《湘报》，中华书局2006年版。
⑥ 《湘报》报馆编：《湘报》，中华书局2006年版。
⑦ 《湘报》报馆编：《湘报》，中华书局2006年版。

士人认同《明夷待访录》中的思想对于改变湖南社会风气具有相当重要的作用，另一方面也说明湖南士人对于梁启超在时务学堂借助《明夷待访录》等书宣传民权思想做法的认同及效仿。《明夷待访录》成为学子必读必考之书以后，其对学子思想的影响就不言而喻了。

需要指出的是，不仅《湘报》推销该书，而且其他书局也根据湖南人的阅读需求，做起了销售此书的生意来，比如湖南书局于光绪二十八年（1902）重刻《明夷待访录》的五桂楼本，还有不知何书局刊刻的所谓正文斋本等。这些版本的出现，一方面表明湖南人读者群的扩大，阅读需求决定发行量，另一方面也可见谭嗣同等一班人宣扬《明夷待访录》思想所做的努力。

正是在"谭嗣同等一班人"的宣传下，《明夷待访录》影响了无数湖南志士仁人。毛泽东曾说："湖南之有学校，当推原戊戌春季的时务学堂。时务以短促的寿命，却养成了若干勇敢有为的青年，唐才常汉口一役，时务学生之死难者颇不乏人。"[1] 所谓的"颇不乏人"，即指受时务学堂宣扬的精神鼓舞而走上革命道路之人。1900 年自卫军起义失败以后，湖南、湖北两省在清除"余孽"的过程中，抓捕了大量的"逆犯"，多为湖湘籍贯。[2] 时务学堂头班学员杨树达的孙子杨逢彬教授在纪念文章中甚至将时务学堂称为"天下第一班"[3]，若从中国近代教育发展史来看，这种评价毫不为过。

毕永年、秦力山都是孙中山与湖南知识界最早取得联系的代表人物。1897 年，毕永年与唐才常同时考取拔贡，自此与唐才常、谭嗣同结为好友，常共商救国大计。1898年春，南学会成立，《湘报》创刊，他成为学会活跃分子。[4] 秦力山在戊戌维新运动高潮时加入南学会，并师事谭嗣同、唐才常等人。[5] 毕、秦二人后来跟随孙中山，固然有孙中山利用《明夷待访录》节钞本影响的因素，但亦不能忽略他们受"谭嗣同等一班人"宣传的新思想的熏染。

质言之，晚清湖南风气从"守旧闭化名天下"[6] 到"全国最富朝气的一省"[7] 的扭转，与"谭嗣同等一班人"宣扬《明夷待访录》有极大的关系。

---

[1] 中共中央文献研究室，中共湖南省委《毛泽东早期文稿》编辑组编：《毛泽东早期文稿（1912.6—1920.11）》，湖南出版社 1990 年版。

[2] 叶德辉辑：《觉迷要录》卷二，沈云龙主编：《近代中国史料丛刊三编》330，文海出版社 1987 年版。

[3] 杨逢彬：《"天下第一班"及其他》，《东方早报》2011 年 4 月 24 日，第 B10 版。

[4] 刘泱泱编：《樊锥集毕永年集秦力山集》，湖南人民出版社 2011 年版。

[5] 刘泱泱编：《樊锥集毕永年集秦力山集》，湖南人民出版社 2011 年版。

[6] 蔡尚思，方行编：《谭嗣同全集》上册，中华书局 1981 年版。

[7] 范文澜：《中国近代史》上册，《范文澜全集》第九卷，河北教育出版社 2002 年版。

中国古代礼法合治思想的历史考察及其当代启示①

吴默闻

（武汉大学　马克思主义学院）

中华优秀传统文化内涵极为丰富，可以从不同领域、不同角度进行多方面的挖掘、整理、审视、借鉴、传承和弘扬。而从国家治理角度来看，礼法合治思想和治理模式就是中华优秀传统文化的一个重要内容。

历史考察表明，在中国古代的实际政治运作过程中，礼法之间的关系经历了从礼法同构到礼法分列，再到礼法合治，纳礼入法，礼律融合，以礼率律的过程，这一过程一直延续至清末。礼法合治是中国古代先贤对经世治国安民之道进行理性思维而形成的创造性文化成果，凝聚着不同学派思想家的智慧，是古代中国统治者治国理政正反两方面经验教训的深刻总结，也是被古代中国实践证明的历朝历代鼎盛时期治国理政的成功方式。

礼法合治作为中华传统文化的有机组成部分，作为中国古代社会逐步形成的一种治国理政思想，作为中国古代统治者长期实行的一种治国方式，无疑对于保持中国古代社会的稳定和发展起了重要作用，是一份珍贵的历史遗产，对于我们今天的治国理政也有重要的借鉴意义。

当今世界，人们面对现代化进程中出现的种种社会弊端，诸如人类对自然界的无限索取而导致的生态环境恶化、道德的滑坡、人际关系冷漠等，不能不对现代化、全球化进程中的经济发展模式、人的生活方式等问题进行反思。在反思探索人类可持续发展和自身安全的过程中，许多学者、政要对以儒家学说为代表的中国优秀传统文化给予了广泛的关注和重视。因为无论是从历史语境还是从现代语境看，中华优秀传统文化都具有讲究人与自然和谐、人与人之间关系和谐、人自我的身心和谐等特征。

本文试对中国古代礼法合治思想和治理模式做一简要考察。

一、中国传统文化中礼法合治思想的历史考察

历史表明，我们中华民族的先人在追求人与自然、人与社会、人与人之间关系和谐的过程中，形成了以礼为核心的古代文明。它从先民祭祀祈福的仪式，逐步演化为一整套体现等级秩序的礼仪规范，并发展成"以德配天""敬德""保民"等政治主张，即德

① 本文为武汉大学自主科研项目（人文社会科学）阶段性研究成果，得到"中央高校基本科研业务费专项资金"资助；本文为湖北省教育厅人文社会科学指导性项目研究成果，项目编号16G010。

治思想。礼作为一种人性、伦理、情感化的文化现象，要求人们有礼有义。《礼记·冠义》说："凡人之所以为人者，礼义也。"① 在他们看来，礼源德，德生礼，德是礼的本根，礼为德的产物。在中国传统社会，礼无所不在，它浸润于中国古代社会的方方面面，蕴含着社会运行的规范准则、人民的生活方式和价值取向，是中国古代文明的重要标志。在礼的发展进程中，一些思想家也就如何治国理政提出了与"礼治"相对应的"法治"思想，强调"任法去私"②"以道为常，以法为本"③"立法令者，以废私也"④，主张以法为治世之本，设计严密的制度，实行严厉的赏罚制度，以此达到加强集权、富国强兵、统一天下的目的。而在各种治世主张的相互碰撞、相互借鉴之下，也有一些思想家援礼从法，引礼入法，以法释礼，以礼言法，主张礼法并用、礼法合治。他们还认识到治理国家要将礼教化与刑禁暴相结合，并逐步形成礼法合治、德主刑辅的治国理念。

古代中国思想界对礼与法之间、德与刑之间密不可分的关系有着透彻的论述。《尚书·康诰》中首次提出了"明德慎罚"⑤ 的思想。春秋时孔子提出："道之以政，齐之以刑，民免而无耻；道之以德，齐之以礼，有耻且格。"⑥ 战国末期荀子发展了儒家关于德政的思想，提出"隆礼尊贤而王，重法爱民而霸"⑦，主张隆礼重法、礼法并施，并强调法应以礼为本，"礼义生而制法度"⑧。《大戴礼记·礼察》记："礼者，禁将然之前，而法者禁于已然之后。"⑨《史记·太史公序》说："礼禁未然之前，法施已然之后。"⑩《后汉书·陈宠传》言礼法关系："礼之所去，刑之所取，失礼则入刑，相为表里者也。"⑪《唐律疏义》卷一《名例律》疏议也指出："德礼为政教之本，刑罚为政教之用，犹昏晓阳秋相须而成者也。"⑫ 凡此等等，说明中国古人对礼与法的关系是有比较透彻的认识的。礼法合治的思想观念虽然在汉代以后通常以礼的观念来表述，但其中包含着古代法的内容，实际运作上更是礼法合治。它运用于统治者的治国方式中，也浸润于百姓头脑和生活中，因而一般百姓也能比较准确地感悟和把握礼与法之间的关系。

作为中华优秀传统文化的重要组成部分，礼法合治的治国观念不仅是中国古代思想家智慧的结晶，也是中国古代治国理政经验教训的总结。当年，秦国推行"以法为本""厚赏重罚"，迅速崛起，雄视中原，终成统一大业。但由于秦朝"专任刑罚"，酷刑厉法，暴政无度，加上竭尽国力，役民太甚，百姓不堪其重，被迫揭竿而起，致使强大的秦朝二世而亡。此后的统治者总结历史经验教训，认识到一味推行严刑峻法只能"诛

---

① 《礼记·冠义》。
② 《商君书·修权》。
③ 《韩非子·饰邪》。
④ 《韩非子·诡使》。
⑤ 《尚书·康诰》。
⑥ 《论语·为政》。
⑦ 《荀子·大略》。
⑧ 《荀子·性恶》。
⑨ 《大戴礼记·礼察》。
⑩ 《史记·太史公序》。
⑪ 《后汉书·陈宠传》。
⑫ 《唐律疏义》。

恶",使人"畏法",但不能"劝善",因此不是治本的良方。而开办学校,进行礼义教化,能使百姓知晓礼义而耻于犯罪。公元前 134 年,董仲舒提出"阳德阴刑",主张用仁德代替严刑,实行礼义,布施仁德的政策,以德化治理为主,重视"教化",在德礼教化无效的情况下再施刑罚。"汉儒推动法的复兴,遏止了秦式刑法政治,建立了汉代平民参政政治,相对地限制了皇权。到郑玄等以礼并法,自此有'礼法'之称。至六朝时期,士礼大盛。隋唐的制度建构,基础在汉魏六朝。唐代有《唐律》,又有《开元礼》,仍是礼法并重。直到宋元明清,法仍未取代礼,乡约、家礼深入民间。礼制是中国文化不同于西方、印度文化的特质之所在。"①

汉代之后历代统治者大多实行了以礼率律、礼法合治的治国方式。"汉至清代,在儒法合流,以儒为主的文化背景下,古代的礼与法实为一个'共同体'。在这个'共同体'中,复活的礼教化是其核心。以教化解决争讼,预防犯罪是法的重心,而'刑罚'只是一种'弼教'的手段。"② 实践证明,实行礼法合治、德主刑辅的治国原则和方略,成就了大汉盛世。"汉"也由此成了作为一个族群的中华民族的代名词。

值得注意的是,在中国传统文化中,与礼法合治思想相联系的,还有礼乐刑政、综合为治的思想。《礼记·乐记》提出:"礼节民心,乐和民声,政以行之,刑以防之。礼乐刑政,四达而不悖,则王道备矣。"③ 这就是后人总结的"礼乐政刑,综合为治"的理论基础。显然,"在社会控制思想上,自从西周以来,最高的统治者就不断总结历史教训,告诫下属要'明德保民',以德化民,行为世范。对于社会控制,要使用多种方法教民化民,让民向善自律,想不到去为非犯罪。在统治者的社会控制体系中,'德、礼、政、刑'是四个最重要的层次,以德为首,这些都被儒家所继承"。"儒家绝不是无用的理论,而是治世的理论。"④ "夫治定之化,以礼为首;拨乱之政,以刑为先。"⑤ 纵观中国古代历史,严厉的刑政只是一时之计,礼法合治,德主刑辅,礼乐刑政,以法治国与以德治国相结合才是长久之道。

可以说,礼法思想的出现固然是思想家的创见,亦是时代的召唤;时代影响着思想的产生,思想亦引领着时代的方向。"礼是中国传统文化的核心,也是法文化的主要构成部分。中国古代的法律文化,从根本上说是一种礼法文化,礼和法纠缠错节的关系一直是中国古代法律史上最为醒目的一道风景:古代中国,夏、商、周三代礼法一体、礼外无法;春秋战国和秦代礼坏乐崩、礼法分离;汉至清末礼法结合、以礼率律。"⑥

二、吸取礼法合治思想精华,实行法治与德治并举

近代,伴随着西方列强的崛起,缓慢发展的中国落在了迅猛发展的世界之后,在侵略者坚船利炮重击下猛醒的先进中国人开始向西方寻找"救国救民的真理"。伴随着西

① 郭齐勇:《吴于廑先生的封建论》,载《武汉大学学报》(人文科学版) 2013 年第 4 期。
② 马小红:《"以礼为主"还是"以刑为主"——中国传统国法的反思》,载《中国司法》2008 年第 1 期。
③ 《礼记·乐记》
④ 孟天运:《先秦社会思想研究》,人民出版社 2012 年版。
⑤ 《曹操集·以高柔为理曹掾令》
⑥ 徐燕斌:《礼与王权的合法性建构:以唐以前的史料为中心》,中国社会科学出版社 2011 年版。

学东渐，传统礼法受到极大冲击。尽管如此，数千年形成的礼法合治的传统仍然在民间发挥着重要作用，并对中国法制起着不可忽视的影响。时至今日，法在百姓观念中仍然是主要起着强制、惩戒、威慑作用的，而不是将其作为最高精神规范；礼虽然已经不再时时被人提起，却依旧被视为比法律更高一筹的教化，渗入日常普遍生活的习俗。例如，中国 2013 年 7 月起将"敬老"纳入法律，尽管这从法治的发展来说无可厚非，但是在不少人看来，这本应是社会礼义、习俗教化的问题，而不应该交给法律解决。可见即使在法制大力发展，德礼教育严重弱化甚至被严重忽视的当今社会，人们仍然认为礼是维护社会秩序的良方，而将法律视为不得已的措施。而在构建和谐社会、培育和践行社会主义核心价值观、推进国家治理体系和治理能力现代化、全面推进依法治国的今天，法的界定与礼的重建似乎又成为人们热议的话题。

2014 年 10 月 13 日，中共中央政治局就我国历史上的国家治理进行第十八次集体学习。习近平总书记在主持学习时的讲话中，对包括礼法合治在内的中国古代治国理政经验予以高度评价。他指出："历史是最好的教师。在漫长的历史进程中，中华民族创造了独树一帜的灿烂文化，积累了丰富的治国理政经验，其中既包括升平之世社会发展进步的成功经验，也有衰乱之世社会动荡的深刻教训。我国古代主张民惟邦本、政得其民，礼法合治、德主刑辅，为政之要莫先于得人、治国先治吏，为政以德、正己修身，居安思危、改易更化，等等，这些都能给人们以重要启示。中国的今天是从中国的昨天和前天发展而来的。要治理好今天的中国，需要对我国历史和传统文化有深入了解，也需要对我国古代治国理政的探索和智慧进行积极总结。"[1] 这一讲话，揭示了当代中国治国理政理念的深厚历史文化底蕴，表明当代中国领导人更加重视对绵延五千多年中华文明的传承，更加重视对中国古代治国理政智慧的吸取，也展现了当代中国领导人在吸收和借鉴人类文明有益成果的基础上奋力前行的历史担当和宽广视野。

对于包括礼法合治思想在内的中华优秀传统文化，我们作为中华儿女，一方面应当把对中华优秀传统文化的继承和弘扬作为自己义不容辞的责任，增强中华民族的文化自信，绝不能妄自菲薄，更不能数典忘祖；另一方面也要认识到包括儒家学说在内的中华传统文化毕竟产生于农耕社会，属于与农耕社会相适应的社会意识形态，因而不可能提供与现代化社会相适应的普遍适用的价值观。因此，我们绝不能简单地把传统文化中的思想观念不加区别、不加创造性转化而简单地照搬到现代社会中。我们所要做的，是剔除其中封建性的糟粕，吸取其中民主性的精华，并对其加以创造性转化和创新性发展，使其在当代的土壤中呈现生动、鲜活的形态，使之成为当代文化创新发展的源泉，更好地为我们今天的发展提供思想资源和精神动力，并让传统文化的生命力在当代文化中延续和强大，最大限度地发挥它的社会功能，而绝不能一味地去还原古代，抑或厚古薄今，觉得"昨是而今非"。对于中国优秀传统文化组成部分的礼法合治思想，我们也应持这种态度。

人类历史长河奔腾不息，每一时代都有自己的时代特点，但是各个时代之间又是不

---

[1] 《牢记历史经验、历史教训、历史警示，为国家治理现代化提供有益借鉴》，《人民日报》2014 年 10 月 14 日第 1 版。

能孤立存在的。"各时代的统一性是如此紧密，古今之间的关系是双向的。对现实的曲解必定源于对历史的无知；而对现实一无所知的人，要了解历史也必定是徒劳无功的。"① "当今世界，人类文明无论在物质还是精神方面都取得了巨大进步，特别是物质的极大丰富是古代世界完全不能想象的。同时，当代人类也面临着许多突出的难题，比如，贫富差距持续扩大，物欲追求奢华无度，个人主义恶性膨胀，社会诚信不断消减，伦理道德每况愈下，人与自然关系日趋紧张，等等。要解决这些难题，不仅需要运用人类今天发现和发展的智慧和力量，而且需要运用人类历史上积累和储存的智慧和力量。"② 作为中国优秀传统文化有机组成部分的礼法合治、德主刑辅的思想和经验，其中所蕴含的丰富哲学思想、人文精神、教化思想、道德理念等，无疑可以为我们治国理政提供有益启示，也可以为文明中国建设和法治中国建设提供有益启发。

当今世界日新月异，纷繁复杂。治理国家是一个复杂的系统工程。现代国家的治理不可能是某种单一的方式，而需要有一个完整的治理体系。"一个国家选择什么样的治理体系，是由这个国家的历史传承、文化传统、经济社会发展水平决定的，是由这个国家的人民决定的。我国今天的国家治理体系，是在我国历史传承、文化传统、经济社会发展的基础上长期发展、渐进改进、内生性演化的结果。"③ 我国古代思想家提出的"民为邦本、政得其民，礼法合治、德主刑辅"等有益的思想，也必然潜移默化地影响着我们今天的国家治理体系，并赋予这一治理体系本民族的特色。

习近平总书记在主持中共中央政治局第十八次集体学习时指出：对绵延5000多年的中华文明，我们应该多一份尊重，多一份思考。对古代的成功经验，我们要本着择其善者而从之、其不善者而去之的科学态度，牢记历史经验、牢记历史教训、牢记历史警示，为推进国家治理体系和治理能力现代化提供有益借鉴。这一讲话精神，无疑适用于我们对古代礼法合治思想的借鉴和扬弃。

在当代中国的国家和社会治理中，单靠道德或者单靠法律都不可能解决社会矛盾，需要法律和道德共同发挥作用。我们应当按照党中央关于全面推进依法治国的统一部署，坚持一手抓法治、一手抓德治，大力弘扬社会主义核心价值观，弘扬中华传统美德，培育社会公德、职业道德、家庭美德、个人品德，既重视发挥法律的规范作用，又重视发挥道德的教化作用，以法治体现道德理念、强化法律对道德建设的促进作用，以道德滋养法治精神、强化道德对法治文化的支撑作用，实现法律和道德相辅相成、法治和德治相得益彰。④ 坚持依法治国和以德治国相结合，法治与德治并举，必将为我们全面建成小康社会、实现中华民族伟大复兴创造良好的社会环境，本身也应当是中国梦的有机组成部分。

---

① （法）马克·布洛赫著，张和声，程郁译：《历史学家的技艺》，上海社会科学院出版社1992年版。

② 习近平：《在纪念孔子诞辰2565周年国际学术研讨会暨国际儒学联合会第五届会员大会开幕会上的讲话》，《人民日报》2014年9月25日第2版。

③ 《完善和发展中国特色社会主义制度　推进国家治理体系和治理能力现代化》，《人民日报》2014年2月18日第1版。

④ 《中共中央关于全面推进依法治国若干重大问题的决定》（二〇一四年十月二十三日中国共产党第十八届中央委员会第四次全体会议通过），《人民日报》2014年10月29日第1版。

　　不仅如此，就是在中国共产党的建设领域，也可以吸收借鉴中国古代的礼法合治思想精华。"中华民族传统文化历来都讲德法相依、德治礼序，家规族规、乡规民约传承着中华文化的 DNA。中华民族历史传统中的'规矩'和崇德重礼的德治思想，也是党规党纪的重要源头。……中国共产党是中华民族的先锋队，以德治党的'德'，就是党的理想信念宗旨、优良传统作风，其内核与中华民族传统美德一脉相承。立规修规既要汲取中华传统文化的精华，又要适应管党治党的新形势新任务，实现与时俱进。"① 现在，中国共产党坚持依规治党和以德治党相结合，从一定程度上也是对中国古代优秀传统文化中礼法合治思想的某种借鉴。

　　当今人类社会，虽然已从农耕社会进入工业化信息化时代，但是，我们仍在同一个地球上，远比过去多无数倍的人口——70 多亿人口共同生活在一个地球上，在可以预见的未来，地球还只能是我们唯一的家园。"我们这个世界面临的两大变革，即人同自然的和解以及人同本身的和解。"② 马克思当年的这句话至今没有过时。我们应当汲取古今中外哲人的智慧，用他们的智慧结晶涵养我们的思想，在进行制度设计时注意对人与自然相协调的考量，并把它付诸自身实践，为实现人类自身和谐、人与自然和谐的理想而执着追求，共建人类美好家园，共享和平安宁的幸福生活。

---

① 王岐山：《坚持高标准，守住底线，推进全面从严治党制度创新》，《人民日报》2015 年 10 月 23 日第 4 版。
② 《马克思恩格斯全集》第 1 卷，人民出版社 1956 年版。

论朱子思想的现代开展

杨万江

（民间儒家学者）

儒学如何回应现代性的话题已经困扰人们一百多年了。立足于古典儒学传统的价值和秩序，对现代性展开保守主义批判，还是从儒学的内在进路开展现代性，以使儒学获得回应时代的能力，这大体上是过去一百多年儒家对现代性的两种基本态度。在更加健全的文化心态上看待过去的工作，笔者认为，从晚清保守派到民国辜鸿铭，再到当今民族主义和原教旨主义儒生对现代性的批判和拒斥，尽管掺杂着太多复杂的考量，但仍然具有对西方现代性存在问题的合理不满和期待儒家修正西学之失的意义。然而，这并不意味着主张一种藐视现代性而与时代脱节的儒学是合理的或可能的。在另一些试图让儒学现代化的人中，我们似乎看到太多的可贵努力，但并不成功。有效的现代儒学应当正确地理解、继承和发扬，而又能够驾驭和回应当今时代的新问题。落实这样一种原则性的老生常谈仍然需要研究者在学术上贯通学脉，并在学理上若合符节。儒学需要一种能力建设，它需要对人类文明及中国发展的重大基础问题作出自己的有力论述，并回应时代挑战。

笔者不认为以牟宗三"良知坎陷"说为代表的现代新儒家正确地解决了儒学的现代性问题。但限于论题，本文并不打算对其进行学术批判。[①] 笔者将径直讨论基于朱子思想传统的现代开展如何给出以及可以给出一个什么样的现代性安排。读者可以自行比较两种不同进路的有效性及其可接受性。

一、朱子思想系统述要：宏观视角下的新描述

尽管本文的任务是给出基于朱子思想开展的现代性安排，但我们有必要事先描述一下朱子思想系统。笔者认为，鉴于以往的教训，不能正确地理解和描述朱子思想，乃是以往人们看不到朱子思想之于现代价值之意义的重要原因。从学术上讲，一个得到承认的认知性前提，是对朱子思想进行现代开展的基础。本文后面部分关于朱子思想现代安排的全部论述，均内在于这个描述的合理展开。

朱子思想系统的骨架如下：

第一，朱子认为，儒学的基本追求和着力点，是如何成就一个圣人去治平天下。在

---

① 对牟宗三思想的系统批判，读者亦可参阅唐文明著《隐秘的颠覆》，生活·读书·新知三联书店 2012 年版。

儒学的长期传统上，这不仅是一个道德修养论的目标，而且是《尚书》传统以来中国政治治理架构的一个基本预设和知识来源，亦即皇帝或君主这一角色被预设和要求为"圣上"或"圣王"，而圣人，至少是借助政治和知识团队（辅佐性贤臣）的圣人，是指能够掌握天下事物的道理，具备崇高的德行，"本于天而备于我"去"继天立极"①，治理天下的人。从伏羲仰俯天地，远近取物，"始作八卦以通神明之德"，到尧舜观天象、知天行而"授民以时"；从大禹知水性，改堵而疏以治水，到汤武彰"惟皇上帝降衷于下民"，视人民人性之天命高于君主政治受命而于政治黑暗时代起革命、立章程，再到周公知天道秩序而制礼作乐，以及孔子申"不知天命无以为君子"等。这都是一个知天下之道而治天下之政的传统。它在理论上被《易传》表述为"周知万物而道济天下"。整个文明的理想则被《中庸》表述为"成己成物"，以及在"成己，仁也；成物，知也"这样一种依靠仁德成就人、依靠知识成就万物的途径上，以"至诚"的态度"尽人之性""尽物之性"，从而承担起"参天地之化育"的伟大使命。对这一传统的重视，是程朱学派与陆王学派在圣学观念上的重大差别。② 在政治天命观传统上，圣人及其对天下道理作为上天之命的认识和掌握，乃是由天子作为"上天之子"代理上天治理天下这一精神和政治义务确立起来的一个应然的和努力达成的目标与要求。不知天命者，不仅无以为君子，更不能成为圣人，也无法履行天子的职责。因而，圣学应当置于天人精神关系及其政治天命观的背景中来考察。朱子声称"圣人与天地同用"③，无疑深得此中精义。

第二，成圣的路径是孔子"下学而上达"的基本路线④，而这一路线在曾思孟，尤其是孟子"扩充"心的德性内涵和"求其理义"的传统上得到切于自身的强调。因而，儒学的道统，乃是一个主要应当由孔曾思孟及其"四书"来梳理的传统。"五经"是治平天下的经验和治法，而"四书"才是孔门所著明的儒家圣学之道。圣学之道由《大学》定其规模，《论语》立其根本，《孟子》观其发越，《中庸》求其微妙⑤。在朱子看来，"书只是明得道理，却要人做出书中所说圣贤工夫来"⑥。朱子重四书，义在圣学。

第三，儒家圣学的路径可以更加宏观，也更加具体和细致地被描述为这样一个进程：既然"圣人与天地同用"，代理上天治理天下的天子（圣王）具备像上天那样"元

① 朱熹《中庸章句集注》："盖自上古圣神继天立极，而道统之传有自来矣。""盖人之所以为人，道之所以为道，圣人之所以为教，原其所自，无一不本于天而备于我。学者知之，则其于学知所用力而自不能已矣。"

② 王阳明把先儒的圣人观收缩成一个心性上得其本心而致良知并发在一事便是一善的人，这失去了天子作为代理上天治理天下的人要掌握天下道理的古典含义。圣人若是失去了懂得天下道理的实际内容，就显得空疏而无法有效治理天下。

③ 朱熹《中庸章句集注》。须指出，朱子虽主张"圣人与天地同用"，但并非主张成就圣人即可以成为神性上天本身。孔颖达指出："人主可得称帝，不可得称天者，以天随体而立名，人主不可同天之体也。无由称天者，以天德立号，王者可以同其德焉，所以可称为帝。故继天则谓之天子"，其号谓之帝，不得云帝子也。"（《尚书正义》）简言之，圣人只是"法天之用，不法天之体"（《周易正义》）。

④ 朱子解孔子"下学而上达"句，特别强调"学者须守下学上达之语，乃学之要。""下学而自然上达"，即是强调"知"的途径，也是圣学的基本途径。

⑤ 《朱子语类》卷第十四："先读大学，以定规模；次读论语，以立其根本；次读孟子，以观其发越；次读中庸，以求古人之微妙处。"

⑥ 《朱子语类》卷第十四。

亨利贞"之天德而"德配天",是政治治理的一个预设和圣学的目标,也是圣人的精神义务,而且"盖心之全德,莫非天理"①,那么,成就圣人就是要认识和掌握上天造化世界的全部天理②,然后将之内化保存在心中,进而通过这一孟子式的"心的扩充"过程,成就人心的"全体大用",如此才能"德配天",才能在治理天下的活动中展现像上天那样的"元亨利贞"之德,进而具备代理上天治理天下,履行"继天立极"这一政治使命和精神义务的能力。在这里,天或天命,不是一个被委派的神或上帝本身直接向我们耳提面命,它呈现为一种可以被人体会和认知的可理解性、法则性和价值性。天呈现为"理"或"天理",并具有事物"所以然而不易者"的认知性天理和"所当然而不容己者"的价值性天理两种类型。得天理,即是得天命。③ 在这一以理释天的观念上,天理并不脱离我们生活于其中的世界,它正是在天地万物和伦常日用中向我们呈现出来。而圣人,乃是能够"浑然天理"之人④。子曰:"天何言哉?天何言哉?四时行焉,百物生焉。"(《论语》)即是说上天不说话,但却把天命天意蕴含于四时运行、百物生长的世界里了。这为我们在自己生活的世界中寻求天理而"下学上达"提供了可能性。如此,"盖凡下学人事,便是上达天理。然习而不察,则亦不能以上达矣"⑤。这样一种透过"下学"来实现"上达"的学习,不仅使我们获得事物天理的知识,而且"其中自有人不及知而天独知之之妙"⑥,后者便是一种超越人类知识的智慧及宗教精神。

第四,假使我们须求得事物的天理,我们便需要对人及人类身处其中的世界有了解。这种了解有形上学层面的了解(世界观),也有对事物具体的或独特性层面的了解(物理)。就前者而言,朱子认为,整个世界是由"理""气"构造(理气说)。理是气的存在方式和规定性,气是实体,是理的载体。事物之间的基本结构,乃是按照"理一分殊"而形成("理一分殊"说)。亦即世界本源于"理一"或"无极而太极"。但其已经"分殊"在每一个体的事物中,并使事物具有一事物之为该事物而区别于其他事物的特殊之理("一物有一物之理")。这种"分殊",被比喻为"月印万川":一方面,每一个体的事物都能够像从万川里看到月亮那样,与世界之本体和终极的价值建立本源及其追溯的关系;另一方面,万川及万川里看到月亮的样子又是不一样的,每一独特的事物都有其不可替代、不相假借的独特道理和价值("张三不可为李四,李四不可为张三"),并在事物之间存在"公共底道理"。因而,事物之间的关系,存在个体与个体之间的关系。诸己之理,相对于任何基于它而建构的"公共底道理"是优先的或先在的,后者只是"第二着"。这就是说,个体的道理和价值在逻辑上是先在于任何公共的和集体的价

---

① 《论语集注·颜渊第十二》。

② 必须指出,尽管宋儒承袭"周知万物而道济天下"的传统,宋以后有所谓"一事不知,儒者之耻"的说法,但依然承认如《中庸》"虽圣人亦有所不知"的知识限制观念。朱子说:"盖可知可能者,道中之一事,及其至而圣人不知不能。则举全体而言,圣人固有所不能尽也。"(《中庸章句集注》)

③ 朱子说:"天命,即天道之流行而赋予物者,乃事物所以当然之故也。""天命者,天所赋之正理也。知其可畏,则其戒谨恐惧,自有不能已者。而付界之重,可以不失矣。"(《论语集注》)"天以阴阳五行化生万物,气以成形,而理亦赋焉,犹命令也。"(《中庸章句集注》)

④ 朱子说:"圣人之心,浑然天理,虽处困极,而乐亦无不在焉。"(《论语集注》)

⑤ 《论语集注·宪问第十四》。

⑥ 《论语集注·宪问第十四》。

值的。

在对人的认识方面，朱子不仅重申了儒学传统一贯强调人相对于其他物类乃有"天地万物之灵"的珍贵价值，而且把孔子以来的儒家人性论更为深入地推进到从人性的基本道理（"性即理"）来理解人类行为及其相互关系。朱子"天命之性"与"气质之性"的人性结构论，以及"心统性情"的意识控制论，"心主身""不可伤天害理"① 的自由论和人权观，成功地整合了孟荀不同的人性论传统。天命之性对气质之性的制约规导关系、气质之性本身的生动与勃发，以及人心统摄性情的主观能动，使我们可以从理论上解释人类行为的大多数特征，并为建立儒家人格理论（理欲结构）、修养理论② （变化气质）、制度理论（礼法制度）和历史理论（进德论）提供理论基础。

第五，在圣学寻求上天造化世界之天理的理想和目标下，既然世界是"理一分殊"的，我们就不能只停留在对"理一"的形上学体会上，而是要从"分殊"着的每一事物的天理上去做更加具体精细的研究（"表里精粗无不到"）。如果说体会"理一"之本体，是"极高明而道中庸"，那么，研究"分殊"才能"致广大而尽精微"。这便意味着，寻求事物天理的进程，将指向天下所有具体存在的每一事物而"即物穷理"。这个求理的过程被称为"格物致知"。

第六，"格物致知"③ 被认为应当具有下列步骤：①人要通过"默识此心之灵"居其"虚灵不昧"之心而"中正于明德"，以在态度上"持敬"，这是修养上的第一步，也是在价值上守正而不偏失的前提。假使我们的欲望遮蔽或扰乱了我们内心的明德，那么，我们需要一个"存天理，去人欲"④ 的修养功夫。这是保证我们以心中之理去"理会"万物，而不是以我们心中的欲望去猎取万物而失敬在主体自身的一个条件。射义及其孟子所谓的"返求诸己"，强调的正是心中的出发点和衡量事物的尺度是否正确的问题。②尽管人心之中内含着天理，但其并未穷尽天下事物之理，或者说，心中之理只是一个潜在的理或知，而不是一种关于事物的既成的知识，所以，圣学要将"心中之理推之于物事"而"即物穷理""格物致知"，才能获得事物的天理。"格物致知"的目标是

---

① 朱子认为："心者，身之所主也。"心主身，即是人心（及其作为"心之所指"的志或意志）主宰、支配身体行为而由己，这是自由最基本的含义。此义在荀子多有强调。荀子于天人相分架构申说任何人"不可与天争职"，从而为人不可被他人干涉损害的自由和人权提供价值论证，在宋儒表达为对人"不可伤天害理"的申述。在理论上，既然无论天命之性、气质之性均为上天所赋之天理，侵害人也就是"伤天害理"了。这是荀子以来借由天命神圣而在人与人之间建立不可跨越之分界的传统。

② 本文所称朱子修养论有广义和狭义之别。前者指朱子把整个思想系统置于政治天命观下成圣目标及其过程来看待，后者则主要针对人的德行修为。本文此处指狭义的修养论。本节对朱子整个思想系统的描述则是广义修养论的架构。

③ 鉴于本文预设的读者对象是相关专业学者，所以，限于篇幅和学术规范，有关朱子具有何种思想的相关文献证据，属人们熟悉的常见材料的，不再注出，只对需要引述说明的文献给出引文和出处。

④ 朱子"存天理，去人欲"之说，经常被误解。朱子说："臣闻人主所以制天下之事者本乎一心，而心之所主，又有天理人欲之异，二者一分，而公私邪正之涂判矣。盖天理者，此心之本然，循之则其心公而且正；人欲者，此心之疾疢，循之则其心私且邪。"（《朱子文集·延和奏札二》）朱子此义多指人心要撇开欲望的遮蔽和干扰而让天理作为理会、衡量事物的尺度，并非是指生活中人不能有欲望。人具有欲望这一特性，本身即是人的一种天理。人不可能被篡改成一个不吃不喝、不性交、无食色等欲望的单纯道德机器。这在朱子思想上并不是问题。朱子强调的，只是用天理而不是人欲，来作为衡量事物的尺度而已。也就是说，人靠理性来驾驭自己的欲望，判断社会中人类行为的合理性。挣钱吃饭是当然的天理，但杀人越货就是人欲泛滥了。

知事物"所以然而不易者"之天理和"所当然而不容已者"之天理。前者是实然判断（知识），后者是应然判断（价值）。③我们需要把"格物致知"所获得的天理保存在人心中（记忆、存储），这将"扩充"心的天理内涵（孟子路线的落实）。④我们对一些或所有事物"格物致知"而获得天理后，需要一个"豁然贯通"的整理和系统化，进而使我们对世界的认识和体会更加深入和有条理。⑤假使这样一个进程对天理的了解及其在心中的涵存足够充分，这将成就心的"全体大用"，进而成为一个了解和掌握上天如何造化世界之知识，履行上天赋予之使命的圣人。这样一个圣人，知世间之天理，则可创造事物和建立治理秩序（元）；知事物之理的彼此联系和沟通，则可让天下形成彼此通约和相互影响的关系（亨）；进而，利用事物的天理，让其给人民带来利益（利），并以天理作为价值的尺度和行为的规范，贞正人类的行为，确立生活的标准（贞）。如此，圣人经由对天理的掌握而"达（元亨利贞之）天德"以"德配天"。这样的圣人，在三代传统上便是圣王、天子。一个最大可能知天下之道理的天子，才能治理好天下。而一个在人心的本源性悟道中超越了主客世界的人，也才能超越生死，在人类精神的依靠中安身立命。

以上便是我们对朱子整个思想系统基本骨架的概要性描述。当然，朱子思想极为丰富，朱子文献也浩如烟海，这里主要描述其最关键的基础部分。近代以来的批评家指责朱子把"三纲五常"视为天理，起到了阻碍政治重建的作用。且不说"三纲五常"是否就一定错误，即便这种具体伦理规范层面的问题是可以重新检讨的，也无碍上述朱子学说整个思想系统核心骨架的伟大价值和历史性贡献。在儒学史上，朱子无疑具有不可撼动的重要地位。

朱子"即物穷理""格物致知"的路线是舍内逐外，终不得道，这是陆王学派对朱子思想的主要不满和批评。实际上，朱子在其修养论的第一步就强调了"存理去欲""默识此心之灵"，居"虚灵不昧"之心以"中正于明德"而"持敬"的问题。只不过，朱子认为，对一个需要治平天下的儒家圣人来讲，内心的生命体验和境界如何高蹈即便是必要和重要的，也未必是充分的。陆王心学在内心修养功夫方面的努力，原则上可以整合在朱子修养论的第一个步骤上来。是"直指本心"还是"即物穷理"，这是否构成程朱与陆王的真正区别，仍可检讨。在朱子的立场上，人心并不完全自足自闭，心中之理是潜在的，尚未穷尽的，这是其推展于外去"格物致知"的原因。儒家圣学对了解世界道理的兴趣，关涉治平天下的实际能力。以为内心良知发在一事便是一善，这仍不足以治平天下，亦如孟子所言，"徒善不足以为政"。把圣人的含义收缩成一个主要只是内心生命境界的高蹈和良善，并知行合一的人，毕竟于三代圣王治平天下的传统有所减损。那些在心学传统上，以为把"陈义过高"的圣心"坎陷"下来处理俗务，就能够开出科学和民主的想法，更是抱虚强说，学理不通。

应当指出，尽管朱子上述思想系统无疑存在巨大的可开展空间，但是，朱子本人未必在他自己开辟的道路上走多远。朱子后学也常常陷入与陆王学派在修养路径方面无休止的争论，而非在朱子开辟的方向上推进了多少。比如，我们尚未看到朱子后学在"格物致知"整个世界方面有关于世间万物具体知识上的更多发现和创造。又如，尽管朱子"理一分殊"说具有个体价值观特征，但尚未走向以此全面重建儒家政治秩序的形成结构这种地步。他们常常用朱子思想对儒家传统秩序及其伦理规范进行解释说明。或许可以说，当时代不具备重建秩序的条件时，思想家也不太可能仅靠观念的力量就能改变世界。然而，思想家的思想系统在历史中一经形成，便无可逆转地朝着自己的方向前进。今日之时代已然不同于过去，我们有机会也有责任对朱子思想"接着讲"。"接着讲"的主要目标，是基于朱子思想系统处理今日所称的"现代性"问题。

二、指向现代性的精神动力：朱子圣学思想进路的高端架构对现代性精神背景的支持意义

朱子圣学的思想进路，是人如何能够知世界之天理，并将其保存在人心，以扩充心的天理内涵，成就其配天之德。它的前设性观念，乃是把天理视为一个本源的超越性的天向人的呈现，而人无论是出于解决人生的基本问题，还是解决如何治理天下的政治问题，乃至解决天子作为上天之子，君子作为"天民"而须"知天命"的精神义务问题，都需要通过逼近这个上天造化世界中的天理，才能达至目标。这深刻地建立在上古以降经久不息的"天人合一"思想传统上，亦即人只有通过一种学习和实践，让自己的思想和行为与天命、天道、天则及天理保持一致而不背离，才能解决人的问题，避免受到惩罚。《中庸》"达天德"的理想，在朱子这里落实为对天理的追求。这便产生两个具有精神指向意义的追求：一是人依靠人心的智慧和能力，通过知识上天造化世界中的天理去接近上天，并在精神上成圣。在这一高端架构下，知识以及落实于人心的天理成为接近上天的精神方式，而非仅仅只是生活的实用。二是将天理视为天命，进而对人类行为及其生活进行理性化的安排。[1] 它们作为高端的精神追求，来自于天人精神关系中人把寻求和尊重天理视为"事天"[2] 的宗教性价值，也作为解决人生和政治治理问题的根本途径而使人产生兴趣。

如此，带来了两个方面的影响。首先是在"格尽此物"以"穷理"的追求上产生对未知的兴趣和事物及其秩序之天理精妙的孜孜以求。朱子说：

> 格物，是格尽此物。如有一物，凡十瓣，已知五瓣，尚有五瓣未知，是为不尽。如一镜焉，一半明，一半暗，是一半不尽。格尽物理，则知尽。（《朱子语类》卷十五）

> 若是道之精妙处有所不知不能，便与庸人无异，何足以为圣人！（《朱子语类》卷十五）

有"未知"而"格尽物理，则知尽"，是对未知的兴趣。若是对"道之精妙处"有所不知不能，便与庸人无异，不足以为圣人，这是对秩序之天理精妙的孜孜以求。在这

---

① 朱子解孟子"君子行法，以俟命而已矣"说："法者，天理之当然者也。君子行之，而吉凶祸福有所不计，盖虽未至于自然，而已非有所为而为矣。"（《孟子集注》卷十四《尽心章句下》）朱子不仅以"天理"释"法"，而且，以"吉凶祸福有所不计"的强烈态度去贯彻和落实天理，让天下成为天理流行无碍的天下。

② 孟子曰："存其心，养其性，所以事天也。殀寿不贰，修身以俟之，所以立命也。"朱子解释说："知天之至，修身以俟死，则事天以终身也。"（《四书集注孟子尽心章句上》）此所谓"事天"，即表明是一种精神义务。这是一种宗教性价值。朱子引程子曰："心也、性也、天也，一理也。自理而言谓之天，自禀受而言谓之性，自存诸人而言谓之心。"可见，存心养性作为"事天"的宗教性精神方式，实际就是对他们作为天理的尊重和价值维护。

一思想上，后世儒家声称"一事不知，儒者之耻"，或许造就了中国人爱学求知的优良传统。

其次，是质疑现存和既往事务是否合理的理性精神。当天命被注释为天理，循天理即是遵天命，理性精神便作为遵循天命的精神义务而在朱子思想上确立起来。人们对宋人理性精神给予赞扬，还因为他们把"天下道理最大"的理性精神置于权力之上。当世间事务及其政治秩序建立在一个合乎理性的基础上时，你便可以笃信"有理走遍天下，无理寸步难行"了。对朱子来讲，即便是先儒的经典，我们也看到在合理性上被质疑和修正的事例。比如朱子认为《大学》"在亲民"应当改为"在新民"，才合乎《大学》自己讲的道理。道本身比对道的表达更重要。自然，不迷信书本，早有孟子"尽信书，则不如无书"的传统。朱子引程子曰："载事之辞，容有重称而过其实者，学者当识其义而已；苟执于辞，则时或有害于义，不如无书之愈也。"（《孟子集注》）

对近世的现代性可以有很多描述，但在精神背景方面，一个在精神上指向未知世界而求得知识的兴趣，并以理性精神安排人类生活秩序的思想传统，无疑是任何现代事物出现在人类历史上的根本性动力和思想背景。在欧洲，当宗教改革使人们可以绕过教会而直接面对上帝时，人便开始了依靠心灵和理性去发现上帝在世界中的真理，进而沟通上帝的精神旅程。这是欧洲开始出现文艺复兴、启蒙运动、近代科学、工业革命和民主革命等现代性事件的根本精神背景。这实际上，与孔子"下学而上达"的精神路线，以及朱子依靠人心之明德及其推展心中之理去"格物致知"天理而后存心以"达天德"的进路，至少在基本路径方面相若。如果说欧洲现代性是在这一精神背景及其动力下产生的，那么，朱子圣学思想进路的高端架构对现代性的精神背景支持和精神动力意义无疑是明显的。这恐怕比牟宗三们在心学传统上讲如何先内修圣人然后再"良知坎陷"去从事科学民主的古怪讲法更为顺理成章。

三、科学如何可能："理一分殊""格物致知"中的分科之学

尽管现代性具有很多特征和内涵，但鉴于近代以来儒学家把科学和民主视为现代性最重要的基本特征，我们不妨在朱子思想系统的现代开展上来看，科学和民主将在朱子思想的基本进路上如何可能。

应当明确，这里所讨论的问题，并非陈述科学研究在中国历史中的成就，而是关于一种文化的基础传统在其基本精神指向和思想进路上如何有可能产生从事科学研究这样的兴趣和追求，以及科学在这一文化传统的精神和思想系统中的意义。如果人们在其精神和思想的意义世界里并无科学的地位和兴趣，那么，即便人们仍然在从事科学事业，那也不过主要出于科学对人类生活，特别是经济生活的某种实用性而已，乃至是出于被列强用"坚船利炮"痛打的屈辱而"师夷之长技以制夷"而已。这将导致这种社会中的人很难有兴趣在那些远离经济适用的基础科学领域里挥洒聪明才智，并取得成就。

有必要明确近代意义上的"科学"所具有的基本特征，以便为我们在朱子系统上如何生成这样的科学文明提供一个现代性的目标。近代意义上的"科学"具有三个最重要的基本特征：第一，在一个总分结构的知识视野内，相对于从总体上把握世界的宗教和形而上学，近代科学寻求对人类和物质世界每一实体事物的基本结构和规律进行深入细

致的科别化的专门研究。在这一意义上，科学是指分科之学。至少在近代早期，人们关于"科学"的概念是如此的。第二，相对于中世纪宗教和形而上学内省推理和直观的方法，以及对信仰的借助，近代科学强调经验的实证及其可重复验证而确立科学知识的自身标准。随着科学在知识上的相对独立，科学不再相对于任何宗教和形而上学来界定自己，也不会把宗教和形而上学的任何知识视为科学本身的直接依据。但人们从事科学研究的兴趣却通常与其所处文化传统的精神追求和意义系统有关。第三，近代科学在其本身的知识标准上力求保持价值中立，以工具理性的客观手段及其精确性去报告、揭示事物的必然特性，作出知识的判断和运算。但在科学技术之于人类的影响方面，人类试图建立一种关于科学的伦理学，用价值理性去制约和驾驭工具理性，防止滥用科学技术损害人类福祉及人类本身。概言之，分科之学、经验实证和工具理性是近代科学的三个主要特征。

如前所述，朱子在其"理一分殊"观上把"格物致知"获得知识的途径指向了"分殊"的天下每一事物。既然"一物有一物之理"，那么，人们就需要对天下所有事物"分殊"着的不同道理进行"格物致知"，并加以分门别类的研究，以避免混乱和浅尝辄止。由此便需要形成作为分科之学的"科学"。在这里，"理一"的形上学与对每一具体事物"格物致知"所存在的"理一分殊"关系，乃是形成科学的一个哲学思想渊源。而且，它看起来比西方早期近代科学中的总体与部分的结构更为准确。"理一"与"分殊"的关系，并非整体与部分的关系，也非普遍性与特殊性的关系。它是"月印万川"式地可以从每一事物中得其本体，而无须再依赖一个把持着"理一"的形上学作为总体去囊括和指导所有事物的道理。这就能够解释为什么科学会逐步从形而上学的哲学指导中获得解放和独立。

王阳明学派常常批评朱子"格物致知"之所得杂乱无章，混乱不堪。实际上，这并非朱子之所失。朱子强调要对"格物致知"后的所知"豁然贯通"。这种试图把对天理的知识系统化、条理化和融会贯通的努力，在本文看来，正是作为分科之学的"科学"所要解决的问题。分科的意义就在于系统地分门别类地去专门研究不同的事物，进而促进和深化对"分殊"之理的"格物致知"。因而，我们可以说，作为分科之学的"科学"实际也是内在于朱子路线之问题的一个解决方式。

在本文的任务上，让朱子路线在精神层面产生对科学的兴趣，往往还遇到一个在以往的时代令人困惑的思想问题，亦即，既然朱子整个精神和思想的行程是通过知上天造化万物的天理而做一个"达天德"的圣人，那么，这种指向每一事物的"格致"活动，如何可能在一个人有限的生命中做到对广袤无垠世界的万物之理"格物致知"而存之于心呢？甚至，朱子本人在其晚年也对这样的问题存在疑惑。① 应当指出，圣学"达天德"的目标并非可以一劳永逸。它是一个可以跨代追求的理想。掌握上天造化万物的天理，需要无数代人持续不断地努力，甚至可能永远处在探求的路上。它的意义不在于如

---

① 据王阳明编《朱子晚年定论》，朱子晚年强调一个人不可有"忘己逐物，贪外虚内之失"乃至提出"因其良心发现之微，猛省提撕，使心不昧，则是做工夫的本领。本领既立，自然下学而上达矣。若不察良心发现处，即渺渺茫茫，恐无下手处也"。这无疑反映了朱子在晚年更多强调内修。一个人在中年时代或许有雄心壮志"格致"天下事物，但到老年或许就不那么有信心了。

何能够达至理想，而在于我们这一道路上的每一次进步都意味着向着目标推进一步，并能够运用我们已经"格致"的知识，改善我们的生活，增进我们的德性。孔子在回答冉求所谓"非不说（悦）子之道，力不足也"的问题时说："力不足者，中道而废。今汝画。"（《雍也》第六）可见，孔子主张无论在实现目标的道路上我们的力量有多小，我们仍然应当向着目标前进，直到力量耗尽，中途而止，但绝不可以画地为牢，故步自封。王阳明用自己格三天竹子而累倒的例子嘲笑朱子"格物致知"的困难，那不过是一种冉求式的毛病而已。

朱子"格物致知"的思想如何能够引向经验的实证呢？在这里，应当区分朱子"理一分殊"观中的"理一"与"分殊"在其天理上的基本性质。"理一"是本体性的形上学观念，而"分殊"却是指可经验的实体事物不同的具体道理。这就意味着，在方法论上，关涉"理一"的学问需要形上学方法，而关涉"分殊"的万物之理却需要经验的理性。我们关于事物的经验被理性"格致"而知其所以然和所当然，这样一个过程是对事物之经验道理的实证判断。假使脱离对事物的经验，也就不被认为是"即物"（接触遇到的事物）而穷理了。在朱子的例子中，"如有一物，凡十瓣，已知五瓣，尚有五瓣未知，是为不尽"。那么，若要尽十瓣之知，我们就必须对未知的五瓣进行经验的考察，并对来自经验的信息加以"格致"，认为它如何是以及是一种什么样的物理，并反复检验。所谓"所以然不可易"之易，即是表明在反复的多种可能情况和多次考察下寻求一个不可改变的知识和判断。可见，经验实证在朱子思想的展开上并不存在障碍。

按照朱子把天理划分为"所以然不可易者"之天理和"所当然不容已者"之天理，我们可以看到朱子持有实然与应然区别的观念。"所以然不可易者"之天理的实然观念，必然会发展出工具理性的观念。甚至，我们可以说"所以然不可易者"的说法本身即是理性之工具性的某种表达方式，至少是工具理性形成的根本原因。当理性指向自身而寻求"所以然不可易者"，其不易性便成为人类认知或"格致"事物的工具。理性不依赖人的主观方面和客观方面因素之变化而存在"不易"的法则，它形成某种理性的概念和操作程序而被运用于对事物的"格致"，这能够极大地改善"格致"的效率和有效性。面对复杂和庞大的客观世界，我们靠直觉理性和简单推理无法有效地"格致"事物，必须发展工具理性才能解决问题。在今天，利用模型和程序这样的工具理性去"格致"经验数据已经成为科学研究的日常方式。这样一种发展在朱子"所以然不可易者"的说法上无疑是内在可能的。自然，当朱子讲"所当然而不容已者"之天理时，他是在讲一种仍然客观地超越一己私意的价值理性。认识一个杯子之作为杯子的所以然之天理是一种认知性的知识，而认识一个杯子是否应当放在某个地方或者当作什么东西来使用，那是一种有价值理性判断的道德问题。如此，我们通过朱子"所以然不可易者"之天理和"所当然而不容已者"之天理的划分，可以开展出作为科学理性的工具理性和价值理性。在儒家传统上，保持一种让工具理性获得独立运用，而又让价值理性规导工具理性的叙述，这是基于朱子思想而对工具理性日益泛滥的时代状况做出的回应。

由上可知，基于朱子学说的基本进路和基本思想，我们可以开展出具有分科之学、经验实证和工具理性三个基本特征的近代意义之科学。在过去五百年中，科学革命之于人类生活的影响对现代性的形成具有十分重要的作用。科学革命不仅改变了人类在世界观和宇宙观等基本观念上的看法，而且其引发的产业革命（工业化、信息化等）极大地改善了人类的生产力和经济结构，进而引发城市化、社会结构平民化以及大众消费时代的到来等。尽管近代科学在中国的发展已经有一百多年的时间，但中国在科学方面的发展，以及人们对科学文明和科学精神的理解仍然缺乏深度。虽然科学本身是超越国界的，但从事科学研究的动力及科学精神，以及科学在一个社会中的意义和价值，仍然需要从一个社会文化传统自身的精神结构中去寻找。这正是我们研讨科学在儒学尤其是朱子传统上如何可能的意义所在。

四、民主如何可能（甲）："理一分殊"说对世界结构关系的重新界定及其个体价值观哲学的确立

汉以后人们关于世界及彼此关系的基本观念，主要是由董仲舒的帝国哲学而来的。在董仲舒那里，人及天地万物被整合在一个统一的阴阳五行宇宙论秩序中，并由一种基于自然宇宙法则中的尊卑结构及价值原则来建立秩序中的名分体系和角色规范，以至儒学被称为"名教"。在这种秩序本位上，人只是相对于这个秩序的功能性名分体系而具有或获得价值意义。① 到宋儒，这种秩序本位的价值观获得了革命性的突破。朱子用"理一分殊"说重新界定了世界的基本结构，并在政治哲学上落实为人类生活中个体与个体之间的价值尊重关系。

"理一分殊"说就世界本体而称"理一"，就每一事物则视为"分殊"。朱子所谓"分殊"，不仅是指从"理一"分化而来，而且是"万物分之以为体""万物之中又各具一理"。不同的实体事物之间，存在着"理"和"气"的实质性差别，"体用皆异"。因而，朱子强调一事物具有不可被其他事物替代的独特价值，"李四不可为张三，张三不可为李四"：

> 只是此一个理，万物分之以为体。万物之中又各具一理，所谓乾道变化，各正性命，然总又只是一个理，此理处处皆浑沦。（《朱子语类》卷九四）
>
> 问理与气。曰：伊川说得好，曰：理一分殊。合天地万物而言，只是一个理；及在人，则又各自有一个理。（《朱子语类》卷一）
>
> 问："去岁闻先生曰：'只是一个道理，其分不同。'所谓分者，莫只是理一而其用不同？如君之仁，臣之敬，子之孝，父之慈，与国人交之信之类是也。"曰："其体已略不同。君臣、父子、国人是体；仁敬慈孝与信是用。"问："体用皆异？"曰："如这片板，只是一个道理，这一路子恁地去，那一路子恁

---

① 康德和黑格尔批评中国儒学不重视人的自由及其特殊价值和法则，只不过是强制人们接受自然法则而已。在黑格尔绝对理性的历程中，中国思想被置于尚未进入自由阶段的初级的自然法则阶段（参见斯蒂克勒：《莱布尼兹与儒学：西方世界主义的兴起与衰落》，载《世界哲学》2010 年第 5 期）。这种批评或许只适用于董仲舒用宇宙秩序中的阴阳五行法则论证人事和人类关系秩序的自然哲学，但从孔子申述"为仁由己"的道德自由，到子思在中正人的性情与自我节制以求秩序和谐之间寻求平衡，孟子心学在人类独特心性价值基础上建立自我意识及其道德秩序，特别是荀子从天人相分架构借由天命神圣而在人与人之间划定分界而为人的自由和权利建立空间，再到朱子从"理一分殊"的个体价值观上寻求"心统性情""心主身"并"自有道理"的不同个人之间如何形成秩序，这都显示中国思想并非只是把人当作一般自然事物的存在而求其自然法则而已。寻求人之为人的价值和适用于人类行为和生活而非禽兽世界的秩序，这是孔子"仁"的思想所奠定的儒家之道。

地去。如一所屋，只是一个道理，有厅，有堂。如草木，只是一个道理，有桃，有李。如这众人，只是一个道理，有张三，有李四；李四不可为张三，张三不可为李四。如阴阳，西铭言理一分殊，亦是如此。"又曰："分得愈见不同，愈见得理大。"。(《朱子语类》卷六)

在这里，"理一"与"分殊"不是一般与特殊或者整体与部分的关系。也就是说，由本一的"理"造就了独特的在其不同的"自有道理"上生存和发展的个体，进而个体在其先在性价值上，并不与其他个体存在基于一般与特殊，或者整体与部分关系的决定性。任何个体之间的关系，只能通过个体之间寻求"公共底道理"，以及个体基于自我意志而在彼此之间构造关系来形成。我们有必要进一步阐明朱子"理一分殊"说的思想意义。

首先，在"理一"之于"分殊"的意义上，朱子所谓"理一"主要指其本源生生之义，而非指某个整体将被分割，不是只有把被分割的东西重新整合起来才使事物获得意义，这就有别于董仲舒帝国哲学的秩序本位论：

> 郑问："'理性命'章何以下'分'字?"曰："不是割成片去，只如月映万川相似。"(《朱子语类》卷九十四)

> 问："'理性命'章注云：'自其本而之末，则一理之实，而万物分之以为体，故万物各有一太极。'如此，则是太极有分裂乎?"曰："本只是一太极，而万物各有禀受，又自各全具一太极尔。如月在天，只一而已；及散在江湖，则随处而见，不可谓月已分也。"(《朱子语类》卷九十四)

朱子强调"月印万川"而非把一个整体"割成片去"，意味着人不是像董仲舒学说那样相对于一个先在完整的功能性秩序才有意义。每一"分殊"的事物从与"理一"的生生关系上获得了独立于其他事物的意义，这个意义是自足的，不是由一个囊括自己于其中的何种关系、整体或秩序而赋予的。也就是说，"万物分殊以为体"并"自有道理"后的万物，乃是一个道理和价值自足而"不用自相假借"的独立个体。

> 近而一身之中，远而八荒之外，微而一草一木之众，莫不各具此理。如此四人在座，各有这个道理，某不用假借于公，公不用求于某，仲思与廷秀亦不用自相假借。然虽各自有一个理，又却同出于一个理尔。如排数器水相似；这盂也是这样水，那盂也是这样水，各各满足，不待求假于外……(《朱子语类》卷十八)

朱子这一思想，不仅意味着万物个体自身性的确立，万物个体有不依赖于群体而先于群体从"理一"而"分殊"到的个体价值，而且，个体斩断了由群体以集体性，乃至普遍性的名义推倒个体的价值根据。既然作为价值本源的"理一"已经"分殊"在不同的个体中，并赋予个体"自有其道理"，从而个体自身在自足中获得意义，那么，"理一"就不是被超出个体的某个上方圣者或权力者以掌握一般或普遍性的名义所把持，并可以向人们宣示取消哪位个体的存在价值，也不是某个圣者或权力者手捏着一般性或普遍性真理，向个体开放或者征询补充性、具体性、特殊性或丰富性。个体不是在一个被控制的普遍性网上作为一个被动之纽结而存在，而是作为自有道理的生命而存在。个体在他作为个体的自身性及其"自有道理"上存在和行动，便"各正性命"。

> 谢艮斋说西铭"理一分殊"，在上之人当理会理一，在下之人当理会分殊。如此，是分西铭做两节了！艮斋看得西铭错。先生以为然。（《朱子语类》卷九十八）

> "万一各正，小大有定"，言万个是一个，一个是万个。盖体统是一太极，然又一物各具一太极。所谓"万一各正"，犹言"各正性命"也。（《朱子语类》卷九十四）

在这里，我们看到朱子明确地反对所谓"在上之人当理会理一，在下之人当理会分殊"的上下观，并重申了"万一各正""各正性命"的价值观。

其次，如果说万物"自有道理"的价值自足性使个体成为不可被他人和集体替代和推倒从而价值独立的个体，那么，个体的"自有道理"本身却把人引向人与人的合作。就是说，个体有其生命、情感、生理的需求而必然以与他人合作，乃至构造群体的方式来寻求实现。所以，人们之间的关系，乃是无数"自有道理"的个体之间如何协同道理的关系。协同的基础是承认个体"各正性命"及其不假外求的"自有道理"，并在此基础上去寻求"公共底道理"。"公共底道理"之所以是可能的，乃是因为"分殊"仍然是由"理一"而"分殊"，万物及个体的"自有道理"仍然还是"理"，有"理"的本源性和更深层面的贯通性。人和万物在本源上都同宗于天（或天地），那么，人与人、人与万物之间无论有多么不同的异体自理，那都是张载所谓"民胞物与"的关系，从而有"一理"的贯通和同源的温情与友善。因而，此间必有"公共底道理"。如果说由"理一而分殊"，形成了"分之以为体"并"各具一理"的人和万物，那么，由"分殊而理一"，便意味着存在"公共底道理"。在朱子谈论张载《西铭》及其"民胞物与"关系的论说中，我们看到：

> 西铭一篇，始末皆是"理一分殊"。以乾为父，坤为母，便是理一而分殊；"予兹藐焉，浑然中处"，便是分殊而理一。"天地之塞吾其体，天地之帅吾其性"，分殊而理一；"民吾同胞，物吾与也"，理一而分殊。逐句推之，莫不皆然……（《朱子语类》卷九十八）

> 其（《西铭》）谓之"兄弟"、"同胞"，乃是此一理与我相为贯通。故上说"父母"，下说"兄弟"，皆是其血脉过度处。西铭解二字只说大概，若要说尽，须因起疏注可也。（《朱子语类》卷九十八）

个体诸己之不假外求的"自有道理"观念形成后，朱子便在"公共底道理"，或"众人共底道理"之观念下来论说儒家治平法则的普遍性和共同性价值。朱子说：

> 道者，古今共由之理，如父之慈，子之孝，君仁，臣忠，是一个公共底道理。德，便是得此道于身，则为君必仁，为臣必忠之类，皆是自有得己，方解恁地……（《朱子语类》卷十三）

朱子所谓"公共底的道理"，实际上是"理一"除同源性外的另一种呈现形态，只不过它是从个体的"自有道理"上必然形成的。"公共"的观念，本就是相对于深切诸己的个体观念而言的。无个体，则无"公共"。鉴于个体之间的关系乃是形成治理秩序的重要问题，所以，如何寻求"公共底道理"，便对儒家治平天下至关重要。在朱子言论中，儒家所求的道理，亦如孔子"性相近"和孟子"心之所同然"之开示。亦即既然"圣人与我同类"，则必有"心之所同然者"，而"心之所同然者，何也？谓理也，义也，圣人先得我心之所同然耳……"（《孟子·告子上》）朱子说："道者，古今共由之理，如父之慈，子之孝，君仁，臣忠，是一个公共底道理。"即便如此，它又仍然是从"自有得于己"的个体基础来形成和体察。所谓"德，便是得此道于身，则为君必仁，为臣必忠之类，皆是自有得于己"，并不存在脱离个体的"公共底道理"。为此，朱子特别强调"公共底的道理"与个体的"自有道理"乃是是"第二着"与"第一着"的关系：

> 问："莫是见得天地同然公共底道理否？"曰："这亦是如此，亦是第二着。若见得本来道理，亦不待说与人公共、不公共。见得本来道理只自家身己上，不是个甚么？是伐个甚么？是怨、欲个甚么？"所以夫子告颜子，只是教他"克己复礼"。（《朱子语类》卷四十四）

把个体的"自有道理"视为"第一着"，"公共底道理"视为"第二着"，这等于是说，个体道理和价值至少在逻辑上优先于"公共底道理"或者公共价值。认为个体价值先在于集体价值或公共价值，这不能不说是一种典型的个人主义价值观。

五、民主如何可能（乙）：从乡约社会到公民社会

在朱子言论中，"公共底道理"表现为普遍性或一般性[①]，表现为"推而无不通"和"一贯"之相通性[②]，表现为无私性和"善与众人公共"之公共善或"义是众人公共"之公义。[③]

应当指出，若以朱子"公共底道理"来看儒家礼仪法则，实际上，礼作为人们之间约定以何种方式相互尊重的规则，就自然也是"公共底道理"。这种在人们之间约定法则的含义，本是儒家文化的社会传统。在《论语》中，"约我以礼"[④]，"以约而失之者，

[①] "这理是天下公共之理，人人都一般，初无物我之分。不可道我是一般道理，人又是一般道理。将来相比，如赤子入井，皆有怵惕。知得人有此心，便知自家亦有此心，更不消比并自知。"（《朱子语类》卷十八）

[②] "事事物物各有一线相通，须是晓得。"（《朱子语类卷第一百一十四》）"然虽各自有一个理，又却同出于一个理尔。……此所以可推而无不通也。所以谓格得多后自能贯通者，只为是一理。"（《朱子语类》卷十八）"……一贯乃圣人公共道理，尽己推己不足以言之。缘一贯之道，难说与学者，故以忠恕晓之。贺孙。"（《朱子语类》卷二十七）

[③] "……若圣人之道则不然，于天理大本处见得是众人公共底，便只随他天理去，更无分毫私见。如此，便伦理自明，不是自家作为出来，皆是自然如此。往来屈伸，我安得而私之哉！大雅。"（《朱子语类》卷一百二十六）"子路颜渊夫子都不私己，但有小大之异耳。子路只车马衣裘之间，所志已狭。颜子将善与众人公共，何伐之有。'施诸己而不愿，亦勿施于人'，何施劳之有？却已是煞展拓。然不若圣人，分明是天地气象！端蒙。"（《朱子语类》卷二十九）"又曰：'性是自家所以得于天底道，义是众人公共底。'"（《朱子语类》卷七十四）

[④] 人们常常把"博学于文，约之以礼"（《雍也第六》）之"约"的简约义推之于论语中其他使用"约"字的地方，但约之义未必尽然。"约我以礼""不仁不可以久处约"的"约"即是约定义。《左传·隐公三年》："要之以礼，虽无有质，谁能间之？"即强调礼的邀约性。在句式上与"约之义礼"等同。

鲜亦"(《论语·里仁》)都有约定以何种礼的形式相互尊重之义。只不过，在程朱理学中，思想家往往对用理性去"推理"而认识到某种法则很有兴趣。应当说，在人类法则的基础层面这也是必要的，但朱子仍然未出现将一切人类法则由理性推理而得的何种黑格尔式的"理性的自负"①。其实，宋以来，理学家倡导各地形成"乡约"以自治的思想和做法，也就是一种自由的人之间彼此约定法则的"公共底道理"，也就是我们今天所谓的"公共理性"。比如，程子说："君子之与小人比也，自守以正。岂唯君子自完其己而已乎？亦使小人得不陷于非义。是以顺道相保，御止其恶也。"按照这种观点，若是个人作为君子而"自守以正"，那是可能的，但要防止别人做危害他人的事情而祸及社会（"亦使小人得不陷于非义"），那么，就需要在民间社会的人们相互之间形成"顺道相保，御止其恶"的约定。这不是一个人单方面能够做到的事情，需要"相保"即相互保护。这就先要达成好约定的规则。这便是"公共底道理"。宋明时期著名的《泰泉乡礼》说："凡乡之约四：一曰德业相劝，二曰过失相规，三曰礼俗相交，四曰患难相恤。""置三籍，凡愿入约者书于一籍，德业可观者书于一籍，过失可规者书于一籍。直月掌之，月终则以告于约正而授其次。"这样的乡约在一乡之内的人们之间相互约定，便形成公共理性。朱子的"公共底道理"思想，塑造了中国人常说的"公理"观。个人的自有道理是"私理"，"公共底道理"是"公理"。后世康有为就是这样理解的。

朱子这样的个体价值观及其寻求"公共底道理"及公共生活的倾向，影响着宋以后中国民间社会的发育。儒学家自办书院，讲学说道；乡民庶众自发结社，约之以礼；自由的工商经营活动如火如荼，并建立行会自治。钱穆先生在《国史大纲》中专门谈到"宋明学者主持之社会事业"包括义庄、社仓、保甲、书院和乡约等。钱穆先生写道：

> 此始于关中吕氏大钧兄弟。有约正及同约之人，以德业相励、过失相规、礼俗相交、患难相恤为约。朱子又为增定条例，如前举社仓、保甲、书院诸制度，皆可以乡约精神推行之。
>
> 宋、明以下之社会，与隋、唐以前不同。世族门第消灭，社会间日趋于平等，而散漫无组织。社会一切公共事业，均须有主持领导之人。若读书人不管社会事，专务应科举、做官、谋身家富贵，则政治社会事业，势必日趋腐败。其所以犹能支撑造成小康之局者，正惟赖此辈讲学之人来做一个中坚。（宋、明理学精神乃是由士人集团，上面影响政治，下面注意农村社会，而成为自宋以下一千年来中国历史一种安定与指导之力量。晚清以来，西化东渐，自然科学之发展，新的工商业与新的都市突飞猛进，亟待有再度兴起的新的士阶层之领导与主持，此则为开出此下中国新历史的主要契机所在）（钱穆《国史大纲第四十一章社会自由讲学之再兴起》）

朱子不仅参与倡导了乡约，而且，宋以后中国基层乡约社会背后的基本政治思想正是前述朱子个体价值观及其寻求"公共底道理"在公共生活契约化方面的落实。从理论

---

① 本文不赞成宋大琦《程朱礼法学》（山东人民出版社，2009 版）和《明儒礼法学的心性论基础及其现代启示》（安徽人民出版社，2014 版）二书对朱子陷入黑格尔式理性自负和理性霸权的批判。笔者对其回应见书评《儒家心学路线下礼法学基础的重建》一文（《原道》第27辑，东方出版社 2016 年版）

上讲，由人民之间相互约定规则的公共生活，意味着把权力置于人民的意志之上。宋以后中国基层社会中的权力从那些得到当地民众拥戴的德高望重的人中产生，这实际上蕴含着民主的机制。

如果说儒家自上古以来，从来就不缺乏民本思想，并把决定权力的政治天命表述为"天听自我民听，天视自我民视"这样一种从人民的政治态度中形成天命的思想，那么，在朱子理学的框架内，我们可以有进一步的理解。天命是如何在人民中形成的呢？人民的意见在何种意义上可以被视为天命？按照朱子，人自身有其上天赋予的天理，上天设置在人民身上的天道性理会对影响着人的世界及其事务做出反应。此朱子所谓人心"具众理而应万事者也"①。"应万事"亦即对万事做出反应的方式，乃是通过把心中之理"推致物事"而"格物致知"其所以然之理和所当然之理。我们心中的天理必然对那些影响着我们的事物做出反应。一个坏的政策被我们的理性"格致"为损害了我们的利益而激起我们的谴责和反对，一位政治家昏庸和胡作非为而被我们的理性判断为糟糕的和不可支持的人物；相反，好的政策和政治家则被我们推致这一"物事"上的"心中之理"判断或"格致"为可以得到我们的政治支持。这种反应是人在其天理上对某事物做出的必然反应，我们可以称这种反应是一种天命。有无数这样的人做出反应，并遵循如《洪范》"占三从二"的多数规则，也就意味着人民对政治的选择成为政治天命形成的基本方式。而且，在朱子"理一分殊"的观念上，这样的人不只是一般意义上的人，而是自有其道理的个体的人。特定政治事件和人物对他们的影响自然也就不是用一般的道理可以推知，而是要由无数个独特的个体在其"自有道理"上对那些影响着他的政治事件和人物做出特定的反应。一项政策，对某些人可能是积极的，而对另一些人则可能是消极的。这就意味着，只要我们尊重"分殊"的独特个体，我们就必须让天下每一个人在其"自有道理"上对影响他的事物做出反应。没有人可以在价值上代替所有人或某个人。这种思维恐怕就离通过一人一票的民主机制选举产生权力的制度不远了。

可是，有许多证据表明，从思想观念到社会结构，中国宋以后的近世时代具有走向现代民主的迹象，但其仍然没有出现真正意义上的国家民主制度。本文认为，其主要原因还是在于中国作为大国在其古代和近世都不具有技术层面上实现民主的条件。民主政治的前设观念和制度，是把政治视为一种公共生活，进而需要由这种政治所影响到的所有人来参与和决定政治权力及其政策。它需要足够的技术条件来让人们获得政治信息，以便让广泛的民众做出政治判断，也需要足够的交通条件来让人们形成政治互动。在以马车交通和书信往来为主传递信息和彼此互动的古代，一个乡的小范围政治共同体及其乡约性的公共生活是可能的，但在广土众民的整个中国则是不可能的。这就是为什么无论宋代理学家从政治抱负到思想理论多么胸怀天下，但在推进一个契约化的公共生活方面，仍然只能从乡约社会做起。这同样也意味着，时代变迁，政治生活的环境和技术条件日益改善，人民的社会和经济生活范围日益扩大，并产生需要处理的公共事务，把乡约社会的逻辑推向全国而形成一种全国性公共社会及公共生活的必要性和可能性就会出现。

---

① 朱子说："明德者，人之所得乎天，而虚灵不昧，以具众理而应万事者也。"（《大学章句集注》）

　　最先呼吁这样做的人是黄宗羲。《明夷待访录》试图在宋以后的"公议"传统下，形成一个"天子之所是未必是，天子之所非未必非，天子亦遂不敢自为非是，而公其非是于学校"的议会政治。这背后就需要一个全国性的公共社会及公共生活。只有政治家背后站着的是为其代言并由其政治支持形成势力的民众（代议制度），"民贵君轻"的政治原则才会高于"君为臣纲"的行政原则。否则，所谓"公其非是于学校"，要么是不可能的，要么是没有效率的，甚至是难以理解的（在行政性的君臣关系内片面扩大臣的权力和独立性，这被以往的经验判断为乱世之兆）。近代以来，中国政治现代性的最大障碍和曲折，实际都可以从中国宋以后的乡约社会尚未迈进一个全国性公约社会（公共社会）的滞后性上来理解。各地大大小小的乡约社会在维持基层秩序、治理基层公共事务的同时，也分割了中国社会。中国人"在家乡中规中矩，出门在外无法无天"，正是有乡约社会而无全国性公约社会的古代政治发育状况在人们行为特征上的反映。更多的跨区域经济活动及谋生无法在一种全国公共性层面上形成人们彼此承认的社会规范和互动规则，也就很难形成全国性层面的政治民主架构。

　　然而，由朱子思想开创的中国本土近世现代性进程，在今天的中国仍应接续。释天命为天理，把天理的价值置于一切利益之上而信奉"天下道理最大""有理走遍天下"的宋儒理性精神传统，是中国现代性的思维法则。一个用知识上天造化世界之天理，达致元亨利贞之天德的追求重塑圣学结构，从而把中华民族的精神方向引导到知识、德性与功业上去的朱子传统，是中国现代性及科学和一切事业的高端精神架构及意义系统。一个在"理一而分殊，分殊而理一"的世界结构观念下给出了个体价值观并寻求"公共底道理"的朱子学，是中国现代社会形成和建构的政治哲学基础及基本逻辑。在此进路上，从乡约社会的近世实践，到全国性公约社会（公共社会）在今天的稳步建设，是中国社会和政治现代性发展的一个合理进程。如此，我们将明确，今天的朱子学能为今天中国的现代性事业做些什么。

（2016 年 8 月 20 日　于重庆万州）

论易学哲学的现代转型

杨 虎

（华侨大学　哲学系）

　　摘　要：哲学是关乎生活的层级性思考——关乎"主体性何以可能"的存在论、关乎"绝对主体性是什么"的形而上学、关乎"相对主体性是什么"的形而下学。既有的易学哲学史印证了哲学观念转型与生活方式转型的相应，体现了一般性思路："形而上者"为"形而下者"奠基，形而上学为形而下学奠基。包括现代新儒学在内的易学哲学均缺失了本源存在视域，只涉及"主体性是什么"，没有触及"主体性何以可能"的问题，也并未建构完备的现代性易学形而上学、形而下学。易学哲学的当代开展，首须"返源"，解构既有的易学形而下学及其相应的形而上学，建构描述主体性所由以挺立的本源存在及其发生机制的存在论。在此基础上"立相"，建构关乎现代人类主体性的知识论、伦理学、价值论等形而下学，以及相应为其奠基的易学形而上学。唯其如此，才能彻底完成易学哲学的现代转型。

　　关键词：易学哲学；生活；层级性；现代转型；主体性；返源；立相

　　现代性是"一项未完成的设计"（哈贝马斯语）[①]。"现代性诉求"（黄玉顺语）[②] 是当代中国哲学的显著动机。哲学观念的现代转型相应于生活方式的现代转型。本文以易学哲学的现代转型为例，提供一种一般性思路的参考。为此，一般性的先行观念将作为分析方法悬置于论题之前。

一、作为分析方法的先行观念

　　分析方法固然是先行观念、思想前见，但绝非任意的"成见""成心"（《庄子·齐物论》）。这里首先讨论两个将"分析"出本文"分析方法"的问题：一是我们所讨论的易学哲学之意谓，二是（哲学观念与生活方式）现代转型的问题结构。

　　（一）所谓易学哲学

　　易学哲学是指哲学思考的易学表达。易学的传统，在古人的理解中，有象数和义理

---

　　① （德）哈贝马斯著，曹卫东等译：《现代性的哲学话语》，译林出版社 2004 年版。
　　② 黄玉顺：《儒学与生活：民族性与现代性问题——作为儒学复兴的一种探索的生活儒学》，原载《人文杂志》2007 年第 4 期，人大复印资料《中国哲学》2007 年第 10 期全文转载。

之分①，此种划分或可商榷，这里想要指出的是：所谓象数易学的传统不属于笔者理解的哲学②；义理易学则属于哲学的传统，本文把它理解为哲学思考的易学表达。然则，狭义的哲学是指形而上学，但义理一词并不特指形而上学观念，形而下的伦理也属于义理，例如"人伦义理"（叶适《习学记言》）之说。其实我们今天视伦理学为"部门哲学"（branch philosophy），犹如古人把伦理视为一种义理。因此，有必要重新理解哲学。

哲学是关乎生活的层级性思考。迄今为止，最有代表性的狭义哲学定义由海德格尔所下："哲学即形而上学。形而上学着眼于存在，着眼于存在中的存在者之共属一体，来思考存在者整体——世界、人类和上帝。"③ 在狭义的理解中，哲学就是形而上学，是关乎"形而上者""存在者整体"的思考。古往今来对"形而上者""存在者整体"的描述有很多种，海德格尔列举的"世界""人类"和"上帝"，可对应于中国的"天命""心性""良知"等相关用法。在这种理解中，诸如伦理哲学、政治哲学等形而下学便不可避免地在一个矛盾的语境中被视为不属于哲学的思考和言说。笔者倾向于作出一种更加广泛的理解：哲学是关乎生活的层级性思考。

其一，所谓"生活"。本文言说的生活包含但不限于形而下的生命活动。笔者认同"生活儒学"的观念，生活本身是一切的"大本大源"④。通常所言的形而下的生命活动是生活本身的显现样式，总一切事情莫不归属于生活，总一切问题莫不是生活的问题，不仅关乎形而下生命活动的伦理学问题、政治哲学问题是生活的问题，对形而上存在者的追问也归属于生活的问题。正是在最广泛和最基础的意义上，我们言说"生活"。

其二，所谓"层级性"（gradations）。生活儒学使用"观念层级"⑤一词意谓生活领悟的层级性显现——本源情境，形而上存在者，形而下存在者。本文使用"层级性"一词意谓哲学思考必然是多层级的，这是哲学区别于一切科学的性征。科学都是关乎某种存在者领域、形而下存在者的思考和研究，例如化学是关乎物质领域在分子、原子层次的研究，经济学是关乎经济活动领域的研究。存在者领域是以"存在者整体"为前提的，而狭义的哲学就是关乎"存在者整体"的形而上学，所以哲学被视为科学的基础。其实哲学也思考形而下的存在者领域，但与科学不同的地方在于，例如伦理领域的哲学思考，同时追问其形而上学乃至更加本源的基础。

为了保证定义的确切性（最大排他性），有必要进一步指出两点：①在某些划分中，哲学也被归入广义的科学。在我们的言说中，所谓的科学局限于关乎存在者领域的学问（包括自然科学和社会科学，但不包括某些人文学科）。②虽然神学（一神论高阶宗教）不仅有形而下学也有其形而上学观念（哲学形而上学是理性的言说，神性形而上学是天

---

① 例如《四库全书总目提要·易类小序》谓："《左传》所记诸占，盖犹太卜之遗法。汉儒言象数，去古未远也。"这是典型地把"象数"与"义理"对举的传统易学观。
② 这个判断局限于：撇开象数易学当中可能包含的某种知识论形态和因素。
③ （德）海德格尔：《哲学的终结与思的任务》，《面向思的事情》，陈小文，孙周兴译，商务印书馆1999年版。
④ 黄玉顺：《爱与思——生活儒学的观念》，四川大学出版社2006年版。
⑤ 黄玉顺：《爱与思——生活儒学的观念》，四川大学出版社2006年版。

启的言说），但是，神学只包含形而下存在者和形而上存在者这两个观念层级，而哲学的层级性思考还包含更加本源的观念。[①]

易学哲学就是关乎生活层级性思考的易学表达。因为易学哲学是指哲学思考的易学表达，而哲学是关乎生活的层级性思考，所以易学哲学就是关乎生活层级性思考的易学表达。由此，生活的观念层级就决定了易学哲学的层级性。当下的存在领悟、生活领悟显现为三个层级：存在本身、形而上存在者、形而下存在者，这是由二十世纪的哲学观念所启示、生活儒学所正式提出的。[②] 所以，易学哲学的层级性思考包含关乎形而下存在者的易学形而下学、关乎形而上存在者的易学形而上学、关乎本源存在的易学存在论。[③] 这里的奠基层序是易学存在论 →易学形而上学→易学形而下学。

（二）现代转型的本质及其问题结构

哲学观念的现代转型是与生活方式的现代转型相应的。学界关于中国社会转型的讨论非常丰富。众所公认，中国社会及其观念系统经历了两次大转型：春秋战国之际的第一次大转型，有的讨论称为"周秦之变"；中华帝国末期以来的第二次大转型，即我们今天仍身处其中的现代转型。

现代社会转型的本质是社会主体的个体性转向。社会转型的实质是生活方式的变迁，而生活方式的相关项包含社会政治权力结构、社会组织形态、家庭生活形态、社会主体样式等方面。一个时代的生活方式总是体现于相应的各方面，例如西周时代社会政治权力结构的核心是"宗法封建制"[④]，社会组织和家庭是宗族形态，社会主体是宗族，整体言之是宗族宗法的生活方式。直到春秋时期，中国社会仍然是宗族宗法的生活方式，例如宗子领导宗族，同时代表宗族的利益，履行对宗族的义务。《左传·哀公十四年》记载陈氏宗族成员告诫其宗子说："需，事之贼也。谁非陈宗？所不杀子者，有如陈宗！"[⑤] 这说明当时的社会主体是宗族而非家族或个体。

关于第一次社会大转型，根据相应的标准可有不同的描述：根据社会政治权力结构，就是从宗法封建到皇帝专制的转型；根据家庭生活形态，就是从周代的宗族家庭衍变为秦汉之后的"家族家庭"[⑥]。第二次社会大转型与此具有同构性，生活方式的变迁表现在以上提及的各个方面，现代社会政治权力结构的核心是公民代议制，社会组织和家庭是由个体成员组成的，现代社会的主体是个体。在生活方式所有要素当中，最为本质的是社会主体样式，社会转型的本质就是社会主体样式的转化，因为社会生活方式的一切表现方面都是社会主体在不同领域的生活样态，社会主体在政治领域的生活样态就

---

① 因为神学必然是以某种神性超越者亦即某种形而上存在者为根本预设，因此只能包含形而上存在者和形而下存在者这两个观念层级。然则哲学除了这两个层级，还追问更加本源的存在观念，例如海德格尔的此在生存论、黄玉顺的生活本源论。

② 黄玉顺：《爱与思——生活儒学的观念》，四川大学出版社 2006 年版。

③ 本文的"存在论"一词皆是在与"本体论"相区别的汉语语境中使用的，其区别就是：存在论是关乎本源存在的思考和言说，本体论是关乎作为形而上存在者的本体的思考和言说。（参见杨虎：《阳明心物说的存在论阐释》，山东大学硕士学位论文，2014 年。）

④ 晁福林：《夏商西周的社会变迁》，中国人民大学出版社 2010 年版。

⑤ 杨伯峻：《春秋左传注》，中华书局 2009 年版。

⑥ 黄玉顺：《国民政治儒学——儒家政治哲学的现代转型》，《东岳论丛》2015 年第 11 期。

构成了社会政治权力结构，在社会组织和家庭领域的生活样态就构成了社会组织和家庭形态。所以，现代社会转型的本质就是社会主体的个体性转向。

个体性是一种主体性样式，因此，追问个体性问题，一般地说就是追问主体性问题。哲学的主体性追问主要有两层问题：①主体性何以可能？②主体性是什么？

按照当下的哲学观念，主体性存在者是从本源存在、本源生活中挺立而出的。笔者以为，"主体性何以可能"可以析为两个子问题：首先是主体性所由以挺立的本源存在，其次是主体性所由以挺立的发生机制。对此需要一套完整的存在论描述。在此基础上，进一步追问"主体性是什么"。

"主体性是什么"的一般追问也是先行的，如现代个体应当做什么、能够知道什么、可以希望什么，等等。先行于这些问题的乃是主体性存在者应当做什么、能够知道什么、可以希望什么。所有这些集中于一点，就是"主体性是什么"的发问。就此而言，人类既有的哲学取得的成就是巨大的。康德对"人是什么"的发问，其实就是对"主体性是什么"的发问，海德格尔曾经评论道："在康德的奠基活动中发生了什么？……对人类主体之主体性的一种揭示。对形而上学之本质进行发问，就是去发问人的'心灵'之基本能力的统一性问题。"[1] 主体性便有两个层级的区分：作为"心灵诸能力的统一性"的"绝对主体性"，作为"心灵诸能力"的"相对主体性"。展现为：

1. 我能够知道什么？
2. 我应当做什么？
3. 我可以希望什么？[2]

人类主体性具有获得知识、过伦理的生活以及对审美等价值的诉求。伴随着现代转型之新的主体性样式的生成，其知识、伦理和价值领域的诉求势必发生相应的变化。

要而言之，易学哲学现代转型的实质是建构关乎当下生活层级性思考的现代性易学哲学。哲学观念转型相应于生活方式转型——现代性易学哲学要在形而下层级处理"相对主体性是什么"的问题，建构关乎现代主体性的知识、伦理和价值领域的形而下学；在形而上层级处理"绝对主体性是什么"的问题，重建形而上学本体论；在本源层级处理"主体性何以可能"的问题，建构描述主体性所由以挺立的本源存在及其发生机制的存在论。为此，循此先行观念分析既有的易学哲学史，就成为易学哲学当代开展的不可或缺的准备工作。

二、易学哲学当代开展的易学哲学史背景

伴随着两次社会大转型，易学哲学观念系统发生了从形而下学（主要是伦理学、政治哲学）到形而上学的相应调整。《易大传》初步建构了易学形而上学，并在宋明理学那里得到广泛发展。中华帝国末期以来的易学哲学反映了其观念系统的个体性倾向，为现代新儒学做了观念准备，现代新儒学的现代性精神也反映在其易学哲学中。既有的易学哲学史印证了哲学观念转型与生活方式转型的相应，体现了一般性思路："形而上者"

---

① （德）海德格尔著，王庆节译：《康德与形而上学疑难》，上海译文出版社2011年版。
② （德）康德著，邓晓芒译：《纯粹理性批判》，人民出版社2010年版。

为"形而下者"奠基，形而上学为形而下学奠基。

（一）第一次社会大转型以来的易学哲学

《周易》原是卜筮之书[①]，"经传合一"的今本《周易》则成为儒学的经典之首。作为卜筮之书，《易经》繇辞所体现的就是神意，易筮始终预设了某种神性存在者，例如《益卦·六二》曰"王用亨于帝"，《大有·上九》曰"自天祐之。吉，无不利"。而到了春秋时代，人们已经不再笃信筮辞本身的吉凶断定，转而寻求其他方面的解释，例如《左传·襄公九年》穆姜以"元亨利贞"为四德来断占吉凶。关于元亨利贞，《易大传》不仅有"四德"（《乾·文言传》）之说，还有形而上学化的解释，例如乾卦和坤卦的《彖传》云：

> 大哉乾元，万物资始，乃统天。云行雨施，品物流行。大明终始，六位时成，时乘六龙以御天。乾道变化，各正性命，保合大和，乃利贞。首出庶物，万国咸宁。（《乾·彖传》）

> 至哉坤元，万物滋生，乃顺承天。坤厚载物，德合无疆。含弘光大，品物咸亨。牝马地类，行地无疆，柔顺利贞。（《坤·彖传》）

如果说四德说是一种形而下学的解释，那么这里就是对元亨利贞的形而上学化解释。元被理解为"万物资始""万物滋生"的创生实体，亨、利、贞的解释皆以此为起点。同样是对元亨利贞的解释，却有形而上和形而下的区分，体现了《易大传》哲学的基本观念架构："形而上者谓之道，形而下者谓之器。"（《系辞上传》）易道"范围天地""曲成万物"，一切形而下的器物皆由此而立，无论"天文"与"人文"，总一切物事其运行机制莫非"一阴一阳"，故《系辞上传》说"一阴一阳之谓道"，易道是体，阴阳为用，易道与阴阳体用不二。由阴阳运转而万事万物之理可见，故《序卦传》谓：

> 有天地然后有万物，有万物然后有男女，有男女然后有夫妇，有夫妇然后有父子，有父子然后有君臣，有君臣然后有上下，有上下然后礼义有所错。

一切形而下存在者都是由易道的阴阳运转所立；相应地，君臣、父子、夫妇的伦理安排奠基于易道形而上学。第一次社会大转型以来的"三纲"伦理其形上学基础就是易道阴阳论，董仲舒说的最为直白："君为阳，臣为阴；父为阳，子为阴；夫为阳，妻为阴。"[②] 君臣关系属于政治伦理（政治哲学）领域，父子和夫妇关系属于家族伦理领域，这都属于"伦理"的存在者领域，而存在者领域乃是以"形而上者""存在者整体"为观念前提的。以上举例表明，《易大传》哲学典型地体现了"形而上者"为"形而下者"奠基、形而上学为形而下学奠基的思路。宋明儒学的易学哲学也不出此类。

宋儒对《易大传》"形而上者—形而下者"思想的继承确立了理学的基本范式。大程子说："《系辞》曰：'形而上者谓之道，形而下者谓之器'……惟此语截得上下最分

---

① 正如朱子所说："《易》本为卜筮而作。"（黎德清编，王星贤点校：《朱子语类》第四册，中华书局 1986 年版。）

② 董仲舒：《春秋繁露》，中华书局 1992 年版。

明。"① 循此"上下分明"的思想架构，宋明儒学展开了伦理学的形而上学奠基思路。在宋儒的言说中，作为形而下伦理的"礼"奠基于形而上的"理"："礼者，理也，文也。理者，实也，本也。文者，叶也，末也。"②

需要指出，第一次社会大转型以来的核心伦理、价值观念——三纲、六纪③、五伦④，不同于宗族伦理而是家族本位的。三纲当中，父子和夫妇属于家族伦理领域，五伦当中有三伦属于家族伦理领域，六纪当中有四伦属于家族伦理领域，除此之外的其他几伦不过是"亲亲"的推广，就连君臣伦理领域也是家族伦理的推广（所谓"移孝作忠"）。家族本位的伦理、价值倾向到了宋代更加突出，例如朱子说过："人之大伦，夫妇居一，三纲之首，理不可废。"⑤"仁莫大于父子，义莫大于君臣，是谓三纲之要，五常之本。"⑥

这在哲学观念中的体现，就是宋明理学把家族伦理视为天理之当然，其实旨在用一套形而上学为形而下的伦理奠定基础。例如朱子说："仁义礼智，岂不是天理？君臣、父子、兄弟、夫妇、朋友，岂不是天理？"⑦四德和五伦被视为不可易的天理所固有。在当时家族生活方式下，宋儒的这些言论有其合理性，其形而上学观念是相应于形而下伦理观念的。这种思路也体现在宋儒的易学哲学中，例如周敦颐在《通书》（又称《易通》）中，以"诚"统摄易之体用：

善则理之方行而未有所立之名也，阳之属也，诚之源也。成则物之已成，性则理之已立者也，阴之属也，诚之立也。元亨，诚之通；利贞，诚之复。

诚，五常之本，百行之源也。五常，仁、义、礼、智、信，五行之性也。百行，孝、弟、忠、信之属，万物之象也。⑧

诚之体用即易道阴阳，万事万物各因所继之性以正，故五常、百行皆有其性之所由，所以诚体、易道乃是"五常之本，百行之源"。再例如张载在解释"形而上者谓之道，形而下者谓之器"时说："无形迹者即道也，如大德敦化是也；有形迹者即器也，见于事实即礼义是也。"⑨小程子《周易程氏传·履》谓："履，礼也。礼，人之所履也。为卦，天上泽下。天而在上，泽而处下，上下之分，尊卑之义，理之当也，礼之本也，常履之道也，故为履。"⑩以上举例表明，宋明理学的易学哲学体现了"形而上者"为"形而下者"奠基、形而上学为形而下学奠基的思路。

要而言之，中国社会第一次大转型以来的易学哲学，其基本思想架构是《周易》确

---

① 程颢，程颐：《二程集》，中华书局 1981 年版。
② 程颢，程颐：《二程集》，中华书局 1981 年版。
③ 《白虎通·三纲六纪》："六纪者，谓诸父、兄弟、族人、诸舅、师长、朋友也。"
④ 《孟子·滕文公上》："教以人伦：父子有亲，君臣有义，夫妇有别，长幼有序，朋友有信。"
⑤ 朱熹：《朱子全书》第 25 册，安徽教育出版社 2002 年版。
⑥ 朱熹：《朱子全书》第 20 册，安徽教育出版社 2002 年版。
⑦ 朱熹：《朱子全书》卷 23 册，安徽教育出版社 2002 年版。
⑧ 周敦颐：《通书》，《周敦颐集》，中华书局 1990 年版。
⑨ 张载：《横渠易说》，《张载集》，中华书局 1978 年版。
⑩ 程颢，程颐：《二程集》，中华书局 1981 年版。

立的"形而上者—形而下者",基本思路是为家族本位的伦理、价值观念提供形而上学基础的说明。如前所论,哲学在形而下层级处理"相对主体性是什么"的问题,中华帝国时期的家族伦理展现的是其主体性样式的"是什么"("应当做什么"),这奠基于形而上的绝对主体性——"天理""仁体""诚体"等。然而,这只涉及"主体性是什么"的问题,而缺失了"主体性何以可能"的先行发问。主体性样式不是一成不变的,中华帝国末期以来的第二次社会大转型中,社会主体逐渐从家族转变为个体。

(二) 第二次社会大转型以来的易学哲学

就社会主体的个体性转向而言,其观念上的准备可以溯至阳明心学及其后学。阳明思想是具有"个体性视域"的①,例如阳明在阐释《大学》时常说,"惟求之吾身而已""又说归身上"(《大学古本傍释》),启出了其后学王艮的"身是本,天下国家是末"②之说。这些极具个体精神的观念,也反映在其易学哲学中。

阳明心学以良知统摄易学:"良知即是易,其为道也屡迁,变动不居,周流六虚,上下无常,刚柔相易,不可为典要,惟变所适。"③ 作为"寂然不动之本体"的良知,因其"刚柔相易"的运行机制,故能感通无外:"我的灵明便是天地鬼神的主宰……天地鬼神万物离去我的灵明,便没有天地鬼神万物了。我的灵明离却天地鬼神万物,亦没有我的灵明。"④ 良知灵明既是普遍性的本体,又是个体的自证,故阳明回答萧惠所问"己私难克,奈何"时"棒喝"道:"将汝己私来,替汝克。"⑤ 王阳明的"良知即易"思想为王龙溪进一步发挥:"自阳明先生倡明良知之旨,而易道始明。不学不虑,天然灵窍,其究也,范围天地,发育万物,其机不出于一念之微。良知之主宰即所谓神,良知流行即所谓气,尽此谓之尽性,立此谓之立命。"⑥ 王龙溪以心学立场和阳明的良知论统摄易道,论其体则良知即天,论其用则良知即神,然其"几"归于"一念",故王龙溪在解释"元亨利贞"时说:"今人乍见孺子入井,皆有怵惕恻隐之心,乃其最初无欲一念,所谓元也。转念则为纳交、要誉,恶其声而然,流于欲矣。元者始也,亨通利遂贞正,皆本于最初一念统天也。最初一念即易之所谓复,复其见天地之心。"⑦ 四德以"一念"(良知灵明)为本,而"一念"却又是个体性的事情。

阳明及其后学的个体精神对于社会主体的个体性转向以及现代性哲学的建构起到了观念准备作用。众所共知,二十世纪现代新儒学影响最大的熊、唐、牟、徐一系,大体说来继承了儒家心学的传统,尤其思想最深刻的牟宗三哲学是明确"接着"(冯友兰语)阳明心学讲的,他们建构了中国现代性哲学的初步形态。首当指出,现代新儒家有着明确的现代性意识,例如冯友兰先生指出:"一般人心目所有之中西之分,大部分都是古

① 杨虎:《阳明心物说的存在论阐释》,山东大学硕士学位论文,2014 年。
② 王艮:《王心斋全集》,江苏教育出版社 2001 年版。
③ 《传习录·下》,《王阳明全集:新编本》,浙江古籍出版社,2011 年版。
④ 《传习录·下》,《王阳明全集:新编本》,浙江古籍出版社,2011 年版。
⑤ 《传习录·上》,《王阳明全集:新编本》,浙江古籍出版社,2011 年版。
⑥ 王畿:《易测授叔学》,转引自朱伯崑:《易学哲学史》第三卷,华夏出版社 1994 年版。
⑦ 王畿:《语录南雍诸友鸡鸣凭虚阁会语》,朱伯崑:《易学哲学史》第三卷,华夏出版社 1994 年版。

今之异。……这一个觉悟是很大底。"① 牟宗三先生说："近代化不是趋时髦，近代之所以为近代是科学、民主政治、人权。"② 现代新儒家诉求的民主政治是个体性在政治伦理领域的体现，其现代性精神也反映在易学哲学中。

熊十力先生以心学立场融摄易学，释乾元为本心本体：

> 《易》曰："乾知大始。"乾谓本心，亦即本体。知者，明觉义，非知识之知。乾以其知，而为万物所资始，孰谓物以惑始耶？万物同资始于乾元而各正性命，以其本无惑性故。证真之言莫如《易》，斯其至矣。是故此心谓本心。即是吾人的真性，亦即是一切物的本体。③

首当指出，熊十力哲学的本心本体，又谓"真的自己"，这是其现代性精神的形而上学观念。本心本体由性智自证："性智者，是真的自己底觉悟。"④ 此不赖相待分别，因而是绝对主体性，即自足而自主的。与此相区别，形而下的相对主体性却是通过"量智"所体现，因为量智"追逐境物，极虚妄分别之能事"⑤。我们应当撇开其中的价值意味，而如此理解：相对主体性挺立，故能分别知见形而下存在者。因此，性智和量智的关系结构反映了熊十力哲学对于形而下学和形而上学的处理模式。熊先生说：

> 此智（笔者按：指量智），元是性智的发用，而卒别于性智者，因为性智作用，依官能而发现，即官能得假之以自用。……故量智者，虽原本性智，而终自成为一种势用，迥异其本（熊先生按：量智即习心，亦说为识。宗门所谓情见或情识与知见等者，皆属量智）。⑥

性智发见本体自身，量智分别知见，由性智自证"形而上者"，量智分别"形而下者"。性智是量智的根据，量智是性智的"发用""假用"，从而关乎性智所通达的"形而上者"的形而上学为关乎量智所分别的"形而下者"的形而下学奠定基础。这种相应结构可以表示如下：

$$
\begin{array}{ccc}
& 性智 & \rightarrow & 量智 \\
（绝对主体性）& 假用 & & （相对主体性）\\
& | & & | \\
& 形而上者 & \rightarrow & 形而下者 \\
（乾元本心）& & （万物）& \\
& | & 奠基 & | \\
& 形而上学 & \rightarrow & 形而下学
\end{array}
$$

奠基

---

① 冯友兰：《新事论》，《三松堂全集》卷四，河南人民出版社 2001 年版。
② 牟宗三：《四因说讲演录·周易哲学讲演录》，联经出版事业公司 2003 年版。
③ 熊十力：《新唯识论》语体文本，《熊十力全集》第 3 卷，湖北教育出版社 2001 年版。
④ 熊十力：《新唯识论》语体文本，《熊十力全集》第 3 卷，湖北教育出版社 2001 年版。
⑤ 熊十力：《新唯识论》语体文本，《熊十力全集》第 3 卷，湖北教育出版社 2001 年版。
⑥ 熊十力：《新唯识论》语体文本，《熊十力全集》第 3 卷，湖北教育出版社 2001 年版。

民主和科学是现代新儒学最关心的形而下学问题，亦即（政治哲学）伦理和知识问题。所谓科学问题，意在建构知识的现代形态，关乎现代人类主体性"能够知道什么"；民主问题诉求的是个体本位的政治伦理秩序，关乎现代人类主体性"应当做什么"。现代新儒家诉诸"本内圣以开新外王"，即形而上学为现代形态的伦理学、科学奠基的思路，其中最为明确而深刻的是牟宗三哲学。相应于熊十力先生提出的性智"假用"为量智，牟宗三先生提出了"良知坎陷"的处理方案，这与其易学哲学是不无关系的。牟宗三先生首先指出，乾元乃是创造性实体，"儒家由天命不已、天地之道的道体所表示的创造，就叫作创造性自己、创造性本身（creativity itself）"①。乾元本体是能起道德造化的，易学是"属于道德形上学的义理"②。顺着这个致思方向，牟宗三先生接续了阳明心学的立场，以良知明觉统摄易学，建构道德形上学化的易学哲学，并从《周易》中提取"坎陷"一词以说明建构现代形态的伦理和知识（民主和科学）的问题③，最终融会中西、儒释，建构了庞大的"两层存有论"体系：

无执的存有论： 知体明觉→ 物自身

（超绝的形上学） （绝对主体性） 纵贯相即 （自相）

奠基↓ 坎陷↓ 切转丨

执的存有论： 我执主体 —— 现象

（内在的形上学） （相对主体性） 横摄作用 （执相）

这里的重点仍然是说明一般性思路，关于现代新儒学的易学哲学不再举例。总之，现代新儒学的易学哲学同样体现了形而上学为形而下学奠基的思路，在形而下层级处理了现代人类主体性应当做什么（政治伦理）、能够知道什么（知识）等"相对主体性是什么"问题，在形而上层级用"乾元本心"（熊十力）、"良知明觉"（牟宗三）、"超越心灵"（唐君毅）等说明"绝对主体性是什么"问题。然而，现代新儒学依然缺失了"主体性何以可能"的先行发问。笔者曾经论证过，当代儒学必须跳出"心性的牢笼"，对"心性是何以可能的"④，亦即"主体性何以可能"进行先行发问。

三、当代易学哲学的开展

既有的易学哲学史表明，伴随着生活方式和社会主体的变迁，关乎"相对主体性是什么"的形而下学和关乎"绝对主体性是什么"的形而上学发生了相应调整。现代性的生活方式是生活本身、存在本身的当下显现样式，是现代个体诞生的生活渊源。这就意味着，易学哲学的现代性开展首先要解构既有的形而上学、形而下学，返回本源的生活

---

① 牟宗三：《中国哲学十九讲》，吉林出版集团有限责任公司，2010年版。

② 牟宗三：《四因说讲演录·周易哲学讲演录》，联经出版事业公司2003年版。

③ 然而牟宗三先生却是在两种意义上解释"坎陷"的：一种可以理解为"降格"，即降低自己的层级，从绝对主体性降格为相对主体性；然而又对之作出"让位"即让出位置的理解。笔者曾经指出，牟宗三先生的"良知坎陷"论陷入了"'降格'与'让位'的自相冲突"。（参见杨虎：《"降格"与"让位"的自相冲突——牟宗三"良知坎陷"说再省察》，载《哲学评论》总第14辑，中国社会科学出版社2014年版）

④ 参见杨虎：《心性的牢笼——儒家心性形上学根本传统的一种阐明》，收入许嘉璐主编：《重写儒学史："儒学与现代化版本"问题》，人民出版社2015年版。

领悟，对"主体性何以可能"进行存在论描述，在此基础上重建关乎现代人类"主体性是什么"的易学形而上学、形而下学。

笔者把这两个向度称为"返源"与"立相"。[①] 返源意谓追溯先行于一切主体性、一切存在者的本源存在。立相意谓挺立主体性存在者，相有二义：形而下的"别相"和形而上的"总相"。例如法藏谓："总相者，一舍多德故；别相者，多德非一故。"（《华严一乘教义分齐章》）《大乘起信论》谓："心真如者，谓一大总相法门体。"[②] 此"总相"即是指"真如之体"，即"存在者整体""本体"。由此，立相包含了挺立绝对主体性和相对主体性。接下来，循此对当代易学哲学的开展提示一二。

（一）源：建构易学存在论

首先返源，建构易学存在论，描述一切主体性所由以挺立的本源存在及其发生机制。如果从《周易》中找寻一个语词表达易学的本源存在观念，无疑就是"生生"。尽管《易大传》是形而上学化的，但仍然有其本源存在领悟，《系辞上传》谓："生生之谓易。"孔颖达疏云："生生，不绝之辞。阴阳变转，后生次于前生，是万物恒生，谓之易也。"[③] 易以阴阳运行，谓万物恒生是易固然不违生生之义，却有存在者化之嫌。按照一般的理解，"生生"是连动用法，意为生而又生、生生不息；或者作动宾结构，意为创化新生。按照笔者的理解，生生即存在，存在说的不是存在者的存在，这里不是说的"什么"生以及生"什么"，而是说的生本身、存在本身。存在者的存在是存在本身的显现样式，《周易》"生"之观念，也有的表示存在者的存在。例如：《系辞上传》曰"天生神物，圣人则之"，这里说的是蓍龟的存在；《系辞下传》曰"男女构精，万物化生"，这里也是说的存在者的存在。阴阳运转到天下万事万物莫不是生生的显现，故说"生生之谓易""天地之大德曰生"（《系辞下传》）。

《易大传》以来的易学哲学对生生的理解基本是存在者化、形而上学化的。《易大传》从乾道的"大生"、坤道的"广生"出发，到万物的"化生"，构造了一套本体宇宙论。我们注意到，后世儒学对生生的理解虽然也是形而上学化的，却是有其不同内涵的，例如朱子说："心具众理，变化感通，生生不穷，故谓之易。"[④] 显然，这是以其天理本体论重新阐释易学的生生领悟。我们对生生作出不同的理解，也是基于当下的存在领悟。其实《易经》较之《易大传》更加透显了本源存在领悟，《易经》所引古代歌谣[⑤]表达了本源生活领悟和生活情感，这在《易大传》的解释中只留下一些痕迹："作《易》者，其有忧患乎？"（《系辞下传》）生存忧患是《周易》的思想动机，体现了先民的生活情感。后世儒学"生生之仁"的领悟也多少保留了这一点，大程子说："天地之大德曰生。天地细缊，万物化醇。生之为性，万物之生意最可观，此元者善之长也，斯

① 参见杨虎：《从无生性原在到有死性此在——重读海德格尔的"存在论区分"》，载《河北学刊》2015 年第4 期。
② 《大乘起信论校释》，中华书局 1992 年版。
③ 王弼，韩康伯注，孔颖达疏：《周易正义》，中国致公出版社 2009 年版。
④ 朱熹：《朱子全书》第 21 册，上海古籍出版社 2002 年版。
⑤ 参见黄玉顺：《易经古歌考释》修订版，上海古籍出版社 2014 年版。

所谓仁也。人与天地一物也，而人特自小之，何哉。"① 大程子以生为性，固然是形而上学化的理解，但也透显了儒学的本源观念——情感即存在：生生之仁是本源的情感领悟，也是人这一主体性存在者置身于其中的本源存在境域，即生生之境。

那么，主体性是如何从生生之境中挺立而出的呢？笔者以为，《周易》之"观"可以说明这一问题。所谓"观"，就是存在领悟，存在领悟有其层级性显现，既可以表示对象化的观察，也可以表示能所俱泯的无分别智（观、境、智不二），这是通儒、道、释而皆不违的。②《周易》的"观"也主要是这两种用法：前主体性的存在之观、主体性的存在者之观。主体性的存在者之观，例如：

> 仰以观于天文，俯以察于地理。（《系辞上传》）
>
> 物大然后可观，故受之以观。（《序卦传》）
>
> 观颐，自求口实。（《周易·颐》）

主体对自身或他者的观察和打量是对象化、存在者化的。《周易》之"观"还有表示前主体性的存在之观，例如：

> 观其所感，而天地万物之情可见矣。（《咸·彖传》）
>
> 观其所聚，而天地万物之情可见矣。（《萃·彖传》）
>
> 观其所恒，而天地万物之情可见矣。（《恒·彖传》）

从感、聚到恒，是对"天地万物之情"的描述。凡有感则聚，此为恒情，我们固然可以对其作出存在者化的理解，将感理解为"二气感应"（《咸·彖传》），也可以作出前存在者化的理解，生生其感、其聚、其恒，是天地万物之情（情者实也，犹谓"事情本身"）。故曰"见"者，即生生之"现"，在《周易》的用法中，见即现，如"见龙在田"（《乾·九二》），这体现了中国哲学的独特观念：所见者乃自现，所观者即自观。感、聚、恒者，是生生之自感、自聚、自恒。所观为存在者，则不得言自观；所观为存在本身，故为"自观自现"③，这是前主体性的存在之观。

由此，主体性存在者从生生之境挺立而出，可以说是从前主体性的存在之观切转入主体性、对象化的存在者之观。笔者曾经用"观法之切转"④ 来描述存在与存在者的视域切转。其实《周易·观》便提供了这种视域：

> 观：盥而不荐，有孚颙若。
>
> 初六：童观。小人无咎，君子吝。
>
> 六二：窥观。利女贞。
>
> 六三：观我生进退。
>
> 六四：观国之光。利用宾于王。

---

① 程颢，程颐：《二程集》，中华书局 1981 年版。

② 例如佛家既有"有相观"（《瑜伽师地论》）之境，也有"法界洞朗，咸皆大明"（《摩诃止观》）的观境；道家有"以道观之"和"以物观之"（《庄子·秋水》）的区分。

③ 杨虎：《从无生性原在到有死性此在——重读海德格尔的"存在论区分"》，载《河北学刊》2015 年第 4 期。

④ 杨虎：《从无生性原在到有死性此在——重读海德格尔的"存在论区分"》，载《河北学刊》2015 年第 4 期。

> 九五：观我生。君子无咎。
>
> 上九：观其生。君子无咎。

观卦卦辞表达了"有孚"对于祭礼的优先性，即以本真情感为先行的存在领悟。这也说明，所谓"观"在本源意义上说是情之观，即本源的情感领悟。初至上爻展现了主体性从诞生到不断挺立最后回复到前主体性的存在领悟。

首先，童观和窥观，孔颖达疏："唯如童稚之子而观望也。"王弼注："不为全蒙，所见者狭，故曰'窥观'。"[①] 处于童观和窥观之时，主体性刚刚诞生，自身与他者的分别相尚未明朗，犹如孩童看待世界一样，故仅言观而未言观"什么"，这是最切近本源存在方式的。由此不难理解，婴儿的存在方式是儒、道、释均向往的回归本真之路："复归于婴儿"（《老子·二十八章》），"大人者，不失其赤子之心者也"（《孟子·离娄下》），"如彼婴儿无所辨了，名婴儿行"（《大乘义章·五行义三门分别》）。[②]

其次，从三爻"观我生进退"到五爻"观我生"，展现了主体性存在者的不断挺立。此时自身与他者的分际已然明朗，主体性存在者开始关注自身以及他者、国家的荣辱、命运等。

最后，超越一切分别对待，回复到前主体性的生生—存在本身。"观其生"，所观非"我"非"国"，而是"生"本身。根据黄玉顺先生的考证："这里的'其'乃是无所定指的。例如《尚书》'予其杀'蔡沈注：'其者，未定辞也。'（《尚书·酒诰》）……无所定指之'观其生'，正是'观'的生活本身。"[③] 初自上爻展现的可以说是境界的变化，也是存在方式、存在领悟的切转，简示如下：

主体性之观	前主体性之观
童观、窥观	观其生
观我生进退、观国之光、观我生	

左列与右列，实为一事，自左列看则不见右列，自右列看则不见左列，此谓当下切转。从前主体性的存在之观切转入主体性的存在者之观，便是主体性挺立（立相）的发生机制，反之则是从主体性到前主体性的回溯（返源）。主体性存在者首先置身于生生之境，在本源层级上生生首先显现为情之观，生生与观不二。主体性从观之切转中挺立而出，这便是易学的存在论启示。至于说在什么状况、时刻产生主体意识，从生生之境及其情感领悟切入存在者化的对象世界，固然也是可以探讨的事情，但并非存在论的发问方式，不是本文所谈论的发生机制之意谓。

尚需指出的是，本文所谈论的本源存在领悟的易学表达——易学存在论，旨在解决"主体性何以可能"的问题，但并不局限于现代人类主体性，这是一切主体性存在者皆不能违的。例如，未来世界出现某种全新的主体性样式，其挺立也必然有其本源存在和发生机制。而就现代个体来说，自然也是诞生于当下的生生之境——现代性的生活方式

---

① 王弼，韩康伯注，孔颖达疏：《周易正义》，中国致公出版社 2009 年版。
② 慧远：《大乘义章·五行义三门分别》，大正藏第 44 卷，财团法人佛陀教育基金会出版部 1990 年版。
③ 黄玉顺：《论"观物"与"观无"——儒学与现象学的一种融通》，载《四川大学学报》2006 年第 4 期。

及生活情感，并在观之切转——从观生活本身到观自身与他者（中国与西方）的价值诉求、生存需求等方面而挺立起个体主体性。

（二）立相：重建易学形而上学、形而下学

易学形而下学的核心问题在于"相对主体性是什么"，亦即人类主体能够知道什么、应当做什么、可以诉求什么等问题，这就指向了知识论、伦理学和价值论的建构。重建易学形而下学的主要工作就是建构关乎现代人类主体性的知识论、伦理学和价值论。

其一，重建知识论范畴表。众所共知，知识论的核心在于范畴表的建构。人类早期哲学的范畴表以亚里士多德的十范畴为典型，其实可以分为两大类，就是实体与非实体："或者表示实体，或者表示数量、性质、关系、地点、时间、姿态、状况、活动、遭受。"[1] 实体范畴是第一位的，其他范畴都是基于实体的推衍。所谓"范畴"（出自《尚书·洪范》）就是指大的存在者领域，《周易》中也有几组表示存在者领域的观念，例如"三材之道""八卦"等。三材之道，所谓天道、地道、人道，并非指形而上的道体，而是指三种不同的关系领域。八卦也是如此，《说卦传》谓："乾，健也。坤，顺也。震，动也。巽，入也。坎，陷也。离，丽也。艮，止也。兑，说也。"八卦取象遵循的正是这八种性质或关系原则。《易大传》观象设卦，以八卦的推衍设立六十四卦系统，这一逻辑结构固然有其知识归纳的意义，但不能充当现代科学知识所以可能的范畴基础。

现代知识论范畴表形态奠定于康德哲学的十二范畴，其中最为重要的无疑是"关系性范畴"：实体性、因果性、协同性。[2] 没有实体和因果信念，科学知识将成为不可能的事情，这对于未来的知识论范畴表也是不可或缺的（今天所谓的"虚拟实体"也是以实体性观念为前提的）。值得注意的是，实体性（实体与属性）被归入广义的关系性范畴，这是可以理解的事情，知识问题处理的正是相对存在者之间的逻辑关系。众所共知，我们今天与康德所处的时代大有不同，今天是一个信息大爆炸的时代，人类在二十世纪所取得的科学技术成就超越了以往所有时代。尤其是我们不久还可能会面临着前所未有的某种主体性样态，知识也会发生领域和形态的相应变化，既有的范畴表可能无法囊括未来的知识形态，所以重建范畴表不得不提上现代知识论的思想议程。

现代新儒学虽然追求知识的现代形态，但是，即便在这方面思考最为深刻的牟宗三哲学，也只是探讨了主体认识何以可能（良知坎陷），而并未触及重建知识论范畴表的问题。当然，重建什么样的范畴表，这一议题是悬而未决的。本文想要先行指出，《周易》"阴阳"观念对于重建知识论范畴表是有其奠基意义的。既有的知识论范畴表，包括伦理学范畴表在内，均展现为阴阳二分结构。例如，前面提到的亚里士多德的范畴表、康德的关系性范畴，三材之道而"两之"（《系辞下传》），八卦之"分阴分阳"；再例如"三纲"以阴阳定，"五伦"是"父子"与"非父子"的二分等。知识关乎的是相对存在者的关系，没有二分结构，则相对存在者的分别以及认识行为的"主—客"架构是不可能的，现代乃至未来的知识论范畴表，也必然要以二分结构为基础观念的。当

---

[1] （古希腊）亚里士多德著，方书春译：《范畴篇·解释篇》，译林出版社 2016 年版。
[2] （德）康德著，邓晓芒译：《纯粹理性批判》，人民出版社 2010 年版。

然，重新阐发阴阳观念也是不可或缺的工作。

说到底，知识论、伦理学等形而下学问题所关乎的都是相对存在者的关系问题。在这个意义上，我们或许可以视阴阳为基础范畴（fundamental categories）。这正相应于，阴阳作为最大的存在者领域，是从存在者整体到次级存在者领域的中介，故《系辞下传》说："乾坤，其易之门邪？乾，阳物也；坤，阴物也。阴阳合德，而刚柔有体，以体天地之撰，以通神明之德。"天下万物莫不分阴分阳，故阴阳为易之"门户"，"阖户谓之坤，辟户谓之乾"（《系辞上传》），阖而观阴阳和合"万物化生"（《系辞下传》），辟而观阴阳一体不二。

其二，建构现代性的伦理学和价值论。基于现代个体性的生活方式，我们不可能重新接纳宗族本位、家族本位的伦理、价值观念。在这方面，《易大传》的核心伦理、价值观念及其形而上学基础都需要被解构。例如，就政治领域的伦理关系而言，现代个体在政治领域都是公民，而没有君主与臣民之分；就家庭领域的伦理关系而言，作为家庭成员的个体之间并无人身依附的关系。所以，《易大传》那种"君臣、父子、夫妇"以阴阳定尊卑的伦理观念需要被解构。为此，我们需要重新疏解《易经》，发掘其中的个体精神，阐发个体性的伦理、价值观念。例如《蛊·上九》谓："不事王侯，高尚其事。"虽然当时没有脱离于宗族生活的个体，但个体精神并未完全泯灭。《周易·观》"观我生"之说也是可以理解为个体精神的，当主体性挺立，首先关注的不是"国生""民生"，而是"我生"，这于个体来说才是最切近的。尽管如此，既有的易学观念并不能直接"拿来"建构现代性的伦理、价值观念，这也是"唯变所适"（《系辞下传》）、"与时偕行"（《乾·文言传》）的观念启示。现代个体应当做什么、可以诉求什么的伦理、价值建构，是"唯变、与时"而来的。

要而言之，我们要解构既有的易学形而下学观念，相应于现代性问题建构现代性的形而下学，为此也需要重建易学形而上学。这里有必要指出，当代西方哲学"拒斥形而上学"的进路并不可取，笔者认同现代新儒学重建形而上学的进路，因为形而上学乃是关乎生活的一种思考，形而上学是不可避免的。首先，对存在者领域、"形而下者"的言说必然包含了对"存在者整体""形而上者"的先行承诺。所以，关乎相对存在者的形而下学奠基于关乎存在者整体的形而上学。其次，语言陈述中的"存在者整体""本体"观念乃是对存在的本体化言说。古往今来，这种本体化言说主要表现为神性化的和理性化的，由此而成立神性形上学和理性形上学。也正是由于生活本身及其存在领悟的显现样式不同，才能够解释为什么古往今来形形色色的形而上学本体论不断地解构、建构。我们固然可以批评传统形而上学本体论"遗忘了存在"（海德格尔语），但不能否认它们也是渊源于存在领悟，是存在领悟的显现样式。最后，人类两千年来的形而上学解构、建构历程正是对"形而上学不可避免"的事实证明，易言之，"需不需要建构形而上学"并不是个真问题，真正的问题是"建构什么样的形而上学"。

这取决于当下的生活方式及形而下学问题。就此而言，现代新儒学重建易学形而上学的努力是非常有益的。熊十力先生曾说："孔门之学于用而识体，即于万化万变万物而皆见为实体呈现。易言之，实体即是吾人或一切物之自性，元非超脱吾人或一切物而独在。大化无穷德用，即是吾人自性固有。吾人或一切物之变化创新，即是人与物各各自变化，自创自新，未有离吾人或一切物而独在之化源也。"① 这无疑是极具现代个体性精神的形而上学观念。当然，并不是说现代新儒学就没有问题，否则我们也没必要重提易学哲学的现代转型问题。现代新儒学的易学哲学是现代性易学哲学的初步形态，易学哲学的当代开展需要在两个方面超越现代新儒学：

其一，思想视域上，当代易学哲学展开关乎当下生活的层级性思考，要求超越现代新儒学的"形上—形下"思想架构，而"返源"到前形而上学、前存在者化的生活—存在、生生之境的思想视域。如前所论，现代新儒学并未触及"主体性何以可能"的问题，缺失了本源存在的思想视域。当代易学哲学的开展不仅要解构既有的形而下学，而且要同时解构其相应的形而上学，返回到本源存在，在此基础上"立相"即挺立主体性，从而建构关乎"主体性是什么"的现代性形而上学、形而下学。

其二，观念系统的完备性上，在现代新儒学基础上进一步完善现代性形而上学、形而下学建构。进一步探讨"绝对主体性是什么"，完善关乎现代主体性的易学形而上学，在此基础上重建知识论范畴表，现代性伦理学、价值论等形而下学。本文的思路可以展示如下：

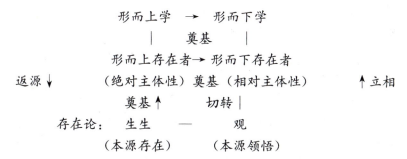

总而言之，易学哲学的现代转型必须以"返源"与"立相"的双重向度，展开关乎当下生活的层级性思考：建构易学存在论，对主体性所由以挺立的本源存在及其发生机制进行描述；在此基础上，建构关乎现代人类"主体性是什么"的形而上学本体论和知识论、伦理学、价值论等形而下学。唯有思想视域和观念系统的完备性得到实质性推进，才能彻底完成易学哲学的现代转型。

---

① 熊十力：《原儒》，湖北教育出版社 2001 年版。

"和合"精神的形而上理论重构与形而下历史反思

——婚恋、"乡原"与纯阳崇拜

王 硕

（山东大学 儒学高等研究院）

摘 要：中国古代哲人对男女婚姻生活的理解不局限在男女婚姻生活本身，而是把它作为整个宇宙阴阳和合秩序的一个缩影。当代中国的不婚主义、高离婚率、女权主义冲击了传统中国"阴阳和合""君子之道，造端乎夫妇"的观念。此外，"和合"的价值取向还容易导致人们想当然地把"和合"庸俗化理解，发展为"老好人""乡原"的处世之道。传统婚恋观念与"乡原"的处世之道这两个看似无关的问题都是传统农耕文明生活的产物，也就是说，传统上人们对"和合"的理解有时代局限性，社会上一些看似违背了"和合"的事物，违背的只是农耕文明时代人们对"和合"的理解，而非违背了"和合"的哲学原理。现在，我们摘掉农耕文明时代的有色眼镜，重新理解"和合"。"和合"未必是一阴一阳，纯阳刚健之力本身也是一种"和合"，无阴无阳的超脱状态也是一种"和合"。

关键词：和合；婚恋；乡原；农耕社会；纯阳崇拜

一、本文的价值与思路

从本文的题目可以看出，本文是按照"形而上者谓之道，形而下者谓之器"的结构来写的。"和合"精神是中华优秀传统文化的一个重要方面，但是无论在人们对它的理解上还是这一思想与社会生活的互动上，都出了一些问题。本文就是要厘清这些问题，为"和合"这一中华传统智慧开出新的理解方式，以此让人们对于形而下社会问题有更深刻的认识、更灵活并且合理的社会价值取向。

说到"和合"，很自然地就联系到阴阳和合，"和合"与阴阳都是典型的中国传统文化特色的观念，"一阴一阳之谓道"，世间万物有各式各样的"和合"状态，而阴阳和合则相当于对一切具体事物"和合"的总结。中国人对阴阳和合精神的重视，落实于形而下的社会人伦日常生活，体现为对传统婚姻的重视："君子之道，造端乎夫妇。"（《中庸》）或者说中国古代哲人对男女婚姻生活的理解不局限在男女婚姻生活本身，而是把它作为整个宇宙阴阳和合秩序的一个缩影。而且，阳气刚健、阴气柔静的观念体现在形而下层面就成了"夫为妻纲"的秩序。然而，当代中国的不婚主义、家长逼婚、高离婚率、女权主义，极大地冲击了传统的男女和合价值观。

除了阴阳男女这方面之外，"和合"在社会层面还有一个大问题就是：人们容易

"想当然"地把"和合"的价值取向发展成"老好人""乡原"的处世方法,这又涉及儒墨之争与农耕文明时代的生活方式、社会结构。

传统婚恋观念与"乡原"的处世方法,这两个看似无关的问题,其实都是根植于同样的土壤:以血缘为纽带、以家族为基本社会构成单位的传统农耕文明模式的生活。而时代的变化,市场经济工业文明的冲击,打破了二者共同的社会基础。

上述一系列社会问题,不禁令人反思:"和合"既然能够上升到形而上层面,那么,形而下的世俗生活无论有什么变化,都不应该影响到"和合"在哲学上的正确性才对,也即是说,传统上对"和合"的理解受到了农耕文明生活模式的限制,现代社会层面的一些看似违背"和合"的事物,违背的只是农耕文明时代人们对"和合"的理解,而非真的违背了"和合"的哲学原理;同理,"和合"精神的庸俗化散播(例如"乡原")也只是人们在形而下层面应用有偏差(与农耕文明模式下的熟人社会有很大关系),而非"和合"原理本身的问题。

二、当代中国婚恋问题、女权观念对传统阴阳和合价值观的冲击

现代化对中国传统秩序(尤其是婚姻家庭秩序)冲击极大。"80 后""90 后"处在这个特殊的历史时代,青少年时往往经历了家长与老师围堵早恋,青中年时又受到父母逼婚,大龄未婚者往往被周围的人视作另类(随着社会进步,渐渐地也对不婚者采取包容态度)。家长逼婚,正是源于传统儒家价值观("君子之道,造端乎夫妇""不孝有三,无后为大"),虽然他们未必懂儒家,但作为中国人已经在不知不觉中被灌输了这套价值观①。然而这套价值观是根植于古代农耕社会的:那时,每个居民聚落基本上是同一个大家族(例如张庄的人绝大多数姓张,李村的人基本都姓李,左邻右舍都有些许的血缘关系),除了进京赶考或者朝廷征兵之外,很少离乡,所以安土重迁。这种"经济基础"就培养出了重视稳定婚姻形式的"上层建筑"。而当今中国进入现代化工商业社会,必然有自由劳动力、自由消费者的流动,这种流动经常使得爱人分开,例如毕业时校园情侣分手,或者婚后因为工作变动而分居,分居后感情淡薄而离婚。很多家长不明白这种时代变迁、社会转型过程中新一代年轻人的无奈与辛酸,一方面扼杀青春期纯真的情感,围堵早恋,另一方面却想当然地以为子女大学毕业后就能找到好工作,工作后就能找到好对象,他们给子女灌输的价值观让子女感觉好像考上大学就能解决一切问题。其实这一代家长多数自己也没上过大学(与"文化大革命"有关),只是想当然地得出上述结论(注意:这一代家长对"考大学"的理解,延续了传统中国人对科举制的理解。这再次体现了传统价值观与现代社会的冲突)。结果是很多学生考上大学之后照样没解决任何问题,于是感到二十年来的憧憬破灭了,人生迷茫,或变成愤青,社会矛盾加剧。这一代家长往往经历了"文化大革命",甚至有人在"文化大革命"中批斗过自己的父母,等到他们自己做父母了,却想让自己的"80 后""90 后"子女按照儒家原教旨的方式做子女。并且"文化大革命"给这一代家长根植了潜意识中的暴力思想,所以这一代家长有殴打子女的现象。逼婚是愚昧无知的体现:逼婚是把农耕时代的"上层建

---

① 李泽厚:《说儒学四期》,上海译文出版社 2012 年。

筑"硬搬到现代化工商业社会的"经济基础"之上，是干涉婚恋自由、不尊重人性、缺乏历史观念及时代观念的（所以，越是文化水平低的父母，逼婚越普遍；反之，知识分子家庭对此更宽容些）。所以说，不婚主义与家长逼婚，虽然是敌对的，但是二者同样破坏了"和合"精神。家长逼婚看似站在传统婚姻观立场上促进阴阳和合，实则"逼"的做法本身就违背了"和合"精神。现当代中国家长逼婚的行为，与其说是继承的中国传统，不如说是继承的欧洲中世纪传统，这是黑暗的中世纪人性压抑在中国"80后""90后"身上的翻版，是西化思潮以来，西方机械化思维方式的体现。这种非此即彼的思维方式造就了西方古代黑暗的中世纪，催生了西方近现代的发达的工业文明，也影响了中国西化以来一代家长与子女的思维方式。

下面讨论一下女权主义的问题。因为中国传统思想中讲的阴阳和合，不是阴阳二者俱在就可以了，还讲到了二者的德性、地位不同：阳性刚健，阴性柔静，在这种形而上观念的指导下，形而下社会形成了"男主外，女主内""夫为妻纲"的秩序，女权主义对此秩序是一个极大的冲击。尤其是女权观念传播过程中的庸俗化变异。

前些年，网络上流传一篇文章《中国式女权就是不劳而获》，在 QQ 上、校内网上、各大贴吧（那些年微信尚未流行）疯狂转载，一呼百应……能够有这种反响，说明这种"不劳而获"的中国式女权已经在社会上相当普遍，人们普遍对此反感。"中国式女权"的基本模板是这样的：某些女性一方面吃喝玩乐，疯狂消费，另一方面却没有欧美国家女权者的独立精神，反而要求男性提供主要的经济支撑，例如要求结婚对象提供车、住房……新闻上多次报道因为结婚要车、房的问题引起的各种冲突，有的引起过法律纠纷，甚至自杀。后来官方专门针对婚前婚后车房所有权问题而立法，可见问题已经多么严重。但是，这不仅应归责于"女权"，更应归责于社会上的泡沫经济与浮躁、唯利是图的风气，如果没有"消费主义"盛行与现代化工商业社会的大背景，这类中国式女权主义者的疯狂消费的生活方式就没有社会基础。

退一步讲，即使不是以上所描述的那种不劳而获的女权者，而是像欧美那种独立自尊的女权者，也有缺陷。女权者大多性格强势，生活中存在一些问题，尤其是强势性格不利于婚姻（她们容易陷入一种思维误区：似乎非得表现强势才能彰显自己的尊严，觉得对丈夫体贴似乎就成了男尊女卑，而没有把体贴视作一种爱、一种美德，传统宗教倡导付出并快乐的人生境界），导致"幸福缺失感"，由此，她们自己有时也迷茫，幸福缺失导致的迷茫与其说是对具体事物的迷茫，不如说是一种终极迷茫，对人生意义的迷茫[1]……这很大程度上在于没有更高的生命智慧境界[2]。从心理学上说，强势反而很可能是掩盖自卑，一些女权者似乎正是介意自己的女性身份而刻意强势。笔者发现，很多女权者自己在性别方面就受过歧视，或本身就婚姻不幸福，或其成长环境有这方面问题（例如母亲受过性别歧视，或父母感情破裂）。这就如同：越是受父母严厉管教的孩子，长大后可能叛逆心理越强，越强调父母与子女应当平等。如果把"个人"扩大到全民

---

① 宗教恰恰是解答终极问题的。所以很多强势者发现自己的强势、自己的奋斗仍然没有解决幸福缺失感问题的时候，在迷茫中容易成为教徒，以求精神归宿。此处"教"是广义的，包括儒家。

② 这句话与下文"爱的教育"，正是在王堃、王硕《重建伦理 or 解构家庭：哪条路才通向幸福？——女权主义与宗教伦理的对话》中，王硕引用崔茂新教授对女权者的建议。共识网、儒家网，2015 年 12 月 18 日。

族,也就理解了恰恰是因为黑暗的中世纪西方压抑人性太严重,所以近现代民主自由思想、女权主义、父母与子女平等、不婚主义、性解放在欧美产生并流行。[①] 但这种转变是从一个极端走向另一个极端。女权主义乃至于若干其他的西方思潮虽有进步意义,但是仍不够"究竟圆融",其思维方式仍是传统西方机械化思维的延续。西方自古以来的契约式思维、机械化思维、概念式推理[②]导致了西方"非此即彼"的斗争历史,而中国历史、中国思维方式有自己的特征,西方思潮未必适合[③]。

梁漱溟先生自幼学习西学,并考察过欧美社会,却认为西洋模式将被儒家模式、佛家模式取代[④],也同样是因为他体悟到了机械化的、合同式的划分权利义务的思维方式、生活方式(包括女权主义)不及"和合"这种中国式"更高的生命智慧"[⑤]。所以,笔者认为,当今社会上兴起传统文化正是回应 20 世纪 80 年代西化热遗留的负面问题的。

笔者的意图绝非仅谈女权主义,而是把它置于整个时代普遍的西方思潮进入中国之后变得庸俗化的大背景之下。例如,父母与子女平等,这一理念本身是正确的,但在中国近三四十年的教育中往往表现为对子女的溺爱。这种盲目溺爱与传统文化的流失有关(尤其是传统文化中对亲子关系的定位)。而产生"父母与子女平等"这一思潮的欧美国家却少见像中国父母这般溺爱子女的。这些思想变化,都可理解为现代性对传统中国"和合"智慧(尤其在婚姻家庭方面)的冲击。

三、前现代农耕社会家族生活遗留的"乡原"问题与儒墨之争

除了婚姻家庭问题之外,"和合"精神在社会生活中面临的另一个显著问题就是:人们容易想当然地把"和合"精神庸俗化理解(对比前文所讲的女权主义传播过程中的庸俗化理解),把"和合"精神发展为一种圆滑的处世方式。这种氛围之下,往往"老好人""乡原"层出不穷。

"乡原,德之贼也。"这是《论语》中的话。"乡原"是什么呢? 按朱熹《四书章句集注》的解释:"乡者,鄙俗之意。原,与愿同……乡原,乡人之愿者也。盖其同流合污以媚于世,故在乡人之中,独以愿称。夫子以其似德非德,而反乱乎德,故以为德之

---

① 这也同样可见欧美思维主"分",东方思维主"合":欧美用了这么多"主义"分别对抗中世纪压抑人性的各种问题,而佛家一句"众生平等"就全囊括了,而且境界更高,并且有"缘起性空"哲学作为"众生平等"的最终支撑。欧美以上帝造人生来平等作为上述各种"主义"的形而上依据,亦不及"缘起性空"更有思辨启发性,且前者需要以信仰基督教为必要前提,而"缘起性空"对于不信仰佛教的人也能说得通。

② 张祥龙:《从现象学到孔夫子》,商务印书馆 2011 年版;张祥龙:《西方哲学笔记》,北京大学出版社 2005年版;苗力田:《西方哲学史新编》,人民出版社 1990 年版。

③ 本文讲的女权主义,指的就是民国以来,尤其是改革开放以来从西方传入中国的女权主义。虽然中国古代思想中也能找到男女平等精神,但与当今社会上流行的女权观念关联不大。

④ (美)艾恺著,王宗昱译:《最后的儒家——梁漱溟与中国现代化的两难》,外语教学与研究出版社 2013 年版。

⑤ "更高的生命智慧"上一段也引用过,在王堃、王硕《重建伦理 or 解构家庭:哪条路才通向幸福? ——女权主义与宗教伦理的对话》中,这个词用来表达传统文化、宗教智慧才能从根本上带给女性乃至全人类幸福,其境界高于女权主义,尤其是在当代中国已经浮躁化的女权主义。

贼而深恶之。"① 这样看来，"乡原"其实很接近现代社会日常口语中说的"老油条""老好人""伪君子""道德绑架者"。汉语中"老好人"与"好人"一字之差，但意义差别很大。"老好人"不是"好人"。"老好人"分为两种：一种是窝囊、受气的形象，虽也是"好人"（此处指不伤害别人的人），但多了窝囊受气的因素，所以叫"老好人"；第二种"老好人"是圆滑的、谁也不得罪的人，即上文所谓"同流合污以媚于世"的人，"乡原"是第二种"老好人"。（注：因为"原，与愿同"，所以，下文笔者有时就写为"乡愿"）

然而，出现了一个大矛盾：大家也都知道，中国自古以来"乡原"特别多，直到今日，我们的日常生活中的"托人办事"、工作单位上各种钩心斗角、街坊四邻相处的微妙关系，都有"乡原"的影子。为什么以儒家为传统主流思想的中国社会中出现了大量的儒家反对的"乡原"呢？

因为儒家文化自身依托的社会基础就容易滋生"乡原"。

具体来说，滋生"乡原"的土壤是人情社会、熟人社会，并且需要这个社会的氛围崇尚"模糊"，反对"较真"，不喜欢严格规定权利义务的合同（缺乏契约精神，因为签订明确权利义务的合同，就显得互相不信任，有伤人情，有伤面子，反之，交情深则信得过，何必签合同），大家默认了一种"你好我好大家都好，谁也不得罪谁"的氛围，并且都标榜道德（尤其是喊一些假大空的道德口号，这与下文"义利之辨"有关），互相进行道德绑架。儒家在很大程度上是与"人情社会"同一立场的。虽然儒家崇尚正直，崇尚"面谏"的精神，但是又不得不服从于"人情社会"这个大局。例如，儒家崇尚"子为父隐，父为子隐"，还说"直在其中"。笔者认为：亲人之间，难以超越亲情，不得已而"隐"之，可以理解，但这不能公开宣扬崇尚。注意，笔者并非反对"亲亲相隐"，毕竟普通人难以超越自己的亲情，但是，笔者认为，这种事只能作为一种"同情的理解"，不应当公开宣扬与崇尚。尤其是儒家一面崇尚"仁义礼智信""恭宽信敏惠"这些道德标准，一面又崇尚"父为子隐，子为父隐"，这就会导致社会氛围变得复杂：人人喊着道德口号，显得很正直，对别人刚正不阿，但是，遇到自己亲人犯错的时候就不再刚正了……

为了解决"恩"与"义"的矛盾，后世完善了一套"门内之治恩掩义，门外之治义断恩"的分情况处理的体系，然而这个体系则为乡原、伪君子、老油条、道德绑架者提供了中国文化内的生存土壤。"门内之治恩掩义，门外之治义断恩"未必是正面现象，人人都去指责别人做了什么坏事，而祖护自家的人，进而，大家会达成一种默认的共识：既然人人都有私心，人人也都免不了犯错，那么，干脆我们谁都不要指责谁，都不要把"门外之治义断恩"用到对方身上，以免对方干扰自己的"门内之治"，最终，连"门外之治义断恩"也放弃，大家互相祖护，默认了一种"你好我好大家好，谁也不得罪谁"的秩序。这种秩序在传统中国农业文明时代人情社会中格外明显，乃至今日，中国人的人际关系也非常复杂。而且，农业文明时代，大家族是社会基本单位，例如，张庄全庄人几乎都姓张，李村全村人几乎都姓李，大家平时用的主要是"门内之治恩掩

---

① 朱熹：《四书章句集注》，中华书局 2011 年版。

义",而非"门外之治义断恩",儒家也崇尚家族关系,《大学》把"齐家"作为"治国,平天下"的基础。

也可以说,这是"成也萧何,败也萧何"——儒家在古代立足于农耕文明模式家族生活的人情社会土壤,讽刺的是,恰恰是同一土壤滋生了"乡原"。

笔者给一些没专门研究中国哲学的人讲到儒家反对墨家的"兼爱"时,他们普遍觉得匪夷所思,因为没有专门研究中国哲学的这些人本能地感觉"兼爱"是一种美好的无私的心态,类似于佛家说的普度众生。而儒家的"爱有差等"反而有两个嫌疑:一是自私的嫌疑,二是死板的嫌疑。儒家对此的辩护意见:一是你对你父亲的爱肯定与你对你朋友的爱不同;二是"爱有差等"的最终归宿还是"一体之仁"。但是,这些辩护意见有漏洞:你对你父亲的爱与你对你朋友的爱虽然有不同,但是这种"不同"仅仅是自然产生的,但把"爱有差等"专门作为一种学说而宣扬,就变成了刻意地强化这种"不同",一是"自然产生",二是"刻意强化",后者强化了对自己家族的自私,这也正是农业文明时代的家族聚居的生活方式给人强化的性格(虽然动物本能就包含了对亲属的感情,但是人类比别的动物更受到社会的影响)。进一步说,哪怕是"自然产生"的"爱有差等"也是私心的结果。此外,虽然儒家也有"一体之仁"的口号,但是,越宣传"爱有差等"就越难以达到"一体之仁",尤其是与"礼"的等级观念相结合,会让人一直固守在"爱有差等"中。反之,墨家的"兼爱"其实更有"一体之仁"的精神……①

而且,墨家的"兼爱"更"实在":兼爱是与"利"联系在一起的,大大方方谈及利益分配,不觉得谈利有什么可耻的。而《孟子》一书一上来就是义利之辨,梁惠王尚未为了私利而作恶,仅仅是问了一句而已,就被孟子一顿批评。孟子固然有其道理,但是这种教化方式,很容易发展为道德绑架。道德绑架与上文提到的亲亲相隐又有联系,例如,在袒护自家人的时候,往往找一些道德口号为自己辩护,在批判别人的时候,也得找一些道德口号作为依据。一方面怀有私心(这是普通人没法避免的),另一方面又对"利"不好意思提及,只要提了,就会被批,如同梁惠王被孟子批、陈亮和叶适被道学家批,而批评者自己其实也有私利之心,只不过没提出来而已。你公开谈及私利,他们就按照"门外之治义断恩"的标准,用"义"对你这个门外之人进行义利之辨(朱子对"乡原"的注解就是"似德非得""媚于世",这种描述可以作为对道德绑架者的描述)。这种风情也影响到了当今儒学复兴:当代中国社会上很多所谓的国学班,走的就是这条路:道德绑架。他们是现代社会打着儒家旗号的"乡原"。他们也公开打出口号要不计名利(模仿孟子"王何必曰利"),但是又收高价学费(伪君子),把自己标榜为传统文化的继承人("似德而非得"),甚至宣称你不加入他们就是不爱国学,乃至于不爱国(道德绑架)。

---

① 针对"兼爱",儒墨之争,孟子最为明显,例如"杨朱利己,是无君也;墨子兼爱,是无父也",孔子、朱子等其他儒家代表人物也有类似倾向,例如"子罕言利,与命与仁"。当然,这句话可以从不同角度理解,未必是孔子不崇尚利益,但是后世很多人也可以理解为孔子排斥谈及利益。另外,虽然"与命与仁",但是形而上学传播得不好("性与天道,不可得而闻也""敬鬼神而远之"),所以后世儒家千百年来其实一直在借助别家理论补儒家的这个漏洞,例如汉儒结合阴阳家而创造了一套神秘化的儒学,再如宋儒"出入佛老,返诸六经"。

国内外都对"中国人缺乏合同精神（或曰契约精神）与团队精神"有所批评——这确实是儒家文化欠缺的，儒家更崇尚以人情维系交往关系，而非以合同来明确规定双方的权利义务（明确谈"利"会被"义利之辨"批判），签合同也显得双方互相不信任，有伤面子；反而是墨家愿意明确谈"利"。此外，儒家更倾向于把所有人际关系都弄成变相的家庭关系（例如，"君父—臣子"的关系是变相的父子关系，统治者以孝治天下），而在现代社会大规模人口流动的背景下，与陌生人仅仅作为工商业伙伴并签订合同是常态，这种人际关系突破了儒家喜欢的农耕文明模式下亲缘为纽带的关系网，这更像墨家的团队。从表面上看，人情关系更体现"和合"精神，但从广义上说，契约与现代化团队不也是一种"和合"吗？

四、由现代社会家庭解构而改动张祥龙、梁漱溟的理论

前面提到的传统婚姻家庭价值观与"乡原"这两个看似无关的主题，共同指向了一个问题：农耕文明模式的社会基础。

张祥龙认为："没有六艺和耕读传家的儒家……就不是活的儒""儒家一定要以农为本，因为只有经营农业的生存方式才有利于稳定淳厚的家庭——家族结构""中国传统文化特别不能适应从西方压来的现代性生境……农业被边缘化、产业化，而人口的频繁迁徙、城市化、高科技崇拜，使得家庭——家族结构急剧退化"。[①] 笔者是完全赞同的，笔者 2016 年 9 月对四川省中国哲学史研究会举办的"儒家与现代化"会议提交的《三重困境》就写了几乎同样的文字，而当时笔者尚未阅读张祥龙的作品。但基于这同样的事实判断，笔者的价值判断与张祥龙略有出入。尤其是由于高科技对耕读传家的冲击，以及儒家本就"对高科技警惕"[②]，他表示拒斥[③]高科技，宁可固守古代农耕生活而维系儒家。笔者认为这样维系儒家，恰恰说明了儒家在现代社会不实用，这是"为了维系而维系"。虽然笔者赞同张公的价值立场，但是不妨以"开历史倒车的顽固派"对张公做"事实判断"。农耕时代的劳作与冷兵器时代的战争主要依赖体力，女性体力往往不及男性，所以那时普遍男尊女卑。近现代科技进步，弱化了体力优势，女权运动也在此时兴起，可以说，古今婚姻观念变迁也是科技进步的产物，当今社会的婚恋状况乍一看上去是破坏了传统婚姻"和合"的美感，实则是"和合"的另一种形态。

笔者与张教授同样对"家"重视，但笔者不强求，而张公有强求的嫌疑。笔者可以接受三种婚恋家庭状态：甲是儒家理想状态下父慈子孝、夫唱妇随的传统温馨家庭生活；乙是现代、后现代式性解放、婚姻解构，社会由以家庭为基本组成单位朝着"自由人的联合体"的方向发展（当代欧美就在这趋势中）；丙是为了更高层次的幸福而摒弃世俗婚恋家庭乃至全部性欲（连意淫也戒除），追求形而上终极真理（最典型的就是宗教界出家人）。张祥龙显然是立场甲，对于丙，大概他虽不全力支持但也理解，对于乙，大概他不能接受。但是笔者会视甲、乙、丙平等，都可以接受，因为笔者思维方式的切

---

① 张祥龙：《从现象学到孔夫子》，商务印书馆 2011 年版。

② 张祥龙：《复见天地心》，东方出版社 2014 年版。

③ 即使没达到"拒斥"的地步，"高科技"在张公笔下几乎全是出现在否定性的语境中。

入点是众生的苦乐，是众生的直接感觉，而非制度、形式、传统。所以笔者觉得没必要刻意求甲而固守农耕传统，只要人们幸福，离开了儒家又有什么关系呢？佛家云："法尚应舍，何况非法。"当代中国社会上之所以有这么多婚恋方面的痛苦，原因是几种婚恋观与社会经济基础没衔接好，其实完全进入状态乙也是挺幸福的。

现代科技可以大规模改造人的肉体，例如欧美的愤青、行为艺术家利用发达的医学手段，给自己锯牙、植鳞、打环，甚至因为喜欢蜥蜴，就做手术把自己舌头弄成蜥蜴那样分叉的，由此，张祥龙想到"将来很可能会有带翅膀的人，让儒家接受这种人，我是不能想象的，但我有一个佛家的朋友反而说佛家可以接受，众生皆平等嘛，蝼蚁与人尚且平等，何况人有翅膀……"笔者认为这恰恰说明了佛家思维方式的优势。另外，张祥龙在近作《家与孝》之中用了大量笔墨来论证似乎是人类的生理特征导致了家庭与孝的产生——他想证明儒家产生的必然性，把这追溯到人的生理特征，似乎这根基很牢固了。但笔者认为：①既然这是局限于人类的①，其思想境界（尤其是宏观思维、哲学价值）就比不上以"众生"为思考对象的佛家；②人的生理特征本身也是在变化的，即使抛开上述随意做手术的欧美愤青，人也有自然进化，例如这千百年来人的身高、体重等各项指标都有变化；③女权主义者现在还在讨论以高科技人造子宫来解脱女性怀胎、分娩的痛苦，而张祥龙却表示，也许正是十月怀胎、一朝分娩，加深了母子感情，而且正是因为十月怀胎、一朝分娩不容易，所以孩子更应该孝顺父母，所以儒家的"孝"观念意识是必然的、合理的、有生理基础的，于是在这个问题上传统儒家与女权主义矛盾凸显。但何不选择第三个视角呢？以佛家视角看，人造子宫减少了妇女的痛苦，何乐而不为呢？减少了子女欠母亲的恩情，那也正好，因果报应，所欠必还，少欠一点更好，减轻了父母与子女之间的"情执""挂碍"，更有利于斩断情缘；但同时佛家又说"人身难得""父母恩难报"（有部经文就是此名），兼容了孝，保留了传统宗教的慈爱精神，又以高科技作为方便法门，还不像上述欧美愤青那样偏激地使用高科技②，或者说这条思路摆脱了狭隘的原教旨主义的"和合"，领悟了更博大包容的、可以联系到现代文明的"和合"。张祥龙很多作品都对儒家作为"非普遍主义"而在近现代工业文明扩张中受到西方"普遍主义"冲击表示同情，对西方盛行的"普遍主义"思维方式、文明模式有所控诉。③ 但是笔者思考到了更深的一层：虽然此处儒家是受害者，是有理的一方，但非普遍主义本身也不值得鼓励，因为它毕竟弱势太明显，而张公的价值导向似乎是为了保留儒家传统就向往古代农耕生活，以科技不发达时无法弥补的人类生理弱势作为家与孝的依据，这其实都是在固化非普遍主义，固化儒家的弱势。

读者读到此处，大概会以为笔者会批驳张祥龙建立儒家文化保护区的提议。但这一提议笔者反而很赞同，因为我们应当保留这么一种社会生活模式，给后人做参考。万一有一天人类退回到农耕文明时代（以目前人类消耗资源的速度来看，这并非不可能，现

---

① 张祥龙：《家与孝》，生活·读书·新知三联书店 2017 年版。

② 儒家（尤其在皇权时代）与女性解放精神冲突时，佛家充当调停者，并非笔者首创，而是历史上就有过，例如李贽，但当时"以理杀人"的朝廷扼杀了这一进步局面，加剧了传统儒家与女性解放之间的死结。

③ 张祥龙：《复见天地心》，东方出版社 2014 年版；张祥龙：《儒家哲理特征与文化间对话——普遍主义还是非普遍主义》，《求是学刊》2008 年版。

代化工商业文明体系说不定会在未来坍塌），可以直接用这一现成的模板。

前文提到，可以从"梁漱溟预言"来理解当今国学复兴是回应中国 20 世纪 80 年代西化热（女权兴起亦与此有关）产生的负面问题的，而且，80 年代西化热与"梁漱溟预言"都能追溯到西方模式现代化工商业文明根子上的问题（例如西方传统的概念化、机械化、"普遍主义"思维方式）。但此处，笔者要对"梁漱溟预言"做重大修改。

第一处修改：他说的三步骤[1]，其实可以跳过第二步，直接到第三步。

原因一：第二步所谓的"中国模式"其实就是儒家模式。一方面，儒家是中国世俗生活的主导，而道家、墨家、法家等在百姓世俗生活中达不到这么大的影响；另一方面，梁漱溟本人对道家、墨家、法家的关注程度几乎可以忽略，所以，他谈及"中国模式"就是针对儒家而言的，他的一些作品表达过这个意思。但笔者认为梁公以"意欲"为思维主线[2]才会认为在第一阶段"意欲向前"的西洋模式与第三阶段"反身向后"的印度模式之间夹着"持中"的儒家模式作为第二阶段，但他忽视了"意欲"之外，社会结构也是实现某种模式的必要条件——按上文对张祥龙观点的引用、点评来看，儒家、家庭（或家族）、农耕文明是一体的，随着现代化冲击，梁公预言的第二步将会失去社会基础，梁公虽然意识到了"乡村建设"与儒家的密切关系，却未意识到现代化进程中乡村本就是要被"边缘化"（张祥龙语）的。

当代欧美农业生产高度机械化，不需要大量劳动力留守农村，于是在社会人口结构中农民很少。中国也在朝着这个方向发展。例如改革开放以来，大量的农村人口在现代化进程中以考大学或进城打工的方式从农民变成工人、城市居民。农业生产、农村生活都在工业化、城市化进程中被裹挟进全社会的市场经济工商业体系，传统农村生活也在整个国家总体生活中被弱化。

原因二：从人心理上来说，"持中"模式是最没有吸引力的，它既不像西洋资本主义文明模式那样满足人的物欲刺激[3]，又不像佛家模式那样有内心深层的触动与形而上的召唤力。试想这么一种情况：社会已经实现后现代化全面个体自由、性解放、无婚姻家庭制度、各种物质财富与享乐高度发达，小张在这种生活中放纵多年，渐感到精神空虚，厌倦了这种浮华，累了，想换一种生活方式，清静清静，倾听自己内心的声音。这种情况下，如果有两条路：一条路是佛家的，直接让参禅悟道，思考"苦集灭道""常乐我净""看破放下"，饮食上也做出调整（例如素斋、戒酒、禁止暴饮暴食），有数息止观的修行方法，还给他形而上人格化的信仰（例如观世音菩萨）；另一条路是儒家的，耕读传家、礼仪礼法、仁政王道、君君臣臣父父子子……哪条路更能解决精神空虚的问题？更能触动内心？更终极？（注意，小张这种转型，不正是梁漱溟说的"意欲向前"

---

① 冯达文，郭齐勇：《新编中国哲学史（下册）》，人民出版社 2004 年版。

② （美）艾恺著，王宗昱译：《最后的儒家——梁漱溟与中国现代化的两难》，外语教学与研究出版社 2013 年版。

③ 笔者的一贯观点：人天生就有"找刺激"的本能，从根本上来说，这是佛家所谓"起心动念""欲漏/有漏/无明漏"，《论"纯阳终极形而上存在者"的设立——生活儒学"三级架构"视域下佛教的阴阳问题与境界问题》一文对此做了一个根本的解释：纯阳状态虽起心动念而消耗，生化出整个形而下宇宙，在人心理方面的体现就是各种欲望，最集中、最显著者为性虐待，宗教化形象为魔。

的社会模式的各种弊病导致的吗？不正是按照梁漱溟"意欲向前→持中→反身向后"三阶段的趋势吗？只不过他可能会跳过第二阶段的儒家模式。）

第二处修改：即使略过第二步，人类文明也不会完全进入第三步①，因为"反身向后"的模式对于大多数人来说太清苦了，大多数人对形而上终极问题没这么强的好奇心，更何况在消费主义盛行的时代，外界诱惑太多，所以笔者大胆地假设：人类文化模式从"意欲向前"的模式会进入"意欲向前"与"反身向后"相交叉的模式。例如，上文中的小张毕竟只是一个普通人，他修身养性一年半载，身体健康恢复，对外界物欲刺激感的兴趣恢复，又会回到"意欲向前"的模式，这就是笔者说的"交叉"。这种交叉可以在一个人身上体现，也可以在不同人身上体现。例如，小张禁欲的时候小李在纵欲，半年后，也许变成了小李禁欲而小张纵欲；或者，有些人终生追求感官刺激、物欲满足，而有些人在修道中感受到法喜（佛家术语）之后就不愿意再回到"意欲向前"的模式。这两种生活模式会同时在未来社会上存在。那会是一个后现代化全面个体自由、性解放、无婚姻家庭制度、各种物质财富与享乐高度发达，并且与佛家精神②并存的时代。

有人质疑这种模式实现的可能性，笔者的答复是已有萌芽了。欧美 20 世纪"垮掉的一代""朋克青年"时期就是全社会范围内青年"胡作"，但很多人发泄过后仍然感到迷茫，于是反而转向追求清静，深思人生……乔布斯就与上文"小张"一样。而且印度自古至今也是这种模式。注意：此"印度模式"非彼"印度模式"。要分清印度从古至今社会的全面状态与梁漱溟用"反身向后"概括的状态。印度也不是所有人都"反身向后"，都当苦行僧，也存在钩心斗角、腐败现象。印度模式与"反身向后"的模式，这两个词有区别（但梁漱溟自己也没做严格区分），印度真实社会的模式可以实现，但全社会都"反身向后"的模式不会实现，前者包括后者。上文小张、小李的"交叉"状态，不就是印度从古至今苦行僧与纵欲者并存的模式吗？

五、重构阴阳和合理论

上一部分末尾提到人的价值的实现、人生意欲的指向，最终可能进入佛家修行模式。佛家与道家在修行领域有一个共同的术语：炼回纯阳之体。通常人们的理解是"和合"必须阴阳二者俱在，但笔者认为纯阳状态与超越阴阳之上的无阴无阳的状态也是一种"和合"。2016 年 8 月笔者在山东社科院召开的全国学术研讨会上提交了《论"纯阳终极形而上存在者"的设立——生活儒学"三级架构"视域下佛教的阴阳问题与境界问题》一文，后来此文在《当代儒学》与山东社科院主办的《中国文化论衡》上发表。③这篇文章是对笔者硕士导师黄玉顺教授"生活儒学：三级架构"理论的发挥。黄玉顺教授原理论受海德格尔影响，赞同"存在"之"无"超越于一般具体存在者之上，西方传

---

① "佛有三不能……不能度尽有缘界"，梁公"意欲向外"的阶段也将永远会有残余。

② 此处用"佛家精神"而非"佛家"一词，是为了表述严谨，因为这种"反身向后"、修行悟道、叩问人生意义、追求终极的精神，不仅限于佛家。

③ 杨永明，郭萍：《当代儒学（特刊）》，广西师范大学出版社 2017 年版。涂可国：《中国文化论衡（第 2 期）》，社会科学文献出版社 2017 年版。

统形而上学应当被超越，于是黄教授创立了"三级架构"："形而下存在者—形而上存在者—生活存在"。其中"生活存在"是整个体系的根本，在黄教授这个体系内具有最高的哲学地位，"生活儒学"的理论也由此得名。但是，他所谓"生活"并非一般民众所谓的"生活"，而是从儒家视角上对海德格尔"存在：无"进行完善之后的结果。他对"生活存在"进行了文字训诂："生"为草木发芽之情境，"活"为流水声，"存"为人之初①，"在"为草木之初①，"生活存在"是流动、是力量、是过程，是"生生之谓易"，是"无"，而非任何"具体存在者"（海德格尔的术语）。黄教授"三级架构"中除了"生活存在"这一级，还有"形而上存在者"这一级，但是这个"形而上存在者"与中国传统意义上的"形而上者"不同，因为中国传统语境的"形而上者"也兼有"生活存在"的味道，此处"形而上存在者"主要是沿着海德格尔的思路对"存在者"划分，虽然它是形而上的，这"形而上存在者"更多的是指欧洲传统人格神，以及"理教"，仍然是"有东西"，而"生活存在"这一级则是"没东西"。②

《论"纯阳终极形而上存在者"的设立——生活儒学"三级架构"视域下佛教的阴阳问题与境界问题》一文中，笔者提出，黄玉顺教授所谓"生活存在"就是佛家讲的缘起性空，一个重要证据是，黄教授曾解答：

> 有人问我，你的"生活存在"到底是个什么东西？我的答复是，你这个问法就是不合法的，"生活存在"本就不是个"东西"（存在者），它是"无"，而这个"无"又不是你们一般理解的"nothing"。

笔者发现黄教授后半句与僧肇《不真空论》说的"虽无而非无"高度近似。通常，人们理解的"无"和"有"是反义词，是平级的，但《老子》的"天下万物生于有，有生于无"，则是"无"高于"有"，同理，佛家有一首偈语："生灭灭已，寂灭为乐。""生灭"本是一对平级的又相反的矛盾，但是"生灭灭已"的后一个"灭"字则是把前面那一对"生灭"都给灭掉了，它就相当于超越"有无"之上的"无"，即"生活存在"。

然后，笔者那篇文章又给"三级架构"填充了阴阳属性，以"无阴无阳·亦阴亦阳"对应"生活存在：无"，以"阴阳平衡"对应"形而下存在者"（因为我们这个看得见、摸得着的世界有生有死，有冷有热，有男有女），以"纯阳"对应"形而上存在者"（最典型的就是各种宗教所崇拜的神佛、彼岸世界是一种形而上存在者，有永生之属性）；并且，悲观主义的人生观，以及传统各宗教对世俗世界的超越，也可以体现为这个形而下世界在根本上是阴性的。最典型的是：通常，佛家认为各种神是天道的，或者鬼道的大力鬼王，但是佛家的《六道轮回图》中，死神是六道轮回外控制整个六道轮回的，若以六道轮回为形而下世界，则可说整个形而下世界根本上是阴性力量控制的。这个体系可以用一个表格来表达：

---

① 黄玉顺：《生活儒学讲录》，安徽人民出版社 2012 年版。
② 黄玉顺：《儒教问题研究》，人民出版社 2012 年版。

本列是笔者以佛学对应的"生活儒学"各个层级	本列为易于理解的方面			本列为隐藏较深的方面
形而上存在者（佛、菩萨、阿罗汉及其刹土）	阳极（人格化为阿弥陀佛①，物理学上永动机的理论基础）	→	→ ↓	阴阳皆有（这一块是形而上者方便化现，例如观音可现女身）
			↓	↓
	↓ ←	←	十 ←	← ↓
	↓		↓	
形而下存在者（世俗六道轮回）	看似阴阳平衡的形而下世界（有冷有热，有生有死）		↓ →	阴极（人格化为死神②，物理学上熵的哲学化体现）
生活存在（缘起性空）	亦阴亦阳（"缘起"），无阴无阳（"性空"）			

表中箭头方向构成两组平衡。第一组是从形而上阳极指向其方便化现，再指向形而下世界，再指向阴极，构成阴极与阳极的平衡；第二组是右上角"方便化现"指向形而下世界，拐弯指向左下方六道众生。第一组是抗衡，第二组是拯救。而且巧合的是这两组箭头正好构成"卐"。"生活儒学"中"生活存在"这个"本源层级"在"卐"字之外，这说明"卐"字依旧有形、着相，而作为缘起性空的生活存在是超越于一切存在者之上的，破法执。

然后那篇文章由佛道功夫论的融通，一条思路引到阴阳、两性、性虐待问题，另一条思路由阴阳引申到动静、爱因斯坦"永动机"问题，最终以判教作为总结③。

很多学者考虑到中国传统文化兼容男女平等思想的时候，一般会想到阴阳平衡，例如张祥龙《中西哲学传统中的性别意识》一文。经典本身，例如《周易》也说道：

> 文言曰：坤至柔而动也刚，至静而德方，后得主而有常，含万物而化光。
> 坤道其顺乎，承天而时行。（《坤卦第二》）④

但是笔者并非这个路数：①笔者理论与传统太极论的一大区别是，笔者以纯阳为本体，后者以乾为纯阳，但乾非本体，太极才是本体。②这个体系与形而下男女和合精神的兼容在于，形而上阳性不等于形而下男性，例如极乐世界的"女转男身"与世俗的男身有区别，观世音菩萨是纯阳无漏之体，但其既可现男身，又可现女身；太极阴阳鱼图画的也是阴中有阳、阳中有阴，例如男性往往阳气强于女性，但是男性的性欲冲动也往往强于女性，而这方面正是大多数宗教认为不利于修行的，所以很多宗教都禁止出家人

---

① "阿弥陀佛"有"无量佛"之意，涵盖一切佛，且经文原称他为"佛中之王"，故以之为形而上之极。

② 佛家讲的一般的神都是在轮回内的天人、阿修罗或者大力鬼王，而《六道轮回图》中，死神在六道轮回之外控制着整个六道轮回。所以笔者认为他不是一般的存在者，而是整个形而下世界（六道轮回）的终极。有阿弥陀佛作为无量寿，正好有死神代表着"无量死"与之平衡。

③ 王硕：《论"纯阳终极形而上存在者"的设立——生活儒学"三级架构"视域下佛教的阴阳问题与境界问题》的"范畴表"，见《中国文化论衡（第2期）》，社会科学文献出版社2017年版。

④ 《周易》，线装书局2008年版。

的性生活,例如天主教的神父和修女。从禁欲角度看,女性体现了阴阳鱼图的阴中有阳的一面;同理佛家也说末法时代女性比男性修行更容易成就,但这超出了世俗的女权主义,佛家说正法时代男性修行更容易成就也不是男权主义,这两句都属于"事实陈述",通过男女体质不同、性格不同、正法时代与末法时代不同而做的结论。

"纯阳"观念引进"生活儒学",打通了黄教授"生活存在"与"形而上存在者"这两个层级。原本,古人以形而上—形而下的思维框架,把世俗生活归入形而下,把修行悟道指向形而上,但生活存在(在黄玉顺语境下)是比形而上者更根本的,那么生活存在层级也应该是修行悟道的指向,那么同样作为修行悟道的指向,形而上者层级与生活存在层级如何打通?"纯阳无漏"本是功夫论术语,若以中国传统哲学视之,阳主动,则纯阳必然永动,有动则有耗,无漏则无耗,故无漏必然至静,所以纯阳无漏是"永动"与"至静"的统一,从"存在者(海德格尔——黄玉顺语)层级"考虑,既然动静相反,那么只有超越了具体存在者,达到"存在",才能超越动与静的二元对立,由此,对应"形而上存在者层级"的"纯阳"亦有"生活存在层级"的性质了。①

前文说笔者这一体系打破了传统易学太极理论的思路。但现在换一个角度看,可以重新与传统太极论统一。《太极图说》把《易传》"易有太极,是生两仪"这段话扩展成了"无极而太极,太极动而生阳,动极而静;静而生阴,阴极复动;一动一静,互为其根。分阴分阳,两仪立焉"。这段话极其像王硕给黄玉顺教授"生活存在→形而上者→形而下者"加入阴阳之后的状态:"无极而太极"对应"生活存在",正好提到了关键词"无",这是海德格尔与黄玉顺都认为的本源,以"无"为"太极"之特性,正好符合;王硕对其师"三级架构"加入了"阴阳",以第二级(形而上者)为纯阳,《太极图说》也是从本源层级一出来就是"太极动而生阳"。王硕认为要注意理解不同阶段的阳,中国人平时都能意识到阴阳平衡的观念,但这其实仅限于形而下者,而且还是形而下者的表层,从形而上者关系到形而下者来看,阴其实是阳的消耗状态,形而下世界是被形而上纯阳给出的,按王硕这一理解,《太极图说》从"动极而静"往后几句都是进入了第三层(形而下者),把阴阳、动静都作为平衡对立的关系了……这样,黄玉顺王硕一系的理论与宋代太极论统一了起来,其中关键一步就是王硕给"三级架构"中加入了阴阳。历史上众多哲学家之所以想不出这种体系,是因为他们按"形而上——形而下"两层思维框架来思考,这种框架中,太极只能是形而上者。完全按古人思维,则对"三级架构"不知所措;完全按黄玉顺思维,突然打破古人定论后,则在"三级架构"中不容易安置太极。但是王硕贯通了这两种思维,关键在:①笔者注意到,古人所谓的"形而上者"兼有黄玉顺所谓"生活存在""形而上者"的意思,例如,古人谈的"悟道",按"两级架构"看是"形而上者",按"三级架构"看,既可以说是"形而上者"也可以说是"生活存在";②笔者给黄氏"三级架构"加入了阴阳,尤其是以形而上者为纯阳;③笔者发现《太极图说》"太极动而生阳"之后好几句才是"两仪立焉"。

---

① 引入另一思考:藏密佛像,以大殊胜嘿噜嘎为例,男女交抱时现忿怒相,表示性交是能量的释放?嘿噜嘎男身佛掌托寂静像,女身佛掌托忿怒相,表示纯阳无漏(以男身佛象征)则至静,有消耗(以忿怒象征)则为阴性(女身佛象征之)?同时,男身嘿噜嘎亦忿怒相,表示至静与永动统一?

古人想不到这一点，不仅因为他们是"两级"而非"三级"，还因为宋明理学总体上斥佛，而王硕认为"生活存在"就是对应佛家"缘起性空"，所以，宋明理学家自己把自己的思维限制住了。①《太极图说》的作者周敦颐自己虽然在宋明理学家之中对佛家最包容，但是他没有可借鉴的明确的"三级架构"，所以他也没想出黄王一系的理论。所以也可以说，王硕这一工作，对宋明儒家（此处主要指程朱一系）是致命的：他们视作命根子一样重要的"太极"居然就是他们口口声声排斥批驳的最反感的"缘起性空"。

从"和合"的角度看，王硕把其导师黄玉顺教授"生活儒学：三级架构"的体系与"缘起性空"建立联系并填充了阴阳属性后，打破了人们传统上理解的"阴阳和合"，而提出纯阳刚健之力本身就包含着和合精神，无阴无阳的超脱状态也是和合，因为这个状态对应着（海德格尔——黄玉顺语）"存在：无"，以往人们理解的和合都是具体存在者之间的关系状态，但是，只要有不同的具体存在者，难免有矛盾，而"存在"是超越"存在者"的，本身就"无"，何来矛盾？这才是更大的"和合"。

按王硕的新解，落实到社会层面，社会应当对不婚主义者更加包容，因为不仅阴阳俱在可成"和合"，纯阳亦可，而且纯阳刚健精神有利于纠正"乡原"那种圆滑处世的社会氛围，防止和合精神变得庸俗化。以缘起性空领悟"和合"，则让人洒脱，不屑于贪著庸俗的小名小利，不屑于圆滑处世，不屑于张家长李家短地嚼舌根，亦不屑于对不婚者说三道四。

结 论

本文一是把形而下社会上的婚恋问题、女权问题、"老好人"处世问题上升到形而上阴阳和合的层面来理解；二是对中国传统哲学中重要的阴阳和合观念做出了新的理解。

一个根本问题在于：人们平时所理解的"和合"未必是真正的"和合"原理。"和合"是一种宇宙规律，是超越于人类世俗社会之上的，世俗社会价值观、生活方式的变化不会影响到宇宙规律哲学原理本身的正确性，而只是同样的哲学原理在不同社会的体现，社会层面"和合"精神的动摇与庸俗化散播，是人类在理解、运用"和合"的时候出现的偏差，而非"和合"原理本身的问题。

同时还要增强历史意识，把"和合"思想与社会风气的关系，放在从农业社会到工业社会过度的大背景之中去观察。在这种观点下，重新看待现代社会的家庭解构的大趋势，就会更包容，而非站在原教旨主义立场上一味排斥；同理，对"乡原"问题与儒墨之争也会有更深的认识。

对"和合"的理解要打破"阴阳和合"的旧思路，要明白超越阴阳二者俱在的状态乃是更高层次的"和合"。

---

① 所以前文说："笔者理论与传统太极论的一大区别是，笔者以纯阳为本体，后者以乾为纯阳，但乾非本体，太极才是本体。"现在补充一句：笔者这里，太极是解构本体的，比本体更根源，连"体"都没有，是"空"。

从"游于艺"到"逍遥游"的思想嬗递

——中国古典美学思想溯源

张永祥

（南阳师范学院　新闻与传播学院）

摘　要：从"游于艺"到"逍遥游"的思想嬗递过程是一段充满争议的古典美学思想发展过程。本文通过细致的学术史梳理后认为，孔子与庄子之间的思想赓续存在着巨大的历史可能性。笔者从精神气质、思考问题的方式和处理问题的方法等方面入手，通过对二者在美学精神和创作理念方面的全面对比分析，以求取二者之间的思想重叠部分。以此为基础，尝试简要勾勒孔子与庄子之间的思想嬗递关系，以完整呈现中国古典美学思想发展史上一段历史与逻辑相统一的思想嬗递过程。

关键词：游于艺；逍遥游；美学；述而不作；三言

子曰："志于道，据于德，依于仁，游于艺。"（《论语·述而》）钱穆指出："《论语》此章，实已包括孔学之全体而无遗。"[1] 然而，在道、德、仁、艺四大纲领中，"游于艺"最容易受到误解。"游于艺"究竟是伦理学命题还是美学命题？它与庄子"逍遥游"思想之间有没有亲缘关系？如果有，那是一种怎样的嬗递关系？回顾围绕这一系列问题的长期争论，我们不得不承认，从"游于艺"美学命题的提出，到它真正得到美学的认可，再到它与"逍遥游"之间的思想关系被正式承认，这不但是一个漫长的历史发展过程，也是一个艰苦的认识发展过程。李泽厚认为："从宇宙观、认识论去理解庄子，不如从美学上才能真正把握庄子。"[2] 也就是说，如果可能，美学将是考察孔子和庄子之间思想嬗递关系的最佳视角。因此，本文选取"游于艺"与"逍遥游"这组美学命题作为考察对象，希望通过新的观察视角，重新审视中国先秦时期各家哲学思想错综复杂的衍变关系，进而梳理出早期古典美学的源头脉络。

一

关于孔子"游于艺"是否为美学命题的争论由来已久。注家最初认为"艺"只是小道，不足以与孔子经纶万世的大道相提并论，而"游"也只是一个无足轻重的词汇。这种意见滥觞于魏国的何晏，他在《论语集解》中指出："艺，六艺也，不足据依，故曰

---

①　钱穆：《学龠》，九州出版社 2010 年版。
②　李泽厚：《漫述庄禅》，《中国社会科学》1985 年第 1 期。

游。"在他心目中，六艺只是闲暇时的消遣，完全无法与孔子的伦理学说等量齐观，更不要说"游"的美学内涵。梁代皇侃在《论语义疏》中展示了何晏的观点，明确表示"游"就是"游历"，不包含任何审美色彩："游者，履历之辞也。艺，六艺，谓礼、乐、书、数、射、御也。其轻于仁，故云不足依据，而宜遍游历以知之也。"宋代邢昺则将矛头对准"艺"而完全忽略了"游"，六艺仅为小道："所以饰身耳，劣于道德与仁，故不足依据，故但曰游。"（《论语注疏》）清代大儒李颙为了强调仁义道德的重要性，更是将六艺斥为匠人"技艺"，其《四书反身录》云："志道则为道德之士，志艺则为技艺之人，故志不可不慎也，是以学莫先于辨志。"至此，"游于艺"的美学命题不仅毫无美感可言，甚至已无法侧足于四大纲领之列。

然而，随着历史的发展，"游于艺"怡情悦性的作用也逐渐引起一些学者的重视，只是他们仍将其看作孔子伦理学的附庸。朱熹最早提出"游于艺"的"游"是"玩物适情"的意思，即通过演习"六艺"的方式达到陶冶性情的目的。他指出："游者，玩物适情之谓。艺，则礼乐之文，射御书数之法，皆至理所寓而日用不可阙者也。朝夕游焉，以博其义理之趣，则应务有余，而心亦无所放矣。游艺，则小物不遗而动息有养。"（《论语集注》）朱熹虽然仍视"游艺"为"小物"，但已经强调"至理所寓"，并明显注意到了孔子教育思想重视美育的特征，所谓"动息有养""玩物适情"，正是出于对孔子教育思想的"了解之同情"。王夫之总结朱熹的意见后认为："志道、据德、依仁，有先后而无轻重；志道、据德、依仁之与游艺，有轻重而无先后。"（《读四书大全说》）"有轻重而无先后"的说法与朱熹的立场毫无二致，而他关于六艺"与道相为表里"的说法也呼应了朱熹"至理所寓"之说，表现出对孔子美育思想的赞赏之情。清儒黄式三基本沿袭了朱熹等人的看法："君子博学无方，六艺之学宜遍历以知之，故曰游于艺。"（《论语后案》）意见虽朴实无华，但却明确强调了"游于艺"在教育方面的积极作用。与此同时，刘宝楠进一步指出，"游"乃"不迫遽之意"（《论语正义》），较朱熹"玩物适情"说更具美学意味，已隐然接触到孔子雍容典雅的审美生活态度。

"游于艺"作为美学命题的深入讨论来自现代学者，但自然分裂为主德与主美两大阵营。主美者往往把注意力放在"游"上，认为"游于艺也是审美"[1]，这种"'游'是一种无意识的、非理性的活动。在'游'中，人们以自己的感性心灵接受对象，既不怀功利目的，也不用理性思辨，这种态度就是审美的态度"[2]。与陆玉林强调"游"的审美感性特征不同，李泽厚则强调了"游"的审美自由性特性："所谓'游于艺'的'游'，正是突出了这种掌握中的自由感。这种自由感与艺术创作和其他活动中的创作性感受是直接相关的，因为这种感受就其实质说，即是合目的性与合规律性相统一的审美自由感。"[3] 李旭则进一步指出了"游于艺"这一美学命题的超越性特征："'游于艺'更重要的内涵还在于养成艺术化的自由精神和人生境界。"[4] 此后，潘立勇又把"游于艺"与"兴于诗、立于礼、成于乐"联系起来，立足于儒家的教化之道而强调其美育性

[1] 成复旺：《神与物游——论中国传统审美方式》，中国人民大学出版社1989年版。
[2] 成复旺：《中国美学范畴辞典》，中国人民大学出版社1995年版。
[3] 李泽厚：《华夏美学》（增订本），生活·读书·新知三联书店2008年版。
[4] 李旭：《孔子"游于艺"的超越思想》，《学术研究》2000年第9期。

特征。① 总之，在主美者的语境下，孔子的"游于艺"思想开始呈现出游离于道德之外的美学意义，并有逐渐向庄子"逍遥游"思想靠拢的迹象。

对"游于艺"美学身份的质疑主要来自主德者一方。在他们看来，孔子思想中的确有丰富的美学思想，但孔子美学本质上是一种"功利主义美学"②，"强调文学艺术要为政治伦理思想服务，强调文学艺术具有浓厚的政治伦理色彩"③，与庄子美学格格不入。有的学者尽管有意识地淡化这种意识形态色彩，但仍然认为孔子"为了使艺术在社会生活中产生积极的作用，必须对艺术本身进行规范，艺术必须符合'仁'的要求，必须包含道德的内容"④。主德者最典型的看法是把审美目光集中在"游于艺"的"艺"上，认为"孔子的审美追求由伦理追求转化而来，重实践，重下学的'艺'，重功利，重美善之别"⑤。他们对"游于艺"最大的质疑来自"游"中是否包含美。有学者在详细梳理主美派的研究历史后指出，"学界对'游于艺'作审美性读解，当是对孔子命题进行了过度阐释。""孔学从根本上说是一门德性之学、修身之学。""孔子之游无法超脱于儒家礼仁的域界，它是有限的，较之于庄子之游，明显缺乏必要的审美机制和心态。"最多可以说"孔子之'游'只是为'游'日后可能被赋予浓郁的审美意味准备了一定的条件，或者说，它是一个诱发点，但'游于艺'本身并非一个审美命题"⑥。不难看出，在主德者的语境下，"游于艺"美学命题的地位与朱熹等人的评价并无二致。

总的来看，这段学术公案主要还是由于评价立场的不同导致观察视角的差异化，而观察视角的差异最终导致对美学思想的评价产生巨大偏差。众所周知，审美活动作为一种主体性非常强的认识活动，其审美感受主要来自主体对审美对象的理解程度和自我演绎程度，而并不过多强调作为中介的审美工具。比如庖丁解牛，我们从庖丁对牛刀精妙绝伦的操控中获得巨大的审美满足，但并不怎么关注他手中的刀。"游"与"艺"的关系同样如此。"艺"的本质是一种稳重而理性的人文成果，因而只是一种审美的工具，主体需要经过长期学习和反复训练才能体会其中的伦理精神和美学意义，其审美特性明显隔了一层；而"游"是指主体经过长期实践并充分理解"艺"的精神之后，自身处于一种灵动而美妙的运动状态，自由自在，充满开放性，与审美主体近乎无限的想象空间十分契合。庄子直接继承孔子"游于艺"的美学精神提出了"游刃有余"的美学命题，但"逍遥游"却明显超越了"游于艺"偏于理性的审美感受，更强调"游"的直观感受和自由精神，所以用"逍遥"作定语以突出这种自由精神。在充分论证之前，我们不妨采取一种开放性的态度，把"逍遥游"看作对"游于艺"美学思想的"逻辑展开"⑦，然后再进一步探求这种逻辑必然性中所包含的历史可能性。

---

① 潘立勇：《朱熹人格美育的化育精神》，《浙江大学学报》2001 年第 3 期。

② 李孝弟：《儒家美学思想研究·导言》，中华书局 2003 年版。

③ 蒋孔阳：《孔子的美学思想》，《学术月刊》2000 年第 6 期。

④ 叶朗：《中国美学史大纲》，上海人民出版社 1985 年版。

⑤ 张节末：《孔子与庄子审美追求比较》，《文史哲》1987 年第 5 期。

⑥ 詹艾斌：《孔子"游于艺"命题读解》，《江汉论坛》2005 年第 4 期。

⑦ 李生龙：《孔子"游于艺"思想阐微》，《湖南师范大学学报》2006 年第 7 期。

二

通过前文的学术史梳理，我们不难发现这样一种现象，即哪怕是态度最强硬的主德派也不得不承认，"游于艺"是庄子"逍遥游"美学思想的"一个诱发点"。也就是说，孔子与庄子的美学思想之间必然存在某种层面的逻辑关联。循着这样的思路，有学者指出："'游于艺'是孔子政治失意后的一种生活和心灵安顿方式。"① 而孔子的这种人生态度与庄子"乘物以游心"的人生态度之间具有明显的一致性（《人间世》）。这种认识的确触及问题的实质，因为从美学角度看，这一点不仅是孔子与庄子在思想领域取得默契的现实基础，也是他们美学精神的连接点。尽管孔子和庄子在基本哲学理念上存在重大差异，但他们在美学精神上具有深刻的相似性：他们都非常重视人生修养，都非常注重直觉体悟和内在生命体验，都属于内省式的哲学家。

这种判断首先来自《庄子》一书中多达四十四则关于孔子的寓言故事。在这些寓言故事中，"孔子经常是以代道家立论的被尊崇的先贤、师长的形象出现的"②。但崔大华先生也承认："《庄子》作者熟悉《论语》中所记述的人物、故事、思想或论题，从而得到了启发，并吸收了其中某些题材加以润色、修改和发挥，用来表述自己的思想。"③也就是说，庄子对孔子形象虽然有所点染，但庄子的确是在不违背历史人物精神的前提下重塑孔子的。诚然，庄子笔下的孔子无法直接拿来做思想史的材料，但却可以用来推测庄子选择这些材料背后的主观动机。从心理学的角度看，选择就意味着契合，主观动机的背后才是主客双方的真正契合点。这就是说，我们可以从精神气质、思考问题的方式和处理问题的方式等方面分析庄子笔下的孔子形象，从中寻找双方思想的重叠部分。

孔子思想走的是内圣外王的路子，但由于现实条件的限制，他的思想实际上更侧重内圣的一面。孔子坚信道德修养的感召力和示范效应："君子之德风，小人之德草，草上之风，必偃。"（《论语·颜渊》）孔子理想中的内圣是成就"仁者"，其外在形象特征表现为"仁者静"（《论语·雍也》）。朱熹对此的解释是"仁者安于义理而厚重不迁"，这种说法可以看作孔子思想的合理延伸，但并不符合孔子原意。朱熹解释的依据来自孔子"仁者安仁"的说法（《论语·里仁》），但仁是什么？孔子最明确的回答是"克己复礼为仁"（《论语·颜渊》），克己"须是克尽己私"（朱熹引程子语），即克己是指伦理学框架下人"内心方面"的问题。④ 故而，《中庸》提到的"慎独"观念才是对"仁者静"更准确的理解。仁者安静内敛，注重对内在欲望的自我约束与反省。正是在这种思想气质的熏陶下，孔子越到晚年，外在形象与精神气质越接近道家人物形象的标准。

> 子曰："吾十有五而志于学，三十而立，四十而不惑，五十而知天命，六十而耳顺，七十而从心所欲不逾矩。"（《为政》）

> 子曰："予欲无言。"子贡曰："子如不言，则小子何述焉？"子曰："天何

① 李生龙：《孔子"游于艺"思想阐微》，《湖南师范大学学报》2006 年第 7 期。
② 崔大华：《庄子研究》，人民出版社 1992 年版。
③ 崔大华：《庄子研究》，人民出版社 1992 年版。
④ 周予同：《孔子》，见蔡尚思主编《十家论孔》，上海人民出版社 2006 年版。

言哉？四时行焉，百物生焉，天何言哉？"（《阳货》）

孔子"从心所欲不逾矩"与"予欲无言"的真实形象与庄子笔下的寓言形象之间有着很高的相似度，虽然比起"答焉似丧其耦"的南郭子綦形象还有些距离，但已经非常接近《人间世》中"一宅而寓于不得已"的孔子形象了。若论美学境界，真实的孔子也没有达到"游于无何有之乡"那种"逍遥游"的超越境界（《庄子·应帝王》），但与"游心乎德之和"的境界已颇为接近（《庄子·德充符》）。可以说，精神气质的灵犀相通是庄子接受并改造孔子形象以入寓言的根本原因。

庄子与孔子美学精神上的契合还来源于思考问题方式的一致。他们都是"热爱生命"的哲人，都注重对生命的直觉体验，只是孔子的学说皆"本诸体验和实践的立场"[①]，始于体验，终于实践，始终没有离开对现实社会的关注与参与。而庄子的学说则从体验走向了玄思，从对孔子的倾慕走向对老子的认同。韦政通所说的"体验"更多的是基于宋明理学学术背景下的人之内心感知，与美学意义上的直觉体验仍然有所区别。美学意义上的直觉体验是一种不需要解释的清晰认识，不需要任何外在规定性的对思考对象的深层思考，不需要论证过程的对结果的深刻洞察。这种直觉体验类似于马斯洛的"巅峰体验"，不是纯粹的感性感知而不去思考问题，而是凭借全部的人生经验和智慧直接揭示问题的答案，有别于理性状态下缜密的逻辑推理。孔子对生命直觉体验的例子在《论语》中并不少见：

子曰："岁寒，然后知松柏之后凋也。"（《子罕》）

子在川上曰："逝者如斯夫！不舍昼夜。"（《子罕》）

子曰："饭疏食，饮水，曲肱而枕之，乐亦在其中矣。不义而富且贵，于我如浮云。"（《述而》）

通过这些对道德带有美学色彩的简单描述，我们完全能够体会到孔子当时的心境与感悟：那是一种对生命直觉体验的如实描述，一种对内在于人的道德生命的赞美。《论语·先进》篇中还有一段孔子要求几名弟子陈述志向的记载，孔子对曾皙之言大为赞赏，但赞赏的动因并不明朗，故而引起了千年聚讼。如果把这个问题放在孔子对生命直觉体验的美学视角下看，情况就一目了然了：轻松明快的生活氛围，简单随意而又暗合礼乐秩序的人生态度，隐约呈现的大同世界缩影，全都直观而强烈地呈现在曾皙描述的画面中。曾皙的思路与孔子的理想不谋而合，这才是孔子"与点"的真正原因。

在对直觉体验的理解和运用上，庄子与孔子相比有过之而无不及。在庖丁解牛的寓言故事里，文惠君从庖丁"游刃有余"的高超解牛技巧中感受到了道的奥妙，这显然是对生命的一次直接体验与领悟。当然，庖丁对道的领悟同样来自直接的生命体验，他甚至用自己的直觉体验影响到了文惠君。这方面的例子在《庄子》书中不胜枚举，庄子笔下的孔子师徒基本都是以这种形象出现的：《人间世》中颜回对心斋的描述，《大宗师》中颜回对坐忘的描述，《达生》中孔子与吕梁丈夫对蹈水之道的讨论、孔子与痀偻丈人承蜩之道的讨论等。不难看出，庄子与孔子在思考问题方式上是高度一致的，对生命的

---

① 韦政通：《中国思想史》，上海书店出版社 2003 年版。

直觉体验是他们之间最直接的思想纽带。

三

　　精神气质的契合、思考问题方式的一致并不必然表现为处理问题方式的一致。但如果仔细考察孔子与庄子的创作理念，我们就会发现，孔子提倡的"述而不作"与庄子强调的"三言"在处理问题的方式上表现出了惊人的一致性：既能够跳出前人对神的迷思，又能够坚决抵制当时普遍存在的人类自我中心主义误区，以审美的人生态度和艺术化的处理方式完成了对上古文化的"创造性转化"。

　　孔子的创作理念强调对先王之道应该秉持"述而不作"的原则。不少学者认为，那不过是一种"因循守旧"的"思维方式"①，或者说是一种"强调文化生命历史连续性的文化阐释原则"②。但也有学者持反对意见，认为"述而不作"的根本精神"当是在萃取前人成果的基础上整合、提升而成，其意义相当于再创作"③。以今天的立场来看，孔子之"述"虽"未尝离事而著理"（章学诚《文史通义·经解中》），但他确实开创了一个区别于原始宗教信仰范畴的全新"道德宇宙"④，在这个宇宙中，人类社会本质上与经他道德化后的"天"是同质同构的，"述而不作"正是这种天人合一理念的理论表达。按照孔子自己的说法，"述而不作"的实质就是"承天之道，以治人之情"（《礼记·礼运》），而上古先王之所以能够成为孔子直接祖述的对象，仅仅是因为他们是天道的卓越阐释者和执行者。因此，"述而不作"表面上看是复古主义，实质上则是出于他天人合一学术理念的内在规定性。既然如此，孔子所"述"的尧、舜与庄子寓言中的孔子也就没有本质上的不同了，都不过是借以暗示自己学说权威性的工具。

　　庄子最基本的创作理念是"三言"，即寓言、重言、卮言。一般而言，寓言是"寄托寓意的言论"，重言是"借重先哲时贤的言论"⑤，尽管重言有真实历史人物形象和历史背景的限制，不像寓言那般奇奇怪怪，但"重亦寓也，寓亦重也"（王夫之《庄子解》），二者本质上都是"因理生事，托事言理，事理蕴道"的"广寓言"。⑥卮言的情况要特殊一些，本质上是作者随文赋义的"无心之言"或"无成见之言"。表面上看，卮言的"无心"与寓言和重言的"有意"互相矛盾，但究其实质，卮言的"无心"并不是要杜绝言论中的主观目的性，而是在强调要破除自我中心主义之后的齐物论。只有破除人们心中以自我为中心的"成心"，达到"丧我""物化"的境界，才能破茧而出，逍遥而游。反观"有意"的寓言和重言，虽然光怪陆离、荒唐而无端崖，但最后的重心其实同样落脚在了"齐物论"上。从这种意义上说，寓亦卮也，重亦卮也，三言其实皆一也，皆与"齐物论"的哲学主题密不可分。

　　合而论之，孔子与庄子创作理念上的一致性主要体现为以下三个特点。首先，他们

---

　　① 刘畅：《述而不作：作为一种思维方式》，《天津社会科学》2002年第6期。

　　② 李景林：《孔子"述、作"之义与文化的继承性》，《天津社会科学》2002年第6期。

　　③ 彭林：《从"三达德"看孔子的"述而不作"》，《孔子研究》2012年第5期。

　　④ 韦政通：《中国思想史》，上海书店出版社2003年版。

　　⑤ 陈鼓应：《庄子今注今译》，中华书局1983年版。

　　⑥ 杨义：《庄子还原》，中华书局2011年版。

的创作理念都表现出了超越前人的伟大创造精神，都能够跳出原始宗教文化的牢笼，希望用理性精神扭转神性对人的思想禁锢。孔子虽然为西周礼乐文化所倾倒，但他却把礼学的重心从原始宗教的祭礼悄悄转向了与人伦道德密切相关的仪礼，更创立了仁学以丰富和深化礼学的内容，不动声色地创造了一个天人合一的"道德宇宙"。他提倡"述而不作"的创作理念，看似因循守旧，实则大巧若拙，完全符合他"卑以自牧"的人生态度。庄子思想比孔子的去神学化态度更彻底，字里行间虽偶有鬼神之说，但真正的思想内核却是冰冷无情的大化流行。他继承了老子自然无为的核心理念，但却扭转了老子的政治哲学倾向，转而向人的内在心灵世界开掘，以梦幻般的感性笔触为人们揭开了一个美妙无比的心灵世界。所谓"三言"，则是庄子感性创作理念的理性表达。与孔子一样，他选择用理性精神去促进人的自我觉醒，并力图用寓抽象于形象的哲学理念去规范和引导人的思想行为在合理的轨道上运行。

其次，他们的创作理念立足于各自的哲学立场，力图打破人类自我中心主义的思想误区。春秋以降，西周旧有的社会文化秩序逐渐崩溃，封建王权与原始宗教神权对社会人心的约束力和影响力日渐衰落，人性的自私与丑恶慢慢暴露出来。在这种沧海横流的社会背景下，孔子作《春秋》以"善善恶恶，贤贤贱不肖"（《史记·太史公自序》），为他"述而不作"的创作理念定下了明确的基调。在孔子看来，人类就是一个道德共同体，人类存在所必需的一切社会秩序，包括政治走向、伦理规范、行为礼仪、个人修养等，都必须在道德宇宙的范围内展开，不允许出现任何不受道德规范约束的、以自我为中心的想法或行为。所以孔子才严格要求"毋意、毋必、毋固、毋我"（《论语·子罕》），大张旗鼓地反对异端，要求每个人都要经常反思自己的思想和行为；允许对超出个人经验之外的新事物有所权变，但这种权变必须符合中庸之道的方法论原则。与孔子这种带有强制性的做法相比，庄子就轻松自然了很多。他认为大道无为，天地万物与我皆为一体，人类最大的悲哀其实并不是愚者的毫无自我，而是智者在是是非非的争论中会迷失自我，而迷失的过程就是完全以自我为中心而与外物相对立的过程，人"一受其成形，不化以待尽。与物相刃相靡，其行进如驰，而莫之能止，不亦悲乎！"（《庄子·齐物论》）在洞悉了人之自我中心立场的种种危害之后，庄子不是选择孔子那样借助外在"道德宇宙"的约束力量，而是选择了退守内心真正的自我（真君），"为是不用而寓诸庸"，人生的真谛，不过因物之自然而已。

最后，从这两种创作理念的实践效果来看，他们对上古文化的传承与创新都表现出高超的艺术性特征，甚至连他们的思想本身都呈现出混沌性的美学特征。孔子对上古文化的处理看似循规蹈矩，实则以简御繁（一以贯之），大巧若拙（不动声色地改造上古文化）；庄子则是将上古文化浓缩为寓言故事，用以支撑自己的哲学思想，这种处理方式大大增强了庄子哲学的艺术魅力，大量美好而玄妙的隐喻令人目不暇接也美不胜收。所谓思想的混沌性，是指哲人核心学术理念因包容性与不确定性而保持最大限度的思想张力。庄子混沌凿七窍而死的寓言故事形象传达出这种美学特征所蕴含的深意。简文帝认为，混沌"以合和为貌"。① "合和"不仅隐喻无为，也预示着道的包容性与不确定

---

① 王先谦：《庄子集解》，中华书局1987年版。

性。庄子整齐物论的终极目的是"逍遥游",为此,他一方面借助于老子自然、无为的理念,另一方面又围绕这一核心理念生发出无数衍生概念:无己、丧我、天籁、真宰、真君、天府、葆光、两行、以明、天均、道枢、天倪、物化、心斋、坐忘等。庄子哲学概念群的提出,不仅极大地丰富了老子的无为思想,也让我们感受到庄子思想的无穷张力与魅力。孔子曾两次提到自己"一以贯之"的思想特点,曾子指出是"忠恕"(《论语·里仁》)。周予同先生指出,忠恕即仁(周予同《孔子》),而仁乃"本心之全德"(朱熹《四书章句集注》),其中同样包含了一整套关系错综复杂的概念群,体现了孔子仁学充满弹性的思想张力。

四

　　辩证逻辑的基本原则之一就是逻辑与历史的统一。恩格斯早已说过:历史开始的地方就是思想开始的地方。逻辑比起真实的历史发展过程也许太过"纯粹",但我们无法否认"经过修正的历史"中所包含的历史真实性。庄子与孔子在美学思想上的嬗递关系同样如此。我们并不是要试图论证庄子与孔子之间的师承关系事实,而是意在说明庄子对孔子的认同以及思想上血缘关系的真实存在。当然,发掘这条思想线索的意义在于,中国古典美学思想早期的发展并非如传统学术史总结的那样壁垒分明,而是有着更为复杂的演进方式和更为开放的发展空间。

　　以"游"为发展线索的古典美学最早起源于《诗经》的文学传统。《大雅·卷阿》云:"岂弟君子,来游来歌。"清代学者陈焕《诗毛氏传疏》训曰:"游,优游。"优游的概念来自《小雅·采菽》:"乐只君子,福禄膍之,优哉游哉,亦是戾矣。"在《诗经》的观念里,优指生活的富足,游指生活的闲适安逸。诗歌站在旁观者的角度,用"优哉游哉"摹写君子福禄丰厚、幸福安定的生活情态,其中蕴含的美学意味不言而喻。以孔子与《诗经》的深厚关系来看,"游于艺"的"游"显然继承了这种文学层面的审美感知。但从前文提到的曾皙言志章所表现出的审美特征来看,孔子"游于艺"的美学思想又超越了《诗经》文学层面的审美感知而达于哲学之境。

　　孔子的美学思想主要从两个向度突破了《诗经》的美学传统①:一是在社会文化方面,孔子完成了从形而下的"艺"到形而上的"游"的美学突破。孔子醉心于西周礼乐文化,以六艺教授弟子,他反复强调对六艺的勤加练习可以熟能生巧,慢慢就会感受到因熟练的技巧掌控而带来的自由感和愉悦感,最终才能够超越技巧的束缚进入"从心所欲"的审美领域。二是在人生哲学方面,孔子实现了从理性审美到感性审美的突破。孔子"文质彬彬""尽善尽美"的伦理美学一直是儒家津津乐道的话题,但当感性审美为主导的"游"压倒道德考量为要义的"艺"而居于主导地位之后,孔子美学思想的重心就开始摆脱理性束缚下的道德,走向感性充溢的心灵愉悦,而这种愉悦感是一种较为纯粹的审美心理学意义上的审美体验。

　　遗憾的是,孔子对伦理美学的突破并不彻底,这种不彻底性表现在他虽然暂时摆脱

---

　　① 此处与拙文《从"游于艺"看孔子美学思想的三重境界》的相关论述有所重叠,相关理论背景的阐述请参考这篇文章。文载《孔子研究》2016年第5期。

了理性的思考与道德的羁绊，但却始终与他钟爱的礼乐文化保持着不即不离的关系，"从心所欲"但又从"不逾矩"。所谓不即，指"游"是孔子观察世界的一种全新的方式，从理性的道德立场转化为感性的美学立场。所谓不离，指孔子的终极关怀并没有超出人类社会，没有离开他所钟爱的礼乐文化，没有离开人文主义的基本立场，本质上仍是一种人文美学。孔子美学思想的这种特点表明，他对伦理道德的美学超越毋宁说是一种暂时摆脱了与道德思考呈胶着状态的非理性感悟。这种从内在心灵层面实现超越的过程其实并不彻底，还带着几分沉迷与留恋，但却让原有的人文之美增添了几分超脱与飘逸的气质。孔子曾言："饭疏食，饮水，曲肱而枕之，乐亦在其中矣。不义而富且贵，于我如浮云。"（《论语·述而》）明明是感性的审美愉悦，偏偏又纠缠着千丝万缕的道德因素，时刻不曾忘记他的人文主义立场。孔子美学的这种不彻底性也正是庄子美学的出发点。

庄子以"逍遥游"为核心的美学思想与孔子美学大异其趣，但却遵循了孔子美学思想从"游"中实现突破的思路，将孔子原本并不彻底的超越之美推向了极致，那是一种不带任何人间烟火气息的纯粹的超越之美。首先，庄子接受了孔子美学内在超越的演进路径，沿着孔子熟能生巧、下学上达的发展思路继续前进。《养生主》篇庖丁为文惠君解牛，举手投足之间竟然暗合圣王乐舞的高雅节奏。庖丁以他十九年的解牛经验告诉世人，游刃有余的境界的确来自千锤百炼的外在要素，但技巧只是道的外在表现形式，只有用心灵去感悟才能接触到大道的无限美妙。《达生》篇中佝偻者承蜩的寓言故事也表达了相同的理念，"用志不分，乃凝于神"。忘记包括技巧在内的一切外在因素，专注于内在心灵的超越性体验，"不以万物易蜩之翼"，才能达到"道"的至境。

其次，在观照现实世界的方式方面，庄子彻底打破了孔子与现实世界之间不即不离的含混态度，形成了一套完整而独特的超越理论，这种超越理论可以摆脱一切外在因素直达美学至境。《大宗师》篇中，庄子通过女偊之口阐述了自己超越美学的完整路径：先独处以静守内心，然后是外天下、外物、外生的循序渐进过程，在勘破生死的关口之后，精神达到"心境清明洞彻"的朝彻之境，而后是见独、无古今等精神境界逐渐提升的过程，最终"入于不死不生"超越至境。达到这种境界的人庄子称为"至人"，"至人无己"（《庄子·逍遥游》），即"死生无变于己"，可以"乘云气，骑日月"（《庄子·齐物论》），然后"乘天地之正，而御六气之辩，以游无穷"（《庄子·逍遥游》），实现对现实世界的彻底超越。庄子认为，"天地有大美而不言"（《庄子·知北游》），人的这种绝对超越的心理状态可以窥见天地人生之大美，可以"虚室生白，吉祥止止"（《庄子·人间世》），最终达到"天地与我并生而万物与我为一"的美学至境（《庄子·齐物论》）。

最后，在人生的终极关怀方面，庄子专注于人的精神的绝对自由，突破了孔子从人文美学立场实现超越所带来的不彻底性。在庄子眼中，孔子带有终极关怀意味的"游于艺"仍然属于"有待"的范畴。庄子的终极关怀是"无待"的，他认为人应该忘怀现实世界的一切羁绊，包括生死，最终释怀并逍遥于"无何有之乡"（《庄子·逍遥游》），直至以欣然的态度重新融入大化流行的循环之中。庄子通过庄周梦蝶、颜回坐忘、梓庆忘赏、女偊外生、子桑户归化等一系列寓言故事反复暗示世人：要以忘怀的姿态走向彻底的释怀。忘怀，意味着绝去任何修饰的素朴，素朴之美"淡然无极而众美从之"（《庄子·刻意》）。释怀，则意味着返璞归真，从素朴回归混沌，从"淡然无极"的有限走向"无极之外复无极"的无限（《庄子·逍遥游》）。如果说忘怀是那种庖丁式的、只能在某一特定领域中从熟练经验升华到"无我的经验"的低层次的"小逍遥"境界，释怀就是他所向往的更高层次的齐万物、一死生、物我两忘、与物俱化的"大逍遥"境界。①

概而言之，孔子生当礼崩乐坏的春秋末期，他要思考的时代课题是政治秩序崩溃后如何守护人类精神文明的防线，而他给出的答案是外修礼乐、内主仁义。礼乐文化特有的雍容中和之美成就了孔子的伦理美学，但也成了孔子始终无法割舍的情结。正因为如此，孔子"游于艺"的美学命题没能真正超越其伦理美学。庄子生活的时代环境已不同于孔子，战国中期之时，礼乐文明的大坝已经溃堤，"道术将为天下裂"（《庄子·天下》），他要思考的时代课题是大道剖判之后如何应对百家各执一词以相是非的乱局。庄子的解决之道同样分为内外两个向度：向内追求真宰的觉醒，要求去除成心，以忘我、物化的状态迎接精神的彻底自由；向外以"无"为本体，要求剥离知识与死亡带给人的困惑，以虚静之心观照万物之本源。庄子对精神自由的强烈向往，使他的美学思想成功走出了孔子思想的笼罩，具备了真正的超越品格。从发生学的角度看，孔子与庄子之间的思想嬗递过程显得较为晦涩，严重阻碍了人们对中国古典美学思想源头发展状况的整体判断与把握，故敢献陋识以就教于方家。

---

① 张永祥，张秀芬：《从"小大之辩"看庄子"逍遥游"境界的二分性》，《周口师范学院学报》2009年第4期。

从"礼崩乐坏"与"礼乐犹存"的视角
看儒道思想的发生

赵景飞

（贵州师范学院　马克思主义学院）

摘　要：春秋时期以"春秋无义战"和"礼崩乐坏"而著称，因此，人们往往容易注意到春秋时期混乱的一面，而忽略了其相对秩序的一面。实际上，春秋时期诸侯霸主的出现，使礼乐文化得以继续发挥其社会功能，这就在一定程度上阻止了社会秩序继续恶化，使社会恢复了相对的稳定。从这个角度看，可以说"礼乐犹存"。"礼崩乐坏"促使思想家对传统进行反思，而"礼乐犹存"使思想家进行文化改造和创新得以实现。儒道思想正是在这种历史条件下应时而生。

关键词：礼崩乐坏；春秋无义战；老子；孔子

引　言

经过长时期的历史积累，尤其是经过夏、商两代的发展，到了西周时期，中国的文化、制度都已经发展到了一个相当完备、成熟的阶段。鉴于夏、商由勃兴到衰败的历史，周初的社会精英阶层进行了深刻的总结和反思。"我不可不监于有夏，亦不可不监于有殷。我不敢知曰，有夏服天命，惟有历年；我不敢知曰，不其延。惟不敬厥德，乃早坠厥命。我不敢知曰，有殷受天命，惟有历年；我不敢知曰，不其延。惟不敬厥德，乃早坠厥命。"[①] 夏、商两代一开始都曾受到天命的承认和护佑，但是，由于其季世统治者的胡作非为，最后都被上天所抛弃，失去了其政权的合法性，导致最终天命转移。由此，周初的统治者认识到了"天命靡常""天视自我民视，天听自我民听"的道理，唯有敬德保民才能够永保天命。

敬德保民两者中，敬德是关键，也就是说，只有统治者守其本分，老百姓才能安定下来。要做到敬德就必须从两个方面着手，即消极防范和积极引导。无论是防范还是引导，它们都是周代礼制设计所要完成的任务，而在这两者之中，防范又是主要的方面。《礼记·坊记》中有这样一段话："子言之：君子之道，辟则坊与？坊民之所不足者也。大为之坊，民犹逾之，故君子以礼坊德，刑以坊淫，命以坊欲。"[②] 这段话虽系后出，但无疑是对周代礼制防范功能的精辟概括。对人性弱点的防范是周代礼制设计的重要目

---

　① 孙星衍：《尚书今古文注疏》，中华书局 1986 年版。
　② 孙希旦：《礼记集解》，中华书局 1989 年版。

的，这种目的体现在，在周代礼制的规范下，社会生活中的一切皆有定制，上自王侯，下至士庶，小者衣食，大者邦交，都必须接受这种定制的规范，否则就是违礼，就会受到相应的惩罚。荀子说："乐和同，礼别异。"（《荀子·乐论》）定制的防范功能就是要实现"礼别异"，"乐和同"则是通过"乐"来激发人性中正面的东西，以弥合不同"定制"之间的鸿沟，这又是积极引导。

历史事实证明，周代礼制的设计是成功的，对后世影响深远的礼乐文化于此时已基本成型。凭借着这种成功，西周实现了几百年的平稳发展，同样是凭借着这种成功，历经春秋几百年的乱世，华夏族群不至解体，华夏文明不至废坠。对于西周时期，整个礼制系统对社会发展的保障作用容易理解，本文在此不做赘述。本文重点将讨论后者，即周代礼制系统在春秋时期对整个社会的整合作用。

一、"礼崩乐坏"与"礼乐犹存"的视角之缘起

关于春秋这一段历史时期的社会状态，我们最容易想到"礼崩乐坏"这样一个词语。从字面意思上看，"礼崩乐坏"是指春秋时期用以统合整个社会的周代的礼制处于一种崩坏的状态。由于周礼崩坏，社会陷入了混乱的状态。在这一点上，学界基本能够达成共识。共识之外，学界容易产生分歧的地方在于，春秋时期的"礼乐"到底"崩坏"到了什么样的程度？在对这一问题的理解上，学界目前还存在着争议。相关争议可以做如下的概括：

首先是"全面瓦解"论。有的学者指出："礼乐文明是西周政治制度和伦理规范的统一体。春秋时期，原有的社会秩序和道德规范全面瓦解，出现了所谓'礼崩乐坏'的局面。"[1] 这种观点即是"全面瓦解"论的代表。

其次是"礼制更为健全"论。这种观点认为："春秋时代随着周王朝的东迁，周天子的地位日渐衰微，周礼并没有因周天子衰微而没落，反而变得更加成熟，更加健全，可以说春秋时代是先秦礼制最健全之时期，春秋时代'礼崩乐坏'的传统观点应予以修正。"[2]

最后是"礼乐犹存"论。这种观点认为："我们说春秋时代'礼崩乐坏'，并不是说礼乐文化在这一时期已经荡然无存，在春秋诸侯争霸局面的背后，周天子仍被奉为天下的共主，还没有一个诸侯可以取而代之。"[3]

以上三种观点中，"全面瓦解"论与"礼制更为健全"论是两种截然相反的判断，而"礼乐犹存"论可以看作这两种对立判断的折中。这三种观点中，哪一种更为符合实际呢？我们可以做如下的分析。

首先，"礼崩乐坏"是指以周为宗主国的周代礼制的崩坏。这种礼制的崩坏是自上而下的。而且周天子起到了推波助澜的消极作用。有的学者指出，"在西周末年，已经开始出现礼乐不兴的情况，到了春秋时期愈演愈烈，终于由礼乐不兴而至礼崩乐坏。在

---

① 张平，纪兴：《论礼崩乐坏与礼学的形成》，《燕山大学学报（哲学社会科学版）》2002 年第 3 卷第 2 期。

② 杨文胜：《春秋时代"礼崩乐坏"了吗?》，《史学月刊》2003 年第 9 期。

③ 张厚知：《维护与崩坏的抗争——春秋礼学思想产生的动因》，《燕山大学学报（哲学社会科学版）》2014 年第 15 卷第 4 期。

这个过程中，作为执政者的周天子没有积极主动调整生产关系与生产力之间的矛盾，进行有效的社会控制，而是放纵个人情感，因私废公，始而开礼崩乐坏先河继而推波助澜，所起的作用是消极的"①。

其次，在周礼长期的推行过程中，礼乐文化已经深入人心，这种扎根于民心的基层之礼不可能一朝倾覆。"究其原因，是周朝的礼乐文化作为一种传统在数百年历史中已经深入人心，依然是这一时代的文化主导。这样，一方面是人们所说的'礼崩乐坏'，另一方面礼乐文化仍然是维系世道人心的重要手段，使东周王朝尚能协调各诸侯国之间的平衡，在纷乱中维持某种表面的稳定。"② 而且，"在当时，礼是人们立身成人的重要标尺，'无礼，无以立'，礼深刻影响着春秋时代社会的方方面面，制衡着春秋时代社会的各种势力，维系着春秋时代社会的既有秩序，春秋时代社会如果没有了礼就有'崩盘'的危险"③。

经过以上的分析，我们就可以得出结论，春秋时期所崩坏之礼是以宗周为主导的维护周代统治秩序的礼，这种崩坏的动力始自于社会上层，而影响及于社会下层。由于礼乐文化的长期推行，从上至下的社会各阶层、各个领域都受到礼乐文化的长久浸润，礼乐文化不但决定了各阶层各领域的行为准则和行为方式，而且还深刻地影响着人们的思维方式。这一层面的礼，不但不可能一朝倾覆，它还必然长期发挥作用，变成民族文化的特殊基因。

另一方面，从字义上来分析，"礼崩乐坏"本身就不包含"礼乐"荡然无存的意思。《王力古汉语字典》云："倒塌。说文：'崩，山坏也。'《诗·小雅·十月之交》：'百川沸腾，山冢崒崩。'《春秋》成公五年：'梁山崩。'引申为败坏。"《诗·鲁颂·閟宫》：'不亏不崩。'郑笺："亏、崩，皆谓毁坏也。"④ "坏，（一）房屋等建筑物倒塌。（二）衰败。"⑤ 从《王力古汉语字典》的解释来看，崩是指山崩，坏是指屋坏。基于这种解释，我们可以打这样的比方，"礼崩乐坏"的状态就好比是朽屋，朽屋虽梁栋摧折，然其基址犹在；又好比是山崩，山体虽有崩毁，然大体乃有可观。因此，提及春秋时期"礼崩乐坏"的时代特点，我们还必须明确指出其"礼乐犹存"的特征。"礼崩乐坏"的同时又"礼乐犹存"，这才是对春秋时期的时代特点的较全面概括。

正是由于"礼崩乐坏"与"礼乐犹存"的时代特点，风雨飘摇的东周王朝才不至土崩瓦解，犹存之礼乐仍是整合诸侯的最强有力的力量，也是华夏文明能够抵御周边落后民族侵扰的最强大的盾牌。因之，文明之星火才能不灭，儒家、道家等新思想的酝酿和诞生才有时间和空间。

---

① 吕慧燕：《论周王室在"礼崩乐坏"中的作用》，《武汉大学学报（哲学社会科学版）》2007年第60卷第5期。

② 张厚知：《维护与崩坏的抗争——春秋礼学思想产生的动因》，《燕山大学学报（哲学社会科学版）》2014年第15卷第4期。

③ 杨文胜：《春秋时代"礼崩乐坏"了吗?》，《史学月刊》2003年第9期。

④ 王力：《王力古汉语字典》，中华书局2000年版。

⑤ 王力：《王力古汉语字典》，中华书局2000年版。

二、从"礼乐犹存"的视角看"春秋无义战"之片面

基于"礼崩乐坏"的视角，孟子对春秋时期的历史有他自己的独到见解。他说："春秋无义战。彼善于此，则有之矣。征者，上伐下也，敌国不相征也。"（《孟子·尽心下》）孟子认为春秋时期没有正义的战争，虽然征战的各方有善有不善，但是参与战争的任何一方都没有获得正义的立场。这是因为在孟子看来只有作为"上伐下"的战争形式——"征"才是正义的。因为，从周代礼制的角度来看，春秋时期诸侯争霸战争的参与者都是处于同等地位的诸侯国，各诸侯国之间不具有上下等级关系，诸侯之间的利益冲突，需要处于天下共主地位的宗周来出面调解，诸侯彼此之间没有相互征讨的权力，所以，诸侯争霸战争从根本上违背了"征伐自天子出"的正义战争原则，这是和周代礼制的精神相违背的。从这个层面来讲，孟子所作的"春秋无义战"的判断是符合周代礼制精神的，是有理有据的。

从违背周代礼制的角度，孟子判定"春秋无义战"。"春秋无义战"是"礼崩乐坏"的最直接表现。然而，这两种通行的观点是否能够成立，以及在何种程度上成立，我们可以从"礼乐犹存"的视角来重新考察。

周代礼制设计的最大特点就是以宗周为天下共主，封建诸侯。宗周是周礼的制定者和颁行者，居于整个礼制系统的顶端。在周代礼制的体系中，包括王、侯在内的社会各个阶层都各有定制，周礼的其他一切细枝末节几乎都由此而展开。在这种体制下，宗周的地位至关重要，它是整个周礼系统能否正常运作的关键。我们知道，自西周末期以降，宗周都处于一个暗主迭出和政治、经济实力不断下降的恶性循环当中，宗周非但不能以身作则遵守礼制，还往往成为破坏礼制的先行者。上行下效，诸侯亦频频出现逾越礼制的行为。在此种意义上，我们可以说以宗周为首的周代礼制的确崩坏了。

那么，这里就出现了一对矛盾，社会秩序需要周代礼制来维护，但是宗周自身尚且自顾不暇，更加不能承担宗主之责任。这种矛盾如何解决呢？历史自身的发展给出了答案。宗周衰败之后，第一个称霸诸侯的大国是齐国，齐国政治家采取了"尊王攘夷"的政治方针来整合天下诸侯，抵御周边民族对中原的侵扰。从此之后，春秋时期迭次出现的诸侯霸主都采取了这一政治方针。这种方针一方面避免了群龙无首、诸侯混战的局面，另一方面，诸侯盟主可以代行宗周的职责，维系整个礼制系统的运行，使社会恢复相对秩序。这里我们可以看到，以宗周为顶端的周代礼制系统崩坏的同时，代之而起的是以诸侯盟主为顶端的礼制系统。这两个礼制系统之间，只是实质的顶端发生了变化，其他的则几乎一如其旧。这就既满足了周代礼制指导当时社会生活的需要，又把宗周衰落的不利影响降到了最低。

这就是春秋时期社会实际状况的另外一面。周代礼制经过了几百年的发展，无论是日常生活还是国家邦交，都已被周代礼制"定型化"，即除此之外，一时间无论是个人还是邦国都无法找到替代周代礼制的思想资源来指导现实生活和处理国家政务。甚至周礼已经内化为人们的思维方式，人们在用周礼所塑造的世界观来观察世界、认识世界。换言之，宗周可以一夜崩坏，但是，整个周礼系统则不可能一夜崩坏。

也就是说，春秋时期周代礼制虽然出现了衰败的苗头，但是它并未崩坏，周礼系统

仍然是维系整个社会运作的中坚力量。因此，在"礼崩乐坏"的同时"礼乐犹存"，这才是春秋时期的真实状况。这是我们在用"礼崩乐坏"这一说法时需要澄清的问题。我们在看到春秋时期社会混乱的同时，还要看到犹存之周代礼制在社会整合方面发挥的巨大作用，看到春秋社会秩序性的一面。

从这个角度我们就可以看出，周代礼制没有完全崩坏是得益于诸侯霸主的及时出现，得益于"尊王攘夷"政策的提出。这里有一个问题值得深入思考："尊王攘夷"这个政治口号中，所尊者是何"王"？笔者认为这个"王"绝非实指周王。这里所尊之"王"实际上是以周王为象征的整个周代礼制。因为无论是家事、国事、内政、外交，还是战争都需要周礼提供的准则和规范来协调。具体到诸侯争霸战争，作为霸主来说，实力固然重要，但是与此同时还必须拥护和遵守仍然行之有效的周礼。换言之，春秋争霸之战，并非完全没有"义"之准则。因此我们可以说，春秋争霸之战在"礼乐犹存"的前提下，其"义"犹在。

虽然历史不容许假设，但是，我们仍然要看到，宗周衰败之后，如果没有诸侯霸主的出现，如果没有"尊王攘夷"政策的提出，如果当时的争霸战争完全不遵守周代礼制的协调，那么，当时的社会不但会更加混乱，民不聊生，甚至有被周边民族蚕食的危险，华夏文明的火种可能由此断绝。因此，春秋时期"礼乐犹存"，争霸战争其"义"犹在，在最大程度上维护社会的相对稳定，为华夏文明贞下起元争取最多的时间和最大的空间，这更是大"义"之所在。从这个角度来看，"春秋无义战"的观点无疑是片面的。

孔夫子应该也认同"礼乐犹存"的观点，并且他也看到了争霸战争并非完全无"义"。他与子贡之间有如是对话：

> 子贡曰："管仲非仁者与！桓公杀公子纠，不能死，又相之。"子曰："管仲相桓公，霸诸侯，一匡天下，民到于今受其赐。微管仲，吾其被发左衽矣！"（《论语·宪问》）

虽然从道义的立场上，我们可以批评管仲有种种的缺失。但是，孔子认为，管仲采用"尊王攘夷"的政治方针，辅佐齐桓公所创建的霸业，对华夏民族的影响是极其深远的，甚至"民到于今受其赐"。其对华夏文明不至废坠也居功至伟，"微管仲，吾其被发左衽矣"。相对于在小义上的亏损，管仲实际上成就了更大的"义"。其实，孔子的这种评价亦适用于春秋时期的其他诸侯盟主。正是他们使周代礼制系统犹存的影响力最大限度地发挥，维持了社会的相对秩序。社会秩序的相对稳定为文化创新赢得了时间，周代礼制系统在社会中继续发挥作用，为文化创新保留了弥足珍贵的文化资源，正是基于这两个条件，儒家思想和道家思想才得以产生，使华夏文明重新焕发光彩。从更为宏大的历史视角来看，这也是春秋争霸战争中所存有的正义性的一面，这种正义性是超出特定时空的正义性，所以，从这个角度，我们可以说，春秋也并非没有"义"战。

三、孔子："犹存之礼""述"之，"崩坏之礼""作"之

春秋时期周代礼制并没有完全崩坏，周代礼制在现实生活中仍然发挥着巨大的作

用，依然是唯一的整合整个社会的制度性资源和思想资源。关于这一点，《春秋》《左传》和《国语》中记载了大量的相关史实。虽然如此，周代礼制在社会中所发挥的作用在逐渐遭到削弱也是不争的事实。诸侯盟主的出现，只是延缓了以周天子为宗主的周代礼制崩溃的过程，但是，其最终崩溃的那一天终究会到来。华夏民族面临着文化创新的艰巨任务，需要提出新的思想资源来弥补周代礼制崩坏所造成的社会真空，以整合华夏族群，延续华夏文明之薪火。孔子即是应时所生之圣人。

孔子认为文明是逐渐发展的，传统是文明延续的主要方式。他说："夏礼，吾能言之，杞不足征也。殷礼，吾能言之，宋不足征也。文献不足故也，足，则吾能征之矣。"（《论语·八佾》）之所以在文献不足的情况下，孔子认为自己能够言夏、殷之礼，就是因为他认识到一个文明的发展必是由继承传统而来，现有文明中必然包含着传统的因子。正是基于此种认识，孔子对传统怀有很深的敬意，亦有很高的评价。孔子说："周监于二代，郁郁乎文哉，吾从周。"（《论语·八佾》）周代的礼乐文明成功继承了夏商二代的文明成果，并有所创新。"吾从周"表达了孔子是抱着继承传统的态度来进行文化革新的。这是孔子的文化观，所以他谦虚地称自己是"述而不作"的文化传承者。

"述而不作"表达了孔子对传统的尊重，亦是他继承传统的使命感的最好表达。但是，他也看到，周代的礼制在逐渐遭到破坏。"孔子谓季氏：八佾舞于庭，是可忍也，孰不可忍也！"（《论语·八佾》）社会上层对礼制的僭越已非罕见之事，从孔子对季氏僭越礼制的愤慨中，我们不难看出他因传统礼制遭到破坏而忧心忡忡。这种现状也使孔子认识到必须进行文化创新的工作。也就是说，"周礼犹存"使孔子能够有所借鉴和因述，而"礼崩乐坏"的现实迫使孔子必须对行将崩坏的周礼进行反思并进行因应时变之创作。

礼的最大作用在于防范人性的弱点，这既表现出了对人性的深刻洞察，也表现出了对人性存有某种不信任。这种特点难免使礼带有条条框框的性质。条条框框的约束力往往来自更高的权威，只有最高权威存在的时候，才可以使礼制得到推行。当最高权威弱化的时候，礼的约束力也会相应降低。原本被礼制所限制的各种人欲就会涌动，社会秩序就会遭到破坏。也就是说，单靠被动遵守已经不足以维持礼制的正常运行。只有把被动遵守变成主动践履才能够一方面继承传统，另一方面使礼的作用得以发挥。①

于是孔子提出了"仁"的观念作为主动践履礼的内在驱动力。孔子认为，外在的礼的条文只是表面的东西，机械地遵守礼的条条框框不是真正的守礼，真正的守礼必须是发自内心的。

林放问礼之本。子曰：大哉问。礼，与其奢也，宁俭；丧，与其易也，宁

---

① 有的学者指出："面对春秋礼制崩坏，道德的劝诫已经无能为力，于是人们从礼本身入手，通过阐释礼的意义、提升礼的地位、拓展礼的功能以及通过自我修养达到礼的境界，使礼成为涵盖道德、政治、伦理等多方面的天地法则，将礼树立为一座精神高标，希冀以此来救治社会规导人心。因为这些论述都是针对具体事件而言，所以显得较为零散，缺乏系统性，不过已经为儒家礼学的形成提供了大量的思想资源，奠定了坚实的理论基础。"参见张厚知：《维护与崩坏的抗争——春秋礼学思想产生的动因》，《燕山大学学报（哲学社会科学版）》2014年第15卷第4期。实际上，孔子对周礼的更新和创作，已经不是"从礼本身入手"，而是"从人本身入手"，这就促使人们对"礼"的态度发生根本的改变，从以前的"被动遵守礼"变成了"主动践履礼"。

戚。(《论语·八佾》)

孔子认为，对于礼来说，场面奢华、排场大还不如俭而有序；对于治丧礼来说，徒然讲究表面秩序井然，还不如真正表达出自己内心的哀戚。简言之，礼的根本不在于外在条文而在于内心的真情实感。

子曰："人而不仁，如礼何？人而不仁，如乐何？"(《论语·八佾》)

如果一个人没有内在的仁德之心，纵使守礼，也只能是假惺惺地做个样子。这样孔子就把"礼外在地约束人"变成了"人主动地践履礼"。

颜渊问仁。子曰："克己复礼，为仁。一日克己复礼，天下归仁焉。为仁由己，而由人乎哉！"颜渊曰："请问其目？"子曰："非礼勿视，非礼勿听，非礼勿言，非礼勿动。"颜渊曰："回虽不敏，请事斯语矣！"(《论语·颜渊》)

仁是君子之所希求，只有"克己复礼"才可以做到"仁"。但是"克己复礼"需要主动克制自己的行为，而不是靠外在强制力的约束，这就鲜明地突出了人的主体性。"非礼勿视，非礼勿听，非礼勿言，非礼勿动"，所有这些行为都是由行为主体发出，决定权都在主体，也就是说关键在于主动践履。颜渊回答说"回虽不敏，请事斯语矣"，一个"事"字更是突出了"克己复礼"需要主体践履的实践性品格。

在孔子看来，"复礼"的关键不是加强外在的礼的强制性约束力，而在于行为主体自身践履的愿望和意志。只要主体有主动践履的愿望和动力，就不需要外在权威来确保礼制系统的运行。这鲜明地表现出了孔子对人性抱有充分的自信，他把"复礼"的重任落实到了每个人，把"仁"的种子播散进了每颗心。[1] 周代礼乐文明的成果也随着历代仁人志士的求仁向善之心而发扬光大，润泽万世。

所以，孔子是伟大的。在春秋乱世之中，社会上层人欲横流，善道泯灭，孔子却通过平民教育挖掘出了人性的光辉，靠着草根阶层未泯的人性之善匡正了世道歧途。然而，我们也必须看到，孔子的伟大历史贡献之所以可能，一方面是由于"礼崩乐坏"的激发，促使孔子对"崩坏之礼""作"之，另一方面则是由于周礼作为一种思想源，在当时仍有其感召力，促使孔子对"犹存之礼""述"之。因此，我们在肯定孔子历史功绩的同时，还要看到诸侯霸主的积极的历史贡献。可以说，诸侯霸主利用周礼系统整合华夏族群，维持了社会的相对稳定，既为孔子的文化创造赢得了时间，又为孔子的文化创造保留了宝贵的可资借鉴的文化资源。

---

[1] 有的学者指出："经过仁的充实和改造，孔子赋予礼以新的价值内涵和文化意蕴，如果说周礼主要体现为一整套模式化的国家政治制度和社会行为规范，孔子的礼论则是在这一政治制度和行为规范日趋瓦解的历史境况中，挖掘和增强了礼的内在精神价值，将礼由制度典章层面提升到思想学术层面，实现了礼的理论化、意识形态化。"参见张平，纪兴：《论礼崩乐坏与礼学的形成》，《燕山大学学报（哲学社会科学版）》2002年第3卷第2期。从孔子的角度来说，他对礼的最大的创作和更新就是在条条框框的"礼"中注入了"仁"的因素，但是，他还远远没有将"礼"意识形态化，将"礼"意识形态化是儒学发展过程中逐渐出现的理解。在孔子这里，"礼"由于"仁"的注入，还具有活泼泼的状态。

四、老子：有物混成，先天地生

有鉴于周代礼制在社会中的巨大影响力，孔子选择了在继承传统的基础上进行文化创新的工作，成功地给周代礼制注入了新的内涵。在儒家思想的框架下，虽然高扬了人的主体性，但是这种主体性被限制在"克己复礼"的范围内，也就是说，在儒家的理论框架下，人们仍然是用"周礼世界观"来认识世界和处理实际事务的。那么，除了周代礼制的制度资源和思想资源以外，是不是可以建构新的理论学说来指导人们的思想和行为呢？老子的道家学说就是要解决这个问题。

孟子说："孔子成《春秋》而乱臣贼子惧。"（《孟子·滕文公下》）《春秋》是以周代礼制为准则来判断是非的，乱臣贼子打破礼制，被书之竹帛，当然害怕自己的恶名流传，这表现了周代礼制在春秋社会中还发挥着巨大的作用。孟子亦以周代礼制的标准判定"春秋无义战"，在正统儒者看来，春秋霸主还是颇受诟病的。虽然春秋时期，周代礼制的作用得以继续发挥有赖于这些诸侯霸主，但是，在周礼的体制中，这些诸侯霸主永远都无法让自己站在正义的立场，霸主的出现本身即是僭越的表现。这是一对尖锐的矛盾：任凭周礼体制崩坏，社会就会出现制度性真空和思想性真空；代替宗周维持周礼的运作却无法获得合法性的正义立场。跳出这一尴尬处境的办法只有一个，即建构新的理论系统来指导现实，指导思想，道家即是适应这种时代需要的产物。

要构建全新的理论思想，就要超越整个周礼的思想资源。周代礼制系统的顶端是宗周，宗周是代行天命的合法权威。实际上，"天""天命"才是整个周代礼制的实质顶端。要超越周礼的系统，已经不仅仅是宗周的兴衰存亡问题，而是要超越对于"天""天命"的固有认识。这无异于一场思想的革命，亦可以说这是对传统思想的一种釜底抽薪式的颠覆。老子实现了这种颠覆，在他的学说中，他把"道"设定为最高的概念。

老子说：

> 有物混成，先天地生。寂兮寥兮，独立不改，周行而不殆，可以为天下母。吾不知其名，字之曰道。（《老子·二十五章》）

这样，"道"就成为高于"天"的概念，而且在老子的学说中"天"的地位已经下降为万物中之一物，再也没有任何神秘的成分。在这种理论预设之下，"天视自我民视，天听自我民听"的"天"，就再也不是高高在上之"天"。失去了神圣地位的"天"也就再也不能履行"天佑下民，作之君，作之师"（《泰誓》）的职责了。"天"尚且如此，作为上天代理人的宗周之君，当然也就失去了其在周礼体系中的不可替代的地位。在道家理论体系中，天下的万物都是可以认识的，都是有规律可循的。有了这个前提，旧有礼制的崩坏，在老子看来也就不是什么天塌地陷的大事，因为只要人们抱着客观的态度去考察事物，去探索万物的规律，那么，新的适合世界发展的指导人类生存的法则就可以被发现。世界的进程就是可认识的、可预测的，甚至是可干预的。既然如此，"世异则事异，事异则备变"，周代礼崩乐坏，我们可以靠着自己的力量再重建一套取而代之的理论体系。在这里，老子也把人的主体性发掘了出来，可谓和儒家有异曲同工之妙。与儒家不同之处在于，道家的这种观点无疑更富有革命性，这是道家反叛正统的理论特质的体现。

但是，在老子的学说中，主体性发挥的范围不像儒家那样被限定在"礼"的体制内，而是无所不及、无所不能的。虽然如此，在"道"的统摄下，万物的发展都是有规律的，都是互相制衡的，万事万物都有它的反面与之相对立，超越一定的界限就会走向反面，万物都受这种客观规律的制约，人在与世界万物相处的过程中，必须主动减少个人的欲望，使自己的行为适度，才能与世界和谐相处，才能获得体"道"的生活。可以说，在老子的学说中赋予了主体万能的认识力，但是却靠着客观的规律几乎把主体的行为力限定到了几近"无能"的程度，如果这种"无能"是主体的自主行为，那么就可以称之为"无为"。这种认识能力的"万能"和行动上的"无为"的矛盾正是老子学说的张力所在，这种张力可以避免人欲的过分膨胀，限制人主导世界的狂妄自大。

但是，接受老子学说的人，在认识到了人的强大认识能力的同时，却未必会采取"无为"的态度来处世，反而会利用对规律的掌握来操控世界，走向功利主义的立场。以韩非子为代表的法家即是显例。这是在接触老子思想时需要注意的问题。有的学者把老子学说理解成阴谋论即是在这个问题上缺乏清醒的认识。

老子学说颠覆了传统，并逐渐开始在现实生活中产生影响，成为可以和周代礼制思想相抗衡的思想学说。运用老子学说与周代礼制思想相抗衡的代表人物之一是范蠡。在《春秋》《左传》和《国语》的记载中，我们会发现，当权贵人物或诸侯之间发生争端的时候，周礼往往会成为解决争端的利器，有违于周代礼制准则的一方往往会软化立场，做出让步。但是也有例外，即在越灭吴的过程中范蠡所发挥的作用。当越国把吴国逼入绝境的时候，吴王使王孙雒与越讲和，王孙雒说："子范子，先人有言曰：'无助天为虐，助天为虐者不祥'。今吾稻蟹不遗种，子将助天为虐，不忌其不祥乎？"范蠡曰："王孙子，昔吾先君固周室之不成子也，故滨于东海之陂，鼋鼍鱼鳖之与处，而蛙黾之与同渚。余虽腼然而人面哉，吾犹禽兽也，又安知是谚谚者乎？"[1] 吴国当时正遭受自然灾害，越国趁此时机而发动战争是与周礼精神相违背的。但是，范蠡却以居于荒远之地为托词，把王孙雒之说当作肤浅之巧言，并最终灭掉了吴国。

这说明在处理外交事务上，范蠡和王孙雒在按照不同的规则来解决争端。王孙雒以"天"和"礼"为依据，要求范蠡放过吴国；范蠡则视"天""礼"如无物，秉持其"天予不取，反为之灾"的原则灭掉了吴国。这在整个春秋历史中都是一个非常特别的事例。[2] 这表明在周代礼制思想之外已经开始出现新的理论学说指导现实生活和人们的思维方式，道家学说逐渐开始在现实生活中发挥作用。

---

① 徐元诰：《国语集解》，中华书局 2002 年版。

② 有的学者指出："春秋时期诸侯之间外交频繁，礼成为调节各国关系、维护国家尊严的重要准则，在残酷的战争中也因为坚守礼仪而显出人情的色彩。"[参见张厚知：《维护与崩坏的抗争——春秋礼学思想产生的动因》，《燕山大学学报》（哲学社会科学版）2014 年第 15 卷第 4 期。] 即使在"礼崩乐坏"的背景之下，周礼在社会生活的各个领域中仍然发挥着重要的作用。这是普遍的现象。但是，也并非没有反例。这种特殊的事例往往是时代巨变的先声。道家的理论在这种时代巨变中所发挥的作用，值得进一步关注和研究。

五、结语

一提起春秋时期的历史，人们往往习惯性地联想到"春秋无义战"和"礼崩乐坏"两个词。这两种判断有其合理的一面，亦有其片面之处。春秋时期所"崩"之礼是以周天子为顶端的礼，但是，由于周代礼制是一个非常庞大的系统，已经渗透到社会的各个方面，是当时唯一的指导现实的制度性资源和思想资源，没有周礼的规范，整个社会将会陷入混乱无序的状态。诸侯霸主的出现在一定程度上解决了这种历史困境。虽然诸侯盟主在一定程度上代行了周天子的职权，亦最大限度地维持了社会秩序，但是由于诸侯盟主在周代礼制的制约下不可能取得合法的正义立场，这种相对秩序必然面临挑战，亦不可维持长久，诸侯征战和社会混乱也必然会成为这段历史时期的主旋律。虽然如此，在我们面对这段历史的时候，也要思考，为什么在这种混乱的局面下，东周王朝在名义上还是始终存在的，而且成功地阻止了周边落后民族对当时华夏文明圈的侵扰？其重要的原因就在于由于有固有的周代礼制资源做基础，在诸侯盟主的主导下当时的东周社会还是在相对秩序中继续运转。这种在血与火中的艰难运转为春秋末期文化哲人的文化改造工作保留了宝贵的思想资源，也为华夏文明的涅槃重生赢得了宝贵的时间。在这种意义上，我们可以说"春秋有义战"，也可以说"礼乐犹存"。

从这种角度来认识春秋时期的历史，对我们的现实社会有启示意义。启示之一就是要敬畏传统，珍视传统。周代的礼乐文化资源，不但促进了西周的平稳发展，亦使东周不至一朝覆亡，使华夏族群历经两百多年的动荡而不至分崩离析，使华夏文明的星火不灭。也就是说传统不但是维持社会稳定的基础，还是民族危难时期民族凝聚力的主要源泉，亦是民族整合和文化创新之基础。我们总是自豪于中华文明的传承不断，但是，我们也破坏传统。这就像拔下稀世奇葩奔走炫耀，却不知无根之花枯萎即在眼前。这是骇人的短视。启示之二就在于我们需要冷静面对华夏文明的挫折，尽一己绵薄之力延续文明的火种。在民族文化发展的困境中，我们应该用儒家和道家两种眼光来审视传统：有取于儒家的方面是我们必须抱着继承传统的信念，进行文化创新；有取于道家的方面是我们必须学会超越传统来思考，为文化的创新提供更大的思想空间，为民族文化注入新的内涵。

参考资料：

[1] 纪昀：《四库总目提要·子部》，中华书局 2003 年版。

[2] 朱熹：《四书章句集注》，中华书局 1983 年版。

[3] 陈梦雷：《周易浅述》，中央编译出版社 2012 年版。

[4] 周振甫：《诗经译著》，中华书局 2002 年版。

[5] 王先谦撰，沈啸寰、王星贤点校：《荀子集解》，中华书局 1988 年版。

[6] 裘锡圭：《中国出土古文献十讲》，复旦大学出版社 2004 年版。

[7] 廖明春：《由〈荀子〉"伪"字义论其有关篇章的作者与时代》，《临沂大学学报》2015 年第 6 期。

[8] 张岱年：《中国哲学大纲》，中国社会科学出版社 2004 年版。

[9] 郭庆藩撰，王孝鱼点校：《庄子集释》，中华书局 2006 年版。

[10] 周炽成：《荀韩人性论与社会历史哲学》，中山大学出版社 2009 年版。

[11] 王先谦撰，沈啸寰、王星贤点校：《荀子集解》，中华书局 1988 年版。

[12] 邓小虎：《荀子性和伪的三重意义》，《台湾大学哲学评论》，2008 年。

本源、实质与修养：董仲舒人性论的内在逻辑辨析

闫利春

（河南科技大学　马克思主义学院）

摘　要：董仲舒人性论的思想逻辑体现在他对人性来源、人性实质、人性修养的论述中。在人性来源上，董仲舒认为为人者天，天人同构。天有阴有阳，阳善阴恶，人亦有阴阳，阴阳之中亦各有阴阳，因此人性之中既有善质又有恶质。从人性来源上可以看出人之所以贵于万物是因为人有"达知"能"为仁义"、能循天之理以"偶天道"的本源之善以及人有伦理价值取向、能够化物的人道之善。在人性实质上，董仲舒通过反性之名，指出性有情、身、心之目，只有通过性之目才能辨明人性的本质。他通过对情、身、心之名的辨析指出人性之中既有善质又有恶质。董仲舒通过循名责实的方法进一步指出人性中的善质并非圣人（孔子）所名之善。他通过对君、王、大夫、士、民之号的辨析，指出只有未觉未化的中民之性才是本源之性的直接体现，圣王之性与斗筲之性都偏离了本源之性。在人性修养上，董仲舒认为人性是天人相与的落脚点，化民之性是天赋予君王的责任，君王体现的是责任伦理而非权力伦理。董仲舒认为"王教"应当因循人性中的情、身、心，安情而不禁情，执中以反中和，以利养体更要以义养心。与先秦人性论相比，董仲舒的人性论不仅具有理论上的突破性，而且具有强烈的现实意义。

关键词：董仲舒；人性论；情；身；心

董仲舒是影响先秦儒家思想发生全面转折[①]的西汉大儒，他的人性思想一直受到学界的广泛关注，各种论点层出不穷。其中，有的学者不再致力于简要概括董仲舒人性思想，而是试图从董仲舒言性的内在逻辑入手揭示其思想理路。这种研究尽管还有很多未尽之处，但在方法上已经切中要害。如果我们深入董仲舒人性论的思想逻辑，那么就会发现他通过对人性来源、人性实质、人性修养三个方面的层层论证形成他人性思想的整全结构。

一、人性来源：天人同构，善恶同源，人贵于物

凡讨论人性话题，必然涉及人性的来源问题。郭店楚简《性自命出》称"性自命出，命自天降。道生于情，情生于性"，间接指出天是人性的终极来源。《中庸》所谓"天命之谓性"则直接肯定性乃天之所命于人。在这两处中，作为人性来源的天既是自

---

①　徐复观. 两汉思想史（第二卷）[M]. 上海：华东师范大学出版社，2001.

然之天，又是价值之天。此后的发展中，孟子把天视为人性的价值之源，而荀子则将天视为自然之源，因此有性善论与性恶论的分歧。董仲舒的人性论是在先秦人性话题的基础上展开的，虽然他同样认为人性来源于天，但是他有更加细致的论述。

首先，董仲舒论证了为人者天、天人同构的思想。他说：

> 为生不能为人，为人者天也。人之为人本于天（为字原缺，凌曙本据卢文
> 弨说补），天亦人之曾祖父也，此人之所以乃上类天也。人之形体，化天数而
> 成；人之血气，化天志而仁；人之德行，化天理而义；人之好恶，化天之暖
> 清；人之喜怒，化天之寒暑。人生有喜怒哀乐之答，春秋冬夏之类也。喜，春
> 之答也；怒，秋之答也；乐，夏之答也；哀，冬之答也。天之副在乎人，人之
> 情性，有由天者矣。（《春秋繁露·为人者天》，下引只注篇名）

人有生命与结构之分，生命由父母给予，结构由天为之。结构先于生命，所以"天亦人之曾祖父也"。人之结构包括形体、血气、德行、好恶、情感，既有物质结构，又有性情结构，而董仲舒统称为情性。可见，董仲舒对人性的探讨是基于他的天道观而展开的，人性应合天道，天之所有亦人之所有。董仲舒进一步从"数"的层面指出天之为人不是神意的显现，而是造化自然流行的结果。他说：

> 天地之符，阴阳之副，常设于身，身犹天也，数与之相参，故命与之相连
> 也。……于其可数也，副数；不可数者，副类。（《人副天数》）
> 故气同则会，声比则应，其验皦然也。……非有神，其数然也。美事召美
> 类，恶事召恶类，类之相应而起也。（《同类相动》）
> 求天数之微，莫若于人。（《官制象天》）

从"数"的角度寻找天地万物之间的内在关联是先秦两汉时期非常流行的学术思想，甚至成为"当时人们的一种思维方式"[①]。"数"具有宇宙本体的意义，数同则气同，气同则理同。然而经验世界中的所有物并不能完全在"数"上相副，董仲舒则以"类"副之，同类则同理。天人同数相类，审天可以知人，察人亦可知天。因此，通过"数"与"类"的关联，董仲舒为天人同构的思想找到了本体依据，人性源自于天的思想也得到更加细致的阐释。

其次，董仲舒从阴阳的角度进一步对人性作出规定。他说：

> 天道之大者在阴阳。（《汉书·董仲舒传》）
> 天道之常，一阴一阳。……天亦有喜怒之气，哀乐之心，与人相副。以类
> 合之，天人一也。（《阴阳义》）
> 天有阴阳，人亦有阴阳。（《同类相动》）
> 恶之属尽为阴，善之属尽为阳。（《阳尊阴卑》）
> 身之名取诸天，天两有阴阳之施，身亦两有贪仁之性。（《深察名号》）

从天人同构、人副天数的思想出发，一方面，天之道有阴有阳，人之身亦有阴有

---

① 李维武.《六德》的哲学意蕴初探［J］. 中国哲学史，2001（3）.

阳；另一方面，天之道，阳善阴恶，人之身亦兼具善恶。需要特别指出的是，董仲舒提出了"阴之中亦相为阴，阳之中亦相为阳"（《阳尊阴卑》）的阴阳观，即阴、阳亦各有上、下之分。阴之上者相对于阴之下者为阳，阳之下者相对于阳之上者为阴。天道之阴阳如此，人身之阴阳亦是如此，这是研究董仲舒人性论需要注意之处。天既有自然义，又有价值义，则人性也是如此，人性的价值追求当然应该是善的，但人性的自然之质又不必然是恶的。

最后，董仲舒通过分辨人与他物的区别以说明人性的特征。他说"天者，万物之祖也"（《顺命》），既然天是万物之祖，那么万物也定然与天同构，亦必然有阴阳之性。在这种意义上，同源于天、类于天的人与他物有何区别呢？这个问题关系到人之为人的本质规定。董子从人能"为仁义""偶天地"及人有伦理价值取向两个方面作出了回答。

一方面，他说：

> 莫精于气，莫富于地，莫神于天。天地之精所以生物者，莫贵于人。人受命乎天也，故超然有以倚（据卢文弨说，倚当作高物），物疾疾莫能为仁义，唯人独能为仁义；物疾疾莫能偶天地，唯人独能偶天地。……观人之体一，何高物之甚，而类于天也！此见人之绝于物而参天地。物旁折取天地之阴阳以生活耳，而人乃烂然有其文理。是故凡物之形，莫不从旁折天地而行（天地二字疑衍），人独题直立端向，正正当之。是故，人之身，首而圆，象天容也；发，象星辰也；耳目戾戾，象日月也；鼻口呼吸，象风气也；胸中达知，象神明也；腹胞实虚，象百物也。（《人副天数》）

在秉气的意义上，人秉天地之精气而生，这是人与他物的本源之别。这种本源之别进一步体现在人能够"为仁义"与"偶天地"两个方面。"为仁义"涉及为什么能"为仁义"与如何分辨仁义两个问题。人缘何能"为仁义"呢？董子曰：

> 察于天之意，无穷极之仁也。人之受命于天也，取仁于天而仁也。（《王道通三》）

因为"天数右阳而不右阴"（《阳尊阴卑》），仁属阳，"右阳"不仅是情感上的偏向，更注重实践意义的行仁。人之受命于天，亦取法于天之仁，故而能"为仁"。由此看来，人之能"为仁"的关键在于能察于天之仁，即人能够分辨仁义。人之所以能够察仁、辨仁，是因为人之"胸中达知，象神明也"。理论上讲，人具有与天之"神明"相类的"达知"，即人具有能察、能辨的能力。但是人之"达知"能否在实践上被激活，则另当别论。董子云："天地神明之心与人事成败之真，固莫之能见也，唯圣人能见之。"（《郊语》）人具备"达知"的可能性，这是人之贵于物者，但这并不意味着在现实层面上凡人皆能突破种种障蔽而让"达知"显现于外，这就为圣人因人之性而施化的理论留下了空间。

而人为什么又能够"偶天地"呢？董子论曰：

> 天、地、阴、阳、木、火、土、金、水，九，与人而十者，天之数毕也。……圣人何其贵者？起于天，至于人而毕。……人，下长万物，上参天

地。(《天地阴阳》)

从"数"的意义上来说，因为人的参与而有天数之全，天数即天道，天道蕴含人道，人道阐发天道。如果没有人的参与，那么天、地、阴、阳、木、火、土、金、水九者就仅停留在自然层面，其义理层面则难以声张，而有了人的参与，天的义理性方被揭示出来。需要说明的是，人之"偶天地"不是盲目的、随意的，而是要循天理而为之：

> 唯人道为可以参天。天常以爱利为意，以养长为事，春秋冬夏皆其用也。王者亦常以爱利天下为意，以安乐一世为事，好恶喜怒而备用也。然而主之好恶喜怒，乃天之春夏秋冬也，其俱暖清寒暑而以变化成功也。天出此物者，时则岁美，不时则岁恶。人主出此四者，义则世治，不义则世乱。是故治世与美岁同数，乱世与恶岁同数，以此见人理之副天道也。(《王道通三》)

人道只有副天道才能"参天""偶天地"，天道亦必须有人道之"参""偶"才能尽其数。就此而言，天之数，起于天，终于人，贯通天人之间的是圣与王。这里再一次给圣王的功用留出了空间。"天德施，地德化，人德义"(《人副天数》)，义者，宜也，合理之谓也。天地的施化之德表现为自然的大化流行，人之德乃在于使自然臻于合理。因此，人之"参天""偶天地"的意义在于使自然的成为合理的，而合理的又必然是自然的，在自然与合理之间实现一种动态平衡。

董子认为人之贵于物的另一方面在于人有现实的伦理价值取向。他说：

> 人受命于天，固超然异于群生，人有父子兄弟之亲，出有君臣上下之谊，会聚相遇，则有耆老长幼之施，粲然有文以相接，欢然有恩以相爱，此人之所以贵也。生五谷以食之，桑麻以衣之，六畜以养之，服牛乘马，圈豹槛虎，是其得天之灵，贵于物也。故孔子曰："天地之性人为贵"。(《汉书·董仲舒传》)

从现实层面来看，人之贵体现在：其一，人有父子、君臣、长幼、夫妻之伦，每一伦又有相应之"德"，也即人有伦理道德规范。其二，人既能以五谷、桑麻、六畜养其体，又能"服牛乘马，圈豹槛虎"，即人能够基于"用"而改造他物，这就是荀子所谓"善假于物也"。在"用"的意义上，人能化物，使物具有价值意蕴。

人有"达知"，能"为仁义"，能循天之理以"偶天地"，这是从本源意义上肯定人相对于万物的高贵性。人有伦理，人能化物，这是在现实意义上肯定"天地之性人为贵"。从本源之可能到现实之实有，需要圣与王的参与。这是董仲舒论证人性高于物性的逻辑所在。从本源来看，人之有"达知"，能"为仁义"是人性的范畴；从现实层面来看，人之有伦理，有价值取向是人道的范畴。"人道者，人之所由乐而不乱，复而不厌者"(《天道施》)，人道是人之尊严的挺立处，是人好善恶恶之道德情感的恒常表现。人性具有生发人道的可能性，但人性并不必然走向人道。

二、深察名号：性有名有目，善质非善，中民之性

既然人性并不定然表现为人道，那么属于人性本源的善与人道之善就必然有所区别。而这种看似学理上的区别如果不能厘清的话，就会影响王道教化的实施，也就关系

到人性的修养问题。王道教化是因循人之所本有（本源之性）而发，至于人之所应有（人道）而止。因此，人性是施化的对象，而人道是施化的结果，混淆二者必然导致教化之乱象。要避免这种乱象，就必须对本源之性详细审察，还人性之真面目。在这种意义上，董仲舒对人性展开了剥茧抽丝的辨析。

首先，他从名号之辨入手论证性有名有目：

> 号凡而略，名详而目。目者，偏辨其事也；凡者，独举其大也。享鬼神者号，一曰祭。祭之散名，春曰祠，夏曰礿，秋曰尝，冬曰烝。猎禽兽者号，一曰田。田之散名，春苗，秋蒐，冬狩，夏狝。无有不皆中天意者。物莫不有凡号，号莫不有散名，如是。是故事各顺于名，名各顺于天。天人之际，合而为一。同而通理，动而相益，顺而相受，谓之德道。（《深察名号》）

天生万物皆有名号，名号由天而定，由圣人而发。天人合一因名号而成，名号乱则天人乱。号，举其大略而言之，名则详而有细目，因名之目能够辨名之事。如祭是名，祠、礿、尝、烝是祭之目。以此类推，性是名，性亦有目，通过性之目亦能辨察人性之实质。而性之目又有哪些呢？董子云：

> 栣众恶于内，弗使得发于外者，心也。故心之为名栣也。人之受气苟无恶者，心何栣哉？吾以心之名，得人之诚。人之诚，有贪有仁。仁贪之气，两在於身。身之名，取诸天。天两有阴阳之施，身亦两有贪仁之性。天有阴阳禁，身有情欲栣，与天道一也。……是正名号者于天地，天地之所生，谓之性情。性情相与为一瞑。情亦性也。谓性已善，奈其情何？故圣人莫谓性善，累其名也。身之有性情也，若天之有阴阳也。言人之质而无其情，犹言天之阳而无其阴也。（《深察名号》）

可以看出，若以性为名，则心、身、情三者皆是性之目，亦性之散名。心之名从其"栣"的功能而命之，无恶则无所"栣"，亦无心之名，因此从心之目可以证得人性的实际情况，即人有贪仁之性。身犹天也，天有阴阳，身亦有阴阳，从身之名亦可证得人性之中善恶兼具。天生性情，性情相瞑，情亦性，情有喜怒哀乐之发，情不独善，从情之名同样可以证明人性并非独善而无恶。因此，如果要详细辨明性是什么，则需要审察性之目，而通过辨析性之目，则不难推知，在本源意义上，善恶兼具于性。在这种意义上，气质之性说、性为善论、天赋善恶论、性有善质恶质论、兼宗孟荀论皆有可通之处，而性善论、性恶论、性朴论则所言非是。

从性之名目入手，还可以对学界有关董仲舒性情思想的争论做进一步辨析。东汉王充批评董子性情论曰：

> 董仲舒览孙、孟子之书，作《情性》之说，曰："天之大经，一阴一阳；人之大经，一情一性。性生于阳，情生于阴。阴气鄙，阳气仁。曰性善者，是见其阳也；谓恶者，是见其阴者也。"若仲舒之言，谓孟子见其阳，孙卿见其阴也。处二家各有见，可也；不处人情性情（下一"情性"，衍文，当删）有善有恶，未也。夫人情性，同生于阴阳；其生于阴阳，有渥有泊（薄）。玉

生于石，有纯有驳；情性（生）于阴阳，安能纯善？仲舒之言，未能得实。（《论衡·本性》）

根据《情性》篇，则性与情是相对待之二物，不能以性之名、目而论。这与《深察名号》的思想有失吻合。通观《春秋繁露》，虽然阳善阴恶、阳尊阴卑的思想贯穿其中，但是以性属阳为善、以情属阴为恶的思想却无迹可寻。相反，王充所谓"夫人情性，同生于阴阳；其生于阴阳，有渥有泊（薄）。玉生于石，有纯有驳；情性（生）于阴阳，安能纯善"则与董仲舒"阴之中亦相为阴，阳之中亦相为阳"的思想趋于一致。天之道，有阴有阳，阴阳之中亦各有阴阳。根据王充的分别，性中有阴阳，情中亦有阴阳。董仲舒认为情是天之寒暑、自然之冷热在人身上的体现，因此情亦非全然是恶的。更为重要的是，董仲舒不作性情对待之分，董子在辨性时必然涉及情，性与情是名与目的关系，而非互相对待的关系。那么如何看待王充所引《情性》之说呢？这很有可能是因为王充所见的《性情》乃是纬书系统托言董子所作。通过这个辨析，可以认定"性善情贪"之类的说法不符合董子人性论的实际情况。

如果从名与目的关系来看，那么董子"情亦性也"的思想就很好理解，这并非他"人性思想的一个夹杂"[①]。而冯友兰从广义、狭义的角度所作的区分，虽然与名目之论比较接近，但是他所说的"就其狭义言，则性与情对，为人'质'中之阳；情与性对，为人'质'中之阴"[②] 则又偏离了董子人性论的实质。

其次，在确定了情、身、心与性的关系之后，董仲舒进一步从生质的意义上对人性作出规定。他说：

性之名非生与？如其生之自然之资谓之性。性者质也。诘性之质于善之名，能中之与？既不能中矣，而尚谓之质善，何哉？性之名不得离质。离质如毛，则非性已，不可不察也。（《深察名号》）

"性之名不得离质"，生是性之质，生即自然之资。因此，人之形体、血气、德行、好恶、喜怒哀乐之情皆是自然之资，亦即性之质。人的这些自然之资显然不全是善的，故而不能将善定义为性之质。正是在生质之谓性的意义上，董子通过禾米之喻、瞑觉之喻而指出性"可谓有善质，而不可谓善"（《深察名号》）。董子此论显然是针对孟子性论而发：

或曰性也善，或曰性未善，则所谓善者，各异意也。性有善端，动之爱父母，善于禽兽，则谓之善。此孟子之善。循三纲五纪，通八端之理，忠信而博爱，敦厚而好礼，乃可谓善。此圣人之善也。是故孔子曰："善人吾不得而见之，得见有常者斯可矣。"由是观之，圣人之所谓善，未易当也，非善于禽兽则谓之善也。使动其端善于禽兽则可谓之善，善奚为弗见也？夫善于禽兽之未得为善也，犹知于草木而不得名知。……吾质之命性者异孟子。孟子下质于禽兽之所为，故曰性已善；吾上质于圣人之所为，故谓性未善。善过性，圣人过

① 徐复观. 两汉思想史（第二卷）[M]. 上海：华东师范大学出版社，2001.
② 冯友兰. 中国哲学史（下册）[M]. 上海：华东师范大学出版社，2000.

善。(《深察名号》)

在对孟子人性论的批判中，有关善的名实问题凸显出来。按照循名责实的原则，董子认为既然名是圣人所发之天意，近世以来的圣人非孔子莫属，那么孔子对善的界定当具有确定无疑的权威性。如果以孔子所名之善为标准的话，那么孟子所谓的"善端"并不能称作善，而只有人道才能当善之名。不难看出，孟子的"善端"思想相当于董子认为人能"为仁义"的思想。这与孔子所谓的"善人"之善有本质的区别，即孟子所谓的"善端"是潜在的、不确定的，而孔子所谓的善则是现实的、确定的。这足以体现董子对人性概念之理解的深刻之处，即他"将人性论中潜在与现实、未然与已然、或然与定然的对立关系揭明出来，初步显示了理性与气质之性之间的张力"①。

最后，在论证了性与善的关系之后，董仲舒提出"名性者，中民之性"的主张。他说：

> 民之号，取之瞑也。……今万民之性，有其质而未能觉，譬如瞑者待觉，教之然后善。当其未觉，可谓有善质，而不可谓善，与目之瞑而觉，一概之比也。……名性，不以上，不以下，以其中名之。(《深察名号》)

> 圣人之性不可以名性，斗筲之性又不可以名性，名性者，中民之性。(《实性》)

董子同样从深察民之号起论，民即瞑之义，瞑待觉而能视，民待教而后善。此处涉及"名性者，中民之性"究竟作何理解的问题。董子是不是性三品论者？抑或是他有"人"之性与"民"之性两种说法？这仍然需要通过"反性之名"来回答。其一，董子把生质作为性的规定，则形体、血气、德性、好恶、情感皆是性，生质之性既有善质，又有恶质。这是对所有人而言的，即使是圣人的生质之性也如此。圣人之性，不仅是对生质之性的超越，而且是对人道之善的超越，此即"性未善。善过性，圣人过善"之谓也。所谓"斗筲之性"，是指遗弃生质之性中的善质，而"安于鄙细者"②，这已属现实层面的表现，而非生质之性的表现。因此，以生质论性，则圣人之性与斗筲之性皆是后天所为而成，并非生之即有。其二，董子所谓的"中民"即"庸民"③，泛指一般的民众。而如何理解他以"中民之性"名性呢？董仲舒从名号入手，指出现实中的人有：

> 号为天子者，宜视天如父，事天以孝道也。号为诸侯者，宜谨视所候奉之天子也。号为大夫者，宜厚其忠信，敦其礼义，使善大于匹夫之义，足以化也。士者，事也；民者，瞑也。士不及化，可使守事从上而已。

天子、诸侯、大夫是已觉者，已觉者可以觉醒未觉者，即天子、诸侯、大夫皆能通过教化唤醒民性中之善质。士之能事，乃"民之秀者"④，处于已觉而未尽觉的状态。

---

① 丁四新. "人性有善有恶" 辨——王充、世硕的人性论思想研究［A］//玄圃畜艾——丁四新学术论文选集［M］. 北京：中华书局，2009.
② 苏舆. 春秋繁露义证［M］. 北京：中华书局，1992.
③ 苏舆. 春秋繁露义证［M］. 北京：中华书局，1992.
④ 苏舆. 春秋繁露义证［M］. 北京：中华书局，1992.

尽管士之性尚未尽觉，但已经开始超离生质之性。因此，五号之中，只有民之性实处于未化未觉之中，也只有民之性才是生质之性的直接表现。综合而论，只有遵从董子反性之名、生质之谓性的逻辑才能切实地把握他"名性者，中民之性"的真实意涵，而那种以三品说释之的观点实为不察，而以"人"之性与"民"之性相区别的新论其实并没有跳出性三品说的窠臼。

三、人性修养：王教之化，安情执中，以义养心

董仲舒之所以循名责实为性正名，是因为只有澄清人性的本源状态，才能因人所有而实现人道之善。人道之善，只能是由人性开出的善，而不是与人决然分离之善。在由人性开出人道的过程中，"王"具有不可或缺的作用。这在《深察名号》中有明确的说明，以往研究亦无不论及，此不赘论。尽管董仲舒提出王道教化在人性修养中的重要意义，但是其中亦有非常值得详察的地方能够体现他的修养论的逻辑层次。

首先，董仲舒通过深察"王"之名号而凸显君王的教化责任。

> 今案其真质，而谓民性已善者，是失天意而去王任也。万民之性苟已善，则王者受命尚何任也？其设名不正，故弃重任而违大命，非法言也。（《深察名号》）

所谓"天意"就表现在通过确立君王以善民之性方面。如果民性已善，那么"王"的教化将无所施加，"王"之于万民的责任亦无从体现。而"王"之责任的显现，即是王道之实现。相反，"王"若失去善民之任，则亦失去王道，失去王道的结果是"道不能正直而方，则德不能匡运周遍，德不能匡运周遍，则美不能皇"（《深察名号》）。因此，在董仲舒看来，一方面，社会的失序、纲常的紊乱、灾异的发生不是百姓的行为所致，而是在位者失之教化使然；另一方面，由于人性之中固有"为仁义"的潜质，所以"王"之教化应体现在生长善质，德化万民，避免不教而诛的现象发生，即"王者之道任德不任刑"（《执贽》）。综合而论，王者通过教化、德化而善民之性，既是天之意，又是天人相与之处。董子云：

> 性者，天质之朴也；善者，王教之化也。无其质，则王教不能化；无其王教，则质朴不能善。（《实性》）
>
> 天人之际，合而为一。（《深察名号》）

天之道，有所止，生质之性即天之所止。天之所止即人道之始，也就是王道的发力之处。尽管"天志仁，其道也义"（《深察名号》），天之意要人"行仁义而羞可耻"（《竹林》），但是天不能使人"为仁义"，只有"王教"能使人"为仁义"以完成人道之善。而"王教"亦必须因"天质之朴"而化，不能另起炉灶。因此，天之所止，即"王教"之所施，天人相与于万民之性。依此可知，在修养论上，董仲舒强调人的本源之性是"王教"施化的对象，也是天人相与的落脚点。

其次，在"王教"因人之性而施化的基础上，董仲舒明确提出"王教"是"禁天所禁，非禁天也"（《深察名号》）。天道禁阴，亦即天道禁恶。董子认为王道教化的实质在于禁止人性之中恶质的生长，而不是禁止人性的全部内容。人性中有情、有身、有心作

为性之目，"王教"就是因循人之情、身、心，使之向善，避免趋恶。董子论道：

> 夫喜怒哀乐之发，与清暖寒暑，其实一贯也。喜气为暖而当春，怒气为清而当秋，乐气为太阳而当夏，哀气为太阴而当冬。四气者，天与人所同有也，非人所能蓄也，故可节而不可止也。节之而顺，止之而乱。（《王道通三》）

在"气"论的层面，喜怒哀乐之情与天是一贯的，人之情感是天命于人的，而非人所自有。"王教"只能因循天所命于人的自然情感而施于教化，即"王教"是以人助天，而非以人禁天、灭天。只有因循人的自然情感，加以节制，才能实现天下大顺。相反，如果要禁灭人的情感，那么就会导致人道之乱，人道之乱意味着教化的失败，也标示着君王的失责。因此，从政治哲学的立场来看，顺情或是禁情与君王的合法性问题密切相关。由此可以看出，董子不是灭情论者，在他看来，情并不全是恶的。董子进一步论道：

> 民之情，不能制其欲，使之度礼。目视正色，耳听正声，口食正味，身行正道，非夺之情也，所以安其情也。变谓之情，虽持（疑作特）① 异物亦然者，故曰内也。变变（疑作变情）② 之变，谓之外。故虽以情，然不为性说。故曰：外物之动性，若神之不守也。积习渐靡，物之微者也。其入人不知，习忘乃为，常然若性，不可不察也。纯知轻思则虑达，节欲顺行则伦得，以谏争倜静为宅，以礼义为道则文德。是故至诚遗物而不与变……与万物迁徙而不自失者，圣人之心也。（《天道施》）

情并非全恶，但如果人完全放任情欲之流，那么情欲就会吞噬人性中的善质，而人最终也沦为斗筲之辈。因此，"王教"主张以礼制欲，"王教"使人视之以礼、听之以礼、食之以礼、行之以礼。这并非使人放弃视、听、食、身之欲，而是让人的自然欲望发乎情，止乎礼。人性有情有欲，这是天之道，而以礼正情、以礼节欲是人之道。此处，董子提出了"安情"的概念。所谓"安情"，就是安于正情，正情既可以让人通过正常的情感显发生命的本真，又可以让人的情感在"道"的意义上得到提升，从而激发生命的尊严。董子认为人性中的自然之情会因外物的诱引而迁变，这叫"变情"。"变情"虽然由情而出，但已经不是本性之情，因此董子认为"变情"不是"性说"，而是外物动性的结果。如果人对于受外物牵动而产生的"变情"积习渐靡，那么就会导致错把"变情"当作人性之中的固有之情。"变情"是人自失的关键因素，而只有做到"纯知轻思""节欲顺行""以礼义为道""躬宽无争"，才能"至诚"，"至诚"才能遗物而不被物役，才能"与万物迁徙而不自失"。

最后，既然董子通过"禁天所禁，非禁天也"的教化原则提出"安情"的修养思想，那么情至何处方为安呢？董子提出了"中和"的思想。董子云：

> 成于和，生必和也；始于中，止必中也。中者，天地之所终始也；而和

---

① 苏舆. 春秋繁露义证 [M]. 北京：中华书局，1992.
② 苏舆. 春秋繁露义证 [M]. 北京：中华书局，1992.

者，天地之所生成也。夫德莫大于和，而道莫正于中。(《循天之道》)

中和既是天地之道，也是人之道，人性的修养当然要秉承中和之道。从人性修养的结果来看，必然是"成于和""止于中"。此处的关键在于，董子认为人性是"生必和""始于中"的，这意味着本源之性是处于中和状态的。这与《中庸》"喜怒哀乐之未发，谓之中"的思想有相通之处，即情未发动时的生质之性是一种中和状态，而情一旦发用即有"和"与"不和"之别。在这种意义上，后天的修养其实就是向人性本来之中和状态的回归。董子云：

> 公孙之《养气》曰："里藏泰实则气不通，泰虚则气不足；热胜则气□，寒胜则气□；泰劳则气不入，泰佚则气宛(郁)至；怒则气高，喜则气散，忧则气狂，惧则气慑。凡此十者，气之害也，而皆生于不中和。故君子怒则反中而自说以和，喜则反中而收之以正，忧则反中而舒之以意，惧则反中而实之以精。"夫中和之不可不反如此。(《循天之道》)

反中和，即是向中和回归，只有反中，才能和、能正、能舒意、能实精。理论上讲，人在修养的过程中，偶尔反中和易，而恒久地反中和难。因此从修养实践上说，只有将偶尔之中和升进为恒久之中和，做到合乎时宜的"时中"，才是修养的完成。而如何才能做到"时中"呢？董子论道：

> 然而人事之宜行者，无所郁滞，且恕于人，顺于天，天人之道兼举，此谓执其中。天非以春生人，以秋杀人也。当生者日生，当死者日死，非杀物之义待四时也。而人之所治也，安取久留当行之理，而必待四时也。此之谓壅，非其中也。人有喜怒哀乐，犹天之有春夏秋冬也。喜怒哀乐之至其时而欲发也，若春夏秋冬之至其时而欲出也，皆天气之然也。(《如天之为》)

> 天有和有德……天之序，必先和然后有德……我虽有所愉而喜，必先和心以求其当……喜怒之有时而当发，寒暑亦有时而当出，其理一也。(《威德所生》)

教化之道、修养之道既要顺于天道，又要顺于人道，这就是"执中"。"执中"的枢要在于"时"，天以"时"而有春夏秋冬之变，人以"时"而有喜怒哀乐之发。然而，如果喜怒哀乐之情完全遵应春夏秋冬之变而发，就不是"执中"，而是"壅"。"壅"，阻塞之义，亦郁滞义。所谓喜怒哀乐以"时"而发的"执中"，指的是当喜之时，自然而喜，这是顺天，而喜情之发，要与心和，也就事说既要使喜之情得到抒发，而又不至于以喜伤心，这是人道。"执中"是天人之道，也是中和之道。

因为情必然会发之于外，情又要与心和方能反中和，所以在董子的修养论中，心是修养的落实处。他说：

> 民皆知爱其衣食，而不爱其天气。天气之于人，重于衣食。衣食尽，尚犹有间，气尽而立终。故养生之大者，乃在爱气。气从神而成，神从意而出。心之所之谓意。故君子闲欲止恶以平意，平意以静神，静神以养气。(《循天之道》)

董子通过心、意、神、气的流转关系指出气乃由心所出，所以爱气就要养心。养心须平意静神。这与孟子的"持志"思想颇为近似。孟子云："志，气之帅也；气，体之充也。夫志至焉，气持焉。故曰：'持其志，无暴其气。'"（《孟子·公孙丑上》）"志"，朱子注云"心之所之"①，与董子对"意"的解释相同。"持其志"，亦有平意静神的意思。爱衣食，是养其体；爱气，是养其心。养体重要，养心更为重要。董子曰：

> 天之生人也，使人（之）② 生义与利。利以养其体，义以养其心。心不得义不能乐，体不得利不能安。义者心之养也，利者体之养也。体莫贵于心，故养莫重于义，义之养生人大于利。（《身之养重于义》）

至此，董子的人性修养的逻辑可以总结如下，"王"必须要担当化民之性的责任，这是天人相与的内在要求。教化因人性而发，经过"安情"、防"变情"、反中和、持中和的逻辑阶段，突显以义养心是人性修养的至关重要环节。由此可以看出，虽然董仲舒十分强调外在教化对人道之善的重要意义，但是他又把代表主体道德意志的心作为修养的落实之处。很显然，董仲舒从未否定，而是十分认同能动之心体在为善成德中的实践意义。然而与强调人人自觉"万物皆备于我"的道德主体意识相比，董子所处的时代更需要使人由"瞑"至"觉"政治、社会环境。因此，董仲舒的人性论不仅具有理论上的突破性，更具有强烈的现实意义。

四、结语

从中国古代哲学中人性观念的演变与发展来看，董仲舒可谓是自先秦以来人性思想的集大成者。他从反性之名入手，尤其对孟子的人性论展开批判并有所吸收。不仅是孟子，从他的人性论中几乎可以看到先秦所有人性思想的痕迹。在此意义上，我们不能简单地认为董子的人性思想受到某人某派的影响，而是应依循他的逻辑发现他人性论的深刻之处。如果我们把人性论还原到董仲舒的整个思想框架中，就会发现他对人性的理解是建构其思想大厦的基石。《汉书·董仲舒传》载汉武帝问贤良文学曰："三代受命，其符安在？灾异之变，何缘而起？性命之情，或夭或寿，或仁或鄙，习闻其号，未烛厥理。"其中第一个问题是关于帝王受命的思考，第二个问题则是对天道的反思，第三个问题乃是对人性的追问。这三个问题看似分离，其实彼此互相联系。董仲舒的《天人三策》就是对此三个问题的具体阐发，而他的全部思想亦不出此三个问题之外。《春秋繁露·循天之道》载："夫损益者皆人，人其天之继欤？出其质而人弗继，岂独立哉！"天的事情只能由人来完成，天道亦只能由人道体现。因此，在一定程度上说，只有在天人相与之际才能发现董仲舒的思想精髓，偏离了人性与人道，就偏离了董仲舒思想的主旨。

---

① 朱熹. 四书章句集注 [M]. 北京：中华书局，1983.
② 苏舆. 春秋繁露义证 [M]. 北京：中华书局，1992.

　　本书受到西南石油大学人文专项"中华优秀传统文化与社会主义核心价值观的内在关系研究"基金（2015RW042）、中国博士后面上资助项目"清代汉宋关系的解释学研究"（2014M560302）西南石油大学"文化研究科研团队"项目（2012XJRT001）的支助，特此感谢。